城镇化的动力和要务

The Driving Forces and Priorities of Urbanization

叶耀先 著

中国建筑工业出版社

图书在版编目（CIP）数据

城镇化的动力和要务 = The Driving Forces and
Priorities of Urbanization / 叶耀先著. —北京：
中国建筑工业出版社，2022.11
ISBN 978-7-112-28118-3

Ⅰ.①城… Ⅱ.①叶… Ⅲ.①城市化—研究—中国
Ⅳ.①F299.21

中国版本图书馆CIP数据核字（2022）第207626号

责任编辑：唐　旭
文字编辑：吴人杰　李东禧
版式设计：锋尚设计
责任校对：王　烨

城镇化的动力和要务
The Driving Forces and Priorities of Urbanization
叶耀先　著

*
中国建筑工业出版社出版、发行（北京海淀三里河路9号）
各地新华书店、建筑书店经销
北京锋尚制版有限公司制版
河北鹏润印刷有限公司印刷
*
开本：850毫米×1168毫米　1/16　印张：18¼　字数：429千字
2022年12月第一版　　2022年12月第一次印刷
定价：**68.00**元
ISBN 978-7-112-28118-3
（39602）

前　言

城镇化是"人类生产方式和生活方式由乡村型向城镇型转化的过程，表现为乡村人口向城镇人口转化，以及城镇不断发展和完善的过程"[1]。所以，城镇化不单纯是乡村人口向城镇"迁移"，核心是他们的生产方式和生活方式要向城镇型"转化"。

城镇化的动力是工业化，没有工业化就没有城镇化。工业化伴随城镇化是一条不以人们意志为转移的客观规律。城镇化的根基是工业化、服务业和经济的发展。但是，城镇化发展到一定程度以后，又会反过来促进经济和社会的发展。

本书所述的城镇化的要务共有八个，可分为两类。一类是"硬件要务"，另一类是"软件要务"。"硬件要务"是进入城镇的人的生产方式和生活方式由乡村型向城镇型转化的物质基础。包括以下四项：

1. 在城镇发展工业和服务业，建设住房和基础设施。旨在城镇不断发展和完善，为进入城镇的人，提供就业岗位，使他们有工作做，得以改变生产方式；提供住房和基础设施，使他们有房子住，有水、电、燃气、热力和交通、信息等基础设施可以享用，得以改变生活方式（第2章）。

2. 建设新农村，创生富余劳动力。旨在发展农业，提高劳动生产率，使农村劳动力有富余，以适应城镇发展工业和服务业对劳动力的需求，以及城镇发展对农村的需求（第3章）。

3. 建设安全、生态和宜居城市。旨在让城镇和进入城镇的人过上安全、舒适和愉悦的生活，使得城镇更加接近自然生态系统（第4章）。

4. 城市管理和城市更新。旨在城镇不断改善和更新，减少受"城市病"的困扰，走向可持续发展的道路（第5章）。

另一类是"软件要务"，是保障城镇化和城镇健康发展必须要做的任务。也包括四项：

1. 中华人民共和国城镇化的历程和认知。旨在回顾我国城镇化走过的路，

---

[1] 建设部. GB/T 50280—98城市规划基本术语标准，1999.

找出经验教训，启示后人，避免重蹈覆辙（第6章）。

2. 世界城镇化历程和经验借鉴。其中发达国家有英国、美国、法国、德国、日本和韩国，发展中国家有巴西和印度，旨在把其他国家的城镇化当作一面镜子，吸收借鉴，少走弯路（第7章）。

3. 深化对城镇化规律的认知。旨在认知规律，按照规律办事（第8章）。

4. 城镇化的研究和探索。我们对城镇化还有许多未知领域，只有不断研究和探索，才能把握和掌控。我国"国家中长期科学和技术发展规划战略研究"项目中的"城市发展与城镇化科技问题研究""城市发展与城镇化发展战略与技术经济政策研究"，以及中国环境与发展国际合作委员会批准立项的研究课题"中国可持续城镇化战略研究"等三个研究项目就是从国家层面开启城镇化研究和探索的典型案例（第9章）。

笔者从2000年开始城镇化探索和研究，至今20余载，同城镇化结下了不解之缘。这是催生本书问世的渊源。

2003～2005年笔者曾参与研究制定《中长期科学技术发展纲要》，参与"国家中长期科学和技术发展规划战略研究"的专题11——"城市发展与城镇化科技问题研究"，代表专题组长向有关领导及中国工程院等部门汇报。在随后的深化研究中，作为"城市发展与城镇化发展战略与技术经济政策研究"专题副组长，主持研究并撰写报告；获得国家科学技术委员会颁发的荣誉证书。

笔者2004～2005年曾在国家发展与改革委员会地区司领导下，和瑞典斯德哥尔摩环境研究院（Stockholm Environment Institute，Sweden）共同承担"可持续城镇化"（Sustainable urbanization）课题研究。课题系国家发展与改革委员会向中国环境与发展国际合作委员会申请立项，获得瑞典政府资助的国际合作项目。国内有清华大学、北京师范大学等单位教授和研究人员参加，国外有瑞典、美国和英国专家参与，成果汇集在《中国可持续城镇化战略文集》❶里。

2009年笔者应邀在上海浦东干部学院，向司局级干部进修班学员以"可持续城镇化"为题，作过报告。

2002年以来，曾发表十余篇有关城镇化的文章，包括《中国城镇化的进展和未来》[1]《新中国城镇化的回顾和启示》[2]《中国城镇化态势分析和可持续城镇化政策建议》[3]《中国可持续城镇化战略》❷以及《城镇化的动力与要务》[4]等。

---

❶ 国家发展和改革委员会地区经济司，瑞典斯德哥尔摩环境研究院（Stockholm Environment Institute，Sweden）可持续城镇化战略课题组.《中国可持续城镇化战略文集》，2005.

❷ 叶耀先. 中国可持续城镇化战略.《中浦大讲堂》系列教材. 中国浦东干部学院，2011.

　　本书从2017年立项到2020年8月完成初稿，2021年3月完成修改稿，历时3年有余。中国建筑工业出版社原社长沈元勤热情支持本书立项，并同艺术设计图书中心主任唐旭和编审李东禧、编辑吴人杰一起细心审阅初稿，提出了许多重要的改进意见。住房和城乡建设部原副部长、中国城市科学研究会理事长仇保兴，中国建筑设计研究院领导修龙、文兵、崔愷、刘燕辉，科研与标准管理部主任孙金颖，国家住宅与居住环境工程技术研究中心主任张磊，张晓彤等给予多方鼓励和支持。首都经济贸易大学城市群决策模拟北京市重点实验室主任段霞教授对本书章目和内容、中国水科院原副总工程师程晓陶教授对城市暴雨减灾、中国建筑设计研究院高级建筑师张雅对住宅建设和城市管理内容均提出了许多宝贵意见。北京大学建筑与景观设计学院周子钦硕士研究生参与了有关生态城市建设章节的撰写，协助搜索相关文献。家人钮泽蓁、叶红和周家斌、叶宁和张帆一直给予鼓励、支持和帮助。笔者在此一并表示由衷感谢。没有他们的支持，本书是不可能问世的。

叶耀先

于北京百万庄建设部大院甲5楼

2021年3月31日

参考文献

[1] 叶耀先. 中国城镇化的进展和未来 [J]. 建筑学报，2002（1）：46-48.

[2] 叶耀先. 新中国城镇化的回顾和启示 [J]. 中国人口、资源与环境，2006（2）：1-7.

[3] 叶耀先. 中国城镇化态势分析和可持续城镇化政策建议 [J]. 中国人口、资源与环境，2006（3）：5-10.

[4] 叶耀先. 城镇化的动力与要务 [J]. 中国科学报，2014-01-20（8）. 智库.

目 录

第 1 章
城镇化的定义和动力

"人的知识和人的力量这两件东西是结合为一体的;
工作的失败都起于对因果关系的无知。"
——(英)弗朗西斯·培根(Francis Bacon)

推进城镇化，首要的是弄清楚我们推进的是什么样的城镇化。弄清楚城镇化的定义，弄清楚城镇化的动因和结果。否则，城镇化就无从谈起，就不会有正确的决策，就只能盲目推进。

1.1 城镇化的含义

城镇化涉及众多学科，城镇化过程极为复杂，所以，有关城镇化的定义、动因和结果等基本概念，一直众说纷纭，莫衷一是。

人口学认为城镇化是农村人口转变为城镇人口的过程；地理学认为城镇化是农村地区转变为城镇地区的过程；社会学认为城镇化是农村生活方式转化为城镇生活方式的过程；经济学认为城镇化是由农村自然经济转化为城镇社会化大生产的过程。

1858年马克思在他的《经济数学手稿》中说："现代的历史是乡村城市化，而不像在古代那样，是城市乡村化。"[1]美国《世界城市》新版里说："城市化是一个过程，包括两个方面的变化。一是人口从乡村向城市运动，并在城市中从事非农业工作；二是乡村生活方式向城市生活方式的转变，包括价值观、态度和行为等方面。第一个方面强调人口密度和经济职能，第二个方面强调社会、心理和行为因素。实质上，这两个方面是互动的。"

笔者问过身边很多人，从政府公务员、院士、教授、专家到城乡居民，只有极少数人能准确说出城镇化的定义和概念。可见这是推进城镇化的一块短板，急需补上。

城镇化，英文是urbanization。译成中文，应是城市化。在中国，建制镇也是城市化地区，译成城镇化比较符合国情。其实，城镇化和城市化并没有实质区别。在国外，镇的英文是town，也

有用city（城市）的，聚集人口少的city和town没有太大的区别。在欧洲，有的国家几千人的聚集地也叫市，也是一个city。不像中国，起码好几万人以上才能叫市，几千人最多叫镇，不能叫市。

什么是城镇化？我国最早的城镇化定义出现在建设部主编、1999年施行的中华人民共和国国家标准《城市规划基本术语标准》（GB/T 50280—98）里，其中说：

城市化是："人类生产和生活方式由乡村型向城市型转化的历史过程，表现为乡村人口向城市人口转化，以及城镇不断发展和完善的过程，又称城镇化"。

2016年，《城市规划基本术语标准》修订时，将标准名称改为《城乡规划基本术语标准》，并将城市化的定义改为：

城市化是："人类生产和生活方式由乡村型向城市型转化的过程，表现为乡村人口向城市人口转化，以及城镇不断发展和完善的过程，又称城镇化"。

差别是把"历史过程"改为"过程"，删去"历史"一词，理由是"历史过程"不准确。因为城市化也可以是正在进行的过程。2020年全国科学技术名词审定委员会预公布的《城乡规划学名词》一书采纳了《城乡规划基本术语标准》中对城镇化术语的阐述。

从上述修订的城镇化的定义可见：

第一，城镇化并不单纯是乡村人口向城市人口的"转移"，而是"转化"。转移是人从乡村迁到城镇，转化则不仅是人从乡村迁到城镇，而且他们的生产方式和生活方式也要发生变化，即从乡村型转化为城镇型。为此，迁到城镇的人要能就业，有工作做，这样，他们的生产方式才会改变；同时，他们还要有住房（出租房或商品房）

并能享用城市基本公共服务,这样,他们的生活方式才会改变。也就是说,他们要转化为市民。所以,说城镇化是"人口的城镇化",不够准确。

第二,城镇化不只是进入城镇人口生产方式和生活方式的"转化",还要建设住房和基础设施,还要管理好城镇,还要对城镇适时更新,使城镇不断发展和完善。所以,说城镇化是"以人为核心的城镇化",也不够准确。

第三,城镇化是一个过程,不是三年五载,八年十年的事,而是几十年甚至几百年的事。发达国家的城镇化已经经历了200多年,我国的城镇化也已经有70多年。城镇化是一个过程,是几十年、几百年才能完成的"过程",是不能够人为地去"建设"的。所以,"城镇化建设"和"土地城镇化"的说法,也不够准确。

1.2 城镇化发展程度的衡量指标

城镇化的发展程度用城镇化水平(urbanization level)或城镇化率(urbanization rate)来衡量。一个地域(如国家、省、市、县、镇等)的城镇化水平,用该地域内城镇化地区的人口除以该地域的总人口来表示(图1.1)。

计算一个地域的城镇化水平,要有两个人口数据:一是该地域的总人口,这个可以从国家统计年鉴里的数据查得,因为地区的范围是明确的,只要找到省、自治区、直辖市和市、镇等的名称就可查出该地区的人口数;二是地域内城镇化地区的人口,要得到这个数据就有一定难度。

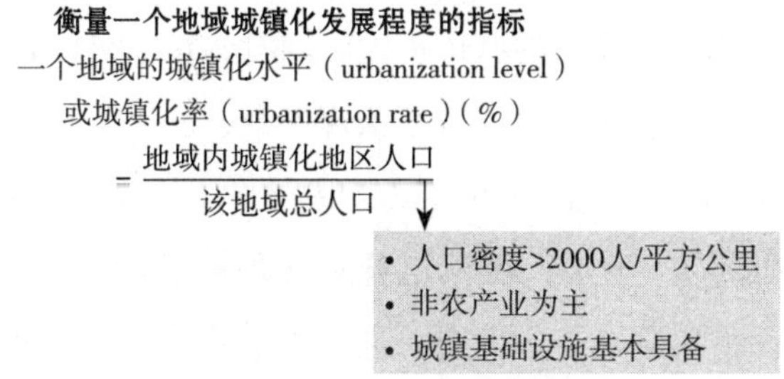

一是难在城镇化地区如何界定。一般认为,如果具备以下三个条件,就是城镇化地区:

1. 人口密度在每平方公里2000人以上;
2. 以非农产业为主;
3. 城镇基础设施基本具备。

二是难在城镇化地区的人口,居住多长时间就算城镇化地区的人口。目前,我国规定是居住半年以上。

世界各国和国际组织都用上述城镇化水平衡量城镇化的发展程度。用这个指标的优点是简明扼要,缺点是不能反映城镇化的质量。这是今后需要研究的问题。另外,我国城镇人口的概念和统计口径多变,而且混乱,表现在过去6次人口普查,每次都变换城镇人口统计标准,每次得到的城镇化水平与前一次公布的数据都不相衔接。

世界各国对城镇没有公认的、统一的定义,但多用居民人数、人口密度、非农劳动力数量和是否具备城市特征等因素来界定。例如,印度对城镇的定义是:"居民人数在5000人以上,人口密度不低于400人/平方公里,具备显著城市特征,3/4以上成年男性从事非农业生产的地区"。英国对城市的定义是:"1974年以前,城市以行政边界划分;1981年以后,城市是一万人以上的居住地"。加拿大把"居民在1000人以上,且人口密度在400人/平方公里以上的地区"定义为城市。美国则把"人口在2500人以上,人口密度400人/平方公里的地区"定义为城市。[2]瑞典规定只要集中居住人口达到200人、法国规定只要集中居住人口达到500人,就被统计为城市人口。

衡量一个地域城镇化发展程度的指标

一个地域的城镇化水平(urbanization level)
或城镇化率(urbanization rate)(%)

$$= \frac{地域内城镇化地区人口}{该地域总人口}$$

- 人口密度>2000人/平方公里
- 非农产业为主
- 城镇基础设施基本具备

图1.1 城镇化水平计算公式

我国实行"市管县（市领导县）体制"，即由具有地级行政建制的市领导县的行政区划体制。中华人民共和国成立初期，我国就有少数城市实行市领导县体制。此后，实行市领导县体制的城市逐渐增多，20世纪50年代末达到第一次高潮，60年代初开始回落并进入低潮，70年代又逐渐复苏。从1982年开始，掀起新一轮的市管县体制改革浪潮。2002年，市管县体制已成为我国大多数地区的行政区划体制。这样一来，城镇和乡村就更难区分了。

我国把"以非农产业和非农人口聚集为主要特征的人类聚落"称为城市（city，urban）。城市也泛指市政府管辖的行政区域，或者直管的市辖区范围。一般来说，城市包括建制市和镇，在《中华人民共和国城乡规划法》及之后出台的部分法律法规条文中，城市特指县城及县级市以上的建制市。

我国的市（municipality，city）是依法设定的市建制的行政区域，有直辖市、地级市和县级市之分，在《中华人民共和国城乡规划法》及其相关法律法规中，"市"有时等同于"城市"。

"依法设定的镇建制的行政区域"称为镇（town）。镇也指镇建成区域，即镇区。

"依法设定的乡建制的行政区域"称为乡（township）。村（village）则为"农村人口集中居住形成的聚落，亦泛指设立村民委员会的基层自治单位"，包括自然村和行政村两重含义。

具有一定规模工商业的居民点称为城镇，例如，县及县以上机关所在地，或常住人口在2000人以上，10万人以下，其中非农业人口占50%以上的居民点都是城镇。城市通常是指人口密度大于每平方公里2000人，以非农业为主，有道路、供水、供电等基础设施的地区。

中国2020年的城镇化水平是63.69%，就是说，全国有63.69%的人生活在城镇化地区，这是按照常住人口算出来的，如果按户籍人口计算，则为45.4%，比按常住人口计算，低了18.29个百分点。

1.3 城镇化的发展

世界城镇化始于18世纪60年代英国工业革命以后。1800年，全世界城镇人口只有5000万人，城镇化水平为5.1%。1900年，全世界城镇人口达到2.2亿人，城镇化水平为13.3%。2000年，全世界城镇人口多达34.9亿人，城镇化水平为50.1%。[3]发达国家和发展中国家城镇化发展历程有所不同（图1.2）。发达国家起步早，速度慢，少折腾；发展中国家起步晚，速度快，一不小心，就可能走过头。

1800～2000年，全球城镇化率从3%增加到47.2%（图1.3），1950～2000年，城镇人口从7.5亿增加到28.6亿。

图1.4为1950～2050年世界城镇化水平和发展趋势。从图中可以看出，亚洲和非洲的城镇化水平低于全世界平均值。拉丁美洲城镇化水平虽然很高，但经济和社会发展水平并不很高。

发达国家的城镇化始于200多年以前，虽然进展比较缓慢，也走过弯路，但一步一个脚印，总体上是健康的。这些国家的城镇化是由工业化带动的。由于工业发展，需要大量人员到工厂工作，人们就聚居在工厂附近，形成新的城镇，或者使原来的城市扩大。同时，在乡村，农业机械化使农业生产效率快速提升，创生了富余的劳动力，广泛出现了人口从乡村向城市迁移（图1.5）。于是，城镇出现对各种用品的需求，从而催生制造业的发展，进一步推动工业化，服务业也因此应运而生。这样，城镇化和工业化相

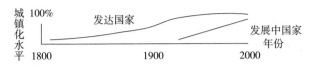

图1.2　发达国家和发展中国家城镇化发展历程

图1.3　全球城镇化率（1800~2000年）

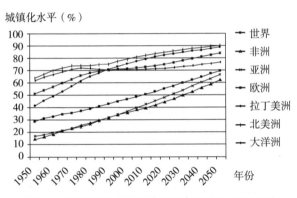

图1.4　世界城镇化水平和发展估计（1950~2050年）

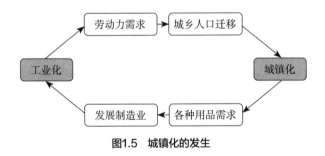

图1.5　城镇化的发生

辅相成，相伴而行，城市日益扩大，再加上服务业的发展，城市化水平逐步提升，已经达到成熟的发展阶段，多数国家的城市化水平在70%以上，有的国家高达90%。

随着大城市的过度扩张，城市中心区的居住环境渐趋恶化，一些大城市出现逆城镇化现象，表现为城市中心区的居民、一部分制造业、商业

向城市外围地带迁移和城市中心区衰落。

发展中国家的城镇化多数始于20世纪50年代，城镇化水平总体还比较低，2000年，只有39.9%的人口居住在城市。但是，在这50年间，城镇化的发展速度却非常迅猛。1950年，发展中国家的城市人口只有3亿，2000年激增到19.4亿，年平均增长速度是发达国家的2.7倍。

美、英、法、日等发达国家的城镇化，大致都经历了三个阶段。

第一阶段是以人口集聚为主。人口向城镇集中，促进村镇发展为小城镇，继而规模不断扩大，小城镇又发展为小城市。从18世纪60年代开始，英国发生了工业革命，用机器生产代替手工劳动，从工场手工业向机器大工业转变，影响了整个欧洲大陆，并带动了当时许多国家发生了工业革命。随着工业革命的不断推进，英国成为世界上最早开始城镇化的国家，到1850年，城镇化水平就超过了50%，而当时整个世界城镇化平均水平才是6.4%。此后，城镇化进程伴随着工业化的发展，从英国扩散到欧洲大陆、北美、大洋洲和亚洲的日本等地。法国的城镇化始于19世纪下半叶，到20世纪30年代初，大多数人口已经居住在城市。这一阶段兴起的城镇以工业为主要产业，由第一产业向第二产业转移，大量农村人口涌向城镇，推动了城镇化进程。

第二阶段主要表现为集聚和扩散并行。人口流向城镇的速度加快，城市迅速发展，同时中小城市出现了要素向周边小城镇扩散的趋势。这一阶段大约经历了半个世纪。其主要特征是城镇化水平进一步提高，规模和范围进一步扩大。到1950年，世界城镇化平均水平已经达到28.4%，城镇化水平超过50%的国家有法国、荷兰、加拿大、澳大利亚和新西兰等。在这一阶段，城镇的基础设施、生活和工作条件都大为改观，城镇的

规模不断扩大，新兴城镇也随之不断增多。

第三阶段以扩散为主，城镇连绵发展。在发达国家城镇化水平达到很高的情况下，走向城镇现代化，人口向中小城镇迁移速度加快，由此带来大中城市周边小城镇发展较快，形成城镇群或城镇带。城镇基础设施进一步完善，人们的生活更加舒适和方便，劳动力和产业开始从第二产业向第三产业转移，社区服务和社会综合治理大大加强。自20世纪40年代起，美国的城镇化已经进入第三阶段，人口向大城市集中的速度已经放缓，开始出现了大城市人口向郊区小城镇迁移的"郊区化"或"逆城市化"趋势。1980年美国人口普查显示，在整个19世纪70年代，美国50个大城市的人口下降了4%，而这些大城市周边的小城镇人口则增加了11%，中等城市的人口增加了5%。

1.4 城镇化的动力

工业化伴随城镇化是一条不以人们意志为转移的客观规律，城镇化的根基是工业化、服务业和经济的发展。

城镇化的动力是工业化，没有工业化就没有城镇化。这种动力主要来自城镇的拉力（图1.6）。城镇的就业机会、基础设施、社会服务、教育、医疗、社会保障条件和收入水平等都优于乡村，所以能吸引乡村人口向城镇转移。由于城镇工业（第二产业）和服务业（第三产业）的发展，需要更多的劳动力，因而创生更多的就业岗位，使乡村人口向城镇转移有了可能。但农业生产力发展创生的富余劳动力，需要推向城镇，这个来自农村的推力也不容忽视。所以，城镇化的要务

是：一方面，在城镇大力发展工业和服务业，创生就业岗位，推进城镇住房和基础设施建设，使城镇不断发展和完善；另一方面，要在乡村大力推进新农村建设，通过农业机械化和人员培训提升农业劳动生产力，减少农业对劳动力的需求，改善农民的生活和居住环境。现在有些人认为，城镇化就是让农民到城里去。有的地方，在镇上盖房子，让农民去住。结果，农民去了，没有工作，待不下去，又回去了，这个不叫城镇化。

有的地方，一心想发展第三产业，即服务业。他们不知道，第一产业、第二产业和第三产业的前面都有一个"第"字，这就是说，第一、第二和第三产业的顺序一般是不能颠倒的，要发展第三产业，一般先要发展第二产业，即发展工业，因为没有工业，服务业就缺少服务对象，就很难发展起来。城镇化是进城人口生活方式和生产方式的转化，只有城镇不断发展和完善，使进城的人有工作做，有房子住，能享用基本基础设施，他们的生产方式和生活方式才可能由乡村型转化为城镇型。[1]

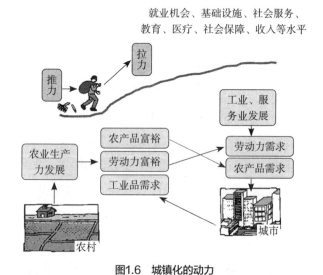

图1.6　城镇化的动力

---

[1] 叶耀先. 中国可持续城镇化战略. 中浦大讲堂系列教材. 中国浦东干部学院.

1.5 城镇化的误解

近年来，各地在实施城镇化规划的过程中，对城镇化存在着一些误解，主要表现有：

1. 颠倒了城镇化的"因"和"果"

城镇化最先是由工业化推动的，没有工业化，就没有城镇化。工业化是"因"，城镇化是"果"。城镇化是产业升级和经济、社会发展的产物。产业升级和经济、社会发展是"因"，城镇化是"果"。由于因果颠倒，就把城镇化视为中国经济发展的内生动力，解决问题的万能药方。

由此就认为，只要推进城镇化，就能拉动经济发展，就能加快产业结构转型升级，就能解决农业、农村、农民等"三农"问题，就能推动区域协调发展，就能提高生产活动效率，就能富裕农民、造福人民，就能全面提升生活质量，就能拉动内需，推进经济持续健康增长。于是，有的地方就动用行政手段来推进城镇化，把提升城镇化水平作为城镇化的目标。认为城镇化每增长1个百分点，就能拉动经济增长1.5个百分点。甚至在乡村，不准农民翻建住宅，规定新住宅必须建在城镇。

按照城镇化的一般规律，一个地区的城镇化水平与经济发展水平确有相互影响的关系。在城镇化初期，主要是工业化和经济发展带动城镇化发展；到城镇化发展到一定程度后，高度的城镇化水平又会反过来促进工业化，促进产业升级，促进经济和社会的发展。有些地方片面追求提高城镇化水平，在很大程度上就是由于颠倒了城镇化的因果关系，过分夸大城镇化对经济的促进作用而造成的。

2. 认为城镇化就是城市建设

前已述及，城镇化的核心是乡村居民的生产方式和生活方式由乡村型向城镇型转化，这就需

要解决好他们的就业、居住和基础设施享用等问题，包括产业升级发展、社会保障、环境整治、住房供给和基础设施建设等。有些地方把城镇化等同于城市建设，认为城镇化就是"多盖房子多修路"，就是城市环境美化、绿化和亮化，而不是下大力气发展经济，发展工业和服务业务，创生就业岗位，结果进城的人没有工作，不能安居下来。相反，大量征用农民的土地，出现了大批失地农民。据统计，1987～2001年，至少有3400万农民人均占有耕地减少到0.3亩以下，或者完全失去土地。如果包括违法占用耕地，人均占有耕地0.3亩以下，或者完全失去土地的农村人口可能高达4000万～5000万人，占全国农村人口的5%～6%。大城市争建"国际化大都市"，全国共有661个城市，竟有183个城市提出要建国际化大都市或国际化城市。许多城市都在兴建广场，有的号称比北京天安门广场还要大。有些城市大规模拆迁旧城，另建新城，"搞假古董"，城市的历史建筑和城市风貌遭到严重破坏。城市照抄照搬外国建筑，景观"克隆"，千城一面，造成可识别性严重缺失。

3. 认为推进城镇化就是提高城镇化水平，尤其是户籍人口城镇化水平

有些地方通过"突击批户口"或行政区划调整（乡改镇、镇改县、县改市）来增加城市户籍人口，提高户籍人口城镇化水平，这种做法实际上是搞虚幻的城镇化。因为，提高城镇户籍人口，首要的是发展工业和服务业，增加非农就业岗位；进行住房和基础设施建设，为就业人员提供住房和享用城镇基本公共服务。同时还要解决两个问题：一是落户需要的钱（一个农民工落户，大概需要8万到15万元）从哪里出；二是落户之后，他们在农村的财产权利如何处置。只有这些问题解决了，给他们户籍来提高户籍人口城

镇化率,才是真正的城镇化。

据中国之声《央广夜新闻》报道,2015年12月,四川省统计局对成都、绵阳等九个城市进城务工人员调查显示,53.8%的受访者不愿将农村户口转为城镇户口。在农民工不愿落户城市的原因中,37.8%的受访者想保留家中土地承包权,为自己留一条后路;33.7%的受访者觉得农村土地有较大增值潜力。农民工对落户城市有很多顾虑,因此,不应该为了提高户籍人口城镇化水平而强行推动农民工市民化。

参考文献

[1] 饶会林. 城市经济学(上)[M]. 大连:东北财经大学出版社,1999:45.

[2] 周干峙. 中国特色新型城镇化发展战略研究(第一卷)[M]. 北京:中国建筑工业出版社,2013:66-67.

[3] 周干峙. 中国特色新型城镇化发展战略研究(第一卷)[M]. 北京:中国建筑工业出版社,2013:4.

第 2 章
城镇化的要务之一：
发展工业和服务业，建设住房和基础设施

我们塑造我们的建筑，而后我们的建筑又重塑我们。

——（英）温斯顿·伦纳德·斯宾塞·丘吉尔（Winston Leonard Spencer Churchill）

一个国家的竞争力取决于四个因素：基础设施、教育、政府和好的环境。

——（美）托马斯·弗里德曼（Thomas L. Friedman）

本书第1章已经述及，城镇化是人类生产和生活方式由乡村型向城镇型转化的过程。要使这种转化的过程健康、有序和可持续，必须在抓好下列支撑城镇化发展的三大支柱上下功夫。

1. 发展城镇经济，即发展工业（第二产业）和服务业（第三产业），创生就业岗位，使进入城镇的人有工作可做，从而促使他们的生产方式由乡村型向城镇型转化。

2. 在城镇进行住房建设，使进入城镇的人有房子住，从而促使他们的居住生活方式由乡村型向城镇型转化。

3. 在城镇进行基础设施建设，使进入城镇的人有基础设施可以享用，从而促使他们的其他生活方式由乡村型向城镇型转化。

本章阐述发展工业、服务业，建设住房，以及建设基础设施等支撑城镇化发展的三大支柱的理念、做法和经验。

2.1 发展工业和服务业

从推进城镇化来说，发展工业和服务业的主要目的是让进入城镇的人有工作可做，就是要解决他们的就业问题。为此，一方面需要掌握历年第一产业、第二产业和第三产业的就业人数，特别是历年三个产业的就业人数变化情况（表2.1）。另一方面，为了判断城镇化的质量，还需要根据历年分产业就业人数，绘制历年分产业就业人数变化曲线，以便分析三个产业变化的相互关系（图2.1）。从表2.1和图2.1可见：

1. 第一产业（农业）在1952年到2001年期间，就业人员年末人数曲线总体是上升的，只有1957～1961年和1991～1997年两个较短的时期有不大的波动。1997年以后，就业人员年末人数曲线一直下降，2011年开始，低于第三产业就业人员年末人数，2014年年底开始低于第二产业就业

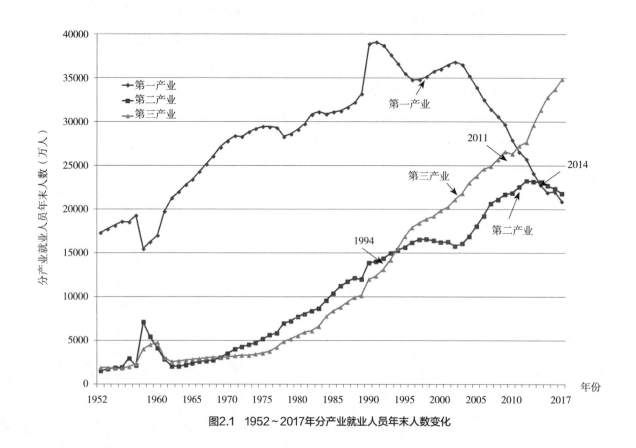

图2.1 1952～2017年分产业就业人员年末人数变化

1952～2020年分产业就业人员年末人数（万人）　　　　　　表2.1

年份	第一产业	第二产业	第三产业	合计	年份	第一产业	第二产业	第三产业	合计
1952	17317	1531	1881	20729	1987	31663	11726	9395	52783
1953	17747	1715	1902	21364	1988	32249	12152	9933	54334
1954	18151	1882	1799	21832	1989	33225	11976	10129	55339
1955	18592	1913	1823	22328	1990	38914	13856	11979	64749
1956	18544	2968	2006	23518	1991	39098	14015	12378	65491
1957	19309	2142	2320	23771	1992	38699	14355	13098	66152
1958	15490	7076	4034	26600	1993	37680	14965	14163	66808
1959	16271	5402	4500	26173	1994	36628	15312	15515	67455
1960	17016	4112	4752	25880	1995	35530	15655	16880	68065
1961	19747	2856	2987	25590	1996	34820	16203	17927	68950
1962	21276	2059	2575	25910	1997	34840	16547	18432	69820
1963	21966	2038	2636	26640	1998	35177	16600	18860	70637
1964	22801	2183	2752	27736	1999	35768	16421	19205	71394
1965	23396	2408	2866	28670	2000	36043	16219	19823	72085
1966	24297	2600	2908	29805	2001	36399	16234	20165	72797
1967	25165	2661	2988	30814	2002	36640	15682	20958	73280
1968	26063	2743	3109	31915	2003	36204	15927	21605	73236
1969	27117	3030	3078	33225	2004	34830	16709	22725	74264
1970	27811	3518	3103	34432	2005	33442	17766	23439	74674
1971	28397	3990	3233	35620	2006	31941	18894	24143	74978
1972	28283	4276	3295	35854	2007	30731	20186	24404	75321
1973	28857	4492	3303	36652	2008	29923	20553	25078	75564
1974	29218	4712	3439	37369	2009	28080	21684	25875	75828
1975	29456	5152	3560	38168	2010	27931	21842	26332	76105
1976	29443	5611	3780	38834	2011	26472	22539	27185	76196
1977	29340	5831	4206	39377	2012	25535	23226	27493	76254
1978	28318	6945	4890	40152	2013	23838	23142	29321	76301
1979	28634	7214	5177	41024	2014	22372	23057	30920	76349
1980	29122	7707	5532	42361	2015	21418	22644	32258	76320
1981	29777	8003	5945	43725	2016	20908	22295	33042	76245
1982	30859	8346	6090	45295	2017	20295	21762	34001	76058
1983	31151	8679	6606	46436	2018	19515	21356	64911	75782
1984	30868	9590	7739	48147	2019	18652	21234	35561	75447
1985	31130	10384	8359	49873	2020	17715	21543	35806	75064
1986	31254	11216	8811	51282					

数据来源：

1. 国家统计局人口和就业统计司，人力资源和社会保障部规划财务司．2010年第六次全国人口普查劳动力数据资料．
2. 国家统计局．2020中国统计年鉴［M］．北京：中国统计出版社，2021：106．
3. 国家统计局．2021中国统计年鉴［M］．北京：中国统计出版社，2022：120．

人员年末人数，而且持续下降。

2．第二产业（工业）在1952～2013年期间，就业人员年末人数曲线总体是上升的，只有1956～1969年出现过波动。1994年开始被第三产业超过。2014年以后，就业人员年末人数呈现下降趋势。

3．第三产业（服务业）在1952～2017年期间，曲线总体是上升的，只有1960～1968年出现过波动。1994年开始超过第二产业，2011年开始超过第一产业，并且仍然呈上升趋势。

4．2014年以后，就业人员年末人数呈现第三产业领先，第二产业随后，第一产业末尾的格局。这种情况说明，我国三个产业已经走上健康发展的道路，创造的就业岗位，为可持续城镇化奠定了基础。

5．上述情况说明，随着经济发展和人均国民收入水平的提高，我国三个产业就业人数的排序由1952～1994年的第一产业、第二产业、第三产业发展到1994～2014年的第一产业、第三产业、第二产业，再到2014年以后的第三产业、第二产业、第一产业。这在总体上符合世界产业结构的演进规律，即随着工业和服务业的发展，第一产业在国民经济中占有的支配地位逐步让位于第二产业，然后再让位于第三产业。按照1952～2018年间全国三个产业就业人数变化情况来看，第三产业就业人数不断攀升，第一、第二产业就业人数呈现下降趋势。说明我国就业人员正逐步从第一、第二产业向第三产业转移，彰显了城镇化的健康发展，充分说明工业和服务业是推动城镇化的动力，没有工业和服务业的发展就没有城镇化。

从农村进入城镇的人员主要是农民工。农民工可分为外出就业和本地就业两类。外出就业是指在户籍所在乡镇地域以外就业，本地就业是指在户籍所在乡镇地域以内就业。2008～2021年全国农民工就业总人数和外出及本地就业人数如表2.2所示。图2.2为根据表2.2绘制的2008～2018年全国农民工就业总人数和外出及本地就业人数变化曲线。从图2.2可见：

1．2008～2021年的14年期间，全国农民工就业总人数从2.2542亿人增加到2021年的2.7395亿人，增加4853万人，平均每年增加346.64万

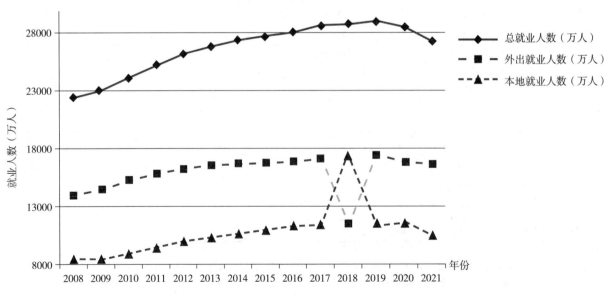

图2.2　2008～2021年全国农民工就业总人数和外出及本地就业人数变化

2008～2021年全国农民工就业总人数和外出及本地就业人数（万人）　表2.2

年份	总就业人数	外出就业人数	本地就业人数
2008	22542	14041	8501
2009	22978	14533	8445
2010	24223	15335	8888
2011	25278	15863	9415
2012	26261	16336	9925
2013	26894	16610	10284
2014	27395	16821	10574
2015	27749	16884	10863
2016	28171	16934	11237
2017	28652	17185	11467
2018	28836	11570	17266
2019	29077	17425	11652
2020	28560	16959	11601
2021	27395	16821	10574

资料来源：

1. 2011年我国农民工调查监测报告，国家统计局，2012. www.stats.gov.cn/ztjc/ztfx/fxbg/201204/t20120427_16154.html.
2. 2012年全国农民工监测调查报告，国家统计局，2013. http://www.stats.gov.cn/tjsj/zxfb/201305/t20130527_12978.html.
3. 2014年全国农民工监测调查报告. https://baike.baidu.com/item/2014%E5%B9%B4%E5%85%A8%E5%9B%BD%E5%86%9C%E6%B0%91%E5%B7%A5%E7%9B%91%E6%B5%8B%E8%B0%83%E6%9F%A5%E6%8A%A5%E5%91%8A.
4. 2015年农民工监测调查报告，国家统计局，2016. http://www.stats.gov.cn/tjsj/zxfb/201604/t20160428_1349713.html.
5. 2016年农民工监测调查报告，国家统计局，2017. http://www.stats.gov.cn/tjsj/zxfb/201704/t20170428_1489334.html.
6. 2018年农民工监测调查报告，国家统计局，2019. http://www.stats.gov.cn/tjsj/zxfb/201904/t20190429_1662268.html.
7. 2019年农民工监测调查报告，2020. https://wenku.baidu.com/link?url=oOf1eHGzHS7IjZDr6tks6BryWxlFC9T_JSL1-f3YST0YMCsEO3gKnuqE-iVlrommO4P3KaaB6Ka6tcxCs8w7E-RO191PrMtM_vitHfs97P8hBknc_hU3iSuSLqN9AaMrMxtdQqmApk6sky53kAMhwa.
8. 2020年农民工监测调查报告，国家统计局，2021. www.stats.gov.cn/tjsj/zxfb/202104/t20210430_1816933.html.
9. 2021年农民工监测调查报告，国家统计局，2022. https://wenku.baidu.com/view/dfeff4f4b5360b4c2e3f5727a5e9856a57122654.html.

人，呈增加趋势。2019年以后呈减少趋势。

2. 从2008到2017年的10年期间，外出就业人数和本地就业人数都呈增加趋势。外出就业人数增加3144万人，年均增加314.4万人；本地就业人数增加2966万人，年均增加296.6万人；本地就业人数虽少于外出就业人数，但增速却快于外出就业人数。

3. 2018年，本地就业人数超过外出就业人数，说明乡镇地域为本地农民提供了更多的就业机会。2018年以后，外出和本地就业人员都呈下降趋势。

2.2 住房建设

2018年，中国经济已由高速增长阶段转向高质量发展阶段。高质量发展，就是满足人民日益增长的美好生活需要的发展，就是体现创新、协调、绿色、开放、共享的新发展理念的发展。中国住房建设正在从数量和质量并重阶段，转向注重质量的高质量发展阶段。

2.2.1 我国住房高质量发展的底蕴

中华人民共和国成立以来，住房建设取得了巨大的成就，为转向高质量发展打下了坚实的基础。2018年，全国城镇居民人均住房建筑面积达39.0m²，是1949年中华人民共和国成立时8.3m²的4.7倍，是1978年改革开放开始时3.6m²的10.8倍。全国农村居民人均住房建筑面积从1978年的8.1m²，增加到2018年的47.3m²，为1978年的5.8倍。

我国住房发展经历了四个阶段[1]~[5]（图2.3）。

1. 学习苏联、探索实践阶段（1949~1957年）

这个阶段，国家实行计划经济，公有住房体制，福利分房。分到什么房，就住什么房，住房短缺，发展处于注重数量阶段。在住宅设计方面，引入苏联的标准设计方法和居住小区规划思想，建造了第一批住宅。其特点是：居住面积标准低；多户合住在一个大的套房里；共用厨房和面积很小的卫生间；传统的公共空间（厅）失去踪影；没有走道，套间式住宅流行；室外环境尚未提上日程。

2. 极端简约、缓慢发展阶段（1958~1978年）

这个阶段，城镇居民人均住房建筑面积有所下降，住宅标准有所降低。建设了干打垒住宅（用在两块固定的木板中间填入黏土夯实的土墙承重的住房）和筒子楼住宅（每一层有外走廊，连着多个建筑面积十几平方米的单间）。1958年大办人民公社高潮中，北京市和天津市兴建了城市公社大楼（公共大食堂和开水间等服务设施集中设置，每一层都设有居民活动室和服务部，体现"公社化"原则和集体生活模式的居民楼）。"文化大革命"后期，实行"统一规划、统一设计、统一建设、统一管理"的建设模式，住宅小区规模扩大，居住区密度提升，出现了高层住宅，住宅工业化体系进一步发展。

3. 艰难起步、逐步发展阶段（1979~1991年）

实行改革开放和有计划商品经济。开始以放

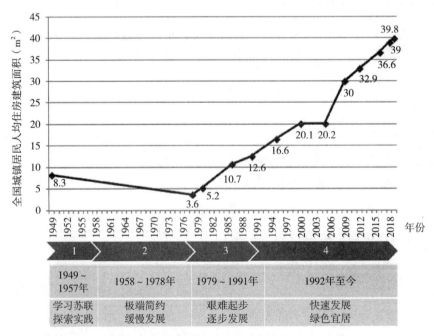

图2.3 全国城镇居民人均住房建筑面积（m²）变化（1949~2019年）

权让利为取向的改革，如住房投资、住房建设体制和住房分配制度改革，以及补贴出售公房等。

4. 快速发展、绿色宜居阶段（1992年至今）

实行社会主义市场经济。1980年开始住房制度改革，经历了试点售房（1979～1985年）、提租补贴（1986～1990年）、以售带租（1991～1993年）和全面推进住房市场化改革（1994～1998年）等阶段。1998年7月，国务院《关于进一步深化住房制度改革加快住房建设的通知》宣布全国城镇从1998下半年起停止住房实物分配，全面实行住房分配货币化，建立和完善以经济适用住房为主的多层次城镇住房供应体系。商品房都是成套住房，有卧室、起居室（厅）、厨房、卫生间、储藏空间和阳台等。住房建设逐步进入数量和质量并重阶段。

2008年，国家启动保障性住房计划，投资9000亿元启动保障性住房建设，棚户区改造正式纳入城镇保障性安居工程。保障性安居工程加快推进，累计建设各类保障性住房和棚改安置住房8000多万套，近2200万困难群众领取了公租房租赁补贴，2亿多群众解决了住房困难问题。

住宅类型更加多样化，住宅小区环境、停车、物业管理、社区营造、交通通信、居住模式和智能化等受到关注。1992年提出发展"住宅产业"设想[6][7]，1994年，全国推行住宅产业化。

1995年颁布《城市住宅建设标准》、2000年建成多媒体住宅产品数据库、2003年颁布《老年人居住建筑设计标准》、2006年《住宅建筑规范》《住宅性能评定技术标准》和《绿色建筑评价标准》颁布实施。

1990～2008年的19年间，中、日两国政府通过日本国际协力机构（JICA）实施的四个合作研究项目："中国城市小康住宅研究"（1990～1993年），"中国住宅新技术研究与培训中心"（1995～2000年），"住宅性能认定和部品认证"（2001～2004年）和"推动住宅节能进步"（2005～2008年），建立了住宅性能实验室，为我国住房科技水平的提升作出了重要贡献。提出的小康住宅的10项要求（表2.3），在全国广为流

小康住宅的10项要求　　　　　　　　　　　　　　　　　　　　　　　　表2.3

序号	要求
1	套型面积稍大，配置合理，有较大的起居、炊事、卫生和储藏空间
2	平面布局合理，体现公私分离、食寝分离、居寝分离原则，并为住户留有装修改造余地
3	根据炊事行为，合理配置成套厨房设备，改善通风效果，冰箱入厨
4	合理分隔卫生空间，减少便溺、洗浴、洗衣和化妆、洗面的相互干扰
5	管道集中隐蔽，水、电、煤气等三表出户，增加电器插座，扩大电表容量，增设保安措施，配置电话、空调和电视专用线路
6	设置门斗，方便更衣换鞋；展宽阳台，提供室外休憩场所，合理设置室内外过渡空间
7	房间采光充足，通风良好，具有优质的声、光、热和空气环境，隔声效果和照明水平等在现有国家标准基础上提高1～2个等级
8	住区环境舒适，便于治安防范和噪声综合管理；道路交通组织合理，社区服务设施配套，达到文明标准的文化、物质生活条件
9	有宜人的绿化和景观；保留地方特色，体现节能、节地和保护生态原则
10	垃圾处理袋装化，自行车就近入库，预留汽车停车车位

传，推进了我国住宅设计水平的提高。

1994年组建国家住宅与居住环境工程技术研究中心，1999年运行。对住宅科技成果转化，现有科技成果成熟性、配套性和工程化水平提高作出了贡献。

1995～2000年实施的"2000年小康型城乡住宅科技产业工程"，是当时国家科委公布的全国15个重中之重项目之一。通过科技开发，产品产业，产业政策和示范小区，为引导中国居民21世纪居住生活目标的实现作出了重要贡献。

2.2.2 住房高质量发展的"三最"原则

注重质量，高质量发展就是按照"资源利用效率最高、对环境影响最小和对生物种群最好"的"三最"原则，建造出人们喜爱的住房。做到"三最"的住房，就是"绿色住房"，就是"可持续住房"，就是我们一直探索和追求的住房发展目标。"三最"涉及资源利用、环境影响和生物种群三个方面（图2.4），其要义如下。[8]～[17]❶-❹

1. 资源利用效率最高（highest resources efficiency）。建设住房用的各种资源，包括能源、土地、水、建筑材料以及设备和产品等，都要利用效率最高。评价资源是否高效利用的科学办法是对住宅作全寿命成本——效益分析，弄清房屋从建造到拆除的全寿命期间所花去的费用和耗用的资源。

节能是能源高效利用的重点。现在说的节能百分之几，是以1980～1981年当地住宅通用设计能耗水平为参照值确定的。1986～1995年要求新建采暖居住建筑在1980～1981年当地通用设计能耗水平基础上普遍降低30%；1996～2004年要求在达到上一阶段要求的基础上再节能30%，即总节能50%；以后又要求总节能65%和75%。现在走向低能耗、超低能耗和近零能耗，并和以前的节能标准相衔接。低能耗建筑是能耗比现行建筑节能标准降低25%～30%的建筑，按照2018年严寒、寒冷地区城镇新建住宅节能75%标准设计的建筑就是低能耗建筑。超低能耗建筑是能耗比现行节能标准降低50%以上的建筑。近零能耗建筑是室内环境参数和能耗指标满足2019年9月1日起实施的《近零能耗建筑技术标准》（GB/T 51350—2019）的建筑。

我国的《被动式超低能耗绿色建筑技术导则》和《近零能耗建筑技术标准》充分参考了德国被动式超低能耗建筑标准，主要能耗指标同德

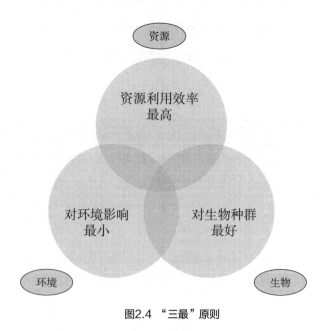

图2.4 "三最"原则

---

❶ 台湾建筑研究所. 绿色低碳建筑\绿建筑解说与评估手册. 2005.

❷ 台湾能源局. 集合住宅节能技术手册. 2005.

❸ 绿色建筑解说与评估手册. 2003.

❹ Oakland Sustainable Design Guide.2002.

国标准基本一致，某些指标还高于德国标准。被动式超低能耗建筑特别适合与德国气候条件相近的华北地区，南方地区需要经过实践和技术完善以后，才宜大规模推行。

我国东北寒冷，南方潮湿，而德国国土面积35.7万km²，是我国的3.7%，以温带气候为主；我国集合住宅内部有分户分隔，不能像德国按整个建筑作为一个围护结构计算能耗；我国高层住宅空置率高，有"蹭暖气"情况；多数住宅小区的单元门，并非总在关闭；各地生活习惯差异大，不同人群室内适合温度也不相同；厨房煎、炒、烹、炸较多，必须有抽油烟机，需要补风等。上述导则和标准的主要能耗指标与德国标准基本一致，是否适合国情，尚需仔细研究。

目前，每百万美元GDP能耗，中国是913t标油，是世界平均水平274t标油的3.3倍，是经济合作发展组织（OECD）国家和地区的4.3倍，是日本（95.9t标油）的9倍多。说明我国能源利用效率低下。但是，同发达国家和地区相比，我国人均能源消耗又很低。1998年为0.97t标准煤，低于世界平均水平的一半，仅为发达国家的1/7，贫困山区人均能源消耗更低，只有世界平均水平的4%～7%。2007年我国人均能源消耗量提高到2t标准煤，但仍比发达国家低得多。所以，要全面建设小康社会，我们的年人均能源消耗量还是要提高，否则是不可能满足人民生活水平提高的需要的。单说节能还不行，要说高效利用能源、开发和扩充能源才全面。

据统计，在住宅的能耗中，采暖和空调占61%，热水占22%，照明和电气设备占10%，烹饪仅占7%。所以，高效利用能源的关键在采暖、空调和热水。能源高效利用除选用高效设备以外，关键是住宅的外墙、外窗和屋顶等外围护结构的保温隔热，建筑体形系数、窗墙面积比、窗和阳台的气密性，外窗遮阳，可再生能源的利用，以及自然采光和通风等是否符合规范要求。

建筑朝向对建筑能耗影响也很大，南北朝向对提高能效最为有利，因为夏季可以减少太阳辐射，冬季可以增加太阳辐射得热。东西向的多层住宅同南北向的相比，耗热量指标约增加5.5%。

在春秋季和夏季凉爽时间，良好的室内外自然通风，不仅有利于改善室内的热舒适程度，而且可以减少开空调的时间，有利于降低建筑物的能耗。

在夏热冬冷和夏热冬暖地区，外窗采取遮阳措施是提高能效的有效措施。外窗遮阳对建筑能耗影响的模拟实验表明，当外窗综合遮阳系数从0.9降低到0.3时，该建筑制冷能耗降低了30%。试验还表明，当外窗有遮阳时，关窗情况下室内外温差相差1.4℃，即使开窗，室内外温差也相差1.0℃。

建筑设计使用年限（寿命）是指设计规定的结构或结构构件不需进行大修即可按其预定目的使用的期限。我国住宅的设计使用年限一般为50年。按照规范设计的建筑，寿命都能达到50年或以上，不到50年就破坏，以至不能继续使用的，至今尚未发现一个实例。说中国建筑寿命只有25～30年，而英国建筑的平均寿命达到132年都是说的建筑统计平均寿命，而不是我国通常所说的建筑设计使用年限（寿命）。某年的建筑统计平均寿命（年）等于某年既有建筑套数或面积除以某年新建建筑的套数或面积[18]。比如，2018年我国既有建筑为500亿m²，新建建筑为20亿m²，则我国2018年的建筑统计平均寿命为500/20=25年。1995年英国有24598000套建筑，当年新建196600套，所以1995年英国的建筑统计平均寿命是24598000/196600=125.12年。建筑统计平均寿命的含义是"既有建筑平均可以使用的年数"。仍在使用的既有建筑越多，当年新建建筑越少，建筑统计平均寿命就越高。也就是说，鼓励延长既有建筑的使用年限，减少每年的新建建筑量。这在节能、节水、节材、节地方面都是很有积极意义的。但是建筑统计平均寿命只能用作一个国家或地区自己作比较。比如英国留存的建筑质量好，可以保留的时间长，每年新建的建筑不很多，建筑统计平均寿命就很高。我国城乡原有建筑大多质量不高，很多需要拆除新建，所以建筑统计平均寿命就比较低。建筑统计平均寿命低，并不能说明建筑使用寿命低。

2. 对环境影响最小（lowest environment impact）。盖房子，要注意保护环境，使环境不要因为建设而遭到破坏。

20世纪80年代，笔者在国家建委工作的时候，有一次到江苏省南京市禄口镇，就是现在的南京飞机场去调查，书记和镇长给我们讲，近几年他们挖了多少山头，填了多少水塘。笔者问，有山头和水塘不是很好吗，为什么要挖、要填呢？他们回答说，不是说盖房子要"三通一平"和"七通一平"吗？其实，对环境影响最小，首要的是保护原生地形地貌。如果在有大树的场地建设，懂得绿色或"三最"的建筑师会精心规划，尽可能地把大树都保留下来。如果建设场地有山头，有水塘，他们会精心规划，把山头和水塘融入建设项目中，而不是去挖山头，填水塘。

对环境影响最小，还要注意防止建设对空气、水和土壤的污染。现在提倡用可再生能源，实际上是为了少用化石能源，保护环境。可再生能源包括太阳能、地热能和风能等。太阳能有用来产生热水的，也有用来发电的。太阳能是清洁能源，不破坏环境。但是，有人说，生产光伏电池要破坏环境。得失如何，还应作细致分析。风能利用比较麻烦，如果风场选择不当，成本就难以收回。有的搞了风能发电，不运行；有的运营了，但一直亏损。

尽量采用当地材料，可以减少运输对环境的影响，而且可以支持当地经济的发展。北京有一个为奥运建筑推荐建筑材料的单位找到笔者，笔者对他们说："根据绿色建筑的原则，要求建筑材料应当是在离建筑工地一定距离范围内生产的，你们应当推荐北京市附近生产的产品。"他们说，那不就成了地方保护主义了。《绿色建筑评价标准》规定，对住宅和公共建筑，施工现场500km以内生产的建筑材料重量应分别占建筑材料总重量的70%和60%，就是尽量采用当地材料的具体体现，跟地方保护主义毫无关系。南方一个新建的飞机场，所有材料、部品都是从国外进口的，媒体问笔者有什么看法，笔者没有说话，因为这压根儿是同绿色和"三最"理念背道而驰的。

利用再生建筑材料，是对环境影响最小的又一项措施。绿色和"三最"建筑要求在设计阶段就要考虑你设计的房子将来拆除的时候，拆下来的材料往那里去。去处无非有三：一是回收再利用；二是回归大自然；三是堆在那儿，占用土地，破坏环境。建筑材料的回收再利用是保护环境的重要方面。国家《绿色建筑评价标准》规定，在建筑设计选材时，要考虑材料的可再循环使用，使用重量应占所用建筑材料总重量的10%以上，就是鼓励利用再生建筑材料。

对环境影响最小，还要尽可能利用既有建

筑，提高建筑寿命。笔者去浙江，看到农村到处盖新房。过去几代人盖一次房，现在一代人盖几次房，主要是规划设计不符合使用要求和讲排场。盖新房就要拆旧房。现在大拆大建成了我国城乡一道让人揪心的风景。北京西直门立交，建成时，说是中国第一，世界水平，不到10年就拆了。从报纸上看到，南通火车站，花了两个亿，才建成两年，现在又要拆除重建。北京灯市口的华侨大厦，是1959年为国庆十周年而建的十大建筑之一，才用了30多年，就拆了，说是危房。拆除以前，有人向《人民日报》投稿反映，北京市领导批示要请专家论证。论证会笔者参加了，会上得知，房子已经被打成千疮百孔，就等着装炸药了。把好房子弄成危房，专家只能认可了。一个城市，如果把老建筑都拆了，就等于痴呆了，失去记忆了。

3. 对生物种群最好（best benefit to man and bio-community），就是说，要对人和人共同生活的动物植物的生存和健康最为有利。我们讲生态住宅、生态建筑、生态城市和生态省，但对什么是生态系统却常常不求甚解。生态系统是动态平衡系统，是1935年英国生态学家A. G. Tansley首先提出来的，包括生物群落（一定种类相互依存的动物、植物和微生物）和构成生物群落生存物理环境的非生物。生态学专家认为，凡是有生物群落和非生物构成的生存物理环境的地方，都可以说是生态系统。这样说，我国所有城镇都已经是生态城镇，那为什么还要建设生态城镇？这个问题笔者问了许多生态专家，最后比较满意的回答是：现在的城镇不是自然生态系统，而是拟生态系统。我们要建设的是更接近自然生态的生态系统。

通常我们说"以人为核心"，也不能说不对，但不要忘了其他生物。如果光是对人有利，对其他生物不利，那人也不可能生活得很好。所以说，我们在建设的时候，要把人安排得好，使人舒适、健康、愉快，同时也要考虑到给其他生物留有好的安身之地。21世纪初，日本京都大学防灾研究所请笔者当客座教授。在这期间，笔者到大阪考察了大阪煤气公司旨在为下一代保护全球环境的6层实验住宅（图2.5），他们叫NEXT 21，建在闹市区。这栋住宅的特点有三：一是高效利用能源；二是推进与自然和谐的生活方式；三是废弃物的再利用。房屋的各层走廊、阳台和屋顶都有绿化，整个房子远看就像一棵大树。建成后，有22种鸟来栖息过，有5种鸟在这里做窝、下蛋，不走了；底层的水池里来了许多昆虫；人和其他生物生活得很和谐。国外有的住宅甚至在屋顶部位设置鸟窝，也给鸟一个栖身的处所。

要做到"三最"，必须重视规划设计理念的更新。建筑规划设计的科学理念是：最大限度利用自然环境，通过自然通风、采光设计和保温隔热的外围护结构，做到冬季不用或少用暖气系统，夏季不用或少用空调系统，即可达到高度舒适。而我们有些人却在提倡恒温、恒湿、恒氧的关窗生活；许多宾馆饭店不能开窗或窗户只能开

图2.5　日本大阪煤气公司6层楼的实验住宅

得很小；不研究城乡住宅发展方向，而是在全国疯狂建造高层住宅，三线城市也不例外，30层左右极为普遍，60层的也有；不进行成本—效益分析，花上百万搞华丽的住宅小区入口；在缺水的住宅小区建设像公园一样的人工水景；在屋顶和建筑立面搞没有功能的装饰构件；误解生态、绿色，在百米高的墙面搞立体绿化，宣扬非生态的"第四代住宅"。

图2.6　住宅凹口

2002年普利兹克建筑奖得主、澳大利亚建筑师格伦·马库特（Glenn Murcutt）的话值得我们铭记：

追随太阳，

观测风向，

注意水流，

使用简单材料，

轻轻触摸大地。

2.2.3　住宅建筑高质量发展的策略[19]

1. 提升建筑标准规范质量。下面用几个案例说明需要提高质量的标准规范条文。

（1）住宅设计规范标准中的明厨和明卫

明厨是指厨房应有直接天然采光和自然通风。这是国家《住宅设计规范》7.1和7.2.1强条的要求。理由是：可保证基本的炊事操作的照明需求，也有利于降低人工照明能耗。明卫是指卫生间宜有直接采光、自然通风。明厨是地方标准的加码❶，国家《住宅设计规范》没有这项要求。理由是烹饪产生油烟、蒸汽、异味，保证必要的光线、通风和换气，达到卫生标准。

对于中小套型住宅，特别是保障性住房，要达到上述要求，只好在住宅外立面开设凹口，有的深达6米多（图2.6）。这就引出三个问题：一

是体形系数增加。体形系数是建筑物与室外大气接触的外表面面积与其所包围体积的比值。体形系数每增加0.01，耗热量指标约增加2.5%；为了避免体形系数过小，制约建筑师的创造性，国家标准规定了限值。现在许多住宅体形系数都偏大，有的在0.48以上，原因除了"明厨、明卫"以外，主要是小套型住宅、一梯多户，以及建筑退台和追求立面效果等因素所造成。二是外墙面积增加。导致用材和建筑造价增加。三是使用面积减少。如果没有凹口，把外墙拉平，每层做上楼板，使用面积将可以增加很多。

日本住宅不要求"明厨、明卫"。我国要求"明厨、明卫"，至今尚无实验数据和理论支持，建议修改。

（2）装配式建筑评价标准中的装配率

2018年2月实施的《装配式建筑评价标准》GB/T 51129—2017是在《工业化建筑评价标准》GB/T 51129—2015的基础上修编的，仍用原标准编号。修编后，把原来标准中的建造成本、技术进步和节能、节水、节材、环保等评价指标都取消了，只保留了装配率。装配率是"单体建筑室外地坪以上的主体结构、围护墙和内隔墙、装修和设备管线等采用预制部品部件的综合比例。"根据住房和城乡建设部组织浙江省住房和城乡建

---

❶ 上海市《住宅设计标准》DGJ 08—20—2013的4.5.2条规定.

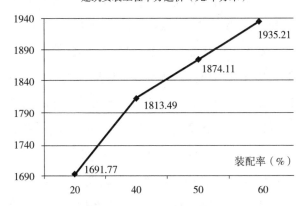

建筑安装工程单方造价（元/平方米）

图2.7　装配式混凝土小高层住宅装配率和建筑安装工程单方造价的关系

设厅等单位编制、2017年3月实施的《装配式建筑工程消耗量定额》，对于装配式混凝土小高层住宅，装配率和建安工程单方造价关系如图2.7所示。从图可以算出，装配率每提高10%，建筑安装工程单方造价每平方米就要多61元。装配率从20%提高到60%，建筑安装工程单方造价每平方米增加243.44元。装配式混凝土高层住宅结果类似，但造价稍高。

根据《装配式建筑评价标准》，装配率60%~75%，76%~81%，和大于81%就可分别评为A、AA和AAA级装配式建筑，就可得到政府补贴。于是，装配率越高，建安造价越高，装配式建筑等级就越高。这种不考虑建筑性能，单纯用装配率评价装配式建筑，缺乏依据，不符合技术先进、经济合理的要求，建议修订。

（3）建筑抗震设计规范中的避让发震断裂的最小距离

《建筑抗震设计规范》GB 50011—2010（2016年版），4.1.7条规定，场地内存在发震断裂时，如果为1.0万年（全新世）以来活动过的断裂，或抗震设防烈度为8度和9度，或隐伏断裂的土层覆盖厚度不大于60m（8度）和90m（9度），应避开主断裂带。其避让距离不宜小于表2.4（规范中的表4.1.7）的规定。这主要是考虑断裂错动直通地表，在地面产生位错，对建在位错带上建筑的破坏，不易用工程措施避免。这里所述的避让距离是断层面在地面上的投影或到断层破裂线的距离，不是指到断裂带的距离。

表2.4中，2001年规范的数据，是"根据搜集到的国内外地震断裂破裂宽度的资料提出了避让距离，这是宏观的分析结果，随着地震资料的不断积累将会得到补充与完善。"虽然采用大型离心机做过模拟试验，结果跟以往分析和宏观经验相近，有一定的可信度，但并未用作规定避让距离的依据。2010年和2016规范对2001年规范的4个最小避让距离数据都减少了100m。理由是又做了更精细的离心机模拟试验，认为以前试验的结论偏于保守，可放宽避让要求。综合考虑历次大地震的断裂震害，离心机试验结果和我国地震区，特别是山区民居间杂的实际情况，适度减少了避让距离。可见，减少最小避让距离的主要根

发震断裂的最小避让距离（m）（《建筑抗震设计规范》中的表4.1.7）　　　　表2.4

烈度	建筑抗震设防类别			《建筑抗震设计规范》GB 50011 实施年份、页码
	甲	乙	丙	
8	专门研究	300	200	2001，第17页
	专门研究	200	100	2010，2016，第21页
9	专门研究	500	300	2001，第17页
	专门研究	400	200	2010，2016，第21页

据是"以前试验的结论偏于保守",而不是试验数据有问题。说明2001年规范规定的最小避让距离和2010年、2016年规范的减少100m都缺乏科学依据。

按照这个规定,一个抗震设防烈度为8度的城市,按2016年规范,如果有一条发震断裂,就要在断裂两侧各留出100～200m宽的避让距离,上面不能建甲、乙类建筑,抗震措施应提高一度,不得跨越断层,并提高基础和上部结构的整体性。最小避让距离同基岩以上覆盖土层厚度和性质,断层倾角,地层组合,以及建筑结构等多个因素有关,目前对主断裂带的具体位置、基岩以上覆盖土层厚度和性质,断层倾角,以及地层组合等都还不能给出定量数据,就规定最小避让距离,给城市规划建设带来经济上和景观上不合理的结果,建议修订。

2. 把装配式混凝土建筑的优势发挥出来[1]~[5][20]-[26]

1949年中华人民共和国成立后不久,现浇和装配式混凝土建筑同期降生。20世纪90年代前后,装配式混凝土建筑因存有缺陷,逐渐被现浇混凝土建筑取代。现浇混凝土建筑成为全国应用最广、最为成熟的工业化建造体系,市场占有份额高达80%以上。1992～2015年的20多年期间,装配式混凝土建筑销声匿迹,少有建造和研究。2016年国家大力推广装配式建筑,装配式混凝土建筑在断档20多年后起死回生。

从国际实践、经验和视野来看,装配式混凝土建筑是当今世界混凝土建筑的前沿和制高点,它具有4个现浇混凝土建筑不具备的优势:①预制构件在环境可控的预制工厂生产,质量好,精度高,误差小,易做预应力,易做建筑饰面,少受气候影响;②预制构件运到工地后,主要是安装,可以缩短工期,对环境影响也小;③预制构件误差小,适合应用高强度、高性能建筑材料、新技术和新工法,可建造超高层和体形复杂的建筑;④工厂采用自动化、专业化的生产设备,可以按市场需要,生产各种形状和尺寸的预制构件,建筑设计灵活,不受约束。

发展装配式混凝土建筑是建筑业转型升级、供给侧结构性改革和建设创新型国家的需要,大方向是完全正确的。但是,近年来,尽管政府发文,下达指标,大力推行,并给予补贴和提高容积率等多种优惠,但由于以下原因,装配式混凝土建筑的优势仍然没有发挥出来。

(1)抗震和建筑高度等性能都不如现浇混凝土建筑。增量成本比现浇混凝土高10%～15%,约每平方米高出400～900元;抗震设防烈度6度的地区,最大适用高度比现浇混凝土建筑低10m;抗震等级要求也比现浇混凝土建筑高。

(2)认为现浇混凝土建筑同绿色建筑有很大差距,试图改变"大多仍以现场浇筑为主"的局面,聚焦推广装配式混凝土建筑。这同我国现浇和装配相结合的实情,以及现浇和装配相结合的

---

❶ 林克强. 台湾新型高强度钢筋混凝土(New RC)结构系统研发进展. 杜风94期特别报道.

❷ 中国房地产研究会课题研究报告——住宅产业化综合效益分析. 2014年12月.

❸ 金鸿祥. 关于混凝土的预制和现浇之争,我国建筑工业化体系现状研究报告. 中国房地产业协会、国家住宅与居住环境工程技术研究中心. 2016,151-159.

❹ 叶耀先. 发展装配式建筑需要关注的问题(ppt). 2016中国装配式建筑论坛暨建筑(住宅)产业现代化技术研讨会. 北京京都信苑饭店. 2016年9月21日.

❺ 叶耀先. 混凝土结构建造方式比较分析. 2017年中国城市科学研究会住宅产业化专业委员会暨中国住宅产业化联盟年会论坛. 国家会议中心. 2017年3月22日.

国际现状和发展趋势都是相悖的。实际上，我国现浇混凝土建筑技术成熟，优势明显。根据《绿色建筑评价标准》，现浇混凝土建筑的混凝土采用预拌混凝土，受力钢筋和混凝土强度及耐久性符合标准，就可以评为绿色建筑，而且已有一批现浇混凝土建筑被评为绿色建筑。

（3）采用"等同现浇"设计原则。2016年大力推广装配式混凝土建筑时，没有标准、规范，因为当时《装配式大板居住建筑设计和施工规程》JGJ 1—91已经15年没有修编，计划替换它的《装配式混凝土结构技术规程》JGJ 1—2014尚在编制中。别无他法，只好急中生智，按照超限审查有关规定，在缺乏装配式混凝土结构体系的设计理论和方法的情况下，经专家评审决定采用"等同现浇"的技术路线，使设计有规范可依。"等同现浇"，就是采取可靠的构造措施和施工方法，保证预制构件之间，预制和现浇构件之间连接的承载力、刚度和延性不低于现浇混凝土结构，整体性能与现浇混凝土结构基本相同。这样，在现行设计规范中，装配式混凝土结构体系的假定、分析方法和构造基本参照现浇混凝土结构的规定，从而造成刚性节点构造处理困难，质量难以保证；增加拆分设计，加大设计费用，延长设计时间，结构主体工期总体相对较长；设计难以做到灵活和多样化；构件生产、运输和安装效率降低等问题，致使装配式混凝土结构的性能原则上就不可能超过现浇混凝土结构。

（4）缺乏可用的新材料和新技术，只好采用现有的或稍加改进的材料和技术。现在用的混凝土强度为15～80MPa，而日本已有60～150MPa，中国台湾已有70～100MPa。我们现在用的钢筋强度为355～600MPa，日本已有685～1275MPa，中国台湾已有420～685MPa。竖向钢筋采用套筒灌浆等连接，尚无可靠的现场检测方法，现场施工质量难以保证。

（5）装配式混凝土建筑断档前暴露的问题依然存在。比如：外墙连接的热工和防水性能难以保证；新老混凝土交接处容易产生裂缝；框架节点配置细钢筋，造成施工时就位困难；构配件生产自动化和配套水平不高，生产设备落后，缺乏生产各种构、配件的专业化设备；大部分地区预制构件厂产能与需求错位，缺乏熟练的管理人员、技术人员和技工队伍等。

由于以上五个原因，现在我国大力推行的装配式混凝土建筑，还不是国际上先进的装配式混凝土建筑，而是性能不及现浇混凝土的建筑。为了发挥装配式混凝土建筑的四个优势，解决存在的五个问题，推进向高质量发展，进入国际装配式混凝土建筑的先进行列，急需开展"新型高性能装配式混凝土建筑研究与开发"。目标是向装配与现浇相结合的方向发展。2009年日本在川崎市建成的203m高、59层的超高层混凝土建筑，就是采用现浇和装配相结合的混合工法。钢筋和混凝土强度分别为685MPa和150MPa（图2.8）。

现在日本20层和60m以下的建筑，绝大部分仍采用现浇混凝土，20层和60m以上的高层建筑，才用装配式混凝土。我们的研发应从新材料、新工法、新技术和新装备入手，紧紧围绕发挥装配式混凝土建筑的四个优势和解决五个突出问题，提出装配与现浇相结合的新型高性能混凝土建筑成套技术，性能超过现浇混凝土建筑，达到日本等发达国家水平，填补国内空白，进入国际先进行列。

近30多年来，日本、美国和欧洲在装配式混凝土建筑上下了很大功夫。日本于1988～1992年间开展了新型高强钢筋混凝土结构研究，19年后，我国台湾于2008～2013年间，由有关建筑研究

图2.8 神奈川县川崎市新型钢筋混凝土建筑Park City Musashikosugi 一栋高203m，59层，另一栋高162m，47层，2009年竹中工务店建造。钢筋强度685MPa，混凝土强度150MPa

所、台湾混凝土学会和台湾实验研究院地震工程研究中心三个单位合作，仿效日本，对新型钢筋混凝土结构进行了深入的跟踪研究。日本多年研发的隔震、减震和消能装置，应用已较为广泛。日本推广应用新型高强钢筋混凝土结构极为慎重。他们仍然以现行规范为基础，不修编现行规范，也不编制新规范，而是针对超越现行规范的建筑，编制"新型钢筋混凝土建筑设计、施工和质量管理指南"。根据这个指南，在符合新材料、新技术和新工法的行政法令下，先由审查单位提出统一的设计、施工审查要项，然后建设单位回应提供整体结构所用高强材料的规格和性能、分析同设计的一致性、施工技术与质量管理条件以及新材料、新技术和新工法的实验验证结果，审查单位通过后，政府有关部门颁发执照。在审查

初期，只核准一个审查单位，这个单位必须在新型高强钢筋混凝土结构研究方面有丰富的经验，使这项超限审查能维持严谨的审查水准。待该技术达到一定成熟度，积累审查经验并建立完整的审查制度以后，再循序渐进地逐步开放审查单位，以确保新型结构的质量和安全，并得以成功应用。

通常，数量多且规模大的建筑项目，采用装配式混凝土建筑比较经济，而数量少、规模小的建筑项目则宜采用现浇混凝土。抗震设防烈度较高的地区，宜采用整体性好的现浇混凝土。高层建筑的基础和下部宜采用现浇混凝土，而上部则宜采用装配式混凝土。

人们像造汽车一样的造房子，曾经在中国大陆风行一时，其实那是误解。混凝土建筑必须用模板通过浇注才能成型，成型后不能再加工制造。这同在工厂通过机械加工制造或铸造成零件，然后在工厂生产线上组装成汽车是完全不一样的。汽车是可移动的，房子则不行。汽车可以在工厂的生产线上组装成整车，房子则必须在工地才能组装成房子。一种型号的汽车本身就有标准化的设计，通用体系和标准化、规格化的零、部件，而一栋房子的设计要考虑当地气候、文化传统、生活习俗、建筑场地条件、建筑材料以及建设资金等多种因素，不可能像汽车一样，完全按照型号设计。

2003年独立出来的日本丰田汽车公司下属的房屋公司，采用丰田汽车的生产模式，在400m的生产线上制造出64m²的钢框架住宅单元，没有斜撑，内有室内台阶、厨房、浴缸，装配率达到80%。❶但只是一个单元，还要运到工地安装。这是建筑业向制造业学习的案例，但同在生产线上

---

❶ 在日本，丰田已经把造汽车技术完美运用到了造房子上！http://www.alwindoor.com/info/2018-7-3/44933-1.htm。

造汽车还是不一样的。

现在制造业也在学习混凝土的现浇，认为整体一次性现浇成型是先进的生产方式，已经做到把复杂的接头或节点采用3D打印，一次成型。我们却把整体现浇视为落后的生产方式，想完全用向制造业学来的先进的预制装配生产方式，改造建筑生产方式，试图把现浇为主，变成装配为主。这种抛弃制造业最想要的先进制造方式，完全同制造业的想法背道而驰，是不了解制造业的真谛的结果。

3. 加强住房统计

中国城镇年末有多少存量住房是住宅统计的关键数据，我国主要以住房建筑面积为统计指标，国外则多按住房套数统计。有了存量，住房就可以从城镇居民人数估算出城镇居民人均住房建筑面积，从城镇户数估算出平均每户有几套住房（套户比）。有了这些住房统计数据，就可以判断现在我国的住房是短缺、是平衡、还是过剩。这些都是关系到国家改善民生、住房发展规划制定，以及住房市场调控和住房政策调整的重要统计数据。

图2.3（见第14页）是全国城镇居民人均住房建筑面积变化和住房发展历程。其中的全国城镇居民人均住房建筑面积，尚无完整的官方统计数据。现在官方涉及住房数据的有三个部门。自然资源部的全国统一的不动产登记信息管理基础平台已实现全国联网，但尚未发布数据。国家统计局、住房和城乡建设部自中华人民共和国成立后就在统计年鉴和城乡建设统计公报等资料中发布住房统计数据，主要涉及家庭户住房面积、城镇居民人均住房建筑面积、年末住房存量，以及城镇住宅竣工面积等数据，但存在缺失、高估、抽样偏差、范围大小等问题。如城镇现有住房建筑面积、套数和套户比缺失；全国城镇居民人均

住房建筑面积未含集体户的城镇住户抽样调查数据；人口普查时，对住房未租、借给他人的家庭户要将这几处住房面积相加，可能包含空置房或少报瞒报；样本多为当地有房户籍家庭，未覆盖流动性大、居住空间小的外来常住人口和少量居无定所的无房户等。据说现在住房和城乡建设部已不再承担住房统计业务。

根据对各方发布的数据比较权衡，2018年中国城镇住房有276亿m^2，或3.11亿套，套均面积88.7m^2；套户比1.09；城镇人均住房建筑面积39m^2（任泽平认为是33.3m^2，高估了5.7m^2）。通常，套户比达到1.1～1.2就认为住房供求基本平衡了。日本、美国、中国、英国、德国的套户比分别为1.16、1.15、1.09、1.03和1.02，我国是中位数，表明住房供求全国总体平衡。一线、二线、三线和四线城市居民人均住房建筑面积分别为25.6m^2、32.9m^2、34.3m^2，套户比分别为0.99、1.06、1.12。说明一线、二线城市住房尚有发展空间，三线和四线城市发展空间已经很小了。

从上述可见，为了实现住房可持续发展，急需加强住房统计工作。究竟需要统计哪些住房数据，需要慎重研究确定住房统计指标，并落实到部门。笔者认为，下列住房统计指标可以优先考虑。

（1）全国城镇和乡村居民年末人均住房建筑面积和住房套数；

（2）全国城镇和乡村年末住房存量建筑面积和套数；

（3）全国城镇和乡村年末新建住房建筑面积和套数；

（4）全国城镇和乡村年末住房套户比；

（5）全国城镇和乡村年末成套率（有基本服务设施的住房占住房总套数的比率）；

（6）全国城镇和乡村居民人均住房间数；

（7）每年为每千人建造的住房套数，联合国有这个指标，便于和其他国家比较。

有资料说，我国城镇住房还有20%未成套。如果属实，把20%未成套住房改造为成套住房，就成为当前住房向高质量发展最为紧迫的任务了。

4. 住宅建筑立面和住宅小区景观

建筑立面第一要反映建筑的性格、功能和类型特征，即建筑的使用性质；第二要反映自然条件和民族特点；第三要反映场地环境和建筑规划的总体要求；第四要反映材料性能、结构、构造和施工技术特点；第五要同社会经济条件相适应；第六要符合建筑美学原则。特别要注意反映建筑功能和使用性质，以及建筑形态要随着社会发展而发展。一位美国的著名建筑师曾经对笔者说，建筑的立面首先是由功能确定的。德国建筑师海因里希·特赛诺说得好："简单不总是最好的，但最好的总是简单的。"

但是，我国住宅建筑立面装饰性构架随处可见，有些还很复杂。顶层不但加了装饰性构架，还加了孤立的小柱，地震时倒塌的危险性更高（图2.9）；山墙上增加的竖向构架，不仅影响采光，居民说，还为小偷造了个爬梯；有的屋顶装饰性构件做成两层，有的做成像皇冠的造型，造价和一层楼差不多（图2.10）。这些复杂的装饰性构架，不但施工困难、多用材料、增加造价，而且在地震区，由于鞭梢效应，地震时极易破坏倒塌。

住宅小区主要是住，应以满足居住要求为主。首先应抓好套型设计（把"套型"说成"户型"是全国犯下的低级错误）。但是，现在许多小区把重点放在景观，按照公园，甚至按皇家园林来设计。人工景观水体各种各样，有的水体内有船型构架（图2.11），有的是有五个人像雕

图2.9　孤立的小柱倒塌的危险性更高

图2.10　山墙上的竖向构架和屋顶两层装饰性构件

图2.11　内有船形构架的人工景观水体

塑的大面积人工景观水体（图2.12），有的是喷泉。有的小区在地面布设了各种没有实用功能的装饰性构架（图2.13）。有的住宅小区，入口高大、华丽（图2.14）；有的小区入口门架的柱子很高。个别的小区入口非常简朴，只在入口旁边建个矮墙，上面标有小区名称，值得推荐和赞赏（图2.15）。

有的住宅小区移栽古树、名树，尽管采取吊瓶等多种措施维护，有些最终还是变成枯枝。有的住宅小区从外地，甚至国外购买大树回来移栽，宣传广告上说：为了浪漫，营造西班牙森林，即使是翻山越岭也在所不惜，跑了几个省，翻了很多山，1200棵名贵大树远道而来，房前屋后，一片葱郁的西班牙森林，浪漫，够奢侈。

笔者受聘为日本京都大学客座教授期间住过的小区里，在居民从外面回家经停的路上，提供交往和休息的地方，简洁的构架上爬满了葡萄。就是在这个地方，我们结识了许多朋友。

住宅小区景观照抄照搬的情况也时有发生。例如，北京一个小区建了一个德国小镇。德国的住宅小区里有电话亭，电话亭里有电话，是方便住户使用的。但是，那个德国小镇也建了一个电话亭，可是电话亭里却没有电话，没有电话搞电话亭干什么？山东一个毗邻大学的住宅小区，建成了美国斯坦福大学校园式的住宅小区。斯坦福大学校园里有个胡佛塔，小区也建了一个。胡佛

图2.12　大面积人工景观水体

图2.13　没有实用功能的装饰性构架

图2.14　高大的入口

图2.15　简朴的小区入口

曾经是美国总统，美国大学建胡佛塔，有其道理，我们建胡佛塔，除了抄搬，还有什么好说的呢？！斯坦福大学校园没有水景，但是小区建了一个大面积的人工水景。国家住宅规范强条规定：严禁用自来水作为人工景观水体的补充用水。我问："干嘛搞那么大面积的人工水景？"回答说："房子好卖"。实际上，大面积人工水景，不但不节水，而且增加造价，增加物业管理费，造价进公摊，购房人并不知晓。

5. 绿地率

我国大陆《住宅建筑规范》要求，"新区的绿地率不应低于30%"。认为这样可以达到较好的空间环境效果，是综合分析居住区建筑层数、密度、房屋间距相关指标及可行性确定的。但是，不少住宅小区片面追求高绿地率，有的高达40%～50%，而对老人和儿童活动场所，应急避难场所则考虑不足。有的小区，儿童活动场所面积很小，只做软地面，上面没有任何设施。20世纪80年代，笔者到秘鲁考察，他们有一个住宅小区，设计人员把儿童游戏场地安排在母亲做饭时能看得到的地方，如此精心设计，令笔者折服。

日本建设省1977年《绿地主要计画制定要项》规定，以市街区面积的30%以上作为城市绿化标准。根据表2.5所示的调查结果，认为绿地率≥20%是居住健康的满意水准，绿地率≥30%是城市绿化的理想值。

我国台湾《都市计划法》第45条规定，公园、体育场所、绿地、广场及儿童游戏场所占用土地总面积，不得少于计划面积的10%，这与日本调查结果相差甚远。他们考虑到国内外每人已辟公园绿地面积统计，确定绿地面积至少在15%以上。

住宅小区的绿地要注意保护生物多样性。生物多样性是人类文明的基础；人类生活必需品都和野生生物相关。石油和煤是死亡生物形成的；水泥来自石灰石，而石灰石则是来自珊瑚和海洋生物；橡胶和纸则来自树木。1992年在巴西里约热内卢举行的地球高峰会议制定了《生物多样性公约》，从那以后，生物多样性一直是地球环保的最高指导原则。

生物多样性包括物种多样性、遗传（基因）多样性和生态系统多样性。物种多样性是指一定区域内生物钟类（包括动物、植物、微生物）的丰富性。基因多样性是指物种的种内个体或种群间的基因变化，不同物种（兔和小麦）之间基因组成差别很大，同种生物如兔之间（有白的、黑的、灰的等）基因也有差别。基因多样性决定了生物种类多样性，生物种类多样性组成了不同的生态系统。

任何一个生态系统都由生物群落和非生物环境两个部分构成。前者包括分解者、生产者和消费者；后者包括无机物质、有机物质和气候因素及其他物理条件。分解者是把生物物质和有机物

日本科技厅对都市居民的绿地意识调查结果，1977年　　　　　　　　　　　　　　表2.5

市区拥有绿地面积占比（%）	感到满足的居民占比（%）
>20	90
15～20	60
10～15	30
<10	居民生活感到焦虑，随时想逃离

质分解为无机物质的生物群（小型动物和微生物），既是生产者又是消费者。生产者是直接吸收太阳能的绿色植物。一次消费者是直接以绿色植物为生的动物，二次消费者是以一次消费者为生的动物，高级消费者是以较高层次消费者为生的动物，生产者和消费者之间由于取食关系而形成食物链。生物在生态系统食物链中所处的层次就是营养级。把生态系统中各个营养级有机体的个体数量、生物量或能量，按营养级位顺序排列并绘制成形似金字塔的图称为生态金字塔（ecological pyramid）（图2.16）。

生态金字塔的最底层是土壤生物的生存环境，用多样化土壤、植被、水文、空间提供多样化绿地，造就生物藏身、筑巢、觅食、求偶、产卵、繁殖等功能的环境，以满足野生物种的食物、水、隐蔽和养育幼崽场所等四项基本生存需求。对1hm²以上的基地，采取下列措施可以达到这四项基本生存需求：

- 绿地，30%以上；
- 绿地分布均匀、连贯；
- 大小乔木、灌木、花草密植混种；
- 植物种类多；
- 选用当地原生种；
- 生态表土利用（1cm厚的生态表土要100~

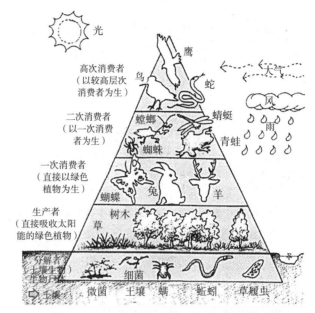

图2.16　生态金字塔从食物链看生物界组成
资料来源：绿色建筑解说与评估手册（中国台湾）. 2005.

400年才能形成）；

- 自然护岸生态水池；
- 多孔材料边坡、透空围篱；
- 隐蔽绿地内设置生态小丘（枯木、乱石、空心砖等）；
- 采用有机肥料。

绿化要大小乔木、灌木和花草密植混种，如果覆土深度在1m以上，每平方米CO_2固定量为1200kg，而覆土30cm以上的草地，每平方米CO_2固定量仅为20kg（表2.6）。

幼苗到40年成树期间二氧化碳固定量 Gi（kg/m²）　　　表2.6

		二氧化碳固定量Gi（kg/m²）	覆土深度（m）
生态复层	大小乔木、灌木、花草密植混种区（间距3m以下）	1200	1.0以上
乔木	阔叶大乔木	900	1.0以上
	阔叶小乔木、针叶乔木、落叶乔木	600	
	棕榈类	400	—
灌木（每平方米至少4珠）		300	0.5以上
多年生蔓藤		100	0.5以上
草花花圃、自然野草地、水生植物、草坪		20	0.3以上

绿地要尽可能连在一起,使微小生物有更大的活动余地。用矮墙分割绿地(图2.17),绿地过度人工化,在非人行的绿地上铺放石板,以及大面积草地,都是非生态的行为。

粗略估计住宅小区景观花的钱最多达房屋造价的16%,物业管理费也增加了。但是买房子的人并不知情。

出现这些问题有三个原因:一是脱离了"适用、经济、在可能的条件下注意美观"的建设方针。这个方针是20世纪50年代中央提出来的,现

图2.17　用矮墙分割绿地

在增加了"绿色",改成"适用、经济、绿色、美观"的建设方针。现在把这个方针丢了,特别是适用和经济方面往往被忽视;二是缺乏科学的理念支撑。口头上讲科学发展观,实际上没有去贯彻;三是暴发户心理,什么都讲豪华,讲好看,不讲适用,不讲经济。

6. 住宅每套平均建筑面积

住宅应按套型设计,包括套内功能空间设置、建筑面积和布局。现在很多住宅小区把景观设计放在首位,忽视了套型设计。

控制住宅面积水准,是减少建筑材料用量、节能减排和保护环境的重要措施。现在我国大陆套均住宅建筑面积已达123m²,仅次于澳大利亚(211m²)和美国(153m²)。我国台湾省套均住宅建筑面积是100m²,新加坡是72.6m²,日本是90m²,英国是87.7m²(图2.18),都不是很大。日本4口之家的居住面积,城市居民最低水准为50m²,是确保健康和正常生活必需的水准;诱导水准为95m²,是富裕生活且满足多样生活习惯必需的水准。美国住房与城市发展部3卧2卫的经济住宅的最低标准为83.6m²。新加坡长期坚持一

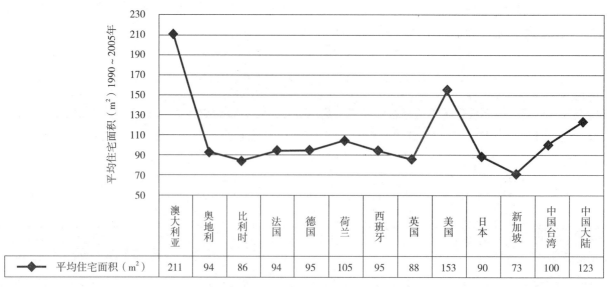

	澳大利亚	奥地利	比利时	法国	德国	荷兰	西班牙	英国	美国	日本	新加坡	中国台湾	中国大陆
平均住宅面积(m²)	211	94	86	94	95	105	95	88	153	90	73	100	123

图2.18　世界部分国家和地区套均住宅建筑面积(m²)

套组屋建筑面积为42～125m²，规定每年新建组屋的建筑面积100m²以上的套型不得超过总量的30%，1998年试建145m²一套的组屋，1999年总结后认为不利于节地，又把上限退回到125m²。

我国2006年以前国家规定新建住宅套面积都不大于90m²（图2.19）。

中国老百姓到底需要一套住宅建筑面积有多少平方米呢？1999年，国家统计局城市调查总队曾经对全国10省市5000户居民做过调查，问"你最需要的一套房子的建筑面积有多大？"根据调查资料，笔者得出的结论是80～120m²（图2.20）。

我国近年来开发的小区，住宅套均建筑面积有增大的趋势。但是，至今我国大陆还没有住宅最低面积标准。

7. 住宅厅的面积和储藏空间

最近十几年，笔者参与住宅性能评定，看了全国200多个住宅小区，发现起居厅和餐厅面积大到占套内建筑面积的30%～50%，而储藏空间面积则小到占套内建筑面积的2%～5%。笔者在日本住过40m²和67m²的两套住宅，前者厨房兼餐厅和储藏室的面积分别为8.4m²和2.8m²，分别占套内建筑面积的21%和7%；后者起居、餐厅和储藏室的建筑面积分别为12.2m²和4.2m²，分别

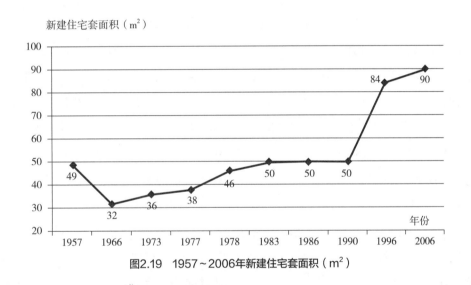

图2.19　1957～2006年新建住宅套面积（m²）

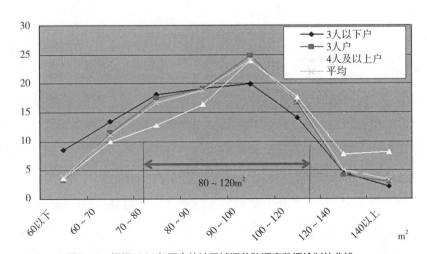

图2.20　根据1999年国家统计局城调总队调查数据绘制的曲线

占套内面积的18.2%和6.3%。日本的住宅，功能全；开间大，可改造；厅、厨房和餐厅尽可能结合；厕所、洗浴、洗手则尽可能分离；储藏空间较大；套内多有过道。

笔者问过很多建筑设计人员，厅的面积是怎么得出来的。到目前为止，没有人能回答。厅是家人和来客聚会的地方。根据功能，厅的面积应当根据卧室间数、家具布设和是否在厅内就餐等三个因素确定。如果有三间卧室，一间卧室最多住2个人，家人最多6个人；再算客人，一般是3~4人。有人说我家里要开一个Party，那不是住宅设计考虑的问题。这样，厅里要能坐9~10个人就可以了。再算家具布设需要多少面积；最后看看如果兼作餐厅需要多少面积。这样加起来，25~30m²就够了，现在我们三个卧室的住房，厅的面积一般都超过了这个数字。厅的面积大了以后，其他空间面积就小了。很多房子里面储藏空间都很小，甚至没有考虑。兼作餐厅时，就餐时的部分座位可以和客厅的座位共用。

我国各地气候、习俗和生活习惯不同，住宅，厅和储藏空间面积究竟多少合适，需要统计分析和研究，在这方面尚需多下功夫。盲目确定厅的面积的状况不能再继续下去了。

8. 住宅外窗

外窗的功能是采光和通风换气，是耗能最多的外围护结构。首先要控制窗墙面积比。窗墙面积比是指某一朝向的外窗（包括透明幕墙）总面积，与同朝向墙面总面积（包括窗面积在内）之比，简称窗墙比。窗墙面积比越大，采暖和空调的能耗也越大。现在许多住宅窗墙面积比普遍偏大，大窗、飘窗、凸窗和落地窗颇为盛行，不但能耗增加，而且国家规范规定："窗外没有阳台或平台的外窗，窗台距楼面、地面的净高低于0.9m时，应设置防护设施"，护栏应采用竖向杆件，不易攀爬。但仍有采用横向杆件的，容易攀爬，不安全。很多住户入住以后，把护栏拆除了，形成安全隐患。如将护栏部分改为墙体，不但省去玻璃和护栏，而且安全，节省造价。

有的房间多面开窗，很不实用。甚至有的把浴缸放在落地窗旁边，说是为了看风景。厨房也要落地窗，夏天家庭主妇做饭还要拉窗帘。不少人以为用Low-E玻璃最好，档次高。其实，和普通玻璃相比，不但价钱贵，而且可见光透过率低，两者透过率分别是51%和63%。

9. 可再生能源利用

可再生能源包括太阳能、地热能、风能和生物质能等。

我国太阳能资源非常丰富，根据太阳能资源丰富程度，把我国分为四个区，即Ⅰ.丰富区年辐射总量≥6700MJ/（m²·a），主要在西藏、青海；Ⅱ.较丰富区（年辐射总量5400~6700MJ/（m²·a），主要在新疆、内蒙古和甘肃；Ⅲ.可利用区（年辐射总量4200~5400MJ/（m²·a），主要在东部沿海和中部地区；以及Ⅳ.贫乏区（年辐射总量<4200 MJ/（m²·a），主要在重庆。

目前，利用太阳能供应热水，并与建筑一体化设计最为经济、可行，而且技术比较成熟。太阳能供应热水存在的主要问题是：真空管太阳能集热器出厂多为半成品，质量取决于组装，隐患多，监控难；平板太阳能集热器最易同建筑结合，但可选产品还不多，性能质量不太稳定，热损失偏大；产品质量参差不齐，寿命短，部分参数不合要求。图2.21为乌鲁木齐华源—博瑞新村住宅小区，采用分体式太阳能与建筑一体化体系，可为住户每天提供100L 60~70℃的生活热水。太阳能集热器放在阳台上。安徽省淮南市凤台县福海园（图2.22）等住宅小区也都实现了太阳能与建筑一体化应用。少数住宅小区太阳能集热器放在屋顶上，但是布置却杂乱无章。

图2.23为太阳能公共厕所，光伏板设置在屋顶上。

地源热泵是地热能利用比较普遍的一种方式，它用少量的电能把低温地热资源转化为高温热能，既可提供生活热水，又可供暖、制冷。低温地热资源包括地下水、土壤或地表水等。由于国家把地源热泵作为节能技术列入推广计划，并从资金、税收、贷款、补贴等多方面扶持，近年来应用和推广力度都在加大。但是，由于疏于管理以及对长期节能效果、经济效益、环境影响缺乏跟踪、总结和分析研究等多种原因，成效并不显著。

地源热泵应用要谨慎，在下列三条措施落实以后，才可大面积推广。一是对该地区的水文地质条件和应用地源热泵的可行性进行研究，确定适用情况和范围，可行性研究包括长期是否经济，长期运行节能效率，以及对地下环境的影响等。二是做好该地区的地下空间利用规划。地源热泵工程规模，国外多在1万 m² 以下，而国内多达几十万平方米，埋管深度从80~1000多 m 不等，通常在100m左右。一个工程就有成百上千根的地埋管，如果全地区都做，地下空间将充满埋管，没有规划，将给日后地铁等地下工程设施的兴建造成极大困难。三是政府要加强管理，包括：明确地源热泵工程管理部门，把项目审批、设计审查以及施工、验收和运行监测等管理起来；坚持地源热泵工程必须有地质、暖通空调和地源热泵技术等方面的专业人员共同参与，不能光是热泵机组供应厂商；建立监测机制，根据实测节能效率和实际应用面积进行节能补贴，省多少电补贴多少钱，避免现在的不管效果，盲目补贴。

在建筑中利用风能发电主要用于高层或超高

图2.21　乌鲁木齐华源—博瑞新村住宅小区

图2.22　安徽省淮南市凤台县福海园住宅小区

图2.23　太阳能公共厕所

层建筑。生产100万kWh的风电，平均可减排CO_2
600t。通常，风机在风速2.7m/s时能够产生电能，
25m/s时达到额定功率，40m/s时才能保证持续发
电。因此，高层或超高层建筑利用风能首先要弄
清楚当地平均风速、风向和风力资源情况；其次
在设计时要考虑放在建筑上的风力发电机组荷
载，确保运行期间安全。

巴林王国的巴林世界贸易中心超高层双
塔建筑（The Bahrain World Trade Center Towers,
Kingdom of Bahrain），2007年建成。建筑形似风帆，
高240m，50层，两座塔式建筑中间有三个直径
为29m的水平轴风力涡轮机，通过建筑之间的海
风驱动风力涡轮机，每年发电1100～1300MW，
可为大厦提供所需电力的11%～15%。

10. 节材

利用可再利用、可再循环利用和可再生建筑
材料可以减少资源、能源消耗和环境污染，具有
良好的经济和社会效益，是节材的重要措施。

可再利用建筑材料，是指不改变用过的建
筑材料原来面貌，经清洁或修整，性能检测合
格，再利用的建筑材料（含建筑制品、部品或
型材）。

可再循环利用建筑材料，是指经破碎、回
炉加工，改变用过的建筑材料的原来面貌形成
的新的建筑材料，例如钢、铜、铝合金型材、玻
璃等。

可再生建筑材料，是指自然界可再生长的建
筑材料，如木材、竹材等。

上述三种利用中，可再利用建筑材料数量有
限，可再生建筑材料应用并不很多，用得最多的
是钢材。我国是世界上钢产量最多的国家，国
家统计局最新数据显示：2019年，我国粗钢和钢
材产量分别达到9.9634亿t和12.0477亿t。据世界
钢铁协会最新初步统计，2019年全球粗钢产量为

18.699亿t，中国粗钢产量为9.9634亿t，占全球粗
钢产量的份额从2018年的50.9%上升至2019年的
53.3%。

我国钢结构建筑在建筑总量中所占比重不到
5%，远远低于发达国家，部分发达国家已经在
50%以上，说明我国钢结构建筑还有很大的发展
空间。

钢结构建筑的优点是：（1）钢材容重虽然
大，但因强度高，承受相同荷载时，钢结构建筑
自重轻，每平方米0.7～0.9t，是钢筋混凝土建筑
每平方米1.0～1.2t的70%；钢结构住宅建筑的自
重可比传统结构建筑轻25%~30%，因而基础造
价也会降低。（2）钢结构建筑的耗能量约为钢筋
混凝土建筑的83%，其耗能量所产生的CO_2排放
量约为钢结构建筑的71%；拆除后全部可以回收
再利用，有利于环境保护。温日琨等在"不同结
构建筑的能源消耗与碳排放国外研究述评"中指
出：混凝土结构施工能耗比钢结构高，但隐含能
和隐含碳低于钢结构，若考虑钢材回收，则两者
能耗和碳排放相当。（3）钢结构建筑的抗震性能
优于钢筋混凝土建筑，按抗震设计规范设计的建
筑，延性大，抗震性能好，且震后容易修复。日
本在关西大地震以后，甚至规定，5层以上的建
筑不得采用钢筋混凝土结构。（4）空间利用率
高，比传统建筑能更好地实现大开间和灵活分隔
的要求，住宅套内建筑使用面积可比传统建筑结
构增加5%～6%；（5）施工期短，约为传统建筑
的1/3左右。

钢结构建筑的缺点是：（1）施工复杂程度
高，出现质量问题后，难以分析、判断和处理，
如简单的焊接裂缝，就可能有多种原因，难以判
断；（2）耐火性能差，经过防火处理的钢结构，
耐火极限为2～3小时，不如钢筋混凝土结构；
（3）易锈蚀，需要采取防锈措施；（4）钢结构配

套的维护材料与连接件，在齐全和耐久方面同国际水平差距比较大；（5）钢结构建筑的专业技术人员和熟练的技术工人缺乏。

发达国家，由于砂石、模板和人工昂贵，使得钢筋混凝土结构造价偏高，以采用钢、木结构居多。我国是世界上采用钢筋混凝土结构最多的国家，30层以上的建筑，普遍采用钢筋混凝土结构。

木结构多用寒带和温带木材，如杉木；少用热带木材，如檀木、红木、硬木、楠木。可与钢材组成钢木复合结构。木材能调节湿度，维持室内干爽；能发出芬多精，霉菌和尘螨不易繁殖；光合作用排放氧气；碳排放低，中国台湾中层住宅CO_2排放量为300kg/m^2；保温隔热好，相同厚度的墙体，木结构建筑比普通混凝土结构建筑保温能力高5~7倍；轻量、抗震、设计自由度高。

传统木结构主要采用原木作为结构材料，随着胶合技术的发展和完善，原木被集成材取代，产生了现代木结构。现代木结构的主要的结构用材有三种：

（1）胶合层压木材（Glued Laminated Timber简称 Glulam，或GLT），是由小尺寸实木锯材顺纹方向排列，用冷固化型胶粘剂，黏结而成。广泛用于桥梁、建筑等工程领域。所用的落叶松在中国分布广泛，蓄产丰富，强度高，适合木材的工业化加工。

（2）交错层压木材（Cross-Laminated Timber简称CLT），是新型木建筑材料，也称为交错层级材或交错层积木材，用窑干杉木（云杉或冷杉）指接材，分拣和切割成木方后经正交（90°）叠加，采用高强度材料胶合成型，预制成所需要的材料体积。该方法的特点是将横纹、竖纹交叉垂直的木材黏合在一起，其强度可以代替混凝土材料。这里指接材是指选自经过窑干的

优质原木材料，去除原木材料一些缺陷如死结、大结疤、斑变等，竖向木条间采用锯齿状接口，类似两手手指交叉对接，使木材的强度和外观质量获得增强改进。

（3）单板层积材（Laminated Veneer Lumber，简称LVL），是一种由原木木材经旋切或刨切而成的单板，经干燥、涂胶后，由顺纹或大部分顺纹组坯，再经热压胶合而成。按材料分为包装级LVL、家具级 LVL 和建筑级 LVL，按原材料，分为杨木LVL和松木LVL；LVL具有高强度、高韧性、稳定性好、规格准确等结构特点，其强度和韧性比实木锯材高3倍。

亚洲的日本，欧洲的芬兰和瑞典，北美的美国和加拿大等发达国家，将原木制成十多种规格型材，并制定建筑法规，先把允许高度由4层提升到6层，如加拿大卑诗省和列治文市；后又从6层提高到12层，如加拿大阿尔伯塔等省。奥地利和德国研发的交错层压板材（Cross-Laminated Timber，CLT）大大提高了木材的强度，使它可以和钢筋混凝土相媲美。利用这个技术，温哥华的Acton Ostry建筑设计所为不列颠哥伦比亚大学建了一座18层的宿舍楼，2017年竣工时，是世界最高的木结构住宅建筑。

现代木结构已广泛用于住宅建筑，与钢结构和混凝土结构建筑一起形成三足鼎立的局势，建造方法各有特点，是世界上最先进的木结构的代表。近年来，日本新建住宅中木结构建筑占比约为45%；欧洲北部芬兰、瑞典，90%的房屋是1~2层木结构建筑；北美，80%的居民住在木结构房屋中。轻型现代木结构住宅在地震中表现全完好。日本木屋绝人多数是梁柱木结构，吸收了中国古代木结构的精髓。这些林业发达国家，技术水平相对成熟，除别墅外，还在公共建筑、多层和高层建筑中应用。

槃达建筑（Penda）的建筑师与CLT-consultancy "Tmber"的木材顾问携手合作，用交错层压板材，试图在加拿大多伦多推出一栋模块化的18层木结构综合体住宅大楼——多伦多树塔（Canadian Toronto tree towers），实现城市景观的可持续性延伸。树塔高62m，内设咖啡馆、儿童日托中心以及邻里社区工作坊。室外阳台上有种植花园、灌木甚至大型树木的植物系统。建筑所呈现出的天然外观，将常见的"建筑与城市"的关系转化为"建筑与自然"的关系。塔楼旨在通过植物和天然材料，建立与大自然的直接联系，可以看到自然界和建筑环境的象征性的共生关系。

20世纪80年代到21世纪初，为了保护森林资源，我国相关政府部门发文限制使用木材，要求以钢代木，以塑代木，使我国木结构建筑的研究和应用断档20多年，现代木结构建筑技术远远落后于发达国家。

近十多年来，我国木结构也逐渐从传统木结构进入现代胶合板结构。由于国家实施的人工快速增长的森林政策取得明显效果，种植面积和库存量均跃居世界前列，推动了木结构的应用和发展。

国家建设和质量监督检验部门发布了多个木结构设计和质量验收标准。进口木结构建筑已进入北京、南京、上海、西安、杭州、武汉、三亚、海口等主要旅游城市，在住宅、酒店、茶楼、园林景观等方面应用广泛。全国建成2000多座新的木结构房屋，大多数采用国外来的结构材料和先进的建筑技术。外国政府机构和行业协会在上海、青岛、南京、石家庄和汶川地震灾区建成的示范项目和举办的培训班，为我国现代木结构应用起了示范和推动作用。许多知名大学和木结构生产、施工企业，参与了木结构的研究和建造。

我国竹材资源丰富，占世界总量的40%，目前70%~80%用于农业，用于建筑的很少，但有很大的发展空间，重组竹和竹基纤维复合材料很有发展前途。

2016年，国务院办公厅《关于大力发展装配式建筑的指导意见》（国办发〔2016〕71号）提出"大力发展装配式混凝土建筑和钢结构建筑，在具备条件的地方倡导发展现代木结构建筑，不断提高装配式建筑在新建建筑中的比例。"可见，我国木结构建筑发展前景看好。

既有建筑的再利用是利用可再生建筑材料的极致，是节材的更高境界。因为建筑结构和墙体的造价约为整个建筑造价的50%~60%，对于有利用价值的建筑，不能随意拆除，再利用可以节约可观的建筑材料。

此外，节材的措施还有：采用建筑结构和设计新技术，如高强高性能混凝土、高效钢筋、预应力钢筋混凝土技术、粗直径钢筋连接、新型模板与脚手架、新型地基基础和钢结构技术、企业计算机应用和管理技术；采用节材新工艺和新措施；采用回收的建材等。

11. 节水

节水，主要办法是采用节水器具，利用中水，收集利用雨水以及减少景观用水。现在要求采用节水器具，即节水型水龙头，配备6L以下的便器水箱，并有两档选择。但是，有些住宅小区，便器水箱只有一档，没有两档选择，甚至开发商建的样板房也是这样。

绿地和人工景观水体有调节气温和湿度、改善空气质量、遮阳庇荫等作用，但是都需要用水。如果采用大面积人工景观水体，如水系、喷泉等耗水量大的设施，就必须配置雨水收集利用系统或中水利用系统，因为国家住宅建筑规范明确规定，"人工景观水体的补充水严禁使用自来水。"但是，有些小区当地缺水，却建造大面积人工景观水体，有的竟达6000多m²。国家标准要求，绿地、树木、花卉采用滴灌、微喷等节水灌溉方式，不采用大水漫灌方式，但是并未得到普遍实施。

雨水收集利用系统是把屋面和地面的雨水，通过管道或地形收集截取储存在地下水池内，经过净化处理，达到安全水质标准后，再用作绿地浇灌、洗车和人工景观用水。雨水收集利用系统，操作简单、安全性高、建设成本较低，特别适合用在雨量丰富的地区，尤其是建筑密度较低的项目。但是，对于年降雨量少的缺水地区，就不宜采用。

中水利用系统是把厨房、洗澡和洗手等的生活排水汇集起来，经过简单的净化处理，达到安全水质标准后，再用作绿地浇灌、洗车和人工景观水体用水。中水利用系统必须要有大量的生活排水作为水源，水质一定要符合标准，必须由有资质的单位设计，并有维护管理安排，管道必须同自来水管道分开并有彩色文字标识和警告标示，以免因接触或误饮而传播疾病。对于入住率很高的住宅小区，中水利用系统有稳定的水源，但使用较高污染的水源，净化设备比雨水利用系统昂贵，经济效益也比较低。现在全国很多建有中水利用设施的小区，实际上并没有运行，不是入住率低，中水水源不足，就是水价太高。鉴于上述情况，对于是否做人工景观水体要作慎重分析。降雨量少的缺水地区最好不做。

12. 节地

我国人多地少，耕地资源稀缺，现在正处于城镇化快速发展时期，建设用地供需矛盾突出。节地就是节约集约用地，它包括两层意思：一是节约用地，就是各项建设都要尽量节省用地，尽量不占用或少占耕地；二是集约用地，就是每宗建设用地都要提高投入产出强度，做到土地利用的集约化。

节约用地，特别是建设项目都要尽量节省用地，容易产生误解。因为建设项目应当合理用地，而不是尽量节省用地。避免单纯追求节省用地是合理用地的关键。这里所说的合理用地就是在节约用地的同时，不会带来负面影响。

回顾我国住宅小区的建设，由于单纯追求节省用地，出现了一些问题：一是住宅建筑高度未受限制，存在消防安全隐患；二是住宅小区项目用地红线范围内的地下空间开发率偏大，致使土层涵养水分和贮留雨水能力降低；三是城市建设用地配置失衡，大城市建设用地严重不足，中小城市用不完。为解决这些问题，建议：

（1）限制住宅建筑的最大高度

节约用地最简单而有效的办法就是提高容积率，盖高楼，向空中发展。由于高度100m以上的建筑属于超高层建筑，设计和建造方面比100m以下的高层建筑有更高的要求，造价增加也较多。所以，现在全国城乡住宅建筑的高度多在100m以下，30～33层居多。一个小县城也建30多层的建筑，问他们为什么这么做，回答是建标志性建筑。其实，世界上之所以出现高层建筑，主要是为了平衡地价。比如说，一个地块1平方米地价是10000元，盖1层，每平方米的房地价格是地价10000元+每平方米房屋造价；如果盖20层，每平方米房地价格是地价500（10000/20）元+每平方米房屋造价。可见地价从10000元/m²，减少到500元/m²。因此，在地价很贵的地方，就必须要盖高层或者超高层，甚至摩天大楼。国际上很多城市的金融中心、市中心的建筑都是很高的。而在我国，有的农村建了400多m高的超高层建筑，有的城市，住宅建到60层。

消防安全是高层和超高层住宅最大的隐患。2010年11月15日上海市静安区胶州路28层教师公寓住宅火灾事故后，国内多个城市加速提升防火救援能力，即使购进78m、101m举高消防车，也只能到达26层、33层。何况百米"云梯"数量有限，运至起火救援点需要一定时间。

目前世界上最高的消防云梯大概能抬升到112m，约40多层楼的高度。国内最高的消防云梯车在杭州，高度可达到101m，约35层楼的高度。其次是北京和上海的90m云梯车。深圳的40多辆云梯车仅能伸展到54m的高度，最主要的防火救援力量仅仅停留在20层楼以下。对于100m以上众多高层建筑的外部救援和灭火工作无能为力。

鉴于我国已建成的住宅高度多在100m以下，建议将住宅建筑最大高度定为100m。

（2）降低空地地下空间开发率

节约用地最简单而有效的另一个办法就是利用地下空间，现在很多住宅小区用地红线范围内的地下空间开发率偏大，甚至达到100%。我国台湾省一般"降低地下室开挖率，至少保有法定空地一半以上未开发地下室。"我们如何处置，需要研究解决。

（3）增加、调整城市建设用地

现在世界公认，城市是未来世界的中心，一个国家的城市搞不好，这个国家就没有希望。不增加、调整城市用地，城市就搞不好，国家也就没有希望。

城市的聚集效应使得有一定规模的城市，土地利用必然是高效的。100多年前，恩格斯就说过，250万人集中于伦敦，使每个人的力量增加了100倍，指的就是城市的规模效应。

根据美国统计局和农业部2002年的统计资料，2000年，美国城市用地是92505平方英里❶，全国人口是281422426人，城市人口是218678000人，城市化水平为77.7%，按照这个统计资料不难算出，2000年美国城市人均用地是1095平方米。还是根据上面所述的统计资料，美国从1950年到2000年，城市用地从22889平方英里增加到92505平方英里，增加了69616平方英里，即增加了3倍多。可见，增加城市用地是城镇化的需求。

表2.7为1987～2013年全球9大城市的城市建

1987～2013年全球9大城市的城市建成区用地和城市人口年均增长率（%）　　　表2.7

城市	1987～2000年		2000～2013年		1987～2000年	2000～2013年
	城市建成区用地年均增长率	城市人口年均增长率	城市建成区用地年均增长率	城市人口年均增长率	城市建成区用地年均增长率	城市人口年均增长率
北京	5.4	4.6	6.7	5.2	1.17	1.29
上海	6.6	3.8	1.6	4.0	1.74	0.40
深圳	12.0	21.0	4.0	4.4	0.57	0.91
广州	26.8	16.8	6.8	5.1	1.60	1.33
纽约	3.1	1.1	0.3	0.2	2.82	1.50
伦敦	1.9	1.2	0.2	1.1	1.58	0.18
东京	1.1	0.7	2.4	0.8	1.57	3.00
巴黎	1.2	0.6	1.3	0.8	2.00	1.65
首尔	7.3	1.6	3.9	1.3	4.56	3.00

资料来源：中国的土地资源，真的稀缺吗？https://www.sohu.com/a/343700661_100258414.

---

❶ 1平方英里（sq.mi）=2589988.110336平方米（m²）。

成区用地与城市人口年均增长率（%），从表中可见，2000～2013年，广州、北京、深圳和上海的城市建成区用地年均增长率与城市人口年均增长率之比分别为1.33，1.29，0.91和0.40，除了比伦敦（0.18）高以外，比东京（3.00）、首尔（3.00）、巴黎（1.65）和纽约（1.50）都低，说明我国北京、上海、广州、深圳等4个超大城市同美国、日本、法国和韩国相比，考虑到城市人口的增长，城市建成区用地增长并不快。

图2.24为2009～2016年全国各省、直辖市、自治区城镇建设用地和常住人口的增长率，从图可见，城镇建设用地增长率小于常住人口增长率的有北京、天津、河北、山西、上海、江苏、浙江、福建、山东、湖南、广东、四川、云南等13个省份。其中，北京、天津、上海、江苏、浙江

为京津冀城市群和长三角洲城市群的重要组成省、直辖市，人口持续流入，而建设用地供给却明显不足；城镇建设用地增长率明显大于常住人口增长率的有内蒙古、辽宁、吉林、黑龙江和新疆等省、自治区。2016年内蒙古、新疆、宁夏、西藏4省、自治区人均城镇建设用地面积超过200m²，北京、上海、广东等7省（市）人均城镇建设用地面积在100m²以下。人均城镇建设用地面积原来就比较多的内蒙古、宁夏、新疆等省、自治区，城镇建设用地供给偏多。[1]因此，需要根据各省、直辖市、自治区城镇建设用地需求，调整建设用地，避免失衡。

13. 住房防火—保温材料

当前用得最多的保温材料是挤塑聚苯板和膨胀聚苯板，都是从欧洲引来的，其可燃烧等级

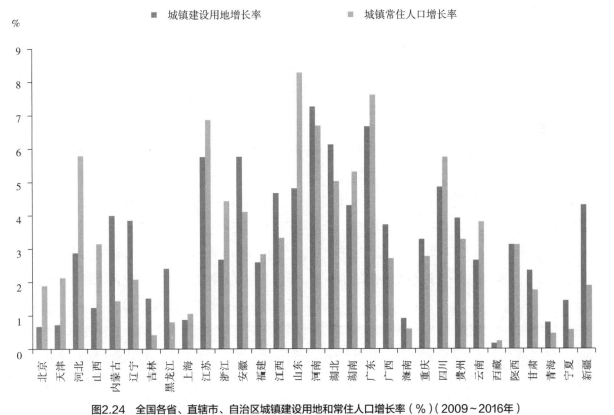

图2.24　全国各省、直辖市、自治区城镇建设用地和常住人口增长率（%）（2009～2016年）

---

❶ 中国的土地资源，真的稀缺吗？https://www.sohu.com/a/343700661_100258414.

属于B1或B2级，B1级是难燃的，B2级是可燃的，B3级是易燃的。A级是不燃的。

公安部、住房和城乡建设部2009年《民用建筑外保温系统及外墙装饰防火暂行规定》指出，100m以下的住宅可以用B2级的材料。

2010年11月15日上海市静安区胶州路28层教师公寓住宅失火，延烧21h，造成58人死亡，71人受伤。主要原因是节能改造项目主要负责人违规违法，被判刑16年。

2011年9月14日，公安部消防局在《明确民用建筑外保温材料监管要求》（简称65号文）中，要求民用建筑的外保温材料采用燃烧性能为A级的，不能用B级的，把上述两个部的发文否定了。造成100m以下住宅保温材料采用无所适从，很多生产厂家意见很大。

2011年12月30日《国务院关于加强和改进消防工作的意见》要求："新建、改建、扩建工程的外保温材料一律不得使用易燃材料，严格限制使用可燃材料。"这就是说，可燃材料（B2级）仍可应用，但要严格限制。

住房和城乡建设部2012年2月10日《关于贯彻落实国务院关于加强和改进消防工作的意见的通知》要求严格执行公安部、住房和城乡建设部2009年的规定，特别是采用B1和B2级保温材料时，应按照规定设置防火隔离带。由于国务院文件没有明确按公安部和住房和城乡建设部的2009年文件执行，公安部消防局仍坚持执行他们的65号文。

笔者接触的国内专家都认为，公安部和住房和城乡建设部联合发文支持仍然可以用B2级的保温材料是很对的，因为我们用的材料是从外国引来的。现在德国、英国和美国这两种保温材料还在用，只是对建筑高度有限制，具体规定是：

- 德国法律规定，高为22m以上的建筑严禁采用有机可燃保温材料，聚苯板外保温只能用在高为22m以下的建筑。
- 英国标准规定，高为18m以上的建筑必须采用不燃或难燃材料。
- 美国纽约州建筑规范规定耐火极限低于2h的聚苯板薄抹灰外墙外保温系统不得用于高为22.86m以上的建筑。

14. 室内环境品质

室内环境主要是指空气质量、温度、照明和噪声。

室内空气质量主要通过对污染浓度高的空间做单独处理，采用低污染的装饰材料和家具，以及通风换气和空气滤净等措施来保证。

室内温度主要通过外窗、外墙和屋顶等外围护结构实现。对于不同的建筑热工分区，一定要区别对待，不能照搬。在严寒和寒冷地区，外窗、外墙和屋顶都要做好保温，严格控制体形系数和窗墙面积比。在夏热冬冷地区，外窗、外墙和屋顶要适当保温，也要控制体形系数和窗墙面积比，同时考虑外窗遮阳和通风。在夏热冬暖地区，主要考虑外窗通风和遮阳，屋顶要做好隔热。

室内照明应尽量采用自然光。自然光有直接光和间接光两种。采用直接光，虽可直接提高照度，但室内明暗对比增强，容易使人疲倦，以用于满足基本照度要求和重点部位为好。采用间接反射光，可以提升均好度，增进空间感，且可减少直接光造成的强烈光影对比感和发热量。通过开窗、遮阳和装修设计，可以做到只引太阳光而不带太阳热进入室内。单层透明屋顶虽可引入自然光，但同时也带来热，并不可取。

室内噪声防治应从声源、传播、材料和构造四个方面考虑隔声和降噪措施。例如：设置消声器、防声罩，选用噪声低的设备，采用地毯和木地板作为缓冲层，在传输路径用屏蔽物隔声，采用吸声材料，降低噪声从门窗洞口传入，减少楼板冲击声，以及采用隔声材料和隔声构造等。

15. 延长建筑寿命

2010年，中国房地产业协会提出建设百年住宅的倡议。2012年中国房地产业协会和日本日中住宅产业协会签署了《中日住宅示范项目建设合作意向书》，确定了第一批示范项目的实施企业，百年住宅项目实践开始启动。先后启动了十多个项目，到2017年年底，示范项目总建筑面积以达100万m²。2018年，中国建筑标准设计研究院有限公司等单位编制的《百年住宅建筑设计与评价标准》T/CECS-CREA 513-2018，由中国工程建设标准化与中国房地产业协会联合发布，已于当年8月1日起施行。标准提出中国百年住宅的标杆与技术体系包括四个方面：建设产业化、建筑长

寿化、品质优良化和绿色低碳化。这个建设百年住宅的倡议和实践，无疑对我国推进延长建筑寿命向前迈进了一大步。[27]

我国普通房屋的设计使用年限为50年。但是，不少建筑建成后使用不到50年就拆除了。根据笔者调查的资料，东北某市2010年共有房屋总量1.45亿m²，1970年以后建成的房屋，使用寿命不到40年，就拆除了372万m²，占房屋总量的2.8%；1990年以后建成的房屋，使用寿命不到20年，就拆除了130万m²，占总量的1.3%（表2.8）。该市不同年代房屋拆除率如表2.8和图2.25所示。该市建筑寿命与拆除建筑面积占总量的比重（%）如图2.26所示。图中建筑寿命为房屋建成到拆除的年数。由图可见，拆除原因不是房子不能再用了，而是规划调整、维护不当或功能不全，而最主要的原因则是，政绩工程和商业利益导致的规划频繁变动。

东北某市不同年代建筑拆除和保有情况　　　　　　　　表2.8

年份	1960年前	1970~1980年	1980~1990年	1990~2010年
拆除面积（万m²）	847	186	56	130
拆除率（%）=拆除建筑面积/2010年房屋总建筑面积（m²）	5.84	1.28	0.39	0.9
建成房屋（万m²）	1005	752.8	2496.7	10245.5
保有房屋（万m²）	1005（1960年）	1757.8（1970年）	4254.5（1980年）	14500（2010年）

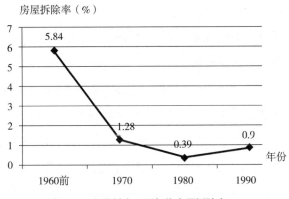

图2.25　东北某市不同年代房屋拆除率

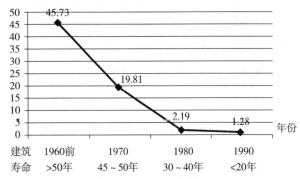

图2.26　东北某市建筑寿命与拆除建筑面积占总量的百分比（%）

延长建筑寿命就是要延长建筑的设计使用年限，比如把普通房屋的设计使用年限从现在的50年提高到100年。建设百年住宅，就是向这个方向努力的一种尝试和实践。要完全实现把普通房屋的设计使用年限从现在的50年提高到100年还有许多工作要做，比如，制订与使用年限100年相适应的建筑结构荷载和耐久性规范等。延长建筑寿命要使建筑具备下列六个要素（图2.27）。

（1）针对规划调整、建筑拆除立法

鉴于建筑拆除的主要原因是规划调整，需要针对规划调整和建筑拆除立法，以保证规划不受政绩工程和商业利益驱动而频繁变动，建筑不因土地用途改变和其他人为因素而在使用寿命尚未达到以前被拆除。尽可能做到不改变土地用途或变更规划。

（2）建筑主体结构长寿命

建筑主体结构是建筑的支撑体系和骨架，是建筑寿命的决定性因素，在建筑全寿命期间很难更换。一般多层建筑可采用砖或木结构。高层建筑则宜采用钢结构或钢筋混凝土结构。

提高建筑的耐久性和可维护性。如建筑结构强度提高20%，建筑寿命可以提高一倍以上；钢筋混凝土结构的保护层厚度每增加1cm，约可提升结构寿命10年等。

（3）内部空间可改造

建筑内部宜为较大的开放空间，内部空间可改造，以适应生活和生产发展的需要和需求的变化。比如采用建筑主体结构（骨架）和维护结构（填充体）分离的建筑体系，建筑主体结构（骨架）长寿命，而维护结构（填充体）则可按用户要求改造或更换。

住宅套内用钢筋混凝土墙分隔成小间，不利于改造，影响建筑寿命。北京1976年在前三门建

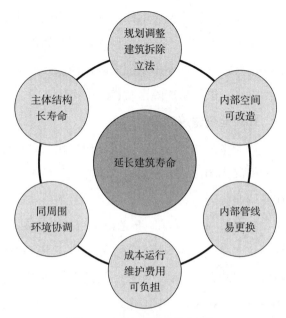

图2.27　延长建筑寿命的六要素

设的十里长街住宅群，建筑面积总计40万m²，共40栋，9~16层，全部为钢筋混凝土剪力墙结构，采用大模板施工，是中国最早的高层住宅。一套住宅使用面积56m²，有两个居室，没有客厅，厨房和卫生间面积都非常小，用钢筋混凝土墙把套内分隔成小间。

1977年3月4日，罗马尼亚布加勒斯特东北160km的弗朗恰发生中深源强烈地震，震级为7.2，震源深度约100km，地震造成1570人死亡。罗方要求中国派专家组帮助他们，根据中央指示，3月8日派出中国地震专家代表团赴罗，4月10日回国。笔者作为代表团副团长，在罗中央建筑研究设计规划总院（领导抗震研究中心的部级单位）做报告后和罗方专家交换意见时，罗方一位专家问笔者："你们北京前三门盖的那些高层住宅，采用钢筋混凝土剪力墙结构，把套内空间分隔得很小，平面'冻结'了，不能改变，你们的子孙后代如果想扩大空间，怎么办？"当时我们设计单位没有人考虑过这个问题，笔者也没有想过日后改造的问题，把笔者问懵了。笔者当时

无言以对，只好按照临行前中央领导同志的指示，实言相告。

其实，40多年前罗方专家问的问题，我们不仅当时没有考虑，至今也还没有引起足够重视。我们现在建的保障性住房，套内面积以40m²左右为主，假如用砖墙、钢筋混凝土剪力墙等承重墙分隔的话，平面同样是"冻结"的，将来生活水平提高了，想改变也难。笔者很担心，如果保障性住房这么盖下去，很可能将来会成为建筑垃圾。如果40m²或者50m²的两套保障性住宅的分户墙为将来两套住宅合成一套留下伏笔，则以后改造就会容易很多。

此外，如果一套住房里面尽可能用非承重墙分隔空间，则将来生活水平提高以后，稍加改造，就能满足新的需要。

延长建筑寿命还要考虑年老时的居住需求，使用户可以终身居住。因为大多数人不喜欢频繁搬家，希望在年轻时代就拥有的家里度过晚年。表2.9为老年时的表现和适老对策。

建筑内部空间可改造还要考虑社会发展的需求。比如20世纪50年代北京市沿大街建了不少多层砖房住宅，建造时底层都住人。后来由于商业的需要，底层大多改造成了商铺。但是设计时并没有考虑，现在的改造，只能是无奈之举。如果设计时就给后期可能的改造埋下伏笔，不但改造更为顺利，而且适用性和经济性也会更好。

（4）内部管线易更换

建筑套内的管线使用寿命一般都不到50年，而建筑的寿命可达50~100年，要多次更换管线，如果把管线埋在承重墙、柱或楼板里面，如要更换管线就会损坏结构，缩短建筑寿命。因此，主张把管线放在主体结构外面，实行明管明线设

老年时的表现和适老对策　　　　　　　　　　　　　　　　　　表2.9

	老年时的表现	适老对策
1	身高缩短一般可达3.8cm	开关、门铃和门窗把手等的位置要降低
2	容易丧失平衡感觉	地面应平坦，无高差，不可设门槛、踏步等障碍物
3	容易摔倒	地面和浴池底部应防滑，浴池、厕所、楼梯和走廊两侧应设扶手，方向和高度改变的地方应用显眼色彩
4	视觉功能下降（人80%以上靠视觉获取信息）	房间照度需提高2倍以上
5	不适应眩光	应加控制
6	听力下降	应提高报警声响
7	体温低于常人	采暖系统需补偿附加体温损失，如地板下加热到30℃，整个房间温度可达20℃
8	容易失禁	厕所应靠近卧室，并设长明灯
9	需坐轮椅	加宽需要通行的门
10	出入行动困难	入户门为推拉门，推到底后，夹持器维持1~2min后自动关上
11	站立换鞋困难	玄关处设低矮座台，供进门后坐下换鞋，东西放在座台上
12	体力差	房间任何地方都可用控制器启闭窗帘
13	洗浴时可能晕倒	墙上有呼叫器；采用折叠门，门上有可取下的小板，有情况可从此处钻入，门透明，可看到里面情况，门可向内或向外开启
14	洗浴进浴盆困难	浴缸两头有宽边，可先坐在上面，再进浴缸

计，即采用日本的结构体和填充体分离的思路，为走管线另设空间，不主张放在承重结构里。

但是，笔者在俄罗斯、德国等一些欧洲国家宾馆的卫生间里，只看到洗浴的花洒和软管，盥洗盆上的水龙头、水管都放在墙里。笔者问他们将来漏水和更换管线怎么办。回答是不会漏水，不需更换。笔者问了国内相关人员，说我们做不到。笔者认为是否真的做不到，尚需研究。笔者现在住在百万庄住房和城乡建设部大院20世纪50年代建的4层砖墙承重住宅楼里，电线放在细钢管里，细钢管竖直砌在承重墙里，更换电线时，笔者看见工人把旧电线从细钢管拉出，把新电线拉入细管，很容易就更换了。所以，管线是否可以放在承重结构里尚需研究，因为管线与承重结构分离，为管线另设空间，要占用套内使用面积。

现在放在屋顶上的太阳能集热器、水箱、广告架等有的直接安置在屋顶防水层上，常常因改装时破坏屋顶防水层而造成漏水。因此，把设备放在支架上，使设备和防水层分开，也是提高耐久性的必要措施。

（5）成本、运行和维护费用可负担

延长建筑寿命，成本、运行和维护费用会有所增加，但建筑成本和在全寿命期间的花费要做到经济合理，使用者可负担。

（6）建筑与周围环境协调

建筑同周围环境协调，包括三个层面：一是建筑与周围自然环境的协调，就是把建筑周围的地形、地势、地貌、植被、水文、气候、山川和河流等因素与建筑相融合。自然环境是对建筑的约束，也是建筑出彩的背景和助力；二是建筑与建筑之间的协调，包括建筑形态协调，即建筑高度、走向、疏密等元素的协调；美观协调，即建筑立面、色彩、用材、结构、形态和风格等元素

的协调；功能协调，即功能的衔接和契合。三是建设时期的协调，即新建建筑和原有建筑的传承和延续。

16. 建筑自然通风和自然采光

（1）自然通风

自然通风是利用室内外温差所形成的热压或风力作用所造成的风压来实现换气通风。自然通风的典型示例有：

1）穿越式通风。室外空气从房屋一侧的窗流入，从另一侧窗流出。此时，房屋在通风方向的进深不能太大，否则就会通风不畅。进气窗和出气窗之间的风压差大，房屋内部空气流动阻力小，才能保证通风流畅。

2）浮力烟囱式通风。依靠温度差异使室外冷空气从低位窗进入室内，室内的暖空气则从高位窗排出。通常用烟囱或天井来产生足够的浮力，促进通风。即使微弱的风也会在房屋的外表面产生压力，也能促进空气流通。

3）单侧式局部通风。局限于房间的通风。空气的流动是由于房间内的浮力效应，微小的风压差和湍流，驱动力甚小，而且变化大。

4）混合式通风。既有穿越式通风，又有浮力烟囱式通风，还有单侧式局部通风，英国Leichesterde的De Montfort大学的Queens建筑就是采用这种通风方式（图2.28）。

5）有副楼板的烟囱式通风。同浮力烟囱式通风类似。所不同的是，在有副楼板的楼层，室外空气从副楼板进入室内。

6）侧面有特殊竖向烟囱效应的通风。建筑左侧面有特殊竖向烟囱，室内空气通过烟囱效应排出。右侧顶层室内空气则从高位窗排出。

7）中厅通风、采光。瑞士苏黎世EMPA Eawag低碳办公楼，5层，通过中厅，采光、通风，采用开放式楼梯，鼓励少乘电梯[28]（图2.29）。

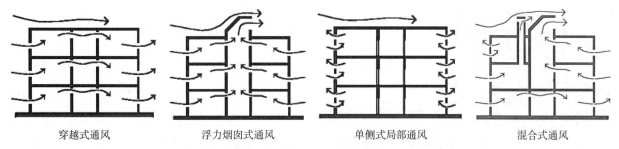

| 穿越式通风 | 浮力烟囱式通风 | 单侧式局部通风 | 混合式通风 |

图2.28　穿越式、浮力烟囱式、单侧式局部和混合式通风

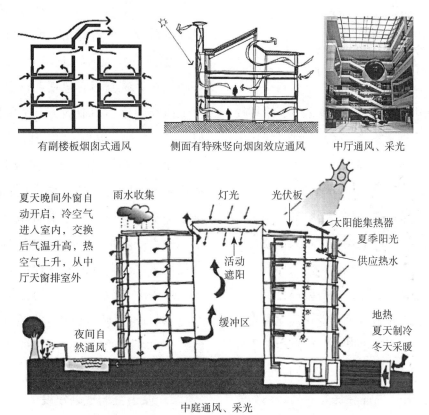

有副楼板烟囱式通风　　侧面有特殊竖向烟囱效应通风　　中厅通风、采光

中庭通风、采光

图2.29　有副楼板烟囱式、侧面有特殊竖向烟囱效应通风和中厅通风、采光

（2）自然采光

自然采光是指设计门窗的大小和建筑的结构使建筑物内部得到适宜的自然光线。自然采光可以分为直接采光和间接采光。直接采光是指采光窗户直接向外开设，日光直接射入室内。我国绝大多数建筑采用直接采光。间接采光有两种，一是采光窗户朝向外廊或直接采光的厅、厨房等开设，有的厨房、厅、卫生间利用小天井采光，也属间接采光；二是在窗户外面和内面设置隔板，形成光反射，照到室内，特别适用于进深大的建筑采光。第二种间接采光我国用得很少。

图2.30为学校建筑运用上述第二种间接采光的案例。该建筑为二层，教室坐南朝北，采用间接自然采光。其特点有三：一是窗户配有特殊玻璃，可以减少室内眩光和辐射热，室内却可获得大量日光；二是窗户外面和内面设置隔板，形成光反射，照到教室内深处，并可为下面窗户遮阳；三是教室内设有导光管，使室内可导入附加阳光。

间接自然采光

1. 教室坐南朝北, 夏天没有西晒。
2. 配有特殊玻璃的窗可减少室内眩光和辐射热, 但却能使室内获得大量的日光。
3. 窗的外面和里面设有水平搁板, 形成光反射, 照到教室深部, 并为下窗遮阳。
4. 教室内墙设有导光管, 使室内附加日光

图2.30 学校建筑采用间接采光

学校建筑利用内走廊侧边高窗采光, 应用较为普遍, 因为内走廊不需要太多的光线。单层体育馆采用天窗采光也比较多。

17. 取消毛坯房

取消毛坯房是节能、节地、节材的另一个重要的措施。毛坯房要二次装修, 产生大量建筑垃圾, 不仅花费大, 而且噪声扰民, 污染环境, 还容易形成安全隐患。1999年, 国务院办公厅转发建设部等部门《关于推进住宅产业现代化提高住宅质量若干意见》, 明确要求推广一次性装修或菜单式装修, 但23年后的今天, 市场销售的住房不少还是 "毛坯房"。商品住房是商品, 商品就应当是成品, 不应容忍 "毛坯房" 继续存在。据估计, 到2020年, 我国新增住宅约175亿m^2, 按照平均每户120m^2, 70%进行二次装修计算, 如果不加改变, 将有1亿户进行二次装修, 按平均每户产生建筑垃圾2t测算, 总计约产生建筑垃圾2亿t, 从而浪费5000万t标准煤, 增加上亿吨CO_2排放, 多花数千亿元, 而且噪声扰民, 使住户数年不得安宁, 劣质装修材料会污染环境, 更改房屋结构和管线还会形成安全隐患。

2.3 城市基础设施建设

城市基础设施 (urban infrastructure) 是城市正常运行和健康发展的物质基础, 对于改善人居环境、增强城市综合承载能力、提高城市运行效率、稳步推进新型城镇化、确保全面建成小康社会具有重要作用。[1] 城市基础设施是城市生存和发展所必须具备的工程性基础设施和社会性基础设施的总称。前者包括: 能源供给、给水和排水、道路交通、通信、环境卫生、住房, 以及防灾减灾等系统。后者包括: 行政管理、文化体育、医疗卫生、商业服务、金融保险、教育科研、宗教、社会福利, 以及住房保障等。

2013年《国务院关于加强城市基础设施建设的意见》(国发〔2013〕36号) 提出的5条基本原则之一是: "安全为重。提高城市管网、排水防涝、消防、交通、污水和垃圾处理等基础设施的建设质量、运营标准和管理水平, 消除安全隐患, 增强城市防灾减灾能力, 保障城市运行安全"。本节论述城市交通建设质量、公用设施地震安全和减轻洪水危害等三个问题。

2.3.1 城市交通规划建设

我国正处在城镇化快速发展时期, 城市, 特别是大城市的交通问题突显, 改善城市交通的需求比世界上任何一个国家都更加迫切。

1. 城市交通要适应城镇化水平的快速增长

1998年到2018年21年间, 我国城镇化水平从30.4%增加到59.58%, 平均每年增加1.39个百分点 (图2.31)。同期城镇人口从41608万人增加到83137万人, 平均每年增加1978万人。城市交通规划必须考虑这些新增人口。

---

[1] 国务院关于加强城市基础设施建设的意见 (国发〔2013〕36号).

2. 城市交通要适应千人汽车保有量的快速增长

我国城市千人汽车保有量和人均GDP呈正相关关系。1995年城市千人汽车保有量只有9辆，2006年、2010年、2020年分别增加到38辆、68辆和193辆，2020年是1995年的21倍，2010年的2.8倍。现在世界平均城市千人汽车保有量是200辆，发达国家的城市千人汽车保有量是500～800辆。可见，我国城市汽车还有较大的发展空间，城市交通必须予以考虑（表2.10、图2.32）。

3. 城市规模决定城市交通形式[1]

传统的步行城市，范围很小，人口密度很高，对交通要求很低。城市范围大了，形成市区和围绕市区的若干中心，通过公共交通（包括轨道）向四面辐射，沿着这些交通线又有若干个小范围的步行区，形成公共交通城市。城市范围更大了，公共交通不大可能通达人口密度低的郊区，除了辐射的公共交通以外，还要有小汽车行走的路线，成为依赖小汽车的城市（图2.33）。

2006～2020年中国城市千人汽车保有量（辆/千人）和人均GDP（万元）　　　　表2.10

年份	汽车千人保有量	人均GDP	年份	汽车千人保有量	人均GDP
2006	38	1.7	2014	113	4.7
2007	43	2.1	2015	125	5.0
2008	49	2.4	2016	140	5.4
2009	57	2.6	2017	156	5.9
2010	68	3.1	2018	170	6.6
2011	79	3.6	2019	173	7.1
2012	89	4.0	2020	193	7.3
2013	101	4.4			

资料来源：1. 国家统计局，中国统计年鉴，2019年，2020年；
　　　　　2. https://www.chyxx.com/industry/201707/541603.html.

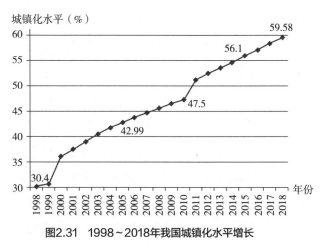

图2.31　1998～2018年我国城镇化水平增长

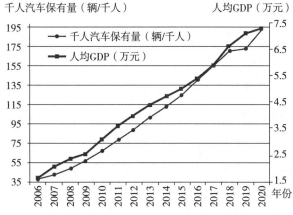

图2.32　2006～2020年中国汽车千人保有量（辆/千人）和人均GDP（万元）关系

---

[1] 叶耀先. 城市形态决定交通形式［OL］.［2002-05-22　17∶10］新浪房产.

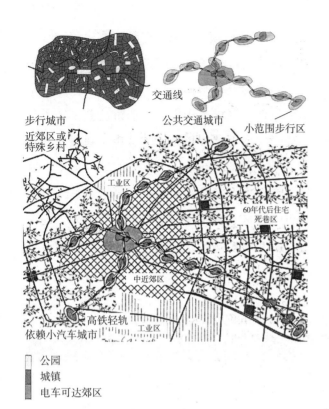

步行城市
近郊区或
特殊乡村

交通线

公共交通城市

小范围步行区

60年代后住宅
死巷区

工业区

中近郊区

高铁轻轨
依赖小汽车城市

工业区

公园
城镇
电车可达郊区

图2.33　城市规模和交通形式的关系

4. 城市交通发展的原则

（1）交通规划的观念更新。主要包括：以人为核心，交通网络规划和建设，以及跨地区交通规划。

（2）交通主要是输送人和物，而不是车辆。道路运营应按输送人和物的效率优先安排。只有司机，没有乘客的车辆，效率不高。公共交通、乘坐两人以上的小汽车、自行车和行人应该优先，特别是公共交通尤应优先。一个人平均占的道路面积，35座公交车是$1m^2$，自行车是$3.75m^2$，出租车是$10.5m^2$，摩托车是$11.66m^2$，小汽车是$14m^2$，公交车占路面积最小，效率最高。多年前，在美国波士顿，朋友开车送笔者去机场，起飞时间快到了，路上拥堵，汽车排队很长，但车里有两个人以上的，根据效率优先原则可走快捷道，提前到达。要是车里只有一个人，就只能走普通道，就赶不上飞机了。

（3）运输的价格应该等于直接成本加上社会成本。社会成本是由于运输而加给社会的费用。如小汽车排出尾气造成污染环境，医疗费用增加和生产效率下降的费用，以及交通堵塞加给社会的费用都要由乘车人负担。世界上不少城市，小汽车进入市区要另外付费，甚至不让你进去。这些都是考虑社会成本的体现。我国公交定价也应考虑这个原则。

（4）按市场经济原则，深化改革，提高效率。包括引入竞争机制；公共交通定价考虑社会成本；修改公共交通企业的权属、运营和规章；更广泛地采用使用者付费等。

（5）政府的作用是指导。包括建立稳定而透明的法规框架，制定交通规划和发展战略，制定发展基础设施金融政策，制定价格政策，对不利行业的补贴，征收税费确保运输价格反映社会成本，以及减少垄断利润和价格等。

（6）充分发挥民营企业作用。包括公共汽车运营，停车场运营，基础设施规划和设计等的咨询服务，施工承包，以及投资大型基础设施项目。

（7）交通运输发展的准则，包括环境可持续、经济高回报、财政能承受以及社会能接受等。

5. 城市大型项目选址要考虑建成后对整个城市交通的影响

大型项目通常具有人流和车流量大的特点，必须考虑建成后对整个城市交通的影响。大型公建项目首先要考虑外部城市交通的衔接和匹配，选择与交通流相匹配的交通方式，如交通枢纽放在哪里换乘最方便，以及路网的配套疏解能力等。大型住宅项目要考虑职住平衡，北京的天通苑和回龙观两个大型住宅小区，面积$63km^2$，近90万常住人口，职住严重分离，每天大量居民通勤市区，地面交通堵塞、地铁拥挤不堪。北京市政府《优化提升回龙观天通苑地区公共服务和基础设施三年行动计划》完成后，有望得到解决。

6. 优化城市道路交叉口规划设计

城市道路交叉口是通行最繁忙的点，也是发生冲突概率较大的车流汇合点。要提高道路交叉口的通行效率与安全性，第一，应严格按照各个道路的作用在一些无信号灯的交叉口科学设计相应的标线与标志；第二，应严格控制并规范设计行车与车辆的交通规则；第三，考虑车辆、车速以及道路类别，结合交叉口设计红线，考虑在该地点设计交叉口可能会发生的问题；第四，考虑老弱病残，以人性化的标示，保证出行安全；第五，考虑车辆与行人以及视距的三角形规律。

7. 城市交通发展政策的国际经验[1]

（1）投资公交设施，包括控制城市形态；在轻轨或快速公共汽车专用道车站附近建设步行城市；快速公共汽车专用道投资少，容易更新为轻轨或有轨电车；限制低密度开发；限制小汽车使用；吸引民间资金和参与运营等。

（2）在街道、广场和商业区提供自行车和步行空间，这是最为有效、公平和人性的交通方式，忽略此项政策将会面临社会、经济和环境问题。

（3）控制土地利用和人口密度。包括土地利用分散和低人口密度会造成对小汽车依赖；公共交通联系各个高人口密度地域可创造步行区；在快速发展城市，引入新型、高效公交线路可限制低密度区蔓延等。

（4）规划和控制。包括支持上述三项政策；解决骑自行车者、步行者、孩子和无车居民的需求；抵制对小汽车的依赖；保护邻里社区；实现

城市对社会和文化价值的承诺。

（5）世界65座城市137个案例的数据说明，城市人口密度高，城市人均道路长度越短。人口密度降低1%，人均道路长度增加1%（图2.34）。可见，大城市人口密度高，对减少道路长度是有利的。

（6）轨道交通是解决大城市交通的重要途径。随着大城市人口的增长，市中心的人口向郊区的卫星城求发展，解决市区和卫星城之间的公共交通问题，最好的莫过于轨道交通。比如说，巴黎一千万人口，轨道交通承担70%的交通量，伦敦七百万人口主要是靠轨道交通。莫斯科和我国香港55%客运量由轨道交通承担，东京客运量的80%由轨道交通承担。道路交通只是辅助的，主要用于向轨道交通系统集散客流。

轨道交通的优点，一是运量大，从载客量来看，一辆公共汽车是60~80人，一节轻轨车辆是60~150人，而一节地铁车辆则可达150~200人，轻轨按照2~6辆车编组，地铁按4~10辆编

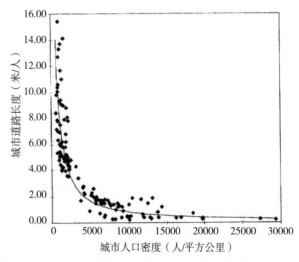

图2.34　城市人均道路长度和人口密度的关系

---

❶ 叶耀先. 城市交通发展战略思考. 轻轨对城市建设暨房地产开发影响研讨会. 2001年9月8日. 青岛. 新地时空工作室提供.

组，每小时单向输送能力公共汽车是2000～5000人，轻轨是5000～40000人，地铁可达3万～7万人。轨道交通客运能力是公共汽车的2.5～14倍。二是速度快，从时速来看，公共汽车是10～20公里，轻轨是20～40公里，地铁是40～50公里，最高达70～80公里，轻轨和地铁时速为公共汽车的2～4倍，而且可以做到准点运行。三是采用电力，污染少。四是能耗低，人工能耗为道路交通的15%～40%。占地比较少，每小时输送5万人所需要的道路宽度，小汽车是180m，公共汽车是9m，轨道交通综合占地为道路交通的1/3，地铁和高架式轻轨占地表土地更少。

2.3.2 生命线系统的地震安全[29]-[33]

生命线是分送资源，输送人员与货物及传送信息的复杂系统，包括电力、煤气、热力以及液体燃料等的发生、输送和供给的能源系统，电报、电话、电传、广播、电视、邮政、报纸等传送信息的通信系统，城市道路、公路、铁路、机场、码头等运输系统，供水、排水、液体废料、固体垃圾排放等卫生系统。

生命线系统的特点有五个。一是绵延数公里至数百公里，分布在相当大的范围内，是一种"面"结构，不像房屋和工程结构，建造在很有限的用地面积上，是一种"点"结构。二是由若干"环节"组成，是内部相连的"网络"，一个环节破坏就会影响系统的功能。三是对人们，特别是城市人员的活动至关重要。一座城市的生命线工程的价值可达整个城市财富的一半。如输送燃料的生命线被破坏，可能会引起火灾，造成给水和排水系统同时破坏，从而使饮用水污染；电力中断会使泵站停止运转，导致供水中断。四是与房屋相比，生命线工程的地震破坏更多地与土壤变形和破坏相关联。五是抗震研究面临着许多

新的问题。例如，生命线工程破坏的定义就尚待研究。地震时，一座桥梁倒塌了，可以绕道，只是时间要长些；一座房屋倒塌了，除非重建，不能用其他途径再现房屋的功能。

强烈地震，特别是1976年唐山地震后，生命线系统破坏造成的次生灾害和震后救援困扰更是难以忘却。

1. 供水系统

唐山市区及天津市汉沽、塘沽区均以地下水为水源，天津市区则主要靠地面水源供水，给水管网多为铸铁管。1976年7月28日地震后，由于管线与水源井被破坏，供水中断。唐山市8月10日开始全市供水，9月下旬基本恢复正常；天津市8月底恢复到震前水平。唐山市区、天津市区及天津市塘沽区直径75mm以上铸铁管供水管线破坏率（每公里管线平均破坏处数）的实际表现如下。

（1）管线破坏率随管身直径的增大而减少。管线破坏大体上有接头破坏（接口拔脱、大头分裂、套箍断裂等）、管身断裂和零件（弯头、三通、四通及阀门等）破坏等三种类型。直径为75～300mm的管线，三种类型破坏率大体相近，而更大直径的管线，接头破坏率最高，但管身却很少破坏。

（2）管线破坏同周围土质关系很大。天津市塘沽区地震烈度虽为8度，但土质最差，破坏率达每公里4.14处；而唐山市区地震烈度虽高达11度，因土质较好，破坏率仅为每公里3.86处。调查表明，埋设在松散土、河、沟、坑边缘及其他松散土壤或严重不均匀土壤内的管线，都遭到严重破坏。例如，唐山市陡河附近直径400mm的铸铁管线，在200m内就有10处破坏，破坏率高达每公里50处之多。

（3）管线附属零件破坏率很高，达每公里

0.82处。少数管线采用胶圈柔性连接，震后基本完好，但刚性接口的管线破坏率则高得多。

（4）钢管抗震性能最好。天津市直径600mm输送天然气的管线，长达60km，没有一处破坏，但锈蚀钢管抗震性能极差，破坏率竟高达每公里20处。

（5）塑料管抗震性能较差。天津市武清区杨村，地震烈度为7度，长3.8km直径为50~230mm的塑料管有8处破坏，破坏率达每公里2.1处。

国外强震分析结果与上述雷同。比如，管线最严重的破坏发生在滑坡区、液化区，以及由于断层位移造成土层断裂的地区；延性管材和柔性连接的管线的抗震性能优于脆性材料和刚性连接的管线；但在土层和地表断裂的地段，管线本身和接头破坏很难避免；锈蚀会降低铸铁管线的抗震性能，震后会加速锈蚀部分的破坏，并使渗漏日趋严重。

研究指出：埋地管线主要受纵向摩擦累积形成的轴向应变作用；地震引起的水锤会使管线内压力突增，设置压力释放阀可以减轻此类危害；延性管线，如焊接钢管的抗震性能取决于焊接的整体性，先进的对焊管线表现很好，但是20世纪30年代初期或以前，用气焊或电弧焊焊接的管线，尤其是煤气管线，则并非如此；地下管线管沟填入材料越松软，地震时所受的应力越小。

水井由井筒、泵及连接管线和防止砂砾进入泵体的井罩或井室组成。泵站则可分为引水结构、泵、阀及有关电控设备等部分。1976年唐山地震表明，井筒破坏主要取决于周围土质条件，而井室破坏则主要取决于所在地段的地震烈度和结构形式。位于7~11度区中硬土层内的49眼井，井筒无一眼破坏；而软土层中的井管，7度区5%~8%破坏，9度区29%破坏，位于10度区的6眼井，全部遭到破坏。在7~11度区，地下井室基本完好，而建在地面以上的重屋盖井室则破坏殊多，在10~11度区，无一幸免。

国外强震经验表明，井筒可能因土壤运动而破坏，含水层可能破坏或受到污染，井罩可能被堵塞；引水结构易因地震惯性力、沉降和滑坡而破坏；泵及其他重型设备地震时可能移位，需采取抗移动措施；锚固的设备表现良好，但减振器上没有限位措施的设备破坏更为严重；电力中断会使未受破坏的泵站停止运转，管线破坏会使水溢出，从而造成电器元件短路或其他损坏，用作启动备用马达的蓄电池应采取防倾覆措施。

2. 排水与水处理

排水及水处理工程设施的震害事例甚少。国际上至今尚未研究出经济的抗震设计方法，特别是抗差异地震动的设计方法。

唐山地震时，唐山和天津两市1161km排水干管虽然受到一定破坏，但并未产生严重污染及其他严重后果。唐山市内的立交地道桥震后因泵房倒塌，雨后积水，曾影响交通；有的地段管道破坏，土壤流失，造成地面塌陷和房屋破坏。应注意避免这些排水系统破坏而引起的次生灾害。

国外强震经验表明：大型水处理结构对其基础土壤的不均匀沉降非常敏感；管线与水处理结构的连接易遭破坏，且可能会发生大的相对位移；调节胀缩的构件的柔性不足以调节地震引起的位移；地震会加速由于锈蚀、道路和土壤沉降而引起的破坏。

3. 桥梁

1971年美国圣菲南多地震前，一般认为大多数桥梁的破坏不是源于地震的振动效应，而是由于地震引起的土壤破坏。但是，其后的调查研究说明，很多破坏是振动效应引起的。1976年以来的多次强震（如1976年的中国唐山地震，菲律宾棉兰老岛地震，1978年美国圣巴巴拉地震，日本官城县冲地震等）都说明，土壤破坏和振动效应都会引起桥梁破坏，何者为主，需视具体情况而定。

我国铁路和公路桥梁主要采用钢筋混凝土或预应力混凝土简支梁（少数铁路桥采用钢梁）、实心混凝土墩（少数采用石砌墩）。铁路桥梁多用沉井或钻孔桩基础，公路桥梁则多用钻孔灌注桩基础。1975年海城地震和1976年唐山地震，桥梁都遭到了很大的破坏，公路桥梁的破坏尤为严重。1976年7月28日唐山地震，桥梁破坏造成的交通中断到8月10日才基本恢复，公路桥梁有30余座严重破坏或倒塌。唐山和天津地区破坏的公路桥梁长度分别为桥梁总长的62%和21%，铁路桥梁有40%遭到不同程度的破坏。

唐山地区和天津市遭到严重破坏的15座公路和铁路桥梁所在的位置和地震等烈度线如图2.35所示。图中实线为7.8级主震的等烈度线，虚线则为7.1级余震的等烈度线。

唐山地震桥梁震害的主要经验有：

（1）同铁路桥梁相比，公路桥梁破坏更为严重，落梁者甚多，因此应改进公路桥梁的抗震设计和施工。

（2）桥梁破坏固然同地震烈度有关，但地基土质条件影响更大。唐山地震时，有些桥梁虽在地震烈度为10～11度地区，但因桥址土壤密实，破坏并不严重；而桥址在淤泥质土层上的桥梁，虽在地震烈度为7～8度的地区，却遭到严重破坏。1975年海城地震也发生雷同情况。可见，桥址应尽量选择在坚硬的土层处。

（3）常见的桥梁破坏现象有：①路堤下沉，桥台因桥头路面及两岸土体失稳而向河心滑移，造成桥孔缩短，桥墩倾斜、断裂，以及纵向落梁。修建护岸，采用较深的群桩、在墩台基础之间设置拉梁，可防止此类破坏。②河中的桥墩因地基土壤液化而沉陷、倾斜或断裂。采取穿过液化土层的深桩基并将各个墩基连接在一起，是防止这类破坏的有效措施。③因地震侧力作用，梁体在纵、横向移位、碰撞，支座锚栓剪断，甚至落梁。加强梁、板之间的纵、横向连接，适当加宽墩帽或设置挡块可避免或减轻此类震害。

（4）地震累积破坏作用不容忽视。1976年唐山地震7.8级主震以后，滦县爪村公路桥和京山

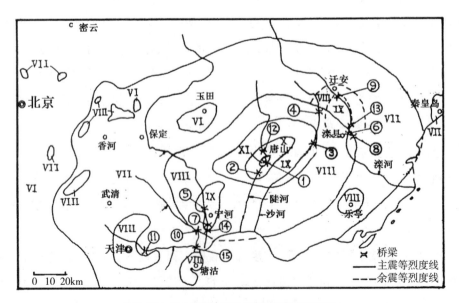

图2.35　15座桥梁的所在位置和地震等烈度线

铁路105号桥破坏轻微，尚可行车，但在7.1级强余震时，铁路桥遭到严重破坏，公路桥发生落梁。

（5）混凝土桥墩内设置箍筋，可以减轻破坏。

国外经验与上述相似，有些报告指出，桥梁倒塌可能起始于混凝土连续桥的伸缩缝，故对桥梁上部结构铰的设计应特别留意。

4. 公路和铁路

国内外强震经验指出，铁轨变形和公路的破坏主要由于地面断裂、土壤破坏、巨大的地震侧力和竖向地动所造成；路面的裂缝则主要是路基土壤不稳定所引起；挖、填方部分易遭破坏。防止这些破坏比较有效的措施有：正确分层并压密填土，尽量降低挖方和填方高度，对路旁天然斜坡的地震稳定性作出评定等。

5. 机场

机场主要由跑道、滑行道、停机坪、通信设施及控制塔，候机室等组成。强震经验说明，正确设计的跑道、滑行道及停机坪，在地震时表现良好，但通信能力一旦丧失就会使机场无法使用，如1964年阿拉斯加地震时，机场曾因控制塔破坏而不能使用。

唐山地震时，唐山机场除地面建筑有些破坏外，跑道、滑行道、停机坪、控制塔等均可使用。震后迅即通航，对抗震救灾，特别是运送重伤员和应急物资起到了重要作用。

为保持机场有良好的抗震性能，需要注意三点：一是跑道、滑行道和停机坪，应注意道面和铺面的设计与施工，填土要分层夯实，以减少裂缝；二是控制塔要提高设防标准，确保地震时安全；三是机场要有备用电源，以便在市电中断后仍可正常工作。

6. 港口

港口设施的破坏主要是地震引起的土壤破坏所造成，船坞、码头结构对地震的振动效应不太敏感。历史上，土壤液化和海啸曾经给港口带来严重破坏。1985年3月智利地震时，在圣安东尼奥港，码头的岸墙因土壤液化而沉降或倒塌，大型起重机脱轨倾覆，有些还砸坏了邻近的仓库。减轻海啸破坏作用的措施有：设置专门的护岸和防波堤，把港口建筑在高于海啸可能达到的高度之上，在岸边种草可阻止海啸上涨。

1976年唐山地震时，天津市内河岸码头未受损坏，但土质差的塘沽区码头却破坏颇多。近5km长的海港深水码头有一半破坏，2.5km长的河港浅水码头破坏达74%。可见，与土工有关的地震破坏对码头破坏起主导作用。

7. 隧道

地震时，隧道一般不会被破坏，除非在断层发生较大永久位移的地方。但在靠近入口处的内衬壁则常有表面裂缝，入口处的斜坡最常发生破坏。到现在为止，尚未发现地震后隧道严重破坏的实例。

经验说明：有衬砌隧道的抗震性能优于无衬砌者。隧道应尽量避免有断层穿过。隧道交接处、弯曲部分、形状改变处、结构材料变更处等薄弱部位易遭破坏，应多加注意。有趣的是，地表加速度峰值及质点速度分别小于或等于0.4伽及400mm/s时，隧道保持基本完好。1985年墨西哥地震证明，这个说法是正确的。

8. 煤气系统

天津市煤气有天然气管道输送及液化气瓶装供应两种。1976年唐山地震时，天然气系统仅局部管段裂缝漏气，气柜导轮导轨破损，配气站等建筑破坏。7月31日开始恢复供气，8月底基本恢复供气。瓶装液化气系统破坏轻微，许多空瓶倒下，但并未着火。震后瓶装液化气不但满足了原有用户需要，还为100多个医疗单位提供了急需用气，说明瓶装液化气是抗震性能良好的城市气源。

9. 电力系统

电力系统主要由三部分组成：一是电站；二是高压传输系统和中、低压配电系统；三是控制系统和电流保护装置。

1976年唐山地震时，唐山市电厂和变电站建筑普遍倒塌、破坏，设备被砸坏或震坏，致使全市供电中断。7月28日靠北京送去的发电车供电。7月29日，北京电力通过电网送到唐山。正在施工的陡河电站，建筑物受到严重破坏或倒塌，但悬吊锅炉却保持完好。唐山电厂于1976年年底达到震前生产水平。

在电站方面，主要的抗震经验有：

（1）锅炉与厂房建筑之间妥善的抗震拉结可以防止其间的相互碰撞；

（2）把设备和储液器锚固在结构框架上可以防止其倾覆、滑移及相互碰撞；

（3）管路与其他装置应留有足够间隙和约束，以防管道动力反应产生系统相互作用，造成破坏；

（4）设备的支承应有调节地动放大作用的功能；

（5）透平机支座和厂房之间的缝隙宽度不够时会产生强大冲击，使透平机损坏；

（6）蓄电池支架倒塌会使应急电源中断，应注意正确安装和设计蓄电池和支架；

（7）为防止放在隔振器上的应急用电机不致从基座上掉落，应将其妥善锚固。

在输电和配电方面，主要抗震经验有：

（1）增加阻尼装置可以大大提高高压断路器的抗震性能；

（2）变压器、断路器、蓄电池及操纵台等必须牢固地锚于其混凝土基础或其他支承上；

（3）高压（≥220kV）瓷绝缘子、瓷绝缘套管及瓷支柱是电力系统中抗震性能最为薄弱的元件，破坏难以完全避免；

（4）高压输电线和塔架在地震时一般不易破坏。电力系统的控制室，地震时大多表现良好。

10. 通信系统

1976年唐山地震时，通信建筑倒塌及架空明线破坏，使唐山市通信系统全部中断。天津市内42%电话中断。7月28日上午利用唐山郊外机务站，通过地下电缆同北京通信，9月1日恢复到震前水平。通信系统的抗震经验主要有：

（1）中央交换台的主要震害是由于高而窄的转换设备支架倾倒所引起；

（2）增加侧向支撑是保护设备免于地震破坏的有效措施，已被广泛应用；

（3）输电杆一般表现良好，倾倒主要发生在土质松软地段；

（4）蓄电池和备用电机必须锚固；

（5）即使通信设备未遭破坏，震后用户过于集中，听筒从其架上掉落，也可能使电话系统丧失功能。

2.3.3 减轻洪水灾害[34][35]❶❷

洪水灾害是由于强降雨、冰雪融化、冰凌、堤坝溃决、风暴潮等原因引起江河湖泊及沿海水量增加、水位上涨而泛滥以及山洪暴发所造成的灾害。按照成因，又可分为暴雨洪水、融雪洪水、冰凌洪水和风暴潮洪水等。

---

❶ Tamotsu Takahashi (1996). Flooding and Sedimentation Disasters as Phenomena influenced by Human Activities. Proceedings of Workshop on Disasters caused by Floods and Geomorphological Changes and Their Mitigations (WDFGM – 1996).

❷ UNDRO (1991). Mitigating Natural Disasters. A Manual for Policy Makers and Planners, UN.

1. 自然灾害与人类活动及收入水平的关系

表2.11为1980年以后，世界不同收入水平的国家遭受灾害后的人员和经济损失统计。从表中可见：对各种收入水平的国家，在1980～1992年间，每一万平方公里灾害发生次数都在0.27次左右；每百万人年死亡人数对低、中、高收入国家则分别为27.7人，10.9人和1.4人，低收入国家比高收入国家高出近20倍；人均年经济损失对低、中、高收入国家则分别为1.32、4.60和13.87美元，高收入国家比低收入国家高出10倍多。可见，对发展中国家和发达国家灾害发生的频度虽然都差不多，而对发展中国家主要是人员伤亡，对发达国家则主要是经济损失。

2. 我国洪水灾害

洪水使我国人民蒙受过巨大的灾难，它破坏人类住区，毁坏农作物，剥蚀耕地，冲毁灌溉系统，侵蚀土地，使河流改道。例如，1935年长江流域洪灾，14.5万人丧生，5100万亩农田遭灾。1938年花园口黄河大堤决口，河南、安徽、江苏等地44个城市被淹没，89万人死亡。1939年海河洪水使天津市积水达2月之久，冲毁铁路160km。

1954年，长江中下游地区发生了百年未遇的特大洪灾。据不完全统计，湖南、湖北、江西、安徽、江苏五省123个县市受灾，受灾人口1888万人，京广铁路不能正常通车达100天，直接经济损失100亿元。

1963年8月海河流域特大暴雨，沿着太行山东侧席卷河北，邯郸、邢台、石家庄、保定等地区连降暴雨，引发数百年不遇的海河特大洪水。104县受灾，淹没农田5360万亩，330座小型水库溃坝，直接经济损失60亿元。

灾害和收入水平的关系 表2.11

参数　　　　　　　　　　　国家类别		低收入	中收入	高收入	合计
人口（百万）	a	3127	1401	817	5345
面积（万km^2）	b	3883	4080	3168	11131
国民生产总值（亿美元）	c	10970	34740	169200	214910
灾害发生次数（1980～1992年）	d	1054	1149	859	3062
灾害发生次数/万km^2	d/b	0.27	0.28	0.27	0.27
死亡人数（千人，1980～1982年）	e	1125	198	15	1338
每百万人年死亡人数　（e×1000/13）/a		27.7	10.9	1.4	19.3
灾民人数（百万人，1980～1982年）	f	1968	135	4	2107
每千人年灾民人数　（f×1000/13）/a		48.4	7.4	0.4	30.3
直接经济损失（百万美元，1980～1982年）	g	53571	84386	147349	285306
直接经济损失/国民生产总值（%）（g/13）/c/10		0.38	0.19	0.007	0.10
人均年损失（美元）　（g/13）/a		0.32	4.60	13.87	4.10

注：1. 资料来源：a、b、c见The World Bank，1991；
　　　　　　 d、e、f、g见CRED 1980～1982。
　　2. 根据World Development Report 1993，收入水平分类如下：
　　　　低收入国家 国民生产总值低于635美元；
　　　　中收入国家 国民生产总值为636～7911美元；
　　　　高收入国家 国民生产总值高于7912美元。

1975年8月淮河上游板桥，石漫滩水库垮坝，淹没水田1500万亩。1991年5月淮河流域和长江中下游水灾使安徽和江苏两省一些城市和农村遭受严重损失，经济损失685亿元（130亿美元）。

1991年夏，华东多流域出现特大洪水，淮河、长江支流滁河、洞庭湖的澧水和安徽的水阳江都受到影响，其中太湖水位超过1954年的历史最高水位。全国有18个省市区遭受洪涝灾害，受灾耕地面积1.3亿亩，倒塌房屋65万间，各项经济损失总和达160亿元。

1998年我国洪涝灾害尤为严重，不但洪水量级大，而且波及范围广、持续时间长。受灾人口2.23亿人，倒塌房屋497万间，直接经济损失1666亿元。

以2000年可比价格计算，自1990年以来，每年由于洪水带来的年均直接损失已经接近1200亿元人民币（约150亿美元）。

我国洪水威胁地区面积虽然只占全国国土面积的8%，但人口却接近全国人口的一半。洪泛区内有3500万公顷耕地，一百多座大中城市，工农业总产值占全国的60%。

3. 洪水的破坏作用和减轻洪水灾害措施

洪水的破坏作用主要有以下三种：

（1）进洪和退洪时的冲击作用。这种冲击水流会造成房屋、工程设施和设备破坏，使地形和地貌发生改变。

（2）滞洪期间的浸蚀作用。它会造成地基承载力降低，地基不均匀沉降，土墙浸泡2~3小时后散体，泥浆砌筑的砖墙破坏，设备锈蚀、失灵。

（3）滞洪期间的波浪作用。此时，波浪的动力作用会造成建筑物、设备和设施的破坏。

对洪水灾害，常用地貌图和序列淹没阶段图来表示险情。从这些图可以得出淹没面积、洪水流向、排水方向、淹没开始日期、淹没持续天数、淹没深度、淤积厚度、淤积面积和浸害面积等参数。

减轻洪水灾害的措施主要有以下三类：

（1）通过防护和改善场地来减轻场地洪水威胁。防护的目的是防止洪水到达人类住区，对于河流洪水，可以通过整治河床，修筑或加固防护堤，加设泵站排水来提高河流的排放能力。改善场地的目的是通过提高场地标高和阻止浸蚀作用来减轻某个具体场地的危害，但不能防止险情发生。

（2）减少建筑物和工程结构物的易损性。办法是提高房屋和道路、桥梁、管线等设施的抗洪能力和抗浸泡能力。

（3）改变人类住区的功能特性，主要通过土地利用管制来实现，如减少洪泛区人口密度，规定土地用途，拆除阻挡洪水流经的房屋，选择抗浸泡的建筑材料，规定人员疏散路线等。

4. 洪水灾后恢复重建规划原则

灾后恢复重建是把灾区建设成为可持续发展村镇的大好机遇，也是防备未来灾害的大好时机。洪水如果发生在无人区，就不会形成灾害。所以，水灾不仅是自然现象，而且还是社会现象。过去主要从自然和技术科学的角度来看待水灾引起的破坏，着重从科学技术上采取防洪措施；现在则还应当考虑社会影响，还要从社会科学的角度采取相应的措施。根据这种思想，恢复重建规划应当考虑以下原则：

（1）综合考虑防洪、社会、经济发展和环境目标。不光要有领导和技术专家参加，还需要社会科学、心理学、法律等方面的专家参与灾后重建，并认真听取当地灾民的意见。只有这样，才能把防洪和社会经济发展及环境保护协调整合起来。

（2）抓好基础设施的建设和各种服务的提供，并根据经济效益、社会公平和环境质量的具体情况，在统一规划的基础上，确定建设的优先顺序。把农村建设成为城乡居民混住的新天地。

（3）村镇房屋的建设除了符合抗洪要求以外，还要注意尊重农民的生活习俗，尽量保持当地的传统和风格，尽量利用地方材料，尽量吸收当地传统建筑同大自然和谐的设计手法，对灾区祖祖辈辈根据抗洪经验所建造并经受了洪水考验的房屋加以改进，并大力推广。切忌不考虑地方特点，照搬城市的或其他地方的建筑。

（4）规划的实施和适用技术的推广、应用，在编制规划时就应当作周密的考虑，举办村镇干部培训班是一项重要的措施。

5. 防洪村镇规划和场地选择

1998年全国洪水受灾面积3.18亿亩，成灾面积1.96亿亩，范围很广。因此，绝大多数村镇特别是大型村镇，宜在原址重建，切不可盲目迁村并点。这是因为村庄不能离开田地太远，原有村镇房基和基础设施等尚可利用。村镇搬迁要有严格的审批手续。对于在原地重建的村镇，首先要根据保护耕地、节约土地、促进农村地区的平衡和可持续发展的原则制定规划，统一实施。其次，在可能的情况下对土地利用加以调整，如：避免在灾害性场地建设，将受水灾威胁的平原用作公园和农田，禁止开发陡坡地区，以避免自然滑坡或触发滑坡，重要设施远离可能因堤坝崩溃而形成的洪水威胁地区，减少洪泛区人口密度、规定土地用途，拆除阻挡洪水流经的房屋等；再次，是要把规划的重点放在城乡的联系上，把村庄和城市当作统一整体的两端来考虑；最后，更新改造原有村庄，尽可能建楼房，适当集中乡镇企业建设。在这方面山东省有很好的经验，汶上县更新改造65个村庄，获得耕地6300亩；肥城

市老城镇附近的5个村庄，通过建楼房，节地593亩；泰安市汶阳镇附近3个村庄的9个分散企业集中后节约用地66亩。

对于要搬迁的村镇，在选择新址时，首先要选择地势较高、较平坦、地基土稳定而且承载力较高和排水好的地段进行村镇建设，避开进、退洪主流区和漂浮物集结区，严禁在指定的分洪和退洪口附近建造房屋；其次，在人口集中、地势较高的地段，宜在其四周修筑围堤所围地段要面积适当，防浪防冲，做好排水，设在静水区；再次，在蓄滞洪机遇较多、淹没水深较浅的地段，可建造庄台，其标高为蓄滞洪水位加安全超高；再其次，为临时避洪，可修筑避水台，其标高与庄台相同，上面不建房屋；最后，在洪水较深的地区，应利用学校等公共建筑作为避水楼供集体避难用。通过修筑或加固防护堤，加设泵站提高河流排放能力，防止洪水到达住区。

6. 建筑工程抗洪措施

根据国家规范和法规，通过规划、设计、加固和更新，提高房屋和道路、桥梁、管线等设施的抗洪能力主要是提高抗水流动力作用能力和抗水的浸泡能力。

提高抗水流动力作用能力的主要措施有：

（1）制定加固和更新改造规划，指导提高和改善现有房屋和工程结构的抗洪能力。

（2）制定建筑和工程结构的抗洪设计规范，使新建房屋和工程结构能承受静水和动水压力以及浮托力，结构骨架坚固，连接牢靠，整体性好。制定规范的关键是正确确定"设计洪水"。

（3）制定洪水险情区划和土地利用规划，作为规划建设的准绳。

（4）采用平屋顶、平面转折少、能避洪救人的结构形式。

（5）房屋基础应有碎石或碎砖三合土垫层，

埋深不应小于50cm，并采用毛石或砖用水泥砂浆砌筑。

提高抗水的浸泡能力主要是选好建筑材料，采用在水中不会丧失承载能力的、即抗浸泡的建筑材料，生土制品（如土坯、泥土等）等水解材料一般不宜采用。当没有其他材料可以代用，且出于经济原因必须采用时，可在其中加石灰或水泥，或在砌体外表面涂上防水层。

此外，房屋还要能承受舢板等产生的撞击力，电器插座离地面的高度应大于1m。地下设施要采取措施防止洪水淹没。

7. 对减轻洪水灾害的新认识

（1）1998年大洪水以后，认识到洪水无法完全控制，要"与洪水共处"；以往的防洪政策再也无法带来最大的经济、社会及环境效益；工程措施不能消除洪水风险，需要从控制洪水向洪水综合管理转变。具体思路是：工程措施与非工程措施相结合；在综合性规划中整合不同规模洪水管理方案；将洪水管理与更宏观的资源管理目标相结合，并扩展到国家及地区宏观的发展目标。

工程措施主要有：水库，建在流域上游甚至中游用于蓄洪及削弱洪峰；堤防，沿着大江大河建设以限制洪水淹没区域；蓄滞洪区，用于临时蓄洪，以将通往下游的流量限制在堤防河道的过流能力之内。

非工程措施包括：洪水预报、洪水应急计划和应急反应（抗洪）以及灾后恢复。1998年大洪水以来，非工程措施有了进一步的发展，例如：河流系统蓄水行洪能力的恢复，平垸行洪、退田还湖（如洞庭湖）；移民安置以减少洪水风险可能的影响对象（如湖南省）；蓄滞洪区运用补偿（如安徽省）；要求开发者就非防洪工程开展洪水影响评价等。

（2）土地利用规划是通过平衡和协调工程和非工程措施，实现从控制洪水向洪水综合管理转变的重要措施，旨在确保未来土地开发方式与土地的洪水风险特性相适应。规划中，应确定土地洪水风险并明确有关防洪的规定。例如，有的国家规定，在防洪标准高于100年一遇的地区，允许住宅及商业开发，但同时需考虑应对超标准洪水的方案。防洪标准在100年和20年一遇之间的土地在某种条件下也允许开发，例如，要求居住区高于百年一遇洪水水位，或者将住宅用桩基抬高至100年一遇洪水位之上等。洪水标准在20年一遇以上的土地可留作露天和娱乐场所使洪水能顺利通过，不受任何阻挡。河道滩地通常应保留为河岸植被及河岸保护带。可靠的基础信息，尤其是洪水风险图和洪水特性模拟结果，可以大大提高土地利用规划的效率。在缺乏更精细的手段获得基础信息的情况下，历史洪水和洪泛区地貌特性的分析也可在一定程度上支持土地区划和土地利用规划。制定土地利用规划要吸收主要利益相关者参与，可使规划充分体现相关政府部门的利益。

（3）由于城市排水系统不畅，设施条件差，不透水地面扩张而增加的径流量，导致更高的洪峰出现，造成的内涝往往比江河洪水更为严重，不论是城市还是乡村，大多数年份一半以上的洪灾损失是由内涝产生的。

多数发达国家采用提供补偿性蓄水量的方法，使暴雨径流暂时储存于流域内并在较长时间内缓慢排放。例如，开挖一些用于延时蓄存洪水的区域并做绿化，在这些地区设计并建造一些能够限制下游排水的出水口。根据当地用途而有所不同。可以将这些地区设计成能够滞留少量水的观赏性或娱乐性的湖区，在多数情况下，在暴雨径流间隔期间将它们设计成空池，辟为公用场地或赛场。当采用地面设施用地成本过高、设施维护较难时，也可建造地下蓄水设施。也可通过将部分易涝农田恢复为兼具养殖、蓄涝、水资源利用和改善生态环境的水面和湿地，有时可以修建带有圩堤的人造蓄洪区。如果储存水以后可以有效使用（灌溉和养鱼），还可抵消工程费用。蓄水空间的设置还可与城市排水系统规划一起考虑，如：采用可渗透排水管来增加土壤渗透或增加地下水的回灌；采用建筑屋顶绿化，以及花园景观来滞留雨水径流等。

参考文献

［1］吕俊华，彼得·罗，张杰. 中国现代城市住宅1840-2000［M］. 北京：清华大学出版社，2003.

［2］薛钟灵. 1950～2000年中国城市住宅发展线索［J］. 技术要点，2008（28）：4-33.

［3］叶耀先. 从住宅住人到人住住宅［M］//刘燕辉. 住宅科技. 北京：中国建筑工业出版社，2008：1-35.

［4］叶耀先. 中国住房发展60年［R］//中国可持续发展研究会. 2009年中国可持续发展论坛暨中国可持续发展研究会学术年会会议主旨报告——中国住房发展60年. 2009：128-161.

［5］叶耀先. 中国住房发展70年［J］. 城乡建设，2019（20）：6-9.

［6］叶耀先. 发展住宅产业的设想［J］. 城乡建设，1993（10）：22-24.

［7］叶耀先. 住宅产业及其发展构想［J］. 科技导报，1993（11）：41-44.

［8］叶耀先. 绿色建筑要坚持"三最"原则［N］. 中国建设报，2007-01-09（4）.

［9］叶耀先. 21世纪建筑和住宅的方向：可持续发展带来的新思考［J］. 中国人口·资源与环境，2000，10（3）：25-33.

［10］叶耀先. 面向未来的住房［J］. 住宅产业，2001（23）：17-20.

［11］叶耀先. 平民住宅和住宅设计理论［J］. 建筑学报，2001（8）：36-39.

［12］叶耀先. 可持续的建筑、技术和材料//新建筑　新技术　新材料［M］. 北京：中国建筑工业出版社，2003.

［13］叶耀先，贾岚. 可持续建筑的原则［J］. 建筑经济，1997（12）：24-27.

［14］叶耀先. 可持续住宅的设计［J］. 城市开发，2004（11）：55-60.

［15］叶耀先. 科学理念与建筑可持续设计［J］. 住宅产业，2011（3）：26-27.

［16］叶耀先. 可持续住宅设计和典型案例［M］//国家住宅与居住环境工程技术研究中心. 跨世纪的中国住居——国家住宅与居住环境工程技术研究中心论文集. 北京：中国建筑工业出版社，2009：25-38.

［17］桑德拉·门德勒，威廉·奥德尔. 建筑师实践手册-HOK可持续设计指南［M］. 董军，周丰富，林宁译. 北京：中国水利水电出版社，2006.

［18］吴东航等. 日本住宅建设与产业化［M］. 北京：中国建筑工业出版社，2009：5.

［19］叶耀先. 从现代建筑到绿色本土全球建筑——写在庆祝《建筑学报》杂志创刊60周年［M］//《建筑学报》杂志社.《建筑学报》六十年（1954～2014年）. 北京：中国城市出版社，2014：81-87.

［20］中国房地产业协会，住宅科技产业技术创新战略联盟，国家住宅与居住环境工程技术研究中心，中国建筑设计研

究院有限公司. 我国高层住宅工业化体系现状研究 [M]. 北京：中国建筑工业出版社，2016.

[21] 中华人民共和国住房和城乡建设部. 装配式建筑工程消耗量定额 [S]. TY01-01（01）-2016. 北京：中国计划出版社，2017.

[22] 叶耀先. 如何发挥装配式建筑最大优势 [J]. 建筑，2017（14）：12-16.

[23] 武长青. 谈装配式建筑与传统式建筑造价对比分析 [J]. 山西建筑，2017，43（10）：224-225.

[24] 叶耀先. 大力发展装配式混凝土建筑的思考 [J]. 建筑，2018（12）：18-22.

[25] 叶耀先. 装配式混凝土建筑发展再思考 [J]. 建筑，2019（10）：23-27.

[26] 肖绪文等. 我国建筑装配化发展的现状、问题与对策 [J]. 建筑结构，2019，49（19）：1-4+24.

[27] 刘东卫. 百年住宅——面向未来的中国住宅绿色可持续建设研究与实践 [M]. 北京：中国建筑工业出版社，2018：223.

[28] 肖晓丽，Phil Jones. 欧洲低碳建筑设计 [J]. 建筑技艺，2009（12）：104-109.

[29] 叶耀先. 生命线系统的抗震问题 [M]//中国科学技术情报研究所. 出国参观考察报告——从第七届世界地震工程会议看地震工程学的最新进展. 北京：科学技术文献出版社，1982：69-83.

[30] 叶耀先，魏琏，陈聃. 浅埋地下管线振动性状 [M]//中国建筑学会地震工程学术委员会. 地震工程论文集. 北京：科学出版社，1982.

[31] Thiel，C Charles. Reducing Earthquake Hazards-Lessons Learned from Earthquakes. Earthquake Spectra，1987.

[32] 叶耀先. 唐山地震对生命线系统及其他城市要害设施的破坏和经验 [M]//魏琏，叶耀先，陈寿梁. 唐山地震10周年　中国抗震防灾论文集（下册）.1986：2-277，2-283.

[33] Ye Yaoxian（叶耀先）. Damage to lifeline systems and other urban vital facilities from the Tangshan, China earthquake of July 28, 1976 [C]// Proceedings of the Seventh World Conference on Earthquake Engineering. Istanbul, Turkey, 1980, 8: 169-175.

[34] 叶耀先. 洪水对建成区的危害和减灾规划设计 [J]. 城市规划，1999（1）：18-20.

[35] John W. Porter，程晓陶等. 中国洪水管理战略研究 [M]. 郑州：黄河水利出版社，2006.

第 3 章
城镇化的要务之二：
建设新农村，创生富余劳动力

新农村建设一定要走符合农村实际的路子，遵循乡村自身发展规律，

充分体现农村特点，注意乡土味道，保留乡村风貌，

留得住青山绿水，记得住乡愁。❶

——习近平

❶ 引自："在云南考察工作时的讲话"，《人民日报》2015年1月22日；《习近平关于社会主义生态文明建设论述摘编》，中共中央文献研究室编，中央文献出版社2017年9月出版。

2005年，党的16届5中全会通过《十一五规划纲要建议》，提出要按照"生产发展、生活宽裕、乡风文明、村容整洁、管理民主"20个字（图3.1）的要求，扎实推进社会主义新农村建设。2017年，党的十九大报告提出农业、农村、农民问题是关系国计民生的根本性问题，必须始终把解决好"三农"问题作为全党工作的重中之重，实施乡村振兴战略，以解决农村发展不平衡不充分的问题。同年，中央农村工作会议明确了乡村振兴战略的新20字要求："产业兴旺、生态宜居、乡风文明、治理有效、生活富裕。"图3.1为2005年新农村建设和2017年乡村振兴战略的要求。

2017年乡村振兴战略要求同2005年新农村建设要求相比，虽然都是20个字，但要求更高了。一是"产业兴旺"是对"生产发展"的扩展，不仅是物质产品生产，还包括非物质产品的提供。比如观光旅游休闲产业，康养产业，互联网+农村，第一、第二、第三产业融合等。二是"生活富裕"是对"生活宽裕"的提升，就是追求美好生活。三是"乡风文明"虽与旧的相同，但需要关注道德观念，比如和谐农村，家庭和睦，左邻右舍和睦。四是"生态宜居"要建设宜居、宜业、生产、生活、生态一体化的乡村，是对"村容整洁"的升级。五是"治理有效"就是党组织作为核心力量，经济组织各司其职，村民自治，形成健康有序、可持续的治理结构；从"管理民主"到"治理有效"，从更宽广的角度讲治理机制和整个乡村治理问题。

城镇化的要务之二是建设新农村，转移富余劳动力。在促进乡村产业兴旺方面，国家部署了一系列重要举措，构建现代农业产业体系、生产体系、经营体系，完善农业支持保护制度。同时，通过发展壮大乡村产业，激发农村创新创业活力。这是建设新农村的必要措施。唯有如此，才能有效地转移富余劳动力。

3.1 农村剩余劳动力

农村剩余劳动力是在一定的生产水平下，农村现有劳动力数减去实际需要的劳动力数，即除农村从事种植业（粮食、经济和饲料作物生产）的劳动力以外，多余的劳动力。这是由于我国农村人口占总人口和农村劳动力占总劳动力的比重大，而且增长快；人均耕地面积和农业生产资料对农业劳动力的需求量逐渐减少；生产条件改善，农业劳动生产率和集约化程度提高；难以使所有劳动力都有工作造成的。这部分富余劳动力有两种表现形式：一是长年性富余，即长年富余的劳动力；二是季节性富余，即农闲季节有富余

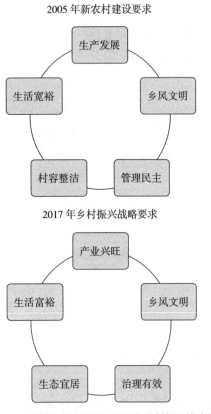

图3.1　2005年新农村建设和2017年乡村振兴战略要求

劳动时间的劳动力。劳动力富余是劳动资源的浪费，不但影响农民致富，还会影响社会安定，只能在农村由农业流向工业（第二产业）和服务业（第三产业），或者从农村流向城市。转移富余劳动力是可持续城镇化需要解决的一个重要问题。

2018年年末我国大陆总人口139538万人。其中，城镇和乡村常住人口分别为83137万人和56401万人，乡村常住人口占总人口的40.4%。中国农业富余劳动力究竟有多少？20世纪90年代国内外学者进行了诸多的研究，由于对剩余劳动力的定义和估算方法不尽相同，估算的结果也相去甚远。估算最少的是852万人（张兴华，2013，2017）❶❷，稍多点是4600万人（王检贵、丁守海，2005）[1]，低位的是1亿～1.5亿人（吴敬琏，2001），中位的是2亿（陈剑光，2000）、2.5亿人（张忠法等，2000），高位的是4亿～5亿人（温铁军，2001）❸。王检贵、丁守海通过古典经济学估算法、新古典经济学估算法和标准结构比较估算法对我国现阶段农业剩余劳动力重新估算，认为古典测算方法最可靠，并得出现阶段农业剩余劳动力为4600万人的结论。张兴华把农业分为种植业、畜牧业、林业、渔业和农林牧渔服务业，分别计算劳动力需求量，以"人·日"（简称"日"）为单位，计算农民

的劳动时间，以反映农业的季节性和农民的实际工作情况，然后按农民一年270日的劳动时间标准折算成"人·年"，即为劳动力需求量，然后相加得出农业劳动力需求量（表3.1）。需要指出的是：2011年农业劳动力需求量合计原来是17247.38万人，这是包括非农业户籍人口在内的全国农业劳动力的需求总量。第二次全国农业普查表明，在农业从业人员中，属于农业户籍的人员占农业从业人员总数的98.71%，由此推算出在农业劳动力需求总量中，来自农村人口（农业户籍）的劳动力需求量为17025万人。

2011年，中国农村劳动力共有40506万人，其中，外出就业15863万人；在外出劳动力中，有2.74%，即435万人在外务农（离乡不离土），所以实际从事非农产业的为15428万人；未外出就业的24643万人，第二次全国农业普查表明，农村常住从业人员中从事非农产业的比例为29.22%，据此折算出未外出劳动力中从事非农产业的约为7201万人。所以，农村劳动力中从事非农产业的总共为22629万人（其中，外出的15428万人，本地的7201万人）。农村劳动力总数减去从事非农产业劳动力为17877万人，即为农业劳动力供给。因此，2011年，农业劳动力需求量为17025万人，故农业剩余劳动力数量为852万人，为农村劳动力总数的2.1%（表3.2）。可见，

2011年农业劳动力需求量（万人）　　　　表3.1

	种植业	畜牧业	林业	渔业	农林牧渔服务业	合计
劳动力需求量	11312.48	3994.23	238.27	1458.50	243.90	17025（17247.38）

❶ 张兴华. 中国农村剩余劳动力的重新估算. http://www.zgxcfx.com/Article/61546.htm.

❷ 张兴华. 中国农业劳动力供求状况分析. 2017. https://www.sohu.com/a/211198774_673573.

❸ 农村剩余劳动力转移. https://baike.baidu.com/item/%E5%86%9C%E6%9D%91%E5%89%A9%E4%BD%99%E5%8A%B3%E5%8A%A8%E5%8A%9B%E8%BD%AC%E7%A7%BB/3307679?fr=aladdin.

目前中国农村剩余劳动力所剩无几，或者说中国农村已基本无剩余劳动力。

如果真是这样，我国农业现代化、工业化和城镇化的相关政策就需要重新审视。"经管之家"（原经济论坛）载文❶说："中国农村现阶段存在的可转移的剩余劳动力存量至少有2.5亿之巨；而相对于农民从事农业与非农产业的收入差距而言，构成转移压力的剩余劳动力应该在1.5亿左右，如果这一差距进一步扩大，其规模还将进一步扩大；在这1.5亿剩余劳动力中，有约4500万属于闲置劳动力。"农业部课题组认为[2]，中国有1.96亿农业劳动力足够了，大约每个劳动力种12.7亩地；农业部认为2004年农业剩余劳动力还有1.5亿，而且每年以600万数字增长；国家统计局认为随着城市化进程加快，农业剩余劳动力是逐步下降的，2003年还有1.3亿。

尽管采用不同的方法测算农业剩余劳动力，结果相差很大，有的说是"广义的农业剩余劳动力"，有的说是"狭义的农业剩余劳动力"，但都认为我国还有农业剩余劳动力，所不同的是数额多少。既然还有，就需要转移。

近30多年来，我国城镇和农村居民人均收入差距一直较大。从表3.3可见，城镇和农村居民人均可支配收入比，1980年是2.50，2010年高达3.23，2017年是2.71，2018年是2.69，仍然居高不下。建设新农村，转移富余劳动力，缩小城乡居民收入差距是可持续城镇化的一项要务。完成这项要务的关键是产业兴旺。

2011年农村剩余劳动力　　　　　　　　　　　　　　　　　表3.2

	农村劳动力总数	非农产业劳动力			农业或剩余劳动力		
		非农劳动力合计	其中外出非农劳动力	其中本地非农劳动力	农业劳动力供给	农业劳动力需求	剩余劳动力
数量（万人）	40506	22629	15428	7201	17877	17025	852
占比（%）	100.00	55.87	38.09	17.78	44.13	42.03	2.10

城镇和农村居民人均可支配收入比（1980~2017年）　　　　　表3.3

年份（年）	1980	1985	1990	1995	2000	2005	2010	2015	2017	2018
城镇、农村居民收入比	2.50	1.86	2.20	2.71	2.79	3.22	3.23	2.73	2.71	2.69

❶ 中国农村究竟还有多少剩余劳动力：与王检贵、丁守海等学者商榷. https://bbs.pinggu.org/thread-111779-1-1.html.https://bbs.pinggu.org/forum.php?mod=viewthread&tid=111779&page=1.

3.2 中国大陆的特色小镇

发展美丽特色小（城）镇是推进供给侧结构性改革的重要平台，是深入推进新型城镇化的重要抓手，有利于推动经济转型升级和发展动能转换，有利于促进大中小城市和小城镇协调发展，有利于充分发挥城镇化对新农村建设的辐射带动作用。2016年，国务院提出加快特色小镇发展❶以后，住房和城乡建设部、国家发展和改革委员会、财政部就提出❷："到2020年，培育1000个左右各具特色、富有活力的休闲旅游、商贸物流、现代制造、教育科技、传统文化、美丽宜居等特色小镇，引领带动全国小城镇建设，不断提高建设水平和发展质量。"随后，多个省市出台了关于培育发展特色小镇的具体指导意见。2016年10月，公布第一批127个中国特色小镇名单；2017年8月，公布第二批276个中国特色小镇名单。两批共计403个特色小镇，为计划培育的1000个特色小镇的40.3%。

随后，社会各界对特色小镇建设的关注度居高不下，同时也出现了借特色小镇炒作、搞圈地开发的不好苗头。2017年7月《住房和城乡建设部关于保持和彰显特色小镇特色若干问题的通知》和在第二批全国特色小镇名单中增加"专家组对第二批全国特色小镇的评审意见"[3]，就是为了加强对特色小镇建设的引导，强化监督，杜绝各种形式的炒作和盲目跟风。在"专家组对第二批全国特色小镇的评审意见"中，有800多

条涉及"培育特色产业，突出特色产业的集聚效应""延续当地特色风貌，保持和彰显小镇特色""尽快修编规划，提升编制质量"等三方面内容，累计出现频率最高。以北京市入选全国第二批特色小镇的怀柔区雁栖镇、大兴区魏善庄镇、顺义区龙湾屯镇、延庆区康庄镇为例，针对这四个特色小镇今后的发展，专家意见都强调："要突出特色产业、做大做强特色产业，实现产镇融合发展；要加强镇区的特色风貌塑造；要提升规划编制质量。"专家还旗帜鲜明地反对特色小镇房地产化。如，对同时被列入全国第二批特色小镇名单的邯郸市肥乡区天台山镇、锦州市北镇市沟帮子镇、滁州市来安县汊河镇、安阳市林州市石板岩镇、长沙市宁乡县灰汤镇等，专家明确要求"严格控制房地产项目比例、防止过度房地产化、避免破坏小镇原有风貌"。

在特色小镇推进过程中，还出现了概念不清、定位不准、急于求成、盲目发展以及市场化不足等问题，有些地区甚至存在政府债务风险加剧和房地产化的苗头。针对这些突出问题，国家发改委会同有关部门及时采取了有力举措❸。

2018年8月，国家发改委发出的通知❹，对特色小镇和特色小城镇高质量发展提出了总体要求，对前两年公布的两批中国特色小镇名单和做法提出了重大调整意见，标志我国特色小镇和特色小城镇进入了以高质量发展为基本要求的新阶段。总体要求和调整意见主要的有：

1. 改变主导部门。特色小镇申报及审批工

---

❶ 国务院关于深入推进新型城镇化建设的若干意见（国发〔2016〕8号）.

❷ 住房和城乡建设部，国家发展和改革委员会，财政部. 关于开展特色小镇培育工作的通知（建村〔2016〕147号）. 2016年7月1日.

❸ 国家发展和改革委员会、国土资源部、环境保护部、住房和城乡建设部. 关于规范推进特色小镇和特色小城镇建设的若干意见. 2017年12月4日.

❹ 关于《国家发展改革委办公室关于建立特色小镇和特色小城镇高质量发展机制的通知》. https://www.sohu.com/a/255910245_802624.

作主导部门由最初的住房和城乡建设部，后来的国家发展和改革委员会、国土资源部、环境保护部和住房和城乡建设部等四部委，改为国家发展和改革委员会。

2. **改变创建思路。** 特色小镇创建思路由"命名制"改为"达标制"。"命名制"是从全国各地遴选出多个特色小镇作为候选，通过创建，选出若干符合条件的特色小镇，收入"全国特色小镇"名录，授予"全国特色小镇"称号，一经授予，一般不予摘除，各地取得称号后再由各地省、市政府给予政策配套。"达标制"是逐年组织各地推荐模式先进、成效突出、经验普适的特色小镇和特色小城镇，按照少而精的原则，从中分批选择典型案例，总结提炼出特色产业发展，产、镇人文融合和机制政策创新等典型经验，以有效方式在全国范围推广，发挥引领示范带动作用。特色小镇和特色小城镇奖补资金将由事前补贴转为事中事后弹性奖补。这意味着在"命名制"思维导向下"空手套资金"的路子走不通了，等待国家资金到位再启动的概念性特色小镇和特色小城镇建设主体将悄然离场。此外，要淘汰一批缺失产业前景、变形走样异化的小镇和小城镇，统一实行有进有退的达标制，避免一次命名，防止只管申报、不管后期发展与纠偏。

3. **明确特色小镇和特色小城镇含义。** "特色小镇"，是在几平方公里土地上集聚特色产业、生产生活生态空间融合、不同于行政建制镇和产业园区的非镇非区的创新创业平台；"特色小城镇"，是拥有几十平方公里以上土地和一定人口、经济规模、特色产业鲜明的具有核心竞争力的行政建制镇。❶住房和城乡建设部公布的两批小镇名单是403个小城镇，不是特色小镇。

4. **明确搭建政银对接服务平台。** 各级政府要主动搭建政银对接服务平台，小镇建设者可以直接和国开行、农发行、光大银行的省行直接对接。

5. **特色小镇和特色小城镇建设由"多而广"转向"少而精"**，已经发布的特色小镇开始优胜劣汰。国家发改委主导的2019年第一批典型案例申报要求每个省的数量不多于2个，全国在70个以内。对已经公布的两批403个特色小城镇持续开展评估督导和优胜劣汰，并适时公布整改名单。

6. **坚持产业立镇。** 做到立足各地比较优势，全面优化营商环境，引导企业扩大有效投资，发展特色小镇投资运营商，打造宜业宜居宜游的特色小镇和特色小城镇，培育供给侧小镇经济。

7. **鼓励探索差异化多样化的小镇。** 立足不同产业门类，探索先进制造业、农业田园类及信息、科创、金融、教育、商贸、文旅、体育等现代服务类小镇。立足不同地理区位，探索市郊镇、市中镇、园中镇、镇中镇等特色小镇，以及卫星型、专业等特色小城镇。立足不同运行模式，探索在机制政策创新、政企合作、投融资模式等方面的先进经验。

8. **量化细化指标。** 明确推荐的特色小镇的六大方面；特色小镇有三大指标17个细化指标，

---

❶ 此前，《国家发展改革委关于加快美丽特色小（城）镇建设的指导意见》提出"以镇区常住人口5万以上的特大镇、镇区常住人口3万以上的专业特色镇为重点，兼顾多类型多形态的特色小镇，因地制宜建设美丽特色小（城）镇。"《关于规范推进特色小镇和特色小城镇建设的若干意见》中明确特色小镇"规划用地面积控制在3平方公里左右，其中建设用地面积控制在1平方公里左右，旅游、体育和农业类特色小镇可适当放宽"。但均未区分特色小镇与特色小城镇。

特色小城镇有三大指标18个细化指标。

北京市密云区古北水镇[4]面积近10km²，位于北京市密云县古北口镇司马台村，是在原有的三个自然村落的基础上修整改建而成，力求通过对当地历史、民俗等文化的深入挖掘，再现一个"北国小镇"的历史记忆。2010年项目签约，开始建设；项目2014年开始营业。3年内收入7亿元。笔者曾有机会对这个古北口镇所辖的古北水镇做过考察，其主要做法如下。

（1）北京市政府积极推进行政审批手续改革，提高了工作效率。项目建设采取市级部门指导，区县级政府牵头的行政审批模式，除立项和建设用地手续外，市级行政审批权限一律下放，由密云区统筹研究，依法依规办理，最大限度地加快审批进程。市住建委、规划委和国土局等六个部门分别下放了建筑工程施工证、招投标监管、质量监督注册、竣工验收备案、土地一级开发和二级土地供应规划条件、招拍挂入市交易以及出让合同签订等18项审批权限。

（2）采用市场机制，农民就地安置，生活日渐富裕。项目建设用地多数来自司马台村，土地全部流转到村集体，按照市场价格与企业签订租赁协议，租金收益由资产管理中心分配给有土地和山场承包权的村民。每个农户除自住外，都可拿到3～5个酒店式标准间用于民宿接待。农民自发成立了民宿旅游合作社，组团发展民宿旅游。住宿定价、客源分配、组织培训和市场拓展都由农民说了算。项目建成后，村民全部住上新房，有了自家的民宿。2013年，全村人均年收入由2009年项目建设前的9700元增加到36000元。

（3）项目定位为"观光+休闲+度假+会议"功能于一体的复合型景区。由中青旅、IDG战略投资、乌镇旅游和北京京能集团等四家有实力的企业组成专门项目公司——北京古北水镇旅游有限公司按比例共同出资持股，承担开发、建设和经营管理。建设团队曾经成功开发浙江乌镇旅游项目，在吸收乌镇开发建设经验的基础上，把传承历史文化作为项目保护性开发建设的重点，以大规模重建的古民居、长城书院、古北镖局、司马小烧和梨园客栈等为代表的建筑群还原了长城周边的历史风貌，展示了北方地域民俗和古代边陲文化。中青旅为项目定位打造了多重盈利模式，据测算，到运营成熟期后，每年可接待游客400万人次，实现旅游综合收入10亿元。

（4）项目建成后，长城的管理和经营权交由政府派出的管委会负责。门票收入全部用于长城维护和修缮，妥善处理了发展文化旅游和保护长城风貌的关系。政府有序推进项目周边地区的开发和建设，搞好配套服务，指导周边"三镇九村"围绕古北水镇制定统一的民宿旅游发展规划，改善原有民宿户的接待条件，发展新的民宿户，推动司马台雾灵山沟域资源共享，实现多方共赢。

3.3　我国台湾地区的乡村建设❶

3.3.1　乡村建设历程

台湾地区乡村建设可分为三个时期。一是1954～1968年，以土地改革为目标的乡村建设时期；二是1968～2007年，以工业发展为主的时期；三是2008年开始的"推动农村再生计划，建立富丽新农村"时期。

1984年乡村建设进入一个新的（即第二）历

---

❶ 晓玲. 台湾地区乡村建设的历程与思考. https://www.xzbu.com/2/view-6914558.htm.

史时期。地主因土地被征收所获得的土地债券及公营事业股票等，转投资于工商业，促进工商业的发展，故其间接效果，则为迅速转变纯农业的台湾为工商业社会。1976年后台湾的工业输出急剧增加，外汇收入大量提高，迄今居然外汇储备达三百亿美元。农业为促进工业化发展起了推动作用。最终，它推动了台湾社会经济的转型，即由农业型经济，转变为亚洲较为发达的工业经济。

休闲农业是利用农业景观资源和农业生产条件，发展观光、休闲、旅游的一种新型农业生产经营形态。休闲农业起源于19世纪30年代，由于快速城镇化，城市人口急剧增加，为了缓解生活压力，城市人们渴望到农村享受暂时的悠闲与宁静，体验乡村生活。于是，休闲农业在意大利、奥地利等国兴起，迅速在欧美国家发展起来。1954年，我国台湾地区农民自发组织成立第一家农业观光园，主要以节省采摘劳动力、吸引游客兴趣为主。2015年约有1100家休闲农场，其中53%在近5年成立，呈现一片繁荣景象。

3.3.2 休闲农业建设和经验

2018年，中央一号文件[1]提出构建农村第一、第二、第三产业融合发展体系。实施休闲农业和乡村旅游精品工程，建设一批设施完备、功能多样的休闲观光园区、森林人家、康养基地、乡村民宿、特色小镇。实际上，这已经是国家连续第四次在一号文件中，提出要推动休闲农业发展。台湾休闲农业建立在深度挖掘当地资源、注重生态保护和加大互动体验的基础上，主要有休闲农场、休闲牧场、教育农场、休闲酒庄等几种类型。对于我国大陆开发休闲农业下列经验值得借鉴。

1. 持续创新，不求暴利

台湾休闲农场的创办人有一个共同的特点，他们多数不是一般的生产型农民，而是情怀商人。他们特别热爱乡村田园生活，建设休闲农场甚至是为了圆儿时的梦想。他们不追求短时间内获取暴利，而是从一开始就非常注意生态环境的保护和持续发展，不光第一、第二、第三产业融合，而且有商业模式，从休闲体验、文化创意到产品品牌都有特色。在建设、经营过程中，不断融入自己的创意，将农场比作自己的艺术作品，游客可以明显感受到农场主的个性追求和艺术风格。

最典型的是香格里拉休闲农场。农场位于宜兰大元山的山麓上，占地55hm²，海拔250m，四面环山，景致清丽，年平均气温25℃，适合度假。农场原先只栽种果树，因为创始人发现很多城里人来乡下玩，不仅喜欢从农民手里购买新鲜价廉的瓜果，还喜欢亲自去采摘。于是他决定种一片果树，不收果子，只卖门票，果林里有十几种水果，游客一年四季都有果子可摘。从破土种树到挂果丰收，1988年，台湾第一家观光果园开张了，金枣、杨桃、柳丁、芭乐、桶柑、莲雾等十多种水果渐次挂满枝头，一时间游客蜂拥前来尝鲜，媒体络绎不绝，农场口碑不胫而走，第一年门票净赚一百万元，当时一个公务员一年的收入也不过三、四万元。香格里拉休闲农场让台湾农民看到，除了靠天吃饭之外，还有另外一种改善生活的可能。

但是，三年以后，游客数量大幅下滑。调查发现，前来采摘水果的人，大都是宜兰的本地游客，等新鲜劲过去之后，很少有人再愿意花钱来，加上其他模仿者的竞争压力，于是就将目光

---

[1] 中共中央 国务院关于实施乡村振兴战略的意见. 2018年1月2日.

投向台北和岛内的其他县市。想要吸引台北人花3小时开车到他们的果园，园区一定要有更多元、更丰富的设施和服务，观光果园必须转向活动丰富，并有精致食宿的休闲农场。但是，当时的政策不允许这样做。因为对农地上建筑设施标准有着严格的规定，想要建住宿餐饮观光设施，就要触碰法条。面对困境，张清来决定去推动官方修法。他开始整理自己20世纪70年代以来对农业发展的思考和文章，特别是"三农之困"和"兴农六论"。"三农之困"就是农民收入低、农村凋零、农业没落，这与我国大陆"三农问题"提法不谋而合。"兴农六论"则是他针对"三农之困"开出的药方：农民文化化，农民教育化，农村环保化，管理科学化，观光休闲化，农村宜居化。他不断将自己的思考和建议向农委、观光局等部门反映，还到日本考察休闲农场发展和政策，遍访科研院所农业专家，寻求专业论述支持。20世纪90年代开始，台湾有关部门相继出台了《休闲农业区设置管理办法》《休闲农业辅导管理办法》等法规，开始大范围推广休闲农场，制定了相关标准，并从用地、规划、基建、金融等方面提出了措施和办法。此后，各类休闲农场在台湾如雨后春笋般兴起，张清来赶在禁采令前大量低价回收桧木，六栋白墙红顶的桧木旅馆在山顶拔地而起，房间超过百间。桧木是台湾特有的古老树种，木质密实，气味芳香。

运行一段时间后，市场日渐饱和，他们又将目光投向国际游客，主动到新加坡、马来西亚及中国香港、澳门，甚至欧美等地推销香格里拉休闲农场，并连续多年吸引了超过四成的赴台国际旅客。他们体会到专业论述、法律奠基和社群力量是台湾休闲农业发展的动力，社群力量就是依靠农民自己，尤其是年轻人。他们认为，农民是农业发展的关键，如何让年轻人回乡创业是农村

永续生存的根本。于是，他们把香格里拉休闲农场当作培训基地，每年举办四梯次三天两夜的休闲农业经营管理班，请专家学者为愿意返乡的青年提供免费培训，内容含盖园艺、酒店管理、经营理念、服务等方面，吸引了全台湾各地的年轻人，1000多人接受过培训，这些人才后来散落到全岛各地生根发芽。台湾乡村民宿发展协会荣誉理事长吴乾正就因深受感召而回到故乡经营民宿。

"香格里拉休闲农场"与时俱进，持续创新，不求暴利，从种果树、搞采摘，逐步增设农产品展售区、乡土餐饮区、品茗区、住宿度假区、农业体验区及森林游乐区等，成为一个兼具采果、休闲、度假、生态等多功能的旅游地。"香格里拉休闲农场"也是一间最丰富的自然教室，里面生物种类包罗万象，有猕猴、树蛙、萤火虫、蝴蝶（凤蝶）和各种植物，不同年纪的人，都适合在这里学习大自然的珍贵知识。在这个农场的创始人眼里，乡村不是一块只能长水果和稻米的泥巴，而是一块蕴含着无限财富的宝藏；农地不是地，是风景、是文化，农业不应该仅仅是农业，还应是文化业、教育业、环保业、旅游业。

香格里拉休闲农场的创始人张清来还把他自己的两个儿子劝说回乡，做自己的帮手。大儿子大学毕业后考上了法官，他去劝说"整天干这些伤脑筋又无聊的事情，也交不到朋友，还不能跟亲人团聚，有什么乐趣可言？一年到头还没有我赚得多，不如跟我回家"，大儿子经不住劝，回去接管了农场的日常管理。小儿子在美国宾夕法尼亚大学读法学博士的时候，张清来就给他打了预防针："他到美国读法律，将来不得留在那里工作，如果不回来，那我生孩子有何用？一家人在一起才最幸福"。最终，小儿子也回来了，专门帮他跑国际旅游市场。

张清来反复强调，农产品与农商品不一样，产品只有卖出去才能实现价值，卖不出去，生产多少也没有用。要想卖出去，就要知道顾客需要什么。他认为很多农民，包括大陆的农民，现在还停留在产品生产阶段，没有商品化，农业的广度和深度都很欠缺。想要从低级的农产品生产中摆脱出来，就要把从农业发展到服务业，发挥农耕文化独有的吸引力，将农村、农民、农产品提升为文化的、艺术的、保健的、美学的、纪念品的、礼品的，而不只是会工作的农民、会生产的农村和能果腹的农产品。农民只想要好的生活，谁管都不重要。每年都有很多大陆的考察团到香格里拉农场，但不是政府官方团，就是企业家团，张清来对大陆媒体说：希望多带一些农民过来。

2. 以农为根，三产融合

三产是第一产业（农业）、第二产业（工业）和第三产业（服务业）。三个产业前面都有个"第"，说明它们是有顺序的，一般先有第一产业，才有第二产业，有第二产业才有第三产业。第一、第二、第三产业是根据社会生产活动历史发展的顺序对产业结构的划分。产品直接取自自然界的部门称为第一产业，即农业，包括种植业、林业、牧业和渔业等初级产品。进行再加工的部门称为第二产业，即工业，包括采掘工业、制造业、自来水、电力蒸汽、热水、煤气和建筑业。为生产和消费提供各种服务的部门称为第三产业，即服务业，包括除第一、第二产业以外的其他各业。所以，休闲农业的基础是第一产业（农业），三产融合的根是农业。然后在发展农业的基础上发展农产品的加工和利用，即工业。再根据当地资源特点和工业的需求发展服务业。这样休闲农业才可持续，如果离开农业去发展工业和服务业，就是无源之水，就是无根之木，是不可能持久的。

针对20世纪60年代末和70年代初的农业困境，台湾加快农业转型，调整农业结构，在大力发展农业生产和提升农业生产水平的同时，按照综合发展思路，使农业从第一产业向第二、第三产业延伸，逐步扩大农业经营范围，积极发展包括旅游休闲农业和农业运输业等为主要内容的农业服务业。台湾许多有名的农场一般都以农业为主题，围绕主题开发一系列体验活动和休闲产品。这些主题包括水果采摘，竹、香草、茶叶、名花异草观赏，昆虫收藏，奶羊、奶牛、螃蟹、鳄鱼、鸵鸟喂养等体验，创新不断，使游客始终充满新奇感。

比如，花莲的胜洋水草休闲农场，就是台湾最大的专业水草植栽场，围绕"水草"这一主题，衍生出众多的水草创意产品和服务，包括水草大餐，水草的自己动手制作（即Do It Yourself，DIY），水草的景观、水草的功能、水草的文化、水草的创意购物等，在一个有限的空间内，为游客提供了主题鲜明的丰富体验内容。农场最初是以鳗鱼养殖为主，以后慢慢向水草生态农场转型成功，与当地生态环境融合，吸引了众多游客在此游憩。来到这里，游客可以亲手制作属于自己的纪念品——开运球、幸福藻球、海水生态瓶、急冻花，每个都精致有趣。除此以外，还有独创的水草料理，老板熟悉农场中每一种可食用水草的口感和味道，常常制作出令人惊喜的美食，如水紫苏番茄沙拉、鱼腥草鸡汤等。独特的美食配以简约透亮的建筑风格，让胜洋水草农场脱颖而出。又比如位于桃园观音乡的"青林农场"，一年四季都栽种着向日葵，且免费开放参观，还有专门种植食虫植物的"波的农场"，种有猪笼草、捕蝇草、毛毡苔、瓶子草等。

农民主要讲生产与技术，而台湾休闲农场的

经营者则主要是讲农业创意和怎么卖，休闲农业不光是卖生产，还卖生态，卖生活。台湾休闲农业主要是卖给三种人：有钱有闲的人、爱美的人和追求康养的老人。在台湾，做观光农业是不赚钱的，他们形容游客是：起得比鸡早，跑得比马快，吃得比猪差，很少有回头客。只有做休闲农业，才能让客人把开心带走，把钱留下，实现多次卖，重复卖。台湾休闲农业玩的是概念，讲究的是炒作，因为休闲农场控制农场定价权，只有会创意，会讲故事，会经营才能让游客体验到游乐快乐，也才能实现老板赚钱快乐。台湾老板做休闲农业的路径是：建立绿色基地，让游客吃绿色食品，发放绿色卡片。台湾休闲农业园区不仅提供农产品，而且形成了具有田园之乐的休闲区。这种"农业旅游业"性质的农业生产经营形态，既可以发展农业生产、维护生态环境、扩大农业旅游，又可提高农民收益与繁荣农村经济。台湾依托农业发展起来的休闲农业的范围相当广泛，经过多年的发展，目前台湾休闲农业园区呈现多元化发展的现象，主要有乡村花园、乡村民宿、观光农园、休闲农场和市民农园、教育农园、休闲牧场等多种类型。这些以农业旅游为主导的休闲农业园区在旅游、教育、环保、医疗、经济、社会等方面发挥了重要的作用，在台湾地区已成为发展前景良好的新兴产业之一。

台湾乡村旅游已经形成了休闲农场与乡村民宿两大主导业态，乡村民宿属第三产业（服务业），休闲农场必须能留住人，要留住人就必须发展民宿。台湾民宿能提供给游客的不仅是提供床位和早餐（B&B），一些民宿还与当地的自由行包车团队合作，为游客提供一日游线路预订服务，让民宿成为景区景点与旅游线路销售的平台；还有一些民宿，根据民宿主人的爱好或者民宿的主题，附带有创意商品销售、自己动手制作

活动体验、小型民族歌舞表演等特色产品，使民宿成为当地独特文化与生活方式的展示窗口，赋予民宿更多的产品整合功能。台湾民宿服务注意细节，许多民宿还提供免费自行车，根据天气放置可随时取用的雨伞；在保证服务的及时性和便利性的同时，充分尊重和不过度干扰游客的个人空间，让所有服务恰到好处。

由于大陆与台湾地区的土地政策、市场基础、社会环境不同，不能简单照搬台湾乡村旅游的模式，需要透过乡村旅游表面现象，从景观、产品、经营等要素层面进行深入分析与思考。

3. 规划先行，管理到位

台湾的有关部门直接参与规划和辅导，由农政部门负责对休闲农业的管理和咨询，提供补助经费和贷款，不失时机地出台各种相关法规和管理办法，形成整套申报审批制度，从省一级到市、县、区、乡镇以至小到一个农场、农户，大都有一个近期、中期和远期的规划，内容包括指导思想、市场定位、开发原则、项目设置、经费预算、效益分析等，使休闲农业的各项工作逐步走向正规化和程序化，有力地推动了休闲农业的发展。每个休闲农场的建设都是精心规划，精心设计，精心施工，所有房子建造以及住宿都各具农村建筑的风格特色，并尽量挖掘当地的资源优势，如温泉、草场、溪流、大海、岩石、古树等。在区域规划方面，台湾现行休闲农业已脱离早期"点"的经营方式，而是"点、线、面"串联营销，这样就便于旅行社包装不同的旅游线路，进行分类营销。

台湾休闲农场布局合理，大多数都分布在旅游线路上，每个景区景点都能与旅游结合起来，这就有了客源的保证。板块化、区域化整合，已经有了相当的成效。例如苗栗县南庄乡休闲民宿区，拥有近80家乡村民宿，依托这些民宿，乡

里将具有百年历史的桂花小巷开发成特色旅游街，带动了客家特色餐饮、特色风味小吃、特色手工艺品等相关行业的发展，使游客来到这里之后，在体验不同的农家风貌的同时，能够比较全方位地感受具有当地特色的客家文化。宜兰县也形成了梗坊休闲农业区、北关休闲农业区等区域化的乡村旅游目的地，达到一定的产业规模，具有区域特色;区域内部各个休闲农业经营单位，在资源、客源市场形成了相互带动、相互补充的良好局面。实践证明，休闲农业必须要有一定的规模才能形成景观效应和产业集聚效应，才能由点成线、成片，为城市旅游者提供一日、两日乃至多日的旅游产品组合，从而提高经济效益。

4. 更新观念，与时俱进

休闲农场不仅是休闲娱乐，游玩，且是实践、学习的好场所，农场平时主要接待学校师生，用作毕业旅行或户外教学，周末则以吸引全家度假的客人为主，天天都有生意做。如"台一生态教育农园"精心设计了插花生活馆、才艺教室、亲子戏水区、花卉迷宫、浪漫小屋、蝴蝶甲虫生态馆等不同区域，游客可依序参观。

台湾休闲农业在主推"体验经济"之后，还出现了"分享经济"的理念，即休闲农业经营者与游客分享乡村生活，变"顾客是上帝"为"与客人首先成为志同道合的朋友"，倡导"拥有不如享有"的消费理念。特别是头城休闲农场的创办人卓陈明女士将现代农业的功能从"三生"（生产、生态、生活）拓展为"四生"，增加了"生命的体验"。台湾休闲农业泰斗陈昭郎教授则强调，休闲农业一定要有体验活动，从亲身观察、参与、体验过程，认识生物生长现象，感受生命的意义，体会生命的价值，分享生命的喜悦。

5. 摸清生态家底——埔里镇桃米村的重建[1]

台湾在乡村建设规划制定之前，很重视依托村民为主体，加强对乡村资源环境的调查与监测，不仅增强了村民对乡村生态优势的自豪感，而且有助于对资源环境进行保护性利用。例如，南投县埔里镇的桃米村本是环境脏乱的贫困村，1999年9月21日，台湾发生集集大地震，距震中20多公里的埔里镇桃米村被震出一个"桃米坑"，369户人家，168户房屋全倒，60户半倒。震后重建前，村民通过开展农村生态环境资源调查，发现由于经济衰退而低度开发的桃米，蕴藏着丰富的生态资源:台湾29种蛙类，桃米就有23种;台湾143种蜻蛉类，桃米就有49种，还有72种鸟类。震后，提出"生态环境绿色素、生产过程无毒素、桃米生活零碳素"的发展目标，并在培根计划中开设生态教育课程，社区依托生态优势，开展乡村休闲旅游和民宿经营。

在桃米，把青蛙设计出各种可爱的卡通形象，到处可以看到青蛙雕塑和图案，还有湿地公园，以及民宿院落里的生态池——青蛙营造生态家园，甚至男女卫生间也分别叫"公蛙"和"母蛙"。秉承"生态为体，产业为用"的思想，部分废耕使桃米社区物种多了50倍，做到游客3月看青蛙，4月看萤火虫，5月看油桐花，6月欣赏独角仙，8月、9月暑假期间，小朋友来上生态课，白天在湿地看水生动植物，夜间抓蛙看蛇。鼓励村民动手，用纸、用布、用石头等乡村材料，制作手工艺品，很快使桃米村从一个地震废墟变成一个昆虫生态文化体验休闲区。

桃米社区的产业从青蛙观光、生态、旅游，走向影视、媒体，产业链在不断延伸和发展。台

---

❶ 台湾桃米村"社区营造":可复制的新型生态村发展模式! https://www.sohu.com/a/202649632_99916798.

湾2014年有一部非常重要的3D立体动画电影，以桃米作为原型，以青蛙家族寻找桃花源过程，完成了一部非常感人的《桃蛙源记》，就是向影视延伸的案例。桃米社区还在地震废墟上建了一个人工湖，在湖边立起几个弹簧，托起一只小船，上面立一根桅杆，人站在船上，能够体验地震的摇晃感觉，并将小船命名为"摇晃的记忆"。他们以"生态桃米村"为主题，经过十多年建设，桃米村从一个环境杂乱、发展无力的边缘社区，转型成为一个融有机农业、生态保育、文化创意等于一体的乡土生态建设典范。2016年吸引游客71万人，实现旅游收入1.2亿元新台币，成为农村再生的"明星社区"和声名远扬的生态村。

3.3.3　农村再生❶

随着台湾制造业的起飞，大量人口涌入城市，原先城市近郊区的农地，逐渐变成住宅和商业区。人口外流造成农村人口严重老化，农田逐渐荒芜，影响农业技术发展。为解决这一问题，台湾于2008年推动实施"农村再生"计划，2010年8月通过《农村再生条例》，提出"以美化农村景观，维护农村生态及产业文化，提升农村居住及人文质量，恢复农村居民在地居住尊严，以达成新农村总体建设，农村生命力之再现"的发展目标，开始以法律形式有序推动台湾农村建设新政。此后，台湾农村人居环境整治均在此条例指导下开展，以农村社区为中心，采取自下而上、多方参与的方式推进规划的制定和执行。为使村民为主体提出的建设计划获准执行，在农村再生计划第一期（2012～2015）计划书中，进一步明确了计划执行要达成的具体目标：一是要提升农

村人口质量，创造农村可持续发展基础，吸引青年返乡或留乡经营；二是配合农村发展需求，优先构建在地参与机制，增加农村就业机会，逐步协助农村迈向自主及可持续经营模式；三是推动精致、多元的特色产业，开创小而美的农村经济，提高农村居民收入；四是促进社区生活、生产及生态环境改善，以提升在地生活尊严，增强农村居民的幸福感。2017年起，台湾推动"农村再生2.0"，通过扩大多元参与，推动友善农业等方式，着力将农村社区打造成既有地方特色，又具整体风貌的富丽新农村，农村人居环境提升的相关政策措施进一步完备。

台湾的农村再生计划的主要特点和做法如下。

（1）以村民为主体、多元参与，注重本地居民培训。农村再生主要依靠"三类人"：一是参与"培根计划"的当地村民；二是回乡创业创新的青年人才；三是社区精英或公益人士。三类人构成了村民主体、多元参与的乡村建设格局。农村再生强调由下而上自主发展。从有关部门代替民众规划，变成居民参与、共同讨论、凝聚共识后，再由有关部门投入资源，辅导协助社区落实。其主导思想是以村民为主体，多方参与，结合农业生产、产业文化、自然生态及闲置空间再利用等发展需求和资源条件，确定未来发展共识。同时由有关部门以由上而下方式协助，建立跨领域、跨部门的合作平台，协调有关单位共同投入，充分整合并发挥资源效益。

多元参与是台湾乡村建设与治理的特色，参与农村社区建设与治理的组织包括村（里）办公室、社区发展协会以及乡镇农会。村（里）是基层行政组织，主要负责村（里）的自治和行政职能。社区发展协会是民间社会团体，主要进行公

---

❶ 赵一夫，任爱荣. 台湾农村建设的特点与启示. http://www.caas.net.cn/xwzx/zjgd/253074.html.

共设施建设、生产福利建设和精神伦理建设。基层农会侧重在农村产业发展和人力资源培训、技术推广、金融服务等方面，为农村社区发展提供重要的产业支撑。

推进"培根计划"是农村再生的重要基础，农业部门要求社区在报送农村再生计划书之前，社区居民须先报名参加培根教育课程，主要由农村社区发展协会组织农民接受课程训练。"培根计划"组织台湾院校的专家、学者组成培训团队，按关怀（理念沟通）、进阶（发掘问题）、核心（凝聚共识）和再生（提出愿景）等四个班，对社区居民进行时长为92学时（后改为68学时）的逐级课程训练，激发村民主动参与社区建设、提升人居环境质量的意愿和能力，将村民的"要我发展"转化为"我要发展"，培育出热爱社区、服务社区的本地人才，为农村再生计划的研拟和落实注入软实力。培根计划课程的开设方式有别于一般上课方式，主要采取工作坊、实际操作等方式来促进农村居民之间的互动与讨论，实质上就是社区意见讨论的平台，是一种凝聚向心力的过程。通过培根计划，以可持续经营概念引导社区提出整体发展愿景和兼具现代生活质量和传统特质的农村建设思路。同时，鼓励城市青年返乡创业，倡导社会精英参与乡村建设，并整合科研单位技术服务资源为青年农民提供专案辅导，包括提供宣传体验、合作实践、创新延续和创业回馈等内容。

（2）法律保障，资金保证，措施有力。农村再生计划有《农村再生条例》法律保障，不会因为政局改变而受到影响。农村再生计划的资金主要有三个来源：一是相关业务主管部门的专项资金和各县市社会福利基金，村民自下而上编制计划规划方案，报送相关部门，争取资助；二是按照2010年通过的《农村再生条例》，设置农村再生基金，分10年编列了1500亿元新台币的农村再生基金，可延续使用，不受年度预算和期限限制，从资金上赋予了可持续执行的保障；三是社会募集，如企业认捐、机构和个人善款、国际志愿机构援助等。

在硬设施建设方面，除技术难度高、项目投入大的项目须由相关部门专项推动外，凡农村可自行组织人力建造的建设项目，都采取雇工购料方式，由社区自主设计、村民参与施工，这样不仅有效地解决了项目建设中有关土地征用、施工质量，以及后期维护等一系列问题，而且强化了村民的参与感和责任意识。建成后，通过社区居民公约，由村民共同管护农村公共设施、建筑物及生态景观，进一步深化社区居民参与程度。

在软环境建设方面，鼓励社区居民自主改善脏乱破败的空间，达到花钱少、提升大的效果。计划执行采取多部门联合推进和跨域合作的模式，克服了各部门执行各自计划时形成的单点、零星资源投入，成效有限的弊端。其操作办法主要是先由"农委会"盘点可与"农村再生"发展结合的部门计划，并与该相关"部会"组成跨域合作小组，共同选定跨域合作地区，拟定跨域合作示范计划，针对农村社区当前情况，共同规划可合作的推动项目，拟定计划，报主管部门核定后，分工执行，由相关"部会"依权责和专业分工推动各自计划项目，并配套相关措施以掌握计划执行成效。

（3）通过土地重划、农村再生，提升社区人居环境质量。农村土地重划（即土地整治），一直是台湾农村环境改善的重要途径，主要包括农地重划、农村社区土地重划和农村再生三个阶段。农地重划主要解决农业生产规模小、经营效率低等问题，同时辅以居民生活环境改善，配合公共设施的加强与更新。农村社区土地重划则主要针对土地权属复杂、公共设施不足、老化残破的农渔村社区聚落，通过办理地籍整理，配合办理农宅整建、环境美化绿化等，促进社区土地合理利用、方便农村公共设施建设、促进区域整体发展。与农地和农村社区土地重划不同，农村再生不以增加耕地效益为唯一或主要目标，不只着眼于增加规模和环境改善的经济效益，而是旨在促进农村社区人居环境整体提升，包括控制农村环境污染源、妥善处理废弃物、美化农村景观等，特别是在倡导"垃圾不落地"的基础上，提出"公厕管理洁净化、在地环境舒适化、清沟除污通畅化、空屋空地绿美化、居家外围洁净化、路面无坑平坦化、健康环境无毒化、环保有机生态村"等要求，以提升农村人居环境质量。

（4）重视农业再生[1]。台湾省新北市的三芝共荣社区由新北市三芝区八贤里与埔头坑两个村落组成，位于城市规划区外围，人口1200多人，土地面积300多公顷。由于该社区为腹地狭窄的山坡地，长期因"政府"鼓励休耕政策，使得多处农地荒凉。如今，通过农村再生计划，成为台湾富丽新农村的典范。共荣社区推动的农村再生和多数社区观光休闲化的趋势不同，不以增加公共建设及推动休闲产业为导向，而是更重视农业再生。共荣社区2005年就开始陆续向"农委会水保局"提出项目计划，着手农村人力资源培训和社区生态资源保育。2011年，共荣社区依托"农村再生"计划开始申请"一区一特色"的辅导计划，进一步强化对农村社区的人才培养，带领社区居民进行乡村设施改造和生态保育建设，并在社区生态资源改善的基础上，发展以茭白笋和南瓜为优势特色产业的有机生态农业。

如今共荣社区通过几年的农村再生转变，逐渐成为台湾各地社区模仿、学习的典范。其主要做法有三：一是培养社区当地人力资源，通过农村再生培根计划培训推动社区生态保育和生态农业建设的骨干力量，包括从事社区资源宣传和推广工作的女干部；二是向社会推介社区资源，通过与媒体和其他地区交流，与社会各界沟通互动，吸引外界更多关注共荣社区，更多参与社区生产和生活体验活动，提升社区特色产业和文化资源的经济价值；三是保障社区特色产业的可持续经营，根据当地土地性质、空间分布和现有生产条件，规划建设植物花卉、农田漫游、无毒生产、温室栽培和绿色消费等不同功能区，从生产结构和市场带动多个方面推动有机生态农业的发展。

3.4　韩国的新村运动[2]

3.4.1　新村运动的源起和思路

韩国在20世纪60年代经济起飞以前是落后的农业国，1953年人均国民生产总值（GNP）只有97美元。1962年实施第一个五年计划以后，劳动密集型和出口导向型产业的经济发展战略取得巨大成功，经济飞速发展。1980年，人均国民总收入达到1598美元，1995～1997年已经超过1万美元。

韩国新村运动是时任总统朴正熙亲自发动和主持的，始于1970年4月，终于1979年11月朴正熙

---

[1] 赵一夫等. 台湾农村建设新政的特点与启示. http://www.zgxcfx.com/Article/88851.html.
[2] 韩国新村运动的做法和启示. http://wenku.baidu.com/view/becb3ea2284ac850ad02420a.html.

遇刺，前后10年时间。这是一场追求更美好生活的运动，旨在通过参加村庄建设项目，开发农民的生活伦理精神，从而加速农村现代化的发展。

1970年4月，朴正熙在省级干部大会上说：很重要的因素是干部应该有真诚的愿望来改善老百姓的生活，地方官员应当创造一种氛围来引导村民勤劳地工作，不要试图一开始就想做那些很大的事情。新村运动应避开农忙时节，秋收以后或早春时节是好的时间，农民闲暇可以聚在一起，讨论有关改善社区的事务。例如，拓宽村庄的道路，让车辆进出；在河上架桥等。那些单个村民没法解决的事情，就需要县（郡）政府和省（道）政府的支持。对没有决心改变家乡的农民，给以金融支持，绝对是浪费金钱。他希望尽快减少那些不想改变自己命运的村民。他强调地方官员要有为改善农民生活条件的奉献精神；农民要有很强的自助精神。他相信官员和农民态度的转变是韩国农村现代化的重要因素。

韩国新村运动的思路框架如图3.2所示。新村运动系中央政府发动，通过以村庄建设为抓手，勤劳、自助、合作，改善生产生活的村庄建设项目，提升农民文明素质思想教育，以及物质文明建设和伦理精神教育互动，达到缩小城乡差距，改造农村，造福农民和加速农村现代化的目标。村庄建设项目有道路改善、住房翻新、自来水、电气化、改良新品种、家庭节俭、村庄会堂建设、妇女参与事务和村领导人培训等九项。

3.4.2 新村运动的三个阶段

1. 启动推进阶段（1970～1980年）

目标是通过修缮房屋、厨房、厕所，围墙、澡堂，打水井，架桥修路，改良作物、蔬菜、水果，来改善农民生活和生产条件。政府无偿提供部分水泥、钢筋等物资，激发村庄和农民自主建设的积极性和勤勉、自助、协作精神。建立新村运动协会，形成自上而下的全国性网络，建立新村运动研修院，大批培养新村指导员。通过农田水利建设和改造、发展多种经营、对新村建设指

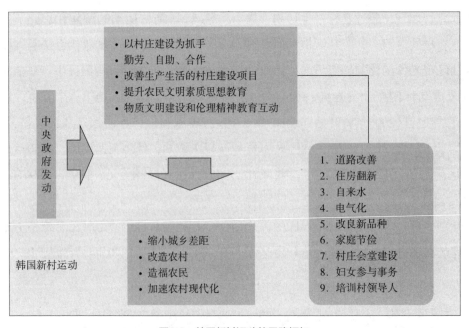

图3.2　韩国新村运动的思路框架

导人员普及农业技术的推广和教育，来发展生产和提高农民收入。加强区域合作、重点发展畜牧业、农产品加工业和特色种植业，着力帮助农民增加收入。1974年农民整体脱贫，城乡差距逐步缩小。

2. 加速建设阶段（1980～1990年）

大幅度调整新村运动的政策和措施，建立和完善全国性新村运动民间组织。政府通过规划、协调、服务，提供必要的财政、物质、技术支持，着重调整农业结构，发展农村加工业，改善农民生活环境和文化环境，强化民间青年会、老人会和妇女会的自助合作精神。1988年经济收入和生活水平已接近城市居民的生活水准。

3. 全面发展阶段（1990年以后）

城市繁荣发展逐步向农村扩散，新村运动带有鲜明的社区文明建设与经济开发特征。政府作用逐步弱化，致力于国民伦理道德建设、共同体意识教育和民主与法制教育，同时积极推动城乡流通业发展。一些有助于农村经济、文化建设的机构和活动内容逐步形成。如农业科技推广、培训组织，农协、流通组织，农村教育、农村经济研究等机构应运而生，并在传承新村运动精神和理念中发挥着重要作用。在城镇化的推动下，农村人口所占比例不断下降，经济结构逐步升级。

3.4.3 1970～1980年启动推进新村运动的做法和经验[5]

1. 以村庄为单位，把村庄作为政府政策的着力点

朴正熙说："纯粹的精神运动是不够的，一个微小的行动比说大话要好，一个人保持自家门口的清洁卫生比只顾讲爱国要重要得多。"当时，韩国有3.3万个村庄，1450个乡镇。很多村

庄居住环境和生活条件差，道路交通落后，电气化程度低，城乡差距明显。

地方官员发动新村运动要做的第一件事情是在村一级筛选可以实施的具体项目。首先是把村庄项目分为三类：一类是需要农民自己解决的，如种植的种类、病害的控制、化肥的投入和土壤肥力退化以及农业经营时间等；二类是需要村民合作来解决的，如进村道路差、村里小巷狭窄、桥梁年久失修、水井陈旧而偏远、排污系统差、没有会堂和儿童活动场所等；三类是需要中央政府解决的，如大米价格太低、没有通电、水库建设、当地道路建设、新品种培育、路途远的高中和医院，以及村领导人培训等（图3.3）。

其次，在村庄问题调查的基础上，地方政府汇总出全国村庄普遍需要的16个新村项目优先顺序（图3.4）。

从这个优先顺序可见，所选村庄建设项目大部分是改善居住环境，而不是生产性基础设施。这是因为：①改善道路、住房和饮水、排污是农民最迫切的需求；②改善生活环境比改善生产设施更能吸引村民参与；③管理新村项目的不是增加粮食供应的农林部，而是管理地方政府和警察的内务部，因为它是最适合管理新村项目，最有权力管理居民的中央政府部门。

2. 政府财政投入很少

根据建筑材料稀缺情况，政府先后选择水泥和钢筋作为主要物资，通过中央、省、县、乡政府分配到村。新村运动第一年（1970年冬），村庄不分大小和位置差异，每个村分到338包水泥，很容易核查。第二年（1972年）根据建桥等工程需要，政府加发钢筋。但只援助第一年村民积极参与的村庄（约占全国村庄一半）每村发给500包水泥和1000kg钢筋。这种有差别的援助旨在促

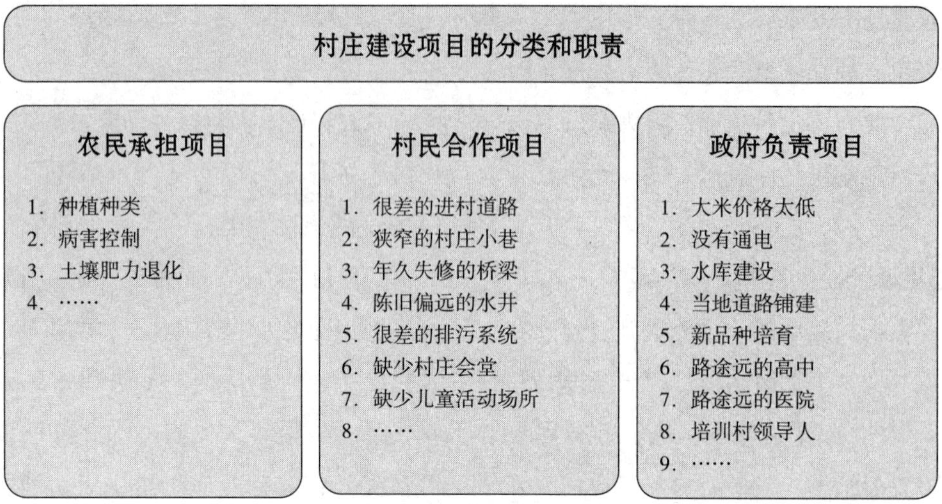

村庄建设项目的分类和职责

农民承担项目

1. 种植种类
2. 病害控制
3. 土壤肥力退化
4. ……

村民合作项目

1. 很差的进村道路
2. 狭窄的村庄小巷
3. 年久失修的桥梁
4. 陈旧偏远的水井
5. 很差的排污系统
6. 缺少村庄会堂
7. 缺少儿童活动场所
8. ……

政府负责项目

1. 大米价格太低
2. 没有通电
3. 水库建设
4. 当地道路铺建
5. 新品种培育
6. 路途远的高中
7. 路途远的医院
8. 培训村领导人
9. ……

图3.3 村庄建设项目的分类和职责

地方政府汇总的新村建设项目优先顺序

1. 宽阔笔直的进村公路修建
2. 跨河小桥修建
3. 宽阔笔直的村内道路修建
4. 村庄排污系统改善
5. 草屋顶翻盖为瓦屋顶
6. 农家旧围墙修缮
7. 传统饮用水井改善
8. 村庄会堂建造
9. 河流堤岸整修
10. 田地支路开辟
11. 农村电气化加速
12. 村庄电话安装
13. 村庄浴室兴建
14. 儿童活动场所兴建
15. 河边洗衣地段改善
16. 植树、种花等环境美化

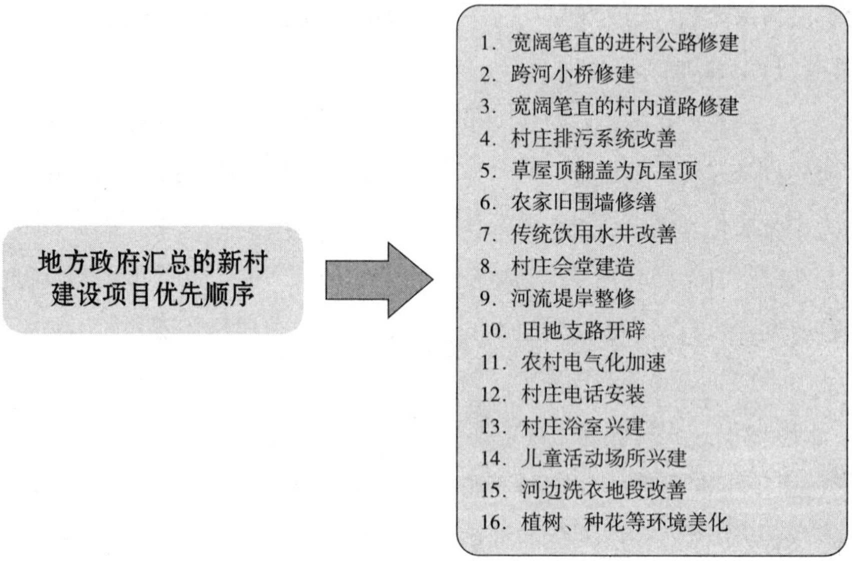

图3.4 地方政府汇总的16个新村建设项目优先顺序

进不积极参与的村庄改变为积极参与。第四年起（1974～1978年）全国所有村庄都积极参与以后，差别援助就取消了。每村获得250包水泥和300kg钢筋。1971～1978年的8年期间，政府通过各种新村项目向每个村庄提供了约2000美元的水泥和钢筋，这个数目并不大。内务部一开始就规定水泥和钢筋不得分配到个人，只能作为村级财产，用于16个优先项目。如果允许分到个人，1970～1978年每户只能分到35美元水泥和钢筋，不足以改善个体家庭，但是把援助物资作为村庄的公共物品，再加上村民的劳动力，村庄设施和村民生活就可有很大提升。

3. 时机很适宜

韩国经济工业化过程中，农业人口快速减少（表3.4）。1970年和1975年农业人口占总人口的比例分别为44.7%和37.5%，处于劳动力富余时期。

1970～1978年韩国村一级不存在劳动力短

1965～1994年韩国农业人口的减少情况　　　　　　　　　　表3.4

年份（年）	总人口（百万人）	农业人口（百万人）	农业人口占总人口的比例（％）
1965	28.74	15.81	55.1
1970	32.24	14.12	44.7
1975	35.28	13.24	37.5
1980	38.12	10.83	28.4
1985	40.81	8.52	20.9
1990	12.38	6.66	15.7
1992	43.66	5.71	13.1
1994	44.45	5.17	11.6

资料来源：MAF. 农业统计年鉴.

缺，农闲季节农民可以义务出工。每年2～3月是冬天结束后干燥的月份，是新村项目开展的季节。1971～1978年每个村庄年平均贡献劳动力795天，每户年平均贡献劳动力13天。山区农民花费在改善村内道路上的劳动力格外多，显示村庄领导人的才能和担当。偏僻地方的村民原以为他们村子通汽车是不可能的事，通过自己辛勤劳动成为可能，他们变得非常自信。如果新村运动晚到20世纪80年代实施，村民不会像70年代那样贡献如此多的劳动力，大多数村级道路需要利用财政资金修建。总共需要建设道路10万公里，由于预算的限制，大量村庄只能等待政府有钱投入，道路才有可能改善；由于农业机械替代农村劳动力只能局限于农业经营中，农产品商品化、市场化生产也会因此延迟；农村和城市发展差距也会增大。如果改善公路用机械或雇人做，村民将会失去从精神上提高生活伦理的机会；如果改善公路由政府来做，村民就会越来越依赖政府解决他们自己村里的问题。新村运动的适时实施，为政府节省了大量的财政资金。

4. 通过物质文明建设带动伦理精神建设

新村运动通过具体村级项目的实施，不仅在物质上改善了农民生活和居住环境，而且在精神层面提高了农民的生活伦理，是一次精神意识的改造运动。新村运动筛选了村一级农民迫切需要的项目，这些项目容易调动村民的积极性，通过合作努力完成。全体公民都积极行动起来，把这项运动变为一种自觉自愿的社会行为，积极贡献资金、劳动力、土地和各种物质。政府为进一步增强农民的自觉、自立意识，因势利导，大力帮助，在运动的每个阶段都以不同方式，给予物资、资金上的支持。如此良性互需互动，极大地激发了农民团结协作的主人翁意识。

通过支持优秀的理念，形成了你追我赶的热潮。新村运动的第一年，对全国35000个村庄普遍给予水泥、钢筋支持，其中的16000多个村表现积极，取得了成效。第二年政府将35000个村划分成"自立""自助""基础"三级，政府只对做得优秀的村庄，继续追加物质支持；对于做得不成功的村庄，政府不再给予支持。随着优先选定优秀村庄支援原则的确定和实施，没有成果的村子醒悟了，不但没有继续落伍，而且以此激发起追赶发展的意识和要求。到1980年，基础村基本上消失，约有2/3的村升为自立村。国家目前仍对所评选出的村庄给予不同等级的资金支持，并且全国每年优选20个最典型的村庄，从财政上给予大幅度的特别支援。

随着贫困落后村庄的改变，农民思想伦理上也发生了巨大变化，从宿命的"我们不能做"转变到"我们能够做"。"我们能够做"，提高了韩国人民的信心，把树立的"勤劳、自立、合作"精神转化成农民良好的生活伦理精神，提高了韩国整体的人力资本的质量，为韩国经济持续发展作出巨大贡献。这是无法用金钱计算的社会和经济效益。

5. 农民为主体，政府主导，自上而下，上下结合

韩国新村运动是农民自愿、自发、自主的运动。从意愿到计划，到推动落实，都由农民做主，始终保持农民的主体地位，是一场农民用自己的双手改造自己家园的自力更生运动。政府主要负责行政、财政和技术支援，调动全国公民积极参与，通过行政渠道对新村运动进行协调、服务、培训、指导，倡导以"勤劳、自助、合作"精神建设新农村，起到了发动、引导、支持和推动的重要作用。采取分步实施、示范引导、典型引路等方式，从改善农业生产条件和农民居住环境入手，从小事干起，从实事做起，逐步向农业现代化、农民市民化、农村城市化的纵深推进。在经济计划部每月举行的经济月评会上，都安排成功农民案例介绍，内阁成员和国会议员的领导人都参加，朴正熙总统一直担任主席。为了达到全国各界对新村运动的了解和支持，国会议员、部长、教授、法官到新闻记者、企业家等也参加了村庄领导人培训，培训人数多达10500人。政府提供了当时农村建设稀缺而必要的水泥和钢筋，满足了农民迫切需求。农民积极、广泛地参与新村建设活动，虽然第一年只有一半村民参加，第四年全体村民就都积极参加了。

3.4.4 韩国新村运动的借鉴

乡村振兴是城镇化的要务、抓手和支柱之一。从上述可见，韩国新村运动值得我们借鉴的有：

1. 以村庄建设为着力点，从农民迫切愿望和迫切需求的项目做起。我国幅员广大，农村各地情况差异显著，实施乡村振兴一定要从农村的具体实际情况出发，尤其是要从村庄的实际出发。根据村庄的实际情况进行有重点的建设和改善。为此，需要进行调查，了解农民在农村发展中需求的优先顺序；并进行适当分类，明晰政府的职能和作用的发挥的边界，确定哪些可由农民自己解决，哪些可以合作解决，哪些需要政府解决。

2. 村庄的改善要从实实在在的具体项目做起，而不是纯粹的精神运动或概念、口号。韩国的经验表明只有以具体项目为纽带，才能进一步团结村民，提升道德水平，也才能创造和谐的农村。

3. 以村民为主体，以政府为主导，实行公众参与，上下结合。要使乡村振兴成为农民自愿、自发、自主的行动，成为村民自己的事。要做到这点，必须始终保持农民的主体地位，由农民做主。政府主要负责行政、财政、政策和技术支援，不能包办代替。

4. 村庄领导人的综合素质是决定乡村振兴的重要影响因素。对于农村建设来说，村庄领导人的奉献、廉洁、为民的思想道德和务实的工作作风非常重要，将直接影响村级项目的成功实施。

5. 我国村庄自然条件和社会经济发展差别较大。韩国把农村分为基础村、自助村和自强村三类，对于不同类型的村庄，实施不同的项目，分别施策加以支持，很值得我们借鉴。

6. 乡村振兴要通过物质文明建设带动精神文明建设。如果村庄建设项目是村民迫切需要，而且通过自力更生合作完成的；如果通过支持先进理念，在乡村形成你追我赶的局面；如果通过脱贫和改变落后村庄面貌，提升农民的自信心；则农民的精神面貌就会有很大的提高，这种社会效益是无法用金钱计算的。

3.5 日本的新农村建设[6]

1. 新农村建设历程❶

第二次世界大战结束以后，日本一些城市夷为废墟，物资匮乏，农业歉收，通货膨胀严重。为了改变这种状况，日本1956年开始第一次新农村建设，其主要任务是：①确定推行区域，在政府指定的区域成立农业振兴协议会；②建立新农村建设推进机制，农村振兴协议会发扬民主，集中农民智慧，与当地政府及团体进行协商，制定农村振兴规划并付诸实施；③国家采取特殊补贴，除当地农民集资及政府农业金融机构贷款外，国家农业金融机构还发放低息贷款。1962年底第一次新农村建设结束，主要成果是：①小规模零散土地普遍得到整治；②建成大批农村公共设施，促进农民进一步联合；③调动了广大农民建设家乡的主动性和积极性。然而，区域间和行业间的差距仍在不断拉大。

1967年3月，日本制定了"经济社会发展计划"，开始第二次新农村建设。同时出台经济产业和区域均衡发展、适应国际化趋势、缩小城乡差距、消除环境污染等配套政策，在农村强调推进综合农业政策：一是政府大量投资，强化基础设施建设，提高农业经营现代化水平；二是大力推进保护农村自然环境，提出把农村建成具有魅力的舒畅生活空间，改善农村生活环境；三是制定《农村地区引入工业促进法》，鼓励城市工业向农村转移，解决农民就业。第二次新农村建设取得的成果主要表现在：加快了农业与农村现代化进程；农村生产力明显提升；农民收入水平快速上升，到20世纪70年代初，日本农业基本上实现了机械化、化肥化、水利化和良种化。

20世纪70年代末，农村青壮年人口大量外流，仅靠财政投资和信贷改变地区差异越来越难，而农村自发出现的造村运动恰好可以在不耗用大量能源和财政支持的前提下，继续实现乡村的自我完善和发展，日本政府决定推进第三次新农村建设，即"造村运动"。最具影响的是大力推进"一村一品"，每个村庄结合自身优势，开发地方特色产品，形成产业基地，并积极开拓国际市场，以留住和吸引农村青壮年劳动力。

2. 三次新农村建设的成功经验

①充分利用农业协同组织，把分散农户组织起来，发展农村经济，提高农业、农村、农民地位；②建立资金投入长效机制，除各级政府直接补贴外，国家及农协系统金融机构提供足够资金；③制定法规，出台30多部法律、法令，使所涉及的方方面面都有法可依，有章可循；④各级政府特别重视农村教育培训，尤其是基层干部培训，培养出一大批有能力又肯扎根本地区的实用人才；⑤调动农民积极性，培养农民自立性，使农民真正成为"新农村建设"的主体；⑥把农村自然环境、传统文化和现代化紧密结合起来，突出区域和乡村特色。

3. 第四次新农村建设

上述三次新农村建设，都是根据中央的决策，政府主导，并经严密的审查后执行。许多乡镇地区为了获得中央核准，就委托专业人员做规划设计，立意与构想虽佳，但农村居民参与不

---

❶ 日本"新农村建设"经验对我国的借鉴及启示. http://wenku.baidu.com/view/0e6d1bee0975f46527d3e1fe.html.

足，成效深受限制。于是，1990年颁布"家乡1亿元创生计划"，开启第四次新农村建设。要求居民自己提出怎样建设自己的家乡；鼓励地方和自治团体发挥自主性、创造性，针对地方需要进行建设；在建设上保有传统特色，让人重温农村景色，回到田野之中。由于地方受到尊重，更加自重，将补助款用到真正能促进地方繁荣的项目上，发展出"农村活性化的建设模式"。

4. 值得借鉴的做法

（1）认识家乡的环境，盘点创造聚落特色的资源

新农村建设要调动农民的积极性，保有家乡特色，首要的是要使他们认识自己家乡的环境，从盘点自家的资源，找出家乡的特色资源做起，然后在建设中彰显出来。只要针对一两项资源特色好好运用、发展，建设就有特色，地方就可以避免持续萧条。

特色资源大体有人物，自然资源，生产资源，自然人文景观，以及文化设施与活动等五类（图3.5）。

（2）中央政府成立专门机构

1972年在农林水产省成立构造改善局专门负责全力推动农村建设，专注于农村规划、建设与加强产业发展。主要从事：农业经营，构造改善，地区振兴，资源管理，规划设计农村、水利建设和农地重划，制订集落地域整备法，积极推动农村建设，其经费预算更多于其他局室。

5. 成功案例

（1）保护文化遗产的长野县南木曾町妻笼驿站

妻笼曾经是官道上的驿站之一，曾经车水马龙，十分繁华。但自镦路交通发达之后，妻笼就一蹶不振，人口大量外迁。缺乏地方传统产业、

人物	· 地方意见领袖 · 唤起造村运动共识，农村建设领头人 · 著名历史人物 · 有特殊技艺者 · 带动有特色地方住民活动（如环境保护、国际交流、节庆祭典等）的人物
自然资源	· 特色温泉、青山、绿水、雪、土壤、植物、梯田、盐田、沙洲、湿地、草原等生态环境 · 特色鸟、鱼、昆虫、野生动物等
生产资源	· 农、林、牧、渔产业、手工艺、饮食、加工品、艺术品 · 观光、休闲、教育、体验农业、市民农园、农业公园等
自然人文景观	· 森林、云海、湖泊、山川、河流、海岸、夕阳、星星、地形、峡谷、瀑布等 · 古迹、庭园、建筑等
文化设施与活动	· 寺庙、古街、矿坑、传统工艺、石板屋、童玩 · 特色美术馆、博物馆、工艺馆、研究机构、传统文化与习俗活动等

图3.5　家乡环境和创造聚落特色的五大资源

只有1000多人的妻笼驿站，就像被人遗忘的古董。1967年妻笼国小父母会（PTA）开始搜集民俗资料，后发展成为驿站资料保存会，负责维护旧驿站景观，订立《妻笼驿站居民宪章》，规定不兴建接纳大批游客住宿用餐的设施，以保存原有街道风貌。此后，游客大量涌入，不但没有破坏妻笼站景观，反而更刺激居民坚持保存文化遗产，成立妻笼驿站保存财团法人，以资金支持居民。坚守《妻笼驿站居民宪章》，不兴建可以接纳大批旅行团住宿用餐的设施，以保存原有的街道风貌，结果大量观光客涌入，不但没有破坏景观，更刺激居民更加爱护文化遗产。坚持居民宪章三原则"不转卖，不出租，不破坏"。妻笼人依靠他们在保存文化遗产、维护旧有驿站景观上展现的团结力量，成功地把妻笼变成充满历史风情的旅游景点，每年有60多万游客。妻笼模式的造町（村、里）方法，日本全国争相仿效。

（2）温泉创造财富的福岛县金山町

日本福岛县金山町位于只见川上游，距东京270km（直线距离100km），是个风光明媚、冬季大雪纷飞、人口持续减少的山村。1968年开创夏季学生体验营，以配合民宿业为开端。1973年设立自然休养村，配合推动造村运动。虽然计划很好，但缺乏农民参与，没有体现村民意愿，人口外流仍无法减少。1975年，为办理学生体验营，由于年轻人离村，留村者的多为老人，人力不足，几乎无法办理。1990年，以村民为主体，按照村民意愿，举办生动活泼、适合不同年龄人员的农、林、渔、特、教育、体验和生活活动，开办农家生活设计，设立老年人安养中心，创造让年轻人愿意留下来的生产和生活环境。吸引了农村青年从都市回流，废弃的水田、山林开始恢复耕作，民宿也因之全年有游客，获得蓬勃发展。主要项目包括：

1）成立生活改善班，开展山菜等农产品加工，兼办加工品的邮购业务，参加町内的各种庆典活动、町村形象活动，以及地区食文化系列活动。山菜加工品和加工品邮购服务荣获农水省首奖，向日本最好的山菜加工名牌发展。

2）开辟滑雪场，吸引冬季游客。

3）开放只见河钓鱼，开发温泉、瀑布群、露营场与森林游乐区。

4）办理烧木炭、纳豆加工、制作面条、劈柴、种香菇、采山菜等农村生活体验活动。

5）与羽生市缔结姐妹市办理学生交流，每年举办老年人槌球比赛、钓鱼比赛、沼泽湖船钓及各种水上活动，以及温泉祭、文化祭、雪祭、町祭等庆典活动，以招揽游客。

（3）星星创造财富的广岛美星町

日本广岛的一个叫美星町的小村落，地处偏远的山村，入夜之后，街灯稀疏，长夜暗暗，只剩满天星斗。当地人聚在一起感叹，除了满天星星，这里什么也没有。结果，这句话启发了村民，他们异口同声地说："为什么我们不可以把星星变成特殊景观，吸引外面的人来参观旅游？"于是决定，制定共同遵守的契约，规范全町照明方式，严格执行《光害防止条例》，保护夜空下永远闪烁的星星。现在美星町已经成为日本天文研究的重镇之一，成为城市居民周末野外踏青、观赏天文与萤火虫共舞的最佳去处。美星町的实践说明，只要从盘点自己的资源做起，针对一两项资源特色好好运用、发展，就可以让地方繁荣起来，星星也可以卖钱。

（4）温泉创造财富的九州汤布院

汤布院是个1.2万人的小镇，20世纪60年代开始推动特色观光事业，以温泉为主要资源，保护当地群山景观、清澈流水，开发美食、民艺等，营造出高品质的游憩休闲区。1987年，游客冲破300万人次，要在当地住上一晚，必须提前1年预约。

（5）世界文化遗产——合掌村[1]

合掌村位于日本岐阜县白川乡，在该县西北部白山山麓，与北陆地区的富山县和石川县接壤，属于日本本岛中部，归属日本东海地区，是四面环山、水田纵横、河川流经、手掌合十、祥和安静的山村。因德国建筑学家《再探美丽的日本》一书而出名，1995年联合国教科文组织第19届世界遗产委员会将该村定为世界文化遗产，保存着日本传统建筑技术和聚落文化风格，并被日本政府定为国家重要文化遗产，保留了江户时代的建筑文化精髓。合掌村在文化遗产保护和传承方面具有世界领先水平，采取了许多独特的乡土文化保护措施，是日本传统风味十足的美丽乡村（图3.6）。该村的特点是：

1）保护原生态建筑。房屋建于300年前的江户至昭和时期。冬天严冷且有大雪，村民创造出适合大家庭居住的房屋，采用木结构（当地山木，不用铁钉）和正三角形、60°陡坡茅草屋顶，形如两只手掌尖相靠（双手合掌），过深的积雪会自行滑落，下大雪时房屋不会倒塌。这种房屋他们叫"合掌屋"，一般为2～4层。客厅地板有"地炉"，地炉的白烟，穿过房顶的木板向上飘散，熏透屋顶大梁，使木头防腐防虫蛀，让构造屋顶的捻苫更加坚韧。屋顶每年4月份都要修葺，每隔三四十年要重新铺设。哪一家屋顶要翻修，其他家人带自家茅草前来相助，全村人同心协力，1～2天就可完成。茅草木屋最怕失火，1965年大火导致一半以上房屋被烧毁，村里领导带领大家完成重建。此后，对防火特别重视，包括专人负责，制定严格的"严禁烟火"管制措

图3.6　合掌村

---

❶ 日本最美乡村：白川乡合掌村的百年开发与保护. http://www.sohu.com/a/244652449778987.

施，添置喷水枪、露天和室内消防栓，举办防火演习等。

2）制定景观保护和开发规则。为妥善保护自然环境与开发景观资源，合掌村村民自发成立了"白川乡合掌村集落自然保护协会"，制订了白川乡的《住民宪法》，规定了合掌村建筑、土地、耕田、山林、树木"不许贩卖、不许出租、不许毁坏"的三大原则。协会制定了《景观保护基准》，针对旅游景观开发中的改造建筑、新增建筑、新增广告牌、铺路、新增设施等作了具体规定。如：用泥土、砂砾、自然石铺装，禁用硬质砖类铺装地面。管道、大箱体、空调设备等必须隐蔽或放置街道的后背。户外广告物以不破坏整体景观为原则。水田、农田、旧道路、水路是山村的自然形态，必须原状保护，不能随便改动。

3）建立合掌民家园博物馆。当一些村民移居城市后，在协会的策划下，针对空屋进行了"合掌民家园"的景观规划设计，院落的布局、室内的展示等都力图遵循历史原状，使之成为展现当地古老农业生产和生活用具的民俗博物馆。自然与合掌建筑结合而成的"合掌民家园"博物馆是数栋合掌建筑和周边自然环境相结合的美丽小村庄。每个合掌屋前后都种上了不同花草植物，装饰得非常漂亮。合掌建筑与日本园林相结合，十分和谐，构成了具有较高审美价值的乡村景观。整体村庄是精心打造的大花园，瀑布、水车、小溪、汀步、竹林、景石、花坛、座椅等穿插在其中。"合掌屋建造博物馆"内展示了合掌村茅草屋建筑的结构、材料以及建构方法的模型。"合掌民家园"内的自然美丽景观得到世界各国游客的高度评价。

4）旅游景观与农业发展相结合。白川乡的居民都有这样的共识：旅游开发不能影响农业的发展。如何发展当地农业并与旅游观光事业紧密结合，是村民们面对的一大课题。为提高整体经济效益，白川乡积极主动地制定了有关农业发展方向和政策的五年计划，保持很传统的农耕方式，包括肥田和用具。白川乡农用地面积有1950亩，其中水田1650亩，农家有229户。主要农副业生产项目，包括水稻、荞麦、蔬菜、水果、花卉、养蚕、养牛、养猪、养鸡、加工业等。这些生产项目在旅游区中也是观赏点。旅游观光与农业生产相联系，可提高经济收入促进农业发展。白川乡把当地农副产品以及加工的健康食品与旅游直接挂钩，使游客在观赏的同时，品尝当地新鲜农产品，或能带有机农产品回家。这种因地制宜，就地消化农产品的销售方法，减少了运输及人力成本，经济实惠，受益的不仅是各地客人，还有当地全体农民。

5）开发传统文化资源。为增加旅游项目，白川乡合掌村从传统文化中寻找具有本地乡土特色的内容，他们充分挖掘以祈求神来保护村庄、道路安全为题材的传统节日——"浊酒节"。在巨大的酒盅前举行隆重仪式，从祝酒词到乐器演奏，假面歌舞，化装游行，以及服装道具等都有精心准备和设计。节日时，合掌建筑门前张灯结彩，村民都来参与和庆贺节日。节日的趣味性也成为吸引游客观赏的重要内容。除大型节日庆典外，村民们还组织富有当地传统特色的民歌歌谣表演，把传统手工插秧，边唱秧歌边劳作作为一种观光项目，游客可自愿参与，体验劳动的快乐。

6）配套建设商业街。商业街的规划建设包括饮食店、小卖部、旅游纪念品店、土特产店等，都是与本地结合的具有乡土特色的商店。每个店都有自身的主要卖点，合理分布，方便游客。"白川乡合掌村落自然环境保护协会"的建筑规则在商业街中体现出了整体美的风格，店面装饰充分利用了当地的自然资源，体现了一种温馨的朴实美，其工艺性、手工趣味性吸引了大量游客的眼球。旅游商店的设计布局、门面装饰都是提升景观功能的关键要素，旅游商品的开发，也是旅游观光业的重要内容。白川村善于结合现代人追求的时尚，以植物花草为装饰元素，装饰家园，把村庄装扮得花团锦簇，游客总是在美丽的田野间、村庄旁、商店前拍照留影，流连忘返。合掌村落的生态之美给来自世界各地的游客留下了难以忘怀的美好印象。

7）民宿与旅游的结合。由于旅客越来越多，留宿过夜、享受农家生活的客人也随之增多。1973年前后，白川乡开始了民宿的营业项目。为迎合游客的居住习惯，对合掌屋室内做了改装，建筑外形不变，内装基本都是现代化家庭设施，配有电视、冰箱、洗衣机等家用电器，还有漱洗间设备、厨房煤气灶等。在全新的现代家庭环境中，依然保留了一些可观赏的具有历史意义的工具和农村过去的乡土玩具，游客在住宿中能感受到农村生活环境的朴实与温馨，城里人可以在这里感受到久违的宁静和安逸。在民宿的外部，大家都习惯用不同植物花卉或农作物装饰美化自家屋前屋后的环境，民宿为当地旅游业增加了一道特殊的风景。

8）与企业联合建立自然环境保护基地。白川乡与日本著名企业丰田汽车制造公司联合在白川乡的僻静山间里建造了一所体验大自然的学校，2005年4月正式开学，成为以自然环境教育为主题的教育研究基地。来观赏合掌村世界遗产的人们，可以到这所学校里住宿、听课、实习、体验。一年四季都有较丰富的观赏和体验内容。在这里他们体验到城市中没有的快乐，学习到保护地球自然环境的知识。日本丰田汽车制造公司在白川乡建造的大自然学校，为白川乡旅游事业增添了知识性的教育内容，让人们以生态环保眼光，见识到现代人的生活，了解用节能减排、资源再利用等措施来维护人类的自然环境，使我们的环境更加美丽自然。

9）自然教育学校。主要培养孩子对自然的认知，用自然成长方式同大自然结合，开发孩子的潜能，增加孩子跟大自然的这种亲密接触来认知大自然。要求每一个孩子必须有一位以上家长陪同。通过体验方式，包括到山里认识植物，教孩子和自然融合，在大自然里，向大自然学习，而不是关在书堆里。要求孩子在学习的时候必须有家长的陪同，和家长一起成长。

10）老年人有创业激情，回乡的年轻人增多。合掌村也是老人多，但是除了老人，每户还留长子继承产业，长子不在，就要把继承权让给第二个孩子，但这种情况很少。村里还有从来没有离开过村子的妇女。留在村里的老人都有创业的激情，工作不是为了赚多少钱，而是将其当作生活的一部分。

世界文化遗产给村里的农民带来可观的效益。22年前在这里评世界文化遗产时，很多村民不能接受，因为大多数居民都想改变建筑的使用功能，但评上世界文化遗产后，就什么都不能随意改动。现在大家慢慢地接受了，政府出钱要修房子，农民就随政府的心愿。从城里返乡的年轻人也多了，因为在村里工作，工资和城里相差并不多，近些年回来的人，工资都在逐步增加。

参考文献

［1］王检贵，丁守海. 中国究竟还有多少农业剩余劳动力？［J］. 中国社会科学，2005（5）：27-35+204-205.

［2］农业部课题组. 21世纪初期我国农村就业及剩余劳动力利用问题研究［J］. 中国农村经济，2000（5）：4-16.

［3］肖正华. 坚守"特色"之魂，拒绝房地产化——第二批全国特色小镇专家家评审意见的启示［N］. 中国建设报，2017-09-05.

［4］密云县委研究室. 用"两只手"建设古北水镇［J］. 前线，2014（11）：100-102.

［5］朴振焕. 韩国新村运动：20世纪70年代韩国农村现代化之路［M］. 潘伟光，等译. 北京：中国农业出版社，2005：190.

［6］张利庠，缪向华. 韩国、日本经验对我国社会主义新农村建设的启示［J］. 生产力研究，2006（2）：169-170+201.

第 4 章
城镇化的要务之三：
建设安全、生态和宜居的城市

人们来到城市，是为了更好的生活。城市环境的优劣是人们生活质量的集中表现。

——（古希腊）亚里士多德（希腊语：Αριστοτέλης，英语：Aristotle）

建设安全、生态和宜居的城市是城镇化的必然要求，更是人们来到城市追求和向往的目标。

4.1 建设安全城市

这里所说的安全主要是指人员和生命财产的安全，特别是遭遇重大自然灾害时的安全，它是建设生态、宜居城市的前提。

1900年以来，我国发生6级以上地震近800次，死亡55万人，为世界地震死亡人数的53%；我国国土面积为世界7%，养活世界22%的人口，承受世界33%的大陆强震；中国是世界上地震灾害最严重的国家之一。

我国洪涝灾害波及100多个大中城市。在水灾损失中，增长最快的是城市及城镇化发展地区。在这些地区，涝灾和暴雨在水灾损失中所占的比例呈增长趋势，损失约为河道洪水的2倍。

我国火灾由2010年的13.2万起增加到2020年的25.2万起，年均死亡人数1516人，年均直接经济损失34.3亿元。

4.1.1 城市减灾对策[1]

1. 防灾文化培育

防灾文化是防灾知识、能力和习惯的总和。

城市灾害增加主要有两个因素。一是难以避免的，比如：人口增长和快速城镇化；气候和环境变化；灾害险情地区价值增长；现代社会对灾害的脆弱性（易损性）；低估地震险情（1950～2008年发生的15次强烈地震中，有11次实际地震震中烈度大于预估的地震基本烈度）；以及保险体系不完善等。另一个是可以有所作为的，比如：城市规划要尽可能控制农业用地转换为住宅和工业用地，因为农业用地的水保持能力强，比住宅和工业用地减轻洪水灾害更为有效（图4.1）。编制、实施城市减灾规划和城市排水系统及其改造和维护规划，收集和利用雨水，建设可透水路面，以及保护植被等都是减轻洪涝灾害的有效措施。

在应急管理方面，编制城市综合应急预案和建设城市综合预警系统等也是可以有所作为的。2005年11月13日吉林石化公司连续爆炸，松花江水体污染，可能是消防废水通过排雨管线流入松花江所致，如果有整个城市综合应急预案，这种情况就有可能避免。2004年7月10日，北京市气象台预测到将有强雷雨，15时30分向市有关部门发出警报，随后通过气象预警塔、声讯电话等向公众发布。但大多数市民没有获知相关信息，这可能同整个城市综合预警系统缺失有关。

防灾教育是可以有所作为的非常重要的环

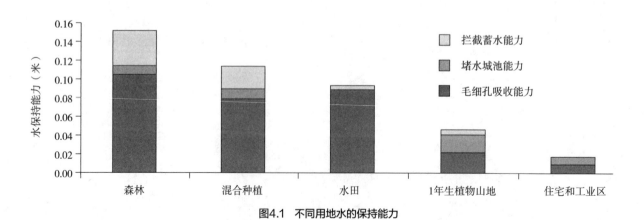

图4.1　不同用地水的保持能力

节。2004年12月26日印度洋发生的印度尼西亚苏门答腊（Sumatra）8.9级地震和海啸造成265000人死亡和失踪，500000人受伤，350000 栋房屋和设施破坏，损失100亿美元。海啸发生前3小时就测到地震发生，但因居民没有像太平洋沿岸地区居民那样，受过防灾教育，仍滞留原地，不知道往高处跑，导致重大人员伤亡和物质损失。印度洋地震活动比太平洋地区弱得多，很少发生海啸。但1883年喀拉喀托（Krakatoa）火山就曾经在斯里兰卡引发过至少1m高的海浪，但没有引人注意。

2. 防灾法规建设

防灾法规是减轻地震灾害的有效手段，因为地震造成的人员伤亡中，75%~95%来自建筑物的倒塌和破坏。我国现在还没有涵盖多个灾种，明确相关机构和人员法律责任的《灾害管理基本法》，亟需早日制定。图4.2为地震死亡人

数和建筑抗震设计规范演进的关系。图中以1976年中国唐山、1995年日本阪神—淡路、1994年美国北岭（Northridge）和1999年土耳其伊兹密特（Izmit）等四次强烈地震为例作了比较。图中的实线为这四次地震的死亡人数，分别是唐山地震242769人，阪神—淡路地震6348人，北岭地震67人，伊兹密特地震15851人。如果令北岭地震的死亡人数为1，则唐山、阪神—淡路、北岭和伊兹密特等四次地震死亡人数的比率依次是3979.8：94.7：1：236.6。

图中长虚线为该国首版建筑抗震设计规范颁布实施到这四次地震发生相隔的年数，它们分别为2年、71年、61年和59年。图中的短虚线为该国近代先进建筑抗震设计规范颁布到地震发生相隔年数，除唐山地震外，其他三次地震，分别为24年、21年和24年，大体相近。从图中可见，中国首版建筑抗震设计规范在地震发生前两年，即

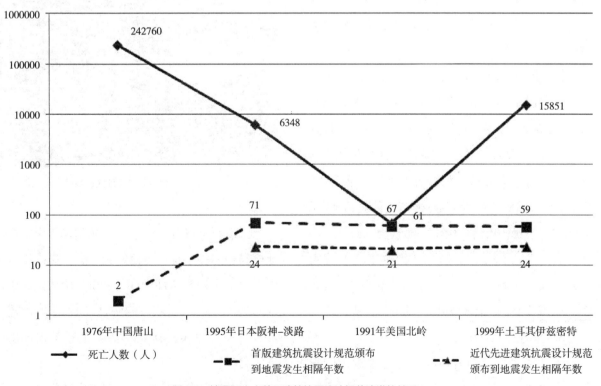

图4.2 地震死亡人数和建筑抗震设计规范演进的关系

1974年才颁布，而且地震前，唐山市的地震基本烈度定为6度，按照两年前颁布的规范，一般建筑不需抗震设防，所以唐山市是一座没有抗震设防的城市。死亡人数在四次地震中最高，就容易理解了。土耳其首版建筑抗震设计规范和近代先进建筑抗震设计规范分别在地震发生前59年和24年颁布，但死亡人数却是美国的236.6倍和日本的2.5倍，按理死亡人数不应该那么多，之所如此，主要是因为建筑设计，特别是建筑施工没有遵循规范的要求。总之，一个国家的建筑抗震设计规范颁布越早，地震损失就越小。

制定建筑抗洪水设计规范也很重要。把建筑架高，使底层可过水（图4.3），填高建筑场地，建造围堤（图4.4）都是有效的抗洪水措施。

我国荆江分洪工程面积920km²，蓄洪水位42m时，有效容积54亿m³，水深7～8m。1954年百年一遇洪水发挥了作用，挽救了3万人生命。建成时，区内只有17万人，后来由于缺乏严格的土地利用管制，发展到百余万人，已经不能再滞留洪水，导致下游城镇，如武汉市，遭受洪水的威胁会比1954年更大。

2007年建设部颁发了《城市抗震防灾规划标准》GB 50413—2007，到2019年年底全国已有100多个城市，包括江苏省的14个地级市，按这个标准编制了城市抗震防灾规划。2018年住房和城乡建设部发布《城市综合防灾规划标准》GB/T51327—2018。这个标准防御的灾种包括地震、河流洪水、暴雨内涝或山洪、泥石流、滑坡、崩塌、台风、龙卷风、暴风雪、雨雪冰冻等自然灾害，以及火灾等事故灾害。近一年多来，已有20多个城市按照这个标准编制了城市防灾规划。

3. 灾害信息系统

灾后灾害信息拥有情况对应急救援影响很大，一般有三种情况（图4.5）。

图4.3　底层可过水的房屋

图4.4　填高建筑场地或筑围堤

（1）完全没有灾害信息，如1976年中国唐山地震和1999年土耳其伊兹密特地震。唐山地震后由于交通和通信全部中断，8.3h后才从由唐山市开车到北京的人员了解到灾情，12.1h后才建立抗震救灾指挥部，48.4h后，解放军救援部队才进入灾区。

（2）有部分灾害信息，但因交通问题，未及时送达决策者和有关人员，如1995年日本阪神—淡路地震。震后30min就有地震信息，43min后指挥部建立，但部队移动要经上级批准，36.2h后才进入灾区。

（3）有信息，而且及时送达有关人员，如1999年中国台湾集集地震。地震后1.7min强震观

测台网就提供了灾情，29min后就建立了指挥部，同一时间，部队就进入了灾区。

建立完善的灾害信息系统，一旦灾害发生，在很短的时间里就能采集到准确的灾害信息，并能及时传送到有关人员，不但有助于正确减灾决策的采取，而且能大大减轻生命财产损失。

4. 构建防灾社区

建设有信息、有训练、有准备，能够自救互救的社区是减少灾后人员伤亡的最基本、最有效的措施。唐山地震后30分钟内人员救出率为21.3%，救活率高达99.3%。震后第一天救出率为52.1%，但救活率下降到81%。第二天救出率和救活率分别下降到15.3%和33.7%。第三天救出率为3.3%，救活率为36.7%。震后第五天的救出率为4.3%，救活率仅为7.4%（图4.6）。可见，震后的前几天是救人的黄金时段。

1976年唐山地震，60万人被压，80%被压人员是靠自救或互救出来的。驻唐山部队人数仅为进唐山救援部队总人数的20%，但救出人员却为部队总救出人员的96%。

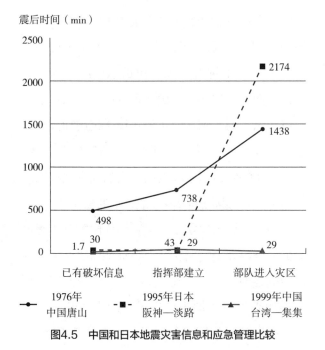

图4.5 中国和日本地震灾害信息和应急管理比较

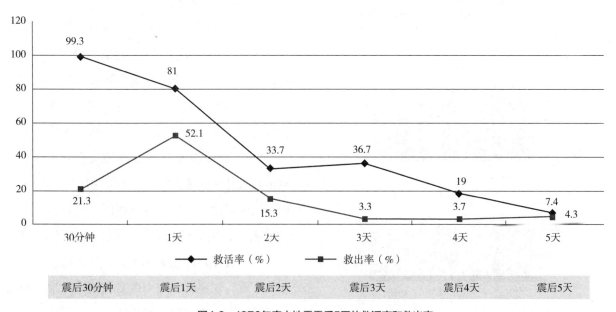

图4.6 1976年唐山地震震后5天的救活率和救出率

从唐山地震救出率和营救人员关系（图4.7）可见，55.9%为家人救出，40.9%为邻里救出，3.2%为其他人救出。充分说明社区自救互救的极端重要性。

1975年海城地震，死亡1328人，其中，地震时房屋倒塌造成615人死亡，不到一半，地震后冻死、捂死或失火烧死的就有713人，占死亡总人数的53.7%。地震受伤16980人，其中震后受伤7558人，占总受伤人数的44.5%。地震以后死亡人数超过地震时死亡人数，在我国地震灾害史上绝无仅有，在世界地震灾害史上也从未有过。究其原因，主要是地震发生在冬季，海城位于东北寒冷地区，震后灾民住的是临时防震草棚，既不防寒，又不防火，死亡多是冻死、捂死或失火烧死的（图4.8）。

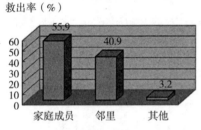

图4.7　唐山地震救出率和营救人员的关系

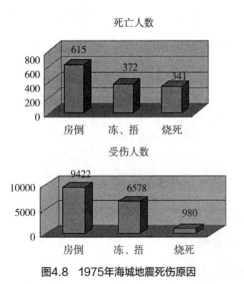

图4.8　1975年海城地震死伤原因

5. 建筑抗震鉴定加固

查清既有抗震能力不足的建筑物，特别是重要的生命线工程设施和建筑，并对其进行抗震加固，对于减轻未来地震灾害十分重要，因为这些建筑物很可能是造成人员生命和财产损失的最大的危险源。

我国早在1966年河北邢台地震和1967年河北河间地震以后就开始了抗震加固工作。1975年海城地震以后，京、津两市和唐山等地区对一部分房屋进行了抗震加固，唐山地震时加固的建筑很少倒塌。1976年唐山地震以后，国家启动了抗震加固计划，到1994年停止拨付抗震加固补助经费，全国加固的各类建筑物达3亿多平方米。1998～2000年，国家又拨出抗震加固专项补助经费13亿元，加固了600多万平方米的建筑物。

1976年唐山地震以后笔者调任国家基本建设委员会抗震办公室副主任，负责全国建筑和构筑物的抗震加固工作。现在反思，当时没有问申请抗震加固单位，加固后房子计划再用几年。结果，有些单位加固好的房子没用几年就拆除了，造成浪费。

6. 震后火灾扑灭

1906年美国旧金山地震损失40亿美元，80%来自火灾。1923年日本关东地震烧毁房屋47.7万栋，死亡14.2万人中，绝大多数并非被倒塌建筑压死，而是被火灾烧死的。1976年唐山地震，震后多处起火，所幸当时降雨，未酿成火灾。

1995年日本阪神—淡路地震后4天内，神户市共发生148起火灾，烧毁面积达660000m^2，6900栋房屋化为灰烬。究其原因主要有：天然气管道破裂；倒塌的房屋里，煤油加热器没有关闭；电线破损；绝缘破坏短路；使用蜡烛；木屋和汽车成为燃料源；电力恢复合闸时，损坏的用具、线路和灯具点燃可燃物等。

这次地震说明：

（1）震后消防状况很差，如已有的防火系统作用不大；发生火灾的居住区没有喷淋系统；少数消防水龙头系统有自备水供应，多数消防系统由于供水管道破坏而不能使用；房屋竖管接头破坏不能工作。

（2）震后灭火的难点在于：大量火灾同时集中发生；街道被倒塌的建筑垃圾堵塞；交通堵塞；救人优先；供水系统破坏；消防站、防火用蓄水池受到破坏，以及消防队员伤害等。

（3）震后火灾严重程度取决于：火源处数多少；燃料种类和密集程度；天气条件；供水系统完好程度；以及消防人员能力和接近火点可能性等。

（4）减少震后火灾损失主要措施有：保持道路和桥梁畅通；保持供水系统完好；采用有钢丝网玻璃外窗；采用防火或不燃建筑材料；利用通道或空地防护；采用混凝土环形防火墙；建设防火建筑；设有可替代的输水系统；保护消防站和消防人员的安全等。

4.1.2 地震灾后重建[2]

从时间上看，所有的地震灾后活动都可以归结为应急、恢复、恢复性重建和发展性重建等四个阶段（图4.9）。第四阶段时间通常是前三个阶段的十倍多。

中华人民共和国成立以来发生过15次7级以上强烈地震，其中1976年唐山7.8级地震和2008年汶川8.0级地震，以及1989年大同—阳高6.1级地震等三次地震重建给我们的启示最为深刻。

一．1976年唐山地震

1976年7月28日凌晨发生的7.8级唐山地震[3]，震中在唐山市区，烈度高达11度，极震区几乎成了一片废墟（图4.10）。地震波及北京和天津两个特大城市，造成242769人死亡，164851人重伤。32219186间房屋倒塌，直接经济损失100多亿元人民币。

唐山市区损失极为严重，死亡14.8万人，重伤8.1万人；全市1346万 m² 房屋，94%民用建筑和80%工业建筑遭到破坏或倒塌；市政公用设施破坏严重，全市供水、供电、通信和交通全部中断。地震使基础设施严重破坏：煤矿全部停产，地下通道被淹；电力、交通和通信系统破坏；通向唐山市的公路和铁路交通大多中断。唐山地震是1556年陕西华县地震以来最严重的地震灾害，是中国历史上首次发生在城市的地震灾害。[4]

这次地震的经验和启示如下：

1. 在哪儿重建

采取大部分原地重建，少部分易地新建方案。初期重建规划放弃老路南区，部分易地另辟新区新建。城市规模偏大，规划人口偏多。后来根据实际情况适时作了调整，如减少城市规模，包括减少新规划的丰润城区规模，重新利用在最初规划中放弃了的老路南区，控制城市人口，减少土地占用，避免类似项目的重复建设，加快住房建设，大量减少搬迁企业的数量等。

开平镇、固原镇和东矿区的行政和商业中心原来计划易地新建，最后都在原地重建。丰南县城原计划搬迁，新址完成了部分公用设施和住房的建设，后来由于缺乏建设资金和许多企业已在丰南县城原地恢复重建，新县城建设告停，最终，还是在原地恢复重建。滦县县城原计划易地新建，后来由于缺乏资金，搬迁只好终止。原有县城仍在原地恢复重建，结果导致一个县城被分成了两部分。

以上情况说明，原则上灾后应当在原地重建，只有在原地重建难以避免未来灾害，难以承担昂贵的重建费用，绝大多数灾民同意搬迁的情

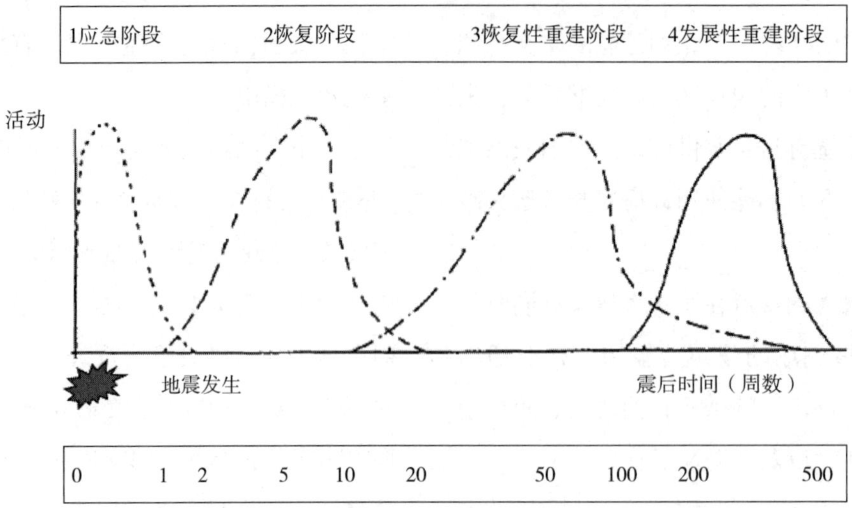

1应急阶段　　　　2恢复阶段　　　　3恢复性重建阶段　　4发展性重建阶段

活动

地震发生　　　　　　　　　　　　　　　　　震后时间（周数）

0　　　1　2　　5　10　　20　　　　50　　100　200　　　500

1. 应急阶段

　　快速搜寻和营救被压人员；及时向灾民提供医疗救助、食物、饮用水和临时应急住所（帐篷、棚屋）；通过对地震受损房屋的快速评定，识别和确定安全和危险房屋；抢救被埋财产；清理和安置死者；清除主要道路上的建筑垃圾。

0　　　　　　　　　3周

2. 恢复阶段

　　灾民从临时应急住所转移到可以接受的过渡性住房；学校恢复上课；恢复给水、排水、卫生、公共卫生等基本服务，以及交通和运输等设施；商业和基本生产等经济活动和服务恢复；灾民身心恢复；灾害现场废墟基本清除；着手制定恢复重建规划。

几天　　　　　　　　几月

3. 恢复性重建阶段

　　重建选址；重建规划制定；重建资金筹措；永久性住房建设；公共建筑和基础设施建设；创生就业机会；经济、社会、环境、建筑和基础设施等的功能恢复到灾前的水平；中长期规划制订。

　　　　　　　几月　　　　　　　　　　　　　　几年

4. 发展性重建阶段

　　采用改进的和先进的体系和相应技术；建设韧性城镇；在今后开发项目中吸取这次地震的经验教训；利用国际合作和国际援助，取得最佳效果。

　　　　　　　几年　　　　　　　数年

图4.9　地震灾后应急、恢复、恢复重建和发展重建活动历程

图4.10　1976年唐山地震后的唐山市路南区房屋建筑荡然无存

况下，才可考虑易地新建。易地新建必须经过可行性论证，确认灾民同意和经济可行。

2. 如何在废墟中建设住房　如何分配建成的住房

搬迁倒面❶和居民住房分配是重建过程中十分重要、复杂又敏感的问题。唐山市党政领导机关派出六名市级领导干部担任唐山市建设指挥部的负责人，抽调市有关委、办、局的主要领导担任各办事机构的主要负责人，形成强有力的领导核心。制定了统一规划、统一设计、统一投资、统一施工、统一分配、统一管理办法，对重建实行"六统一"管理。随着重建的发展和简政放权的需要，后来又采用了集中与分散、条块结合的办法，调动了唐山市各区和各单位投资重建的积极性。

唐山市委、市人民政府发布了一系列命令、法规，要求全市人民顾大局，识大体，自觉执行搬迁倒面的有关规定，服从统一指挥，按要求准时搬迁；强调唐山市的各级领导干部发挥带头作用，在分房问题上与群众同甘共苦；严肃处理利用职权多占房、占好房的个别党员干部。减少了搬迁倒面的阻力，纠正了分配住房中的不正之风，有力地推动了搬迁倒面的顺利进行。

在重建中，采取"先准备、后施工；先外围、后中心；先地下、后地上；先试点、后推广；先住宅、后其他"的原则，发挥各级领导机构的功能，统一指挥，保障了重建过程中人力、物力、财力的合理调集与利用，确保了建设工程的质量，节省了重建投资，加快了重建速度，有效地防止了乱上项目、重复上项目，确保重建工作有序进行。根据"先住宅、后其他"的原则，平均每年住宅竣工面积占全部建筑总竣工面积的60%以上。后期还制定优惠政策，鼓励单位和个人自筹资金建设居民住宅。在震后重建期间，单位自筹资金建设居民住宅76万m²，群众自建住宅1万余套。震后10年，建成住宅1122万m²（不含群众自建），是原定重建任务780万m²的1.44倍，22.5万户居民乔迁新居。到重建结束时，98%的居民从简易房搬进重建的楼房或平房，1988年完成了住宅建设的扫尾工程，全部灾民搬入新居。1990年唐山市获联合国颁发的"人居荣誉奖"，被誉为"科学而热忱地解决住房、基础设施和服务设施的杰出典范"。

3. 如何处理生产和重建的关系

坚持以生产促重建。虽然地震中厂矿企业都遭到了严重破坏，在极其困难的条件下，震后一个月内，唐山市自行车厂、开滦马家沟矿、唐山钢铁公司等就形成了恢复生产的能力。在资金上，把重建资金与技术改造资金捆在一起使用。震后10年，唐山市区恢复和新建厂房213万m²，投入技术改造资金人民币7.93亿元，更新改造了1048个项目。震后重建的新唐山，改变了震前功

❶　就是把重建地域上的地面物搬迁腾空，为新建倒出空地。

能分区混乱,工厂和住宅混杂等情况,达到方便生产、生活,有利于环境保护的目标。市区一般工业与民用建筑均按国家规定的基本烈度(地震后唐山市被划为地震基本烈度8度区)设防,城市生命线工程按抗震设计规范提高了设防标准。

4. 如何做到合理使用重建资金

在重建过程中,一方面发动广大职工努力增产,为国家多创造财富,减轻国家的经济负担;另一方面在规划、设计、施工、原材料供应等环节,努力开源节流,尽可能节省投资,把投资用在刀刃上。具体做法是:

(1)严格工程设计和预决算检查。在大规模重建时期,全市每年的重建建筑面积任务高达2500000m²,相应重建投资3亿~4亿元。为防止重建资金使用浪费,成立了投资包干办公室和工程设计审查小组,严格审查工程预决算和工程设计。

(2)在确保不降低抗震性能的前提下,合理调整建筑结构、建筑材料和装修标准,减少每平方米建筑的造价,推广"内浇外砌""砖混"结构,减少每平方米造价较高的"内浇外挂"建筑结构的数量,使每平方米居民住宅的造价降低10~20元,从而减少数千万元的建设资金。

(3)除开滦煤矿和中央直属单位的重建资金以外,其他所有重建资金都采取投资包干的办法,即唐山市在收到中央拨款后,参照震前的建筑规模,核定各系统的投资指标,并下达到各级基层单位,对重建资金包干使用,层层包干,一次包死,超支不补,多了不退。多亏采用这种财政体制,有力地调动了各单位的积极性,使得地方政府在重建过程中力求节约开支,把开销控制在预算的数额之内,并想方设法筹集资金,弥补建设资金的不足。1986年重建完成时,国家总投资合计为26.1亿元。

(4)改革物资供应体制,采用"一家备料千家使用"的方法。地方材料的采购、订货、供应、运输、结算等各个环节实行统一管理;国拨建材按施工预算统一供应。改"千家备料一家施工"为"一家备料千家使用",有效地控制、稳定了工程造价,避免了因建材调价引起的工程决算扯皮现象。

5. 城市规划如何考虑防震,立足于防大震

第一,记取唐山市路南区由于坐落在活动断层上而遭到毁坏的沉痛教训,规划前查明活动断层的所在,在其上建设,必须采取相应措施。

第二,在沙土液化严重的地段,地基失效造成房屋倾斜、下沉,室内地面拱裂,设备倾斜。房屋倒塌虽少,但修复十分困难。重大工程尽量不在这些地段建设,必须建设时,应采取相应措施。

第三,岩石地基上的房屋建筑破坏比其他地基上的轻。规划时尽量把重要工程建在岩石地基上。

第四,城市通信、供水、供电等要害设施不宜集中设置,应分散在城市周围,自成系统。

第五,要留有避震和疏散场地,适当加宽街道。

第六,注意防止地震次生灾害。如震后火灾、水库溃坝及剧毒气体和液体散逸等,在布局、安全防范等方面要采取有效措施。

6. 适当提高地震基本烈度和建筑抗震设防标准

震前唐山市的地震基本烈度定为6度,按照当时的建筑抗震设计规范,7度及以下地区不需抗震设防。以至唐山市成为没有抗震设防的城市,几乎所有房屋、工程设施和设备都没有抗震设防,这是造成唐山地震巨大灾难的主要原因。地震后,唐山市的地震基本烈度从原来的6

度提高到8度，建筑抗震设防标准也有了相应的提高。[5]

7. 提高建筑和工程设施延性和变形能力，为抗震留有适当安全余地

中华人民共和国成立以来，我国发生过15次强烈地震，其中11次实际地震烈度都高于原定的地震基本烈度，只有4次实际地震烈度没有超过。这种情况主要是因为：当前的地震科学水平还不能准确地预测未来的地震危险；当前的地震工程水平还不能完全把握地震时房屋建筑和工程设施的地震性状。

这就提醒我们，未来地震的实际地震烈度有可能超过设计时采用的抗震设防烈度。所以，我们必须努力学习，尽可能多地了解房屋建筑和工程设施在地震时的表现，特别是如何使建筑和工程设施整体和局部都具有良好的"延性"（ductility），即有较大的变形能力，使它们在强烈地震时能通过变形吸收能量，延缓倒塌，留有适当的安全余地。

8. 重建不能一味追求技术进步，忽视潜在家庭户数

在重建初期，提出震后重建一定要反映20世纪80年代的先进技术水平，要求在住房建设中采用新型建筑材料、新的建筑技术和新的结构体系。于是计划建造一批生产新型建筑材料（如加气混凝土板、石膏板、无熟料水泥、粉煤灰集料、膨胀珍珠岩等）的工厂，其中一些工厂已经建成，并开始试生产。后来，由于计划脱离实际，建成的工厂大多数都改了生产线，而那些还没有建成的工厂只好停建。生产用于外墙的预应力钢筋混凝土板和加气混凝土板的工厂有的准备扩建，有的准备新建。最终，这些工厂由于产品销不出去，造成有些停产，有些停建。一味追求技术进步的设想，造成了一千多万元的经济损失。

唐山市重建经历了10年的时间，由于在重建规划中没有考虑到潜在的家庭户数，即地震时还是儿童，10年后要独立成家，以致重建工作结束后，年轻夫妇没有房子住。今后住房重建，必须考虑潜在的家庭户数。

二、2008年汶川地震

2008年5月12日14时28分发生的8.0级汶川地震[6]，震源深度为14km。震中在四川省汶川县映秀镇。地震造成69227人死亡，17923人失踪，374643人受伤；直接经济损失8452亿元，为2008年国内生产总值（GDP）30.067万亿元的2.81%（截至2008年9月18日12时的统计数据）❶。四川省直接经济损失最为严重，占总直接经济损失的91.3%，甘肃省和陕西省分别占总直接经济损失的5.8%和2.9%。地震的极重灾区包括汶川县、北川县、绵竹市、什邡市、青川县、茂县、安县、都江堰市、平武县和彭州市等10个县、市❷，地级城市本身没有受到重创。极重灾区的死亡和失踪人数高达总死亡和失踪人数的97.2%。

汶川地震是中华人民共和国成立以来救灾难度最大的地震。地震发生在崇山峻岭的山区，每隔50km高差就有3500m。地震烈度为9度以上

---

❶ 5·12汶川地震. http://baike.baidu.com/link?url=oIikEwmm9xMhZkg8Wcjir32huh_i63Ab3sjngt8UQtFPbsu_gzE_iYCrW_oyJ7FlgZKiJFqJX8qF4Ji4_RuKw_.

❷ 国家减灾委员会科学技术部抗震救灾专家组. 汶川地震灾害综合分析与评估［M］. 北京：科学出版社，2008：98. 而该书的第77页则为"地震重灾区包括北川县、汶川县、茂县、理县、安县、绵竹县、什邡市、彭州市、都江堰市、崇州市和大邑县11个县（市、区）"，本章采用第98页的说法。

的严重破坏地区呈狭长的条带，宽度从20km到45km不等。地震以后地质灾害极为严重，山体滑坡和泥石流冲垮桥梁，破坏公路，导致交通中断，特别是映秀镇到都江堰中间的十几公里高速公路被埋，短期难以修复（图4.11）。滑坡形成104个堰塞湖；青川县东河口，3000万m³土石从山上滑下来，700多人的村子被埋在地面以下100m；在汶川县城，山坡上滑下的大石头，从住房的一侧窗户进入，砸到楼板上，又从楼板弹起，穿过另一侧窗户，抛到地上；在棉簁中学，

图4.11　映秀–草坡路滑坡

图4.12　2008年7月4日在北川县城原址考察
左起：经大忠（北川县原县长）、周干峙（中国科学院、中国工程院院士，建设部原副部长）、叶耀先（中国建筑设计研究院顾问总工程师、中国建筑技术研究院原院长）、汪科（周干峙秘书）

山上巨石滚下，砸到篮球场的水泥地面，经数次弹跳，最后停在教室窗前，沿途砸死震后从教室下来避难的十多名学生。

汶川地震以后，笔者随同周干峙院士到灾区考察（图4.12），以后又八次到过灾区，应邀在中组部、四川省委组织部、省建设厅和广元市举办的培训班上讲授"重建应把握的原则和策略"。住房和城乡建设部向国务院领导呈报了周干峙和笔者联名写的《关于四川省青川县城和甘肃陇南市武都区重建的意见》。

这次地震的经验和启示如下。

1. 建立安全可靠的灾害信息系统

汶川地震后，地面通信遭到毁灭性破坏。16960皮长公里光纤损毁，616个有线交换局和16507个移动通信基站受损，很多地区成为"信息孤岛"；汶川、北川、理县、茂县等11个县261个乡镇，2604个行政村通信机房垮塌、基站倒塌、光缆断裂，导致通信瘫痪；加上震后通话量高达正常值的几十倍，使重灾区、特别是汶川县城和映秀镇和外界通讯完全中断，致使中央和地方指挥部门无法获得灾害信息。直至2008年5月13日21点，10部卫星电话送达映秀镇，震后31h才从映秀镇打出震后第一个电话。5月16日，使用中卫1号通信卫星提供的卫星通信传输链路，开通了震后第一个移动基站，灾区群众才可用手机同外界联系。5月15日，在映秀镇安装了卫星宽带视频系统，才能将灾情视频和语音实时传回指挥部门。我国幅员辽阔，荒漠戈壁众多，地面有线、无线通信无法完整覆盖疆域，故应建立自主的GEO卫星移动通信系统，改变"孤岛"式通信网络和运营商独自建设的局面。救灾初期，主要依赖Inmarsat、铱星、Globalstar、Aces等国外卫星，大量VSAT和卫星应急通信车到后，我国鑫诺和中星1号等卫星才用上。因此，要在IP统一

平台上，实现运营商网络无缝融合和地面有线、无线通信和卫星通信融合❶❷。

2. 震后应急安置房的思考

汶川地震灾后主要以活动板房作为应急安置房，在中央紧急部署和全国相关企业奋力支援下，50多万套活动板房很快先后运到灾区，对灾民安置发挥了重要的作用。从事后回顾总结来看，有以下几点值得注意。

（1）由于缺乏经验，原来说需要100万套，实际运到现场的有50多万套，有些运到了，但一直没有用上。

（2）活动板房不能建在坡地上，要占用大片优质耕地。绵竹市最大的活动板房区安置5万多人，占地2000亩，成了临时小城镇，灾民远离生产和生活地点，对恢复生产和重建家园都不利。

（3）板房造价高，出厂价每平方米400元，运到现场增至每平方米1000元，同新建房造价差不多，用毕后，剩余价值只有30%，难以运出再用，最后形成建筑垃圾。

（4）彭州市鼓励灾民自建安置房。灾民如果利用自己倒塌房屋的材料建安置房，面积24m²，材料费1800元，政府补助他1000元，建好以后，再补助1000元。他们认为，在自己盖的房子里面住，比住活动板房舒服得多。一间活动板房要2万元，这种房子才2000元。但是，彭州灾民的做法没有得到推广。

（5）像唐山地震灾后重建那样，在灾民生活和生产的地方，就近搭建临时住房，比较有利。在一处活动板房区，笔者曾同十几户灾民讨论，他们认为，如果政府把活动板房的钱给他们一半，三个月就能把永久房建起来。安置房最好靠近灾民原来生产和生活的地方，让他们自己动手、利用现有材料，参与建造。

3. 重建地点选择

北川县城易地新建已获国家批准。青川和汶川等县城，以及甘肃省陇南的武都行政区，根据国务院《汶川地震灾后恢复重建条例》❸第三条规定"就地恢复重建与易地新建相结合"，先后提出了易地新建的要求。由于迟迟得不到批复，以致地震以后半年多，这几个地方的恢复重建工作还没有启动。最后，这三个地方基本上还是在原地重建。

周干峙院士和笔者曾联名上书和多次发表文章，呼吁原则上就地重建。❹[7]~[10]如果条例明确："原则上就地重建，易地新建必须经过科学论证"或尽快批复，大多数地方就会安下心来就地重建家园，规划和实质性的恢复重建工作就能迅速展开，不但节省投资，而且缩短重建时间。

一般情况下，原地重建应列为首选。因为易地新建不仅不经济，而且会带来诸多问题。第一，要大规模移民，而由于生活习惯、传统、乡土情结和人的具体情况等因素的影响，中华人民共和国成立以来政府组织的大规模移民，效果并不理想。第二，原地重建财产权属明确，而易地新建会使灾民遭受二次损失，还会引起纠纷。第三，山区城镇是祖先根据自然条件（水、平地、

---

❶ 马献章. 抗震减灾指挥与通信信息保障问题. 2008年7月.

❷ 李立忠. 突发事件中的公众移动通信. 2008年7月.

❸ 汶川地震灾后恢复重建条例. 中华人民共和国国务院令第526号. 2008-06-08.

❹ 周干峙，叶耀先. 关于四川省青川县城和甘肃陇南市武都区重建的意见. 2008-09-11.

资源、军事要地、灾害少等）所作的选择，人们已经在那儿生活了上百，甚至上千年，最好尊重祖先的抉择。第四，从经济、资源和环境来说，原有城镇基础设施和房屋可以修复加固利用，不仅恢复快、省地、省投资、省材料，而且对环境影响也最小。第五，原地重建，安全仍可保障。地震断裂可以通过抗震设防解决。滑坡可以通过监测、治理来解决。刚发生过地震的地方，多年积蓄的地震能量，已经通过地震释放，再在原地发生地震，需要几十、几百年的能量积累。所以，地震刚发生过的地方，一般比多年没有发生过地震的地方更为安全[11]。

4. 地震受损房屋要尽可能修复加固利用

《汶川地震灾后恢复重建条例》对受到地震破坏的房屋如何处置，没有明确规定。受跨越式发展的影响，灾区大量拆除地震受损房屋。有的县领导对笔者说，他的县城只有9栋房屋可以保留，其他的都要拆除。大量拆除可以加固使用的房屋，不仅造成巨大浪费，延长恢复重建时间，产生大量建筑垃圾，影响周围环境，而且会带来能耗和物耗大量上升，建材供应不上，以及引发民事纠纷等诸多问题。直到2008年8月8日，四川省人民政府才发出"汶川地震灾区城镇受损房屋建筑安全鉴定及修复加固拆除实施意见"（第226号令），要求根据应急评估结论，通过安全鉴定（包括可靠性鉴定、危险房屋鉴定和建筑抗震鉴定等）确定受损房屋是否可以加固利用。

应急评估主要用于灾情估计和确定是否可以继续使用，笔者在灾区，看到许多轻微和中等破坏的房屋被定为危房，结论是拆除。所以，应急评估结论只可参考，不能作为依据。可靠性鉴定目的是加强对已有建筑物的安全与合理使用的技术管理；危险房屋鉴定是为有效利用既有房屋，确保使用安全，鉴定根据危险性将房屋分

为A级（无危险点房），B级（有危险点房），C级（局部危险房），D级（整体危险房）等四级；建筑抗震鉴定是判定既有建筑的抗震能力，看是否需要加固，以应对未来地震。这三种鉴定都不是针对地震受损房屋。笔者认为，地震受损房屋是否可以加固利用，应当根据三个条件来确定：①技术上能做，即房屋基本保持原有体形，房屋倾斜不超过0.5%~1%，用现有的成熟技术可以加固；②经济上可行，即加固费用不超过重置费用的70%~75%；③规划上允许，即受损房屋位于重建规划的允许建设区段，而不是在规划为基础设施建设地段，如果重建的时候原来道路很窄，要拓宽，而房子就在准备拓宽的道路上，那就要拆除。

四川省226号令规定："轻微受损的，按房屋修建时的抗震设防要求和抗震设计规范，通过修复施工，恢复到震前状态；中等以上破坏、具有加固价值的，按照地震后国家新颁布的抗震设防要求和房屋修建时的抗震设计规范进行加固；学校、医院、体育场馆、博物馆、文化馆、图书馆、影剧院、商场、交通枢纽等人员密集的公共建筑及服务设施，地震后可能发生严重次生灾害、使用上有特殊要求的房屋建筑，按照国家新颁布的抗震设防要求和新的抗震设计规范等标准进行加固。"这里没有区分公产和私产。对公产，政府是房屋所有权人，可以要求按什么标准加固。对私产，所有权人不是政府，加固到什么程度应当由所有权人自己决定。如果政府指定加固标准，所有权人无力支付加固费用，政府是否可以支付？所以加固一定要把公产和私产分开来考虑。学校、医院等也都有私产，不能一概而论。

此外，按照地震后国家新颁布的抗震设防要求和房屋修建时的抗震设计规范进行加固是矛盾

的，因为地震后国家新颁布的抗震设防要求高于房屋修建时的抗震设计规范要求。由于对加固工作缺乏指导，许多灾民等不及了，开始自己加固。有些只加固自己居住空间的受损部位，对整栋房屋缺乏全面考虑；有些加固根本不起作用；有些加固则过分牢靠；有些本来是违章建筑也在加固。灾区修复加固用的建筑材料短缺，而且价格攀升，灾民反映强烈。由于对建筑材料生产没有全面规划和实施方案，没有制定利用地方建筑材料政策，只好从加拿大和俄罗斯进口木材，从外省运进大量建筑材料。

5. 灾民参与重建

我国地震灾后重建一直是坚持"自力更生、艰苦奋斗、恢复生产、重建家园"16字方针，《汶川地震灾后恢复重建条例》规定："受灾地区自力更生、生产自救与国家支持、对口支援相结合""政府主导与社会参与相结合"。但实际上，重建主要是政府主导，自上而下，很少有自下而上；主要是靠国家支持、对口支援和外部力量，很少有自力更生、生产自救。对口支援重建不大可能调动广大灾民的积极性，却有可能磨灭可贵的"自力更生、艰苦奋斗"的精神。有的灾民，人家帮他家修房子，还要看家钱；救灾物资到了，在一旁袖手旁观；房子要新的，要大的。

重建需要大量的劳动力和建筑材料与产品，本是吸收当地劳力，通过参与培养他们的修复和加固技能；根据重建的需要，恢复和建设建筑材料和建筑产品生产工厂，促进就业和地方经济发展的大好机会。灾区力量和灾民应是重建的主体。援助者是帮助他们重建，而不是替代他们重建。

6. 防止重建标准过高

重建标准过高主要表现在：县城规划宽马路，建筑设计照搬城市，有些中学投资过高，以及学校建设规模过大等。

灾后提高抗震设防标准的呼声很高，有些管教育的人说，学校建筑的抗震设防烈度要提高1~2度。最后迫使新的抗震设计规范把学校列为重要建筑，抗震设防烈度提高一度。我们所到的灾区，房屋都在6层以下，凡是按7度采取抗震措施的房屋，都没有倒塌，说明现行抗震设计规范并没有问题，没有必要提高建筑的抗震设防烈度。汶川地震建筑倒塌的原因主要有三：一是对地震基本烈度估计不准，极震区的实际地震烈度9~11度，大大超过抗震设防烈度6~7度；二是1974年以前建成的房屋大多没有考虑抗震要求，因为我国第一部建筑抗震设计规范1974年才颁布；三是有些房屋设计和施工没有完全按照抗震规范要求去做。震后不久，中国地震局就将汶川、茂县、北川、都江堰的抗震设防烈度由7度提高到8度，彭州抗震设防烈度虽仍为7度，但其地震动峰值加速度分区则从原来的0.1g提高到0.15g。重建时，如果严格按照调整后的抗震设防烈度设计和施工，即使汶川地震重演，房屋也不会倒塌。

汶川县雁门乡萝卜寨村是羌族的村子，为了发展旅游，地震以前通向县城的道路就修通了。村里的房子是土墙木架的，震后木架比较好，但土墙倒塌了。原来道路比较狭窄，墙倒了以后，路上堆了2m高的土，路不通了。全村1067人，地震死亡44人。震后准备在离开原地数百米的地方建设新村，安置原有村民，占用耕地103亩，原来村庄暂时保留，日后找开发单位照原样恢复，发展旅游。笔者在那个村子呆了大半天，跟村长、村支部书记讨论怎么重建。笔者建议：在原来村子重建，保留羌族建筑特色，这是村子的价值所在，如果搬到旁边建，价值就丧失了；拓宽原来的道路；采用当地的片石墙代替土墙，因为片石是当地丰富的地方材料，村子旁边的片石墙房子，地震时没有倒；屋顶上过去放了很多薪柴，以后不再放；原来住户面积小的话，可以适当扩大；土地不够，可以在原来村庄旁边扩展；增加展示和休闲设施，吸引游客。那天村长、村支部书记都说笔者的方案很好。在回来的汽车上，笔者问同行的副乡长，结果会怎么样？回答说："他们说的可能不是真话。"后来，在成都的中日灾后重建研讨会上，笔者跟日本朋友说了笔者的想法，他说笔者的想法跟他的想法是一样的，说笔者成了日本人。笔者说不是，为什么会得到同样的结论呢？因为我们上的是同一所大学，地震灾害大学，得出同样的结论是很自然的。

汶川地震灾后重建标准高，表现在诸多方面。例如：从恢复性重建，升级到发展性重建和

借机跨越；要用现代先进建筑和抗震技术，把映秀镇建设成为抗震建筑的示范区，还搞了国际招标；都江堰市八一聚源中学、茂县中学、汶川县第一中学和新北川中学投资分别为1.33亿、1.88亿、2.0亿和2.7亿元，部分设备超过北京和上海中学的水平，新北川中学规模为5000人，实际只能招到3000多人；茂县医院拥有一流设施，但没有会用的人员，很多设备只能闲置。此外，由于标准过高，运行费用也难以维继，茂县和汶川县每年新增的运行费用就分别达到两三千万元和2亿元[12]。

7. 重建费用不能过高，重建时间不能过短

汶川地震重建费用为1.7万亿元，是直接经济损失为8437.7亿元的2.01倍。从表4.1和图4.14可以看出，汶川地震是世界上最昂贵的重建，重建费用与直接经济损失之比，不但大大超过中国的地震（在0.55～0.87之间），而且也超过美国

地震直接经济损失与重建费用　　　　　　　　　　　　　　　　　　　　　表4.1

地震	直接经济损失①	重建费用①	重建费用/直接经济损失
1964年美国阿拉斯加地震	3.11	4.14	1.33
1971年美国圣费尔南多地震②	5.00	5.56	1.11
1975年中国辽宁海城地震	8.10	4.46	0.55
1976年中国河北唐山地震③	60.00	52.43	0.87
1979年中国江苏溧阳地震	1.95	1.37	0.70
1985年中国新疆乌恰地震	0.63	0.55	0.87
1995年日本阪神—淡路地震	992.7	1630	1.64
2008年中国四川汶川地震	8437.7	17000	2.01

注：① 美国和日本为当年亿美元，中国为当年亿元人民币
　　② 仅圣费尔南多市
　　③ 仅唐山市
资料来源：
1. 叶耀先. 强地震后的恢复与重建决策. 中国建筑技术发展研究中心研究报告. 1993.
2. Tomio Saito. Our Iniatives for recovery from the Great Hanshin-Awaji Earthquake. 2008.
   http://www.un.org.cn/resource/98d34bscb94av7580558187b2712fdaa.pdf
3. 魏宏. 灾区重建资金需求1.7万亿元.
   http://finance.jrj.com.cn/2009/03/0907103774510.shtml

（1.11～1.33）和日本的地震（1.64）。

汶川地震灾后重建时间，震后规划是三年，后来缩短为两年，是1995日本阪神—淡路地震的1/4，是1976中国唐山地震的1/5，这种速度在全世界是绝无仅有的（图4.13）。

恢复重建年数

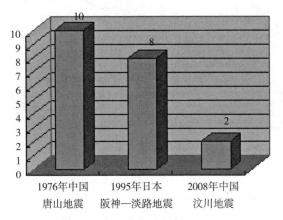

图4.13　地震恢复重建年数

"欲速则不达"。由于过快的重建速度，重建规划没有足够的时间，工程项目没有勘查和科学论证就仓促上马，不仅造成很大的浪费，而且留下诸多隐患。

国道213线都汶路上的彻底关大桥的重建就是一个典型的案例。大桥在5月12日地震时部分桥体坍塌（图4.15）。2008年8月初，在大桥下游200m处架设的战备桥通车。2009年5月12日，新的大桥建成通车（图4.16）。2009年7月25日4时10分，大桥重建通车2个月13天，又被山体滑坡，上万立方米土石坠下，340m长的大桥垮塌，60m桥面倒在距桥面13m高的河岸上，桥上7辆汽车坠落河岸，国道213线再次中断。如果有充裕时间，对重建桥址的安全进行考察和论证，这场灾祸本可避免。

我国历来灾后重建坚持的"自力更生、艰苦奋斗、恢复生产、重建家园"16字方针难以落到实处。

世界最昂贵的重建

- 异地重建和等待异地重建决策
- 大量拆除受损房屋
- 60万套活动板房
- 提高抗震设防标准（学校）
- 代替重建
- 极短的重建时限（2年）
- 过高的建设要求（映秀镇）
- 过多的施舍

重建费用/直接经济损失（美国、日本为当年亿美元，中国为当年亿元人民币）

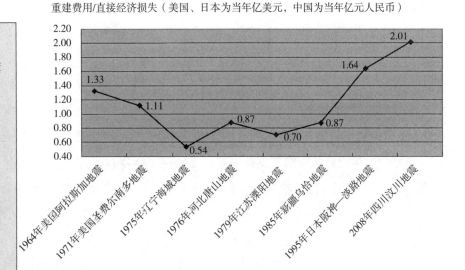

图4.14　中国、日本、美国大地震重建费用与直接经济损失之比

图4.15 彻底关大桥倒塌

图4.16 彻底关大桥的重建

映秀镇教训更为深刻。2010年8月13日傍晚到14日凌晨，汶川发生强降雨，全县发生16处泥石流。其中，映秀镇外一处塌方70万方，近40万方泥石进入岷江形成堰塞体，致使河流改道，河水进入正在重建中的映秀镇。由于没有时间对泥石流进行勘察和采取治理措施，映秀镇二次受灾，映秀镇面临二次重建。广汉地质工程勘察队灾前曾有两次险情报告，但未引起重视。为什么不先治理好山体，再开始重建？镇长徐红军回答说："我们有了教训，所以二次重建明确了'先治理'再推动。"由于重建时间限制，实际很难做到。

8. 对口支援的思考

《汶川地震灾后恢复重建条例》说"受灾地区自力更生、生产自救与国家支持、对口支援相结合"，"政府主导与社会参与相结合"。于是就有中央下文，由比较发达的省、市对口援建灾区。由于中央下文，地方政府积极响应，对口援建省市平均实际投入的重建资金为中央要求的1.45倍。对口支援成果累累。但是却滋长了当地

等、靠、要的思想。援建变成了授人以鱼，而不是授人以渔；不是造血，而是输血。许多不切实际的建设要求，对口支援方难以拒绝。自力更生、生产自救难见踪影。灾后重建的主体应该是当地的政府和灾民，可实际的情况是支援单位带着人，带着材料去，重建完就走了，这是代替重建。最主要的是把自力更生、艰苦奋斗、发展生产、重建家园的重建精神丢了。汶川地震灾后重建，最大的损失不是物质和金钱，而是阻隔重建精神向下一代人传递。

三、1989年大同—阳高地震

1989年10月19日大同—阳高6.1级地震[13]发生在山西省雁北境内的大同、阳高、浑源、广灵四县交界处，宏观震中位于大同县西册田乡堡村，震中烈度为8度，震源深度为14km。10月18日曾发生5.7级前震。地震造成10185间窑洞、房屋倒塌，37134间部分破坏；经济损失约3.2亿元。

这是世界银行贷款项目，实施期间，世界银行组织了专家组。组长是世界银行驻华高级专

员，加拿大籍的斯道特（Paul Stott）先生，成员有中国建筑技术研究院叶耀先和财政部国际银行司梁子谦先生（图4.17）。斯铎特先生定期带领专家组到现场查看，并向世界银行驻北京代表处提交书面报告。笔者作为世界银行专家，从头到尾参加了重建工作。

这次地震主要经验和启示有：

1.　制定重建《备忘录和建议》[1]

重建项目实施前，世界银行就制定了《备忘录和建议》，内容包括：重建目标和任务；中国政府的责任；效益和风险；地震情况，房屋建筑类型，村庄破坏统计，公共设施破坏情况，产业和来源，以及经济损失；政府震后的快速反应，应急救援，过渡住房搭建，重建计划制定；项目费用和财务安排，管理和管理机构，采购、报销和审计；项目实施时间为1990年和1991年；以及对地震预报和减轻地震灾害的援助等。《备忘录和建议》强调项目唯一的、最大的风险是高标准重建住房。指出这将可能导致计划拖延，建设费用过高，灾民难以负担等问题。为此强调重建的重点应放在地震受损房屋的修复和加固利用上，而不是全部整体拆除新建。《备忘录和建议》明确灾民根据偿还能力通过财政部和地方财政部门与灾民签订贷款合同获得贷款，偿还能力高的可以建三间房子，偿还能力低的只能建一间房子，宅基地留有发展空间，日后有钱可以扩建。《备忘录和建议》规定异地重建必须具备五个条件：一是90%住宅和公共建筑严重破坏，符合重建条件；二是相关村民必须完全同意搬迁；三是新址应靠近村民田地，且能方便地获得水、电和

图4.17　世界银行专家组组长珀尔·斯道特（右2）和成员叶耀先（右3）在灾区考察

通信；四是新址必须在地质上安全，没有环境险情；五是迁址发生的费用（包括征地补偿、三年农业生产损失以及村民搬家费用）必须可行。震中堡村曾经要求异地重建，笔者到村里召集村民开会，跟他们讨论是否符合这五条，最后村民都认为不符合，同意在原地重建。

这个具有法律性、可操作的规章，为执行人员提供了明确的行动依据，保证了重建的顺利进行。一次在现场查看时，组长斯铎特看到有的村民贷款建三间房，很生气，说这样不行。笔者当即把《备忘录和建议书》英文本中的允许建三间房的文字部分指给雁北行署重建办公室主任看，请他拿去把这段文字指给斯铎特看。斯铎特看后，马上改变脸色，点头示意可以。可见，这个规章的厉害。

2.　严格的地震损失评估

要同世界银行谈判贷款，中方必须拿出灾害评估数据，经世界银行论证通过后，才能给予贷款。根据灾区各个部门上报的数据相加得到的损

❶ Memorandum and Recommendation of the President of the International Development Association to the Executive Directors on A Proposed Development Credit of SDR 23.4 Million (Equivalent to US$30.0 Million) to the People's Republic of China for the North China Earthquake Reconstruction Project, January 18, 1990, Document of The World Bank. 这是灾后重建的宪章，所有执行人员必须遵守.

失，开始是2亿多元，后来增加到3亿多元、4亿多元，1989年11月17日增加到5.2亿元。为了取得更好的评估结果，当地政府抽调地震和当地政府部门共17人，组成五个调查组，经过实地培训，现场评估和室内作业，并利用近三年的统计资料求出工农业和社会总产值增长系数、间接损失等，提出损失3.2亿元的评估报告。谈判时，世界银行代表说：评估报告是中方提供的最好的一份文件，损失3.2亿元可信，同我们的估算基本一致[14]。

3. 应急反应和过渡住所

地震发生时气温为-4℃，地震使8万多人无家可归。政府在应急救灾中起了重要作用。不仅组织医疗队伍，而且组织灾民自己动手，就地取材搭建简易过渡住房（图4.18）。

由于震前国家地震局就把山西北部晋、冀、蒙三省交界地区列为全国地震重点监视防御区，5.7级的前震发生以后，人员受到惊吓，接受防灾宣传的乡镇干部阻止村民回屋，大多滞留在室外。2h后主震发生，房屋破坏虽较严重，但人员伤亡较轻。震后1天，就使社会秩序井然。

4. 灾民参与重建

灾区房屋多为单层土坯拱窑。墙用砖或土坯砌筑，拱顶则全用土坯砌筑。从墨西哥来的世界银行专家建议，在拱顶内表面加钢丝网水泥砂浆抹面层，形成加筋土坯拱窑。笔者同灾区的工匠们商量，他们都不赞成，说施工很困难，水泥砂浆和土坯不易粘牢，地震时，土坯拱窑拱顶塌落主要是支撑拱顶的墙体倒塌，而不是拱顶本身毁坏，加钢丝网水泥砂浆抹面层对防止拱顶倒塌作用也不大。笔者同村民们讨论，他们也不赞成，说花钱多，负担不起。后经专家组讨论，决定不予采用。

图4.18　简易过渡住房

原来的土拱房都是村民自建的，如何重建的知识和技艺都在他们那里。笔者想尽可能运用他们的知识和经验重建，于是就到各村观察，发现有的农户，在清除废墟后，利用原来的基础或墙体重建，既省钱，又快，又好。于是，就请设计院出示意图，及时召开现场观摩会，推广好的重建案例。结果，村民都很满意，因为重建运用了他们自己的知识和经验，房屋符合当地的气候条件和生活习惯，不是把外地的房屋或别人的知识和经验强加给他们。

这次地震发生在贫困地区。1988年，雁北地区人均收入仅为331元（89美元），河北省阳原县人均收入也只有446元（120美元）。重建用世界银行3000万美元无息贷款，在1990和1991年两年内完成，最后农民全部提前还贷，国家对农民住房重建投入不多。对比汶川地震后不久，政府就向每户灾民发放2万元补贴，可建1~2间20~40m²的房屋，大同—阳原地震重建完全符合国家"自力更生、艰苦奋斗、发展生产、重建家园"的方针，是中华人民共和国成立后震后重建搞得最好的地区之一。这样的经验，现在中国人很少知道。

4.1.3 减轻城市暴雨内涝灾害[15]

近十年来，我国城市不断发生的暴雨内涝灾害，直接影响了城市运行、居民的生活和生产，造成了很大的经济损失，甚至人员伤亡。住房和城乡建设部2011年对全国351座城市的调研表明，2008～2010年的三年间，全国有62%的城市发生过内涝，发生三次以上内涝的城市有137座。北京市2004年7月遭遇两场暴雨袭击，致使城区大部分道路积水，交通陷入瘫痪（图4.19）。2007年七八月份，重庆市沙坪坝等22个区县暴雨，紧急转移安置11.31万人；济南及其周边地区遭受特大暴雨，直接经济损失12亿元；邢台市暴雨致使市内交通一度中断；山东烟台机场停机坪暴雨积水深达50cm，45个航班停航改飞。2009年6月安徽芜湖市遭受暴雨袭击，城市主要道路积水，低洼处深达30～45cm，居民家中进水，路面积水漫过人行道，很多市民趟水过路，交通拥堵。2010年5月，广州市连续遭受几场大暴雨袭击，城区街道变成河道，地下停车场被淹，机场关闭，市区交通严重受阻甚至瘫痪，全市经济损失约5.4亿元。2012年7月，北京遭受61年以来强度最大的降雨，全市平均降雨量164mm，经济损失116亿元。2013年7月，辽宁省阜新市区遭遇大暴雨袭击，市区积水严重，导致交通瘫痪。

城市暴雨内涝灾害主要是突然降落的大雨没有出路所造成。原因一是排水管渠设计标准偏低，排水能力不足；二是路面采用混凝土或沥青铺设，雨水难以渗到地下；三是很多住宅小区用地范围内，地下全部挖空，用来停车，基地无法保水；四是建筑密布，高楼林立，绿地被蚕食，又无滞、蓄雨水设施，雨水没有去处。滞留地面的雨水流到低洼地段，形成积水，造成交通堵塞，人员和财产损失。

图4.19　北京市2004年7月10日遭遇特大暴雨袭击情况

减轻暴雨内涝灾害，必须给暴雨雨水找出路。出路无非以下四条：

（1）排走。让雨水通过排水管渠排出。如果排水管渠的设计能力不足，断面尺寸小，雨水口堵塞，泵站故障，就需要改造排水系统，增强排水能力。

（2）渗透。让雨水通过透水地面渗透到地下。现在城市市区，多为硬铺地面，绿地不断被蚕食，许多新建住宅小区，地下空间全部用于停车，基地无法保水，雨水渗透越来越少，绝大部分从地面流走。这就要求多用可渗水路面，限制硬铺路面；规定住宅小区地下空间利用比例，促进基地保水；严格按规范标准，控制绿地率。

（3）滞蓄。让雨水暂时滞留和积蓄在原地，慢慢渗透或流走。如利用下沉式绿地、植草沟、人工湿地和下沉式广场、运动场、停车场等场地蓄滞雨水，建设地下水库、地下河等调、蓄雨水。

（4）利用。把雨水收集起来，经过简单处理后，用于浇灌绿地、洗车和清洁道路。

现在我们还不能控制暴雨。但是，可以在暴雨时，采取安全防范措施。比如：及时将暴雨信息通知公众；在可能积水或已经积水的低洼地段设置醒目标志，避免驾车人员误入；平时检查暴雨时电线杆是否会倒塌，电线是否会落地，以避免人遭雷击；检查暴雨时老旧房屋是否会倒塌伤人等。

由上述可见，减轻城市暴雨内涝灾害需要从制定暴雨灾害应急预案，建立灾害信息系统（北京市2004年7月10日暴雨，气象部门提前做出预报，通过气象预警塔、声讯电话等向公众发布信息，但大多数市民没有获知相关信息。说明灾害信息系统还不健全）、向公众宣传教育、强化全民防涝减灾意识，提高应急处置能力；提高城市排水管渠等基础设施等防涝能力；确保城市绿地、增加透水地面、设置雨水滞蓄设施、尽可能收集利用雨水等方面采取综合措施。做到：发生城市雨水管网设计标准以内的降雨时，地面不应有明显积水；发生城市内涝防治标准以内的降雨时，城市不能出现内涝灾害，可根据当地实际，从积水深度、范围和积水时间三个方面，明确内涝的定义。

作家龙应台曾说过："考量一个城市，最好来一场倾盆大雨，足足下它3个小时。如果你撑着伞溜达了一阵，发觉裤脚虽湿却不肮脏，交通虽慢却不堵塞，街道虽滑却不积水，这大概就是个先进国家；如果发现积水盈足，店家的茶壶头梳漂到街心来，小孩在十字路口用锅子捞鱼，这大概就是个发展中国家。"

4.1.4 2021年河南郑州"7·20"特大暴雨灾害[1]~[3]

全球各种自然灾害造成的损失中，洪涝灾害占比高达40%。极端天气导致的城市内涝是我国城镇化过程中面临的重要问题。近年来我国62%以上的大中型城市都发生过严重的城市内涝，不仅造成人民生命和财产的损失，而且对经济、社会和生态造成了严重的影响。

2021年7月17日至23日，河南省遭遇历史罕见特大暴雨。河南省150个县（市、区）1478.6万人受灾，直接经济损失1200.6亿元，其中郑州市409亿元，占全省34.1%。这是一场因极端暴雨导致严重城市内涝、河流洪水、山洪滑坡等多灾并发，造成重大人员伤亡和财产损失的特别重大自然灾害。

灾害发生后，党中央、国务院高度重视，习近平总书记做出重要指示，要求始终把保障人民群众生命财产安全放在第一位，抓细抓实各项防汛救灾措施，并派出解放军和武警部队迅速投入抢险救灾，为做好防汛救灾工作注入了强大动力，提供了坚强保障。李克强总理多次做出重要批示，主持专题会议部署，深入河南灾区考察，要求抓实防汛救灾措施，加快恢复重建，严肃认真开展灾害调查工作。国家防总、国家减灾委立即启动应急响应，派出工作组指导开展防汛救灾工作。河南省委、省政府、国家有关部委、解放军和武警部队、消防救援队伍等各有关方面和广大干部群众全力以赴投入抗洪抢险救灾。

这次灾害虽为极端天气引发，但集中暴露出许多问题和不足。为查明问题、总结经验、汲取教训，经党中央批准，国务院成立河南郑州"7·20"特大暴雨灾害调查组，由应急管理部牵头，水利部、交通运输部、住房和城乡建设部、自然资源部、公安部、发展改革委、工业和信息化部、卫生健康委、中国气象局、国家能源局和河南省政府参加，并邀请气象、水利、市政、交通、地质、应急、法律等领域的院士和权威专

❶ 国务院灾害调查组. 河南郑州"7·20"特大暴雨灾害调查报告［R］. 2022.

❷ 郑州"7·20"特大暴雨灾害调查报告公布. 2022-01-21，https://t.ynet.cn/baijia/32097207.html.

❸ 汤钟，张亮，等. 如何提高城市应"极"能力——郑州"7·20暴雨"对城市内涝防治系统的思考. https://huanbao.bjx.com.cn/news/20210811/1169359.shtml

家，组成专家组全程参加。中央纪委、国家监委相关部门指导开展相关工作。

1. 郑州特大暴雨灾害的主要特点

（1）暴雨降水特点有四：①过程长。从2021年7月17日8时下到23日8时，历时6天。②范围广，郑州市累计降雨400mm和600mm以上面积分别达5590km²和2068km²。③总量大，降雨折合水量近10亿立方米，是郑州市有气象观测记录以来范围最广、强度最强的特大暴雨。④短时降雨极强，19日下午到21日凌晨是最强降雨时段。20日郑州国家气象站出现最大日降雨量624.1mm，接近郑州平均年降雨量640.8mm，为建站以来最大值189.1mm（1978年7月2日）的3.4倍。20日15～18时小时雨强激增，16～17时出现201.9mm极端小时降雨，突破我国大陆气象观测记录历史极值198.5mm（1975年8月5日河南林庄）。

（2）主要河流洪水大幅超历史，发生险情地段多。郑州市贾鲁河、双洎河和颍河等3条主要河流出现超保证水位大洪水，过程洪量均超过历史实测最大值。堤防水库险情多发重发，全市124条河流发生险情418处，143座水库有84座出现险情。

（3）城区降雨远超排涝能力，主城区严重积水，地下空间半数被淹。郑州市主城区的38个排涝分区，只有1个到规划排涝标准，部分分区实际应对降雨能力不足5年一遇（24小时降雨量127毫米），即使达标，也不能满足当天降雨排涝需要。20日郑州城区21小时面平均雨量是排涝分区规划设防标准的1.6～2.5倍，16～18时京广快速路隧道附近小时降雨量127mm，是隧道排水泵站设计标准的3倍。10条内河多处出现漫溢，下游与贾鲁河衔接段存在卡口，壅水顶托影响城区排涝。居民小区公共设施受淹严重。20日午后到傍晚，主城区严重积水，路面最大水深接近2.6m，

导致全市一半（2067个）以上小区地下空间和重要公共设施被淹，多个地段水、电、交通和网络中断。

（4）山丘区洪水峰高流急，涨势迅猛，造成大量财产损失。郑州西部巩义、荥阳、新密和登封4市山洪沟、中小河流发生特大洪水，涨势极为迅猛，加上河流沟道淤堵萎缩，房屋、桥梁、道路等临河跨沟建设，导致阻水、壅水，加剧水位抬升，路桥阻水溃决，洪峰叠加，破坏力极大。

2. 特大暴雨预报和预警实施的难点

天气预报、预警及其信息传递是城市洪涝灾害灾前和灾后应急行动、救助和减灾决策的基本依据。天气预报和预报信息包括降雨量和暴雨预警信号，其分级如表4.2所示。

这次暴雨袭击期间，7月19～22日4天内发布了9次最高级别的红色预警（表4.3）。在7月20日06：02时～21日凌晨03：30时暴雨最为强烈的时段（暴雨的峰值发生在20日16～17时，那一个小时，郑州的降雨量达201.9mm，接近郑州年降雨量的三分之二，超过中国陆地小时降雨量极值），连续发布了7次红色预警。每次红色预警都提示郑州市区及所辖县市降水量将达100mm以上，并附有包括"停止集会、停课、停业"等三停防御指南。但是，这种红色预警并未起到多大作用。原因：一是预警还是建议，不是法律，单位领导不让员工上班，如果暴雨不来造成损失，谁负责？二是公众不明白预报的降雨量是什么意思，19日夜间以后，郑州向全市2.25万名应急责任人发送了54万条预警，并通过手机短信向1.2亿人次发送了暴雨预警，但由于缺乏防灾知识，没有把预警放在心上；三是郑州市防汛应急响应从Ⅱ级提升至Ⅰ级。但郑州地铁并未立即全线停运。在停运指令发布前，5号线已发生了积水冲入地

降雨量和暴雨预警信号分级　　表4.2

降雨量分级[①]	24小时降雨量（mm）	1小时降雨量（mm）	暴雨预警信号分级[②③]	
			1．蓝色	未来12小时降雨量≥50mm，或已达50毫米以上且降雨可能持续
1．小雨	<10	<2.5	2．黄色	未来6小时降雨量≥50mm，或已达50mm以上且降雨可能持续
2．中雨	10~25	2.6~8		
3．大雨	25~50	8.1~15	3．橙色	未来3小时内降雨量≥50mm，或已达50mm以上且降雨可能持续
4．暴雨	50~100	>16		
5．大暴雨	100~200		4．红色	未来3小时降雨量≥100mm，或已达50mm以上且降雨可能持续
6．特大暴雨	>200			

①降雨量是指从天空降落到地面上的降水，未经蒸发、渗透和流失而在水平面上积聚的深度，单位是毫米（mm）。由气象部门发布。
②国务院气象主管机构负责全国预警信号发布、解除与传播的管理工作。地方各级气象主管机构负责本行政区域内预警信号发布、解除与传播的管理工作。其他有关部门按照职责配合气象主管机构做好预警信号发布与传播的有关工作。
③中国气象局发布的《气象灾害预警信号发布与传播办法》

2021年郑州特大暴雨7月19~22日暴雨预警发布时间　　表4.3

7月19日	12：28	18：13	19：13	21：59				
	黄色预警	黄色预警	橙色预警	红色预警				
7月20日	01：14	04：16	06：02	09：08	11：50	16：01	21：32	
	橙色预警	橙色预警	红色预警	红色预警	红色预警	红色预警	红色预警	
7月21日	00：25	03：30	06：10	09：19	12：04	15：30	19：27	22：25
	红色预警	红色预警	橙色预警	橙色预警	橙色预警	黄色预警	红色预警	黄色预警
7月22日	02：15	05：16						
	橙色预警	橙色预警						

资料来源：https://baike.baidu.com/item/7·20郑州特大暴雨/58047836?fr=aladdin;https://new.qq.com/rain/a/20210721A0AOS700zz.bendibao.com/news/2021720/84079.shtm

铁隧道；四是气象部门发布预警信号，只有建议，无权要求立即执行；五是预警信号没有覆盖范围，执行有难度；六是预警信息只发送给区县（市）防指或相关部门单位，未按预案规定向社会发布。

这次郑州特大暴雨，在7月19~21日3天期间，气象部门做了7次短期天气预报和临近预报（包括降雨量及其等级），如表4.4所示。从表可

见：7月20日6时和11时发布的2次短期天气预报，内容相同，但都没有报出特大暴雨；7月19日21时、20日10时、12时、17时和21日20时发布的5次临近预报，内容雷同，也都没有报出特大暴雨，特别是郑州20日16时到17时，小时降雨量已经达到了201.9mm，仍未能报出特大暴雨。这说明，预报水平亟待提升，提升的关键在于找出未能报出特大暴雨的原因，并提出提升措施。

2021年郑州特大暴雨7月19～22日天气预报发布时间　　　　　表4.4

7月19日	21时，临近预报				
	预计未来2小时，全市大部有阵雨、雷阵雨，局部伴有1小时50～60mm的短时强降水				
7月20日	6时短期天气预报	10时临近预报	11时短期天气预报	12时临近预报	17时临近预报
	今天白天到夜里：阴天有大到暴雨，局部大暴雨	预计未来2小时，全市大部强降水持续，局部伴有1小时40～50mm的短时强降水	今天下午到夜里：阴天有大到暴雨，局部大暴雨	预计未来2小时，全市大部强降水持续，局部伴有1小时40～50mm的短时强降水	预计未来2小时，郑州市区、新密、登封东部及南部、中牟西部、巩义大部，局部伴有1小时30～50mm的短时强降水
7月21日	20时，临近预报				
	预计未来2小时，郑州主城区雨势再次加强，局部伴有1小时20～50mm的短时强降水				

3. 避免特大暴雨灾害重演的措施

郑州"7·20"特大暴雨造成重大人员伤亡和财产损失，是特别重大的自然灾害，但也有风险意识不强、防范处置不力行为，我们为灾害付出了沉痛的代价，要代价不白付，唯有找出形成灾害的原因和可操作的对策措施，才能避免类似灾害重演。

（1）提高预报和整合防灾水平。天气预报是风险意识和危险感知的基本依据。暴雨、大暴雨和特大暴雨24小时降雨量分别为50～100mm、100～200mm和大于200mm，是成倍增加的，人们对这三种暴雨灾害的风险意识或危险感知会有很大差异。7月19～21日3天之内，20日6时和11时气象部门发布的两次短期天气预报，意见完全相同，但都没有报出特大暴雨。人们风险意识和危险感知不强，对特大暴雨造成严重内涝和山洪"没有想到"，同没有报出特大暴雨，低估了暴雨灾害风险密切相关。但这种低估暴雨风险是科学水平限制造成的，不是人的故意。对于这种情况，要避免类似灾害重演，只有采取加强研究，提高天气预报水平和精度；从多层次城市系统和整合灾害风险管理角度，研究开发暴雨灾害

风险估计系统；整合灾害风险管理，包括建设有信息、有培训、有准备的应急反应队伍；加强防灾、减灾科普宣传教育，培养公众减灾防灾意识；以及信息通达和恢复能力建设等措施，才能奏效。

（2）根据经济、社会发展水平逐步提升城市排涝能力。这次暴雨，城区降雨远超排涝能力，郑州市主城区的38个排涝分区，只有1个达到了规划排涝标准，部分分区实际应对降雨能力不足5年一遇（24h降雨量127mm），即使达标，也不能满足当天降雨排涝需要，灾害也难避免。20日郑州城区21h的平均雨量是排涝分区规划设防标准的1.6到2.5倍，16到18时京广快速路隧道附近小时降雨量127mm，是隧道排水泵站设计标准的3倍；郑州市的贾鲁河等3条主要历史遗留问题，也非人故意所为，同预报水平，人们的认知和经济实力密切相关，只能根据经济、社会发展水平逐步解决，包括逐步适当提高规划排涝标准，对影响区的工程设施进行排查、鉴定，采取应对措施。

（3）切实落实暴雨预警信息的实施。7月19～22日4天内发布了9次最高级别的红色预警。

在7月20日暴雨最为强烈的时段，连续发布了7次红色预警。每次都提示郑州市区及所辖县市降水量将达100mm以上，但所附的"停止集会、停课、停业"等防御指南，但并没有执行。原因已在前面阐述。

建议解决的措施，一是对暴雨预警立法；二是明确预警信号仍由气象部门提出，但由经立法或相应级别政府批准发布，并且指定监督执行单位；三是预警信号附有标明预警级别覆盖范围的地图。

4.2 建设生态城市

1. 什么是生态城市？

生态城市（eco-city）是生物群落和自然融为一个有机整体的人类住区（human settlements），是社会、经济、文化和自然高度协同和谐的复合生态系统，其内部的物质循环、能量流动和信息传递构成环环相扣、协同共生的网络，具有实现物质循环再生、能力充分利用、信息反馈调节、经济高效、社会和谐、人与自然协同共生的机能。

从广义上讲，生态城市是建立在人类对人与自然关系更深刻认识的基础上的新的文化观，是按照生态学原则建立起来的社会、经济、自然协调发展的新型社会关系，是有效地利用环境资源实现可持续发展的新的生产和生活方式。

从狭义上讲，生态城市是按照生态学原理进行城市规划设计，建立高效、和谐、健康、可持续发展的人类聚居环境，是趋向尽可能降低对能源、水或食物等必需品需求，尽可能降低废热、二氧化碳（CO_2）、甲烷（CH_4）和废水排放量的城市。

2. 什么是生态系统？

生态系统（ECO，eco-system）是1935年英国生态学家亚瑟·乔治·坦斯利爵士（Sir Arthur George Tansley）受丹麦植物学家尤金纽斯·瓦尔明（Eugenius Warming）的影响，提出来的。按照他的说法，生态系统是由所有生物群落（community，或biocenose）及其所在的生存物理环境（physical environment）构成（图4.20）。前者包括一定种类相互依存的动物、植物、真菌和微生物；后者则指非生物，包括空气、水和土壤，是生物群落生存所必需的非生命物质，是无机环境。生态系统的组成成分包括非生物的物质和能量、生产者、消费者和分解者等四种，生产者是主要成分。

3. 我们要建设的是什么样的生态城市

上面坦斯利所说的生态系统是自然生态系统。但是，人类生活的不是自然生态系统，而是以城市和农田为主的人工生态系统。那么，人类能不能建设自然生态系统呢？为了回答这个问题，美国1993年1月到1994年9月在亚利桑那州沙漠实验场做了"生物圈二号"（Biosphere 2）试验。实验场是全封闭的、模拟地球（生物圈一号）生态环境的场所（图4.21）。

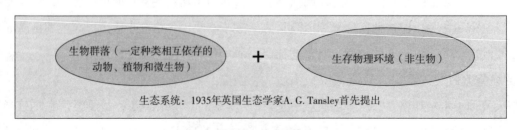

图4.20 生态系统

图4.21 "生物圈二号"实验场全貌

实验场于1991年建成。占地13000m²，建筑面积12700m²，庭园160000m²，房屋为8层楼，圆筒形钢架结构，玻璃密封。投资近2亿美元。实验目的是考察人类离开地球"生物圈一号"是否能够生存。实验场里有栖息地、平原、沼泽、盐碱滩涂、沙漠、珊瑚礁、亚热带大草原、雨林沙漠旅业区和人类居住区，密集型农业、4000种热带雨林自然物种和8个人，集中了当时最高科技成就。

1993年1月，8名科学家进入"生物圈二号"，原计划在其中生活两年。然而，一年多以后，"生物圈2号"的生态状况急转直下，氧气（O₂）含量从21%迅速下降到14%，二氧化碳（CO₂）和二氧化氮（NO₂）的含量却直线上升，大气和海水变酸，很多物种死去，用来吸收CO₂的牵牛花却疯长。大部分脊椎动物死亡，所有传粉昆虫死亡，以至依赖花粉传播繁殖的植物也全部死亡。由于降雨失控，人造沙漠变成了丛林和草地。"生物圈二号"内空气恶化直接危及人们的健康，科学家们被迫提前撤出。1994年9月6日，由于管理公司的财务困难，最后一次的封闭环境住人试验，以失败告终。实验期间开启了24次，1次向里面送空气，2次补充纯氧。

这个实验说明：我们人类还不能建造自然生态系统，即使有再多的金钱，再高的科技也不能模拟地球生物圈。因为地球的精致复杂的自动调节机制是经过几十亿年演化而来的。由于人类活动，现有城市的自然生态系统功能已经部分丧失。我们所说的建设生态城市并不是说要把现有城市建设成自然生态系统，而是力求把现有城市建设成更加接近自然的生态系统。

4. 生态城市建设的原则 ❶

生态要素是构成生态系统的关键因素。现在公认的生态要素有三个：一是保护生物多样性；二是让大地绿起来；三是让水循环起来。生态城市建设原则是：以这三个要素为纲，按照生态学原理和理念，保护城市生态空间，进行城市规划设计，精心策划，有序推行。

（1）保护生物多样性

1922年巴西里约热内卢地球高峰会议制订《生物多样性公约》以来，生物多样性一直是地球环境保护的最高指导原则。

生物多样性（biodiversity）是指地球上所有的生物（动物、植物、微生物等），所包含的基因，以及由这些生物和环境相互作用构成的生态系统的多样化程度。生物多样性是人类文明和赖以生存与发展的基础，它包括生态系统多样性、物种多样性和遗传多样性（图4.22）。保护生物多样性对于维护生态安全、生态平衡和改善环境都有极为重要的意义。

"城市生物多样性"（urban biodiversity）是指城市范围内除人以外的各种活的生物体，在有规律地结合在一起的前提下，体现出来的基因、物种和生态系统的分异程度。在城市系统中，生物基因是物种的组成部分，物种是群落的

❶ 孙振义. 绿建筑讲习会：绿建筑评估手册——基本型（BC）及住宿类（RS）讲说.

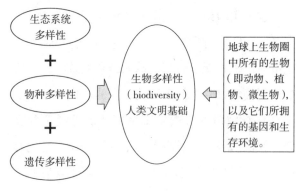

图4.22 生物多样性

图4.23 生态保护绿带

组成部分,群落是生态系统的组成部分。因此,城市生物多样性(基因、物种、群落及生态系统)与城市自然生态环境系统的结构与功能(能量转化、物质循环、食物链、净化环境等)有着直接的联系。它与大气环境、水环境、土壤环境一起,构成了城市居民赖以生存的生态环境基础。保护生物多样性是建设生态城市的首要任务。

近年来,我国生物多样性保护工作取得明显成效,但是一些地方城市对生物多样性保护工作还没有引起足够的重视。表现在:本土化、乡土化的物种保护和利用不够;片面追求建设大草坪、大广场;大量引进国外的草种、树种和花卉;盲目大面积更换城市树种;大量移栽大树、

古树;自然植物群落和生态群落破坏严重;城市园林绿化植物物种减少、品种单一;盲目填河、填沟、填湖;城市河流、湖泊、沟渠、沼泽地、自然湿地面临高强度开发建设;完整的良性循环的城市生态系统和生态安全面临威胁,部分地区的生态环境开始恶化。因此,急需把加强生物多样性保护作为一项重点和紧迫任务抓紧抓好。

保护生物多样性的规划、设计原则和策略如下:

1)生态绿网建设,包括地面和立体绿网,生物和生态保护绿带(图4.23),区内和周边绿网系统等。

2)小生物栖地建设,包括水域、绿块、生物、多孔隙,以及其他小生物栖地等。

3)关注植物多样性,包括用地内乔木、灌木或蔓藤的种类、原生或诱鸟诱虫植物种植绿化以及复层杂生混种植物绿化等。

4)保护土壤生态,包括保护和利用表土,因为形成1cm厚的表土需要经历100~400年;采用有机园艺,按照有机农业要求,结合果树、蔬菜、茶叶、花卉等园艺植物特点,采用厨余堆肥、有机肥料栽培,遵循有机生产规范,生产清洁安全产品;采用自然法则的农业生产方式,维护土壤生机的土壤培育,不用化学肥料、农药和各种生长调节剂以及有残害土壤的添加物。

5)避免照明光害,如加强玻璃幕墙规划和控制管理;采用防眩通路灯,避免路灯眩光;加强夜景照明生态设计,减少人工白昼污染;改善固定光源照射,使其准确照射到需要的地方,减少反射;改善光源种类,使光波不易产生光害;通过城市绿化生态空间及色彩规划减缓光害;避免邻地投光(闪光)和屋顶投光等。

6)考虑动物离开隐蔽绿地的行动距离

动物离开隐蔽绿地的行动距离

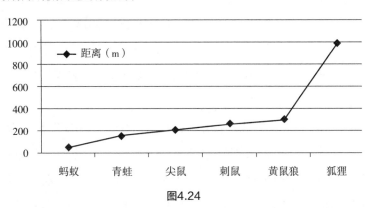

图4.24

图4.25　生物穿越涵洞

（图4.24），采取措施避免生物移动障碍，包括人工铺面广场和停车场和道路沿线障碍等。例如，在道路下面设置生物穿越涵洞（图4.25）。

7）制定《城市生物多样性保护规划》和实施方案。

8）编制《城市湿地资源保护规划》和实施方案。

（2）让大地绿起来

让大地绿起来就是通常所说的绿化。绿化（greening，planting）是栽种植物，保护植被，改善环境。这里面有三层意思：一是在地面或其他空间栽种植物；二是保护原有植被和新栽种的植物；三是旨在改善环境，保护生态。绿化生态环境能促进城市生态系统还原功能的恢复，有以下10项好处：

1）涵养水源。通过植被贮留地表径流雨水，使其慢慢渗入地下，缓解洪涝灾害。

2）保持水土。通过植被根系固定土壤，减少地表、河堤和岸边土壤被水冲刷流失。

3）改善地区微小气候。通过植物在有日光时的光合作用和没有日光时的呼吸作用，吸收二氧化碳（CO_2），排放氧气（O_2）；通过植物枝叶阻挡太阳辐射，调节气温与温度，或蒸发水分，吸收空气热量。

4）净化空气。阻挡、过滤和吸附空气中的灰尘；吸收过滤大气中的有害气体，如二氧化硫（SO_2）、氟化氢（HF）、氯（Cl）、二氧化氮（NO_2）、氨（NH_3）、臭氧（O_3）、汞（Hg）蒸气、乙烯（C_2H_4）、苯、醛、酮等；减少汽车尾气中的氮氧化合物，减少大气中臭氧的发生量和防止光化学烟雾的形成。

5）防风。树干、树枝和树叶阻挡气流，降低风速。

6）降噪。声音在空旷地区以340m/s的速度向四周传播，遇到植物阻碍时，立即由直线传播变为分散式传播，使噪声强度减弱。

7）防尘。通过植物叶面和茎的表面绒毛或分泌的黏液或油脂，拦截、过滤、吸附或粘着悬浮颗粒。

8）杀菌。通过植物分泌的黏液滞留空气中的细菌、释放的植物杀菌素，减少空气传播的疾病。

9）净化水质。有些植物，如水葱、芦苇、香蒲、凤眼莲、空心苋、金鱼藻、浮萍等都有比较好的净化污水的能力。能吸收水中的有毒物质，减轻污水污染。

10）通过植被根系吸取地下水分和含蓄水分，保持地面干燥。

因此，绿化生态环境是建设生态城市的重要组成部分。

绿化生态环境规划、设计原则和策略如下。

1）以CO_2固定量作为评价标准，引领绿地规划设计经过相当一段时间的观察，科学家们发现，在自然气候变化之外由于人类活动，使地球表面大气层中出现多种长生命期温室气体（GHG）。其中二氧化碳（CO_2）对气候变化影响最大，它产生的增温效应占所有温室气体总增温效应的63%，而且在大气中可存留长达200年，并充分混合。这些温室气体引起的气候变化可引发地球表面温度升高，海平面上升，降雨量变化和极端事件频发。最为严重的是，在二氧化碳（CO_2）排放达到峰值以后的很长时间内，其浓度、大气温度和海平面仍将继续上升，对气候变化的影响依然存在（图4.26）。

2020年9月22日，中国政府在第七十五届联合国大会上提出："中国将提高国家自主贡献力度，采取更加有力的政策和措施，CO_2排放力争于2030年前达到峰值，努力争取2060年前实现碳中和❶。

植栽绿化是吸收大气中的CO_2的有效策略，根据实现碳中和和应对气候变化的要求，绿化的规划和设计当以CO_2固定量来评价。栽植40年的树木、花草单位面积的CO_2固定量如表4.5所示。从表可见，覆土深度1.0m以上大小乔木、灌木、花草密植混种的生态复层栽植的CO_2固定量最高，可达$1200kg/m^2$，草花花圃、自然野草地、水生植物和草坪的CO_2固定量最低，只有$20kg/m^2$。

所以，以CO_2固定量作为绿化的评价标准，就要：

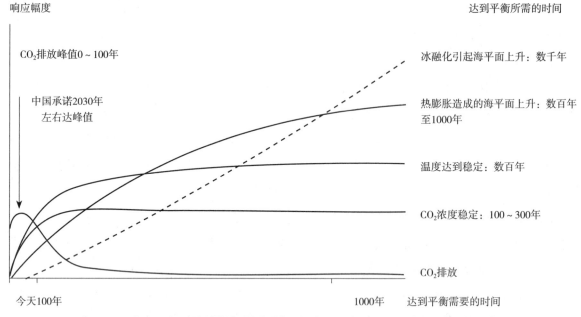

图4.26　二氧化碳（CO_2）排放达到峰值后的很长时间内，其浓度、大气温度和海平面仍将继续上升
资料来源：WMO，UNEP．气候变化2001综合报告．第89页．

❶ 碳中和是指国家、企业、产品、活动或个人在一定时间内直接或间接产生的二氧化碳（CO_2）或温室气体排放总量，通过植树造林、节能减排等形式，以抵消自身产生的二氧化碳（CO_2）或温室气体排放量，实现正负抵消，达到相对"零排放"。

植栽单位面积40年CO_2固定量（单位：kg/m^2）　　　　　　　　　　　　　　表4.5

栽植类型		CO_2固定量Gi（kg/m^2）	覆土深度（m）
生态复层	大小乔木、灌木、花草密植混种区（乔木间距≤3.5m）	1200	
乔木	阔叶大乔木	900	1.0m以上
	阔叶小乔木、针叶乔木、疏叶乔木	600	
	棕榈类	400	
灌木（每平方米至少栽植4株以上）		300	5.0m以上
多年生蔓藤		100	
草花花圃、自然野草地、水生植物、草坪		20	0.3m以上

- 绿地率不能太低，最好在30%以上；
- 乔木种类要多，最好在20种以上；
- 灌木和藤蔓类植物物种也以多为好，最好在15种以上；
- 绿地最好采用生态复层栽植，生态复层栽植面积最好占绿地总面积的30%以上；
- 草坪是非生态的景观设计，不但耗水，对空气净化也无助益，尽量少种。

2）以生物多样性为评价标准，引领绿地规划设计

- 用地范围内的绿地分布均匀、连贯，以利于动物流动；
- 在隐蔽的绿地中，堆置枯木、乱石、瓦砾、空心砖、堆肥的生态小丘，以利动物生活和繁衍；
- 以乱石、多孔隙材料叠砌的边坡或绿篱灌木围成透空围篱，以利动物生存。

3）以生态原则，引领绿地规划设计

- 保护原生地形、地貌；
- 保护用地范围内的古老树木；
- 在确保容积率前提下，尽量降低建筑密度，扩大绿地空间；
- 植物最好选用当地原生种；
- 设置有自然护岸的生态水池；
- 在用地范围内设置有自然护岸的埤塘、溪流，或水中设有种植茂密的小岛；
- 利用原有生态良好的山坡、农地、林地的表土作为绿地土壤；
- 绿化从栽植小树苗起，而不是移栽种植；
- 避免过度人工园艺化；
- 鼓励屋顶、阳台绿化，但应有一定深度的覆土，并采用防根穿刺的防水材料。

4）以统筹城乡生态空间，引领绿地规划设计

- 结合绿线、水体保护线、历史文化保护线和生态保护红线的划定，统筹城乡生态空间；
- 合理布局绿楔、绿环、绿道、绿廊等，将城市绿地系统与城市外围山水林田湖等自然生态要素有机连接，将自然要素引入城市、社区；
- 编制城市绿地系统规划，并纳入城市总体规划。

（3）让水循环起来

水是生态系统存在的基础，是生命机体的构成物质，为生命代谢所必需，又是人类生产的重要资源。水循环是指大自然的水通过蒸发、植物蒸腾、水汽输送、降水、地表径流、下渗、地下径流等环节，在水圈、大气圈、岩石圈、生物圈中连续运动的过程。水循环是所有物质进行循环的必要条件。水循环的作用有三：一是水是营养

物质的介质，水循环总是伴随营养物质的循环；二是水是物质的溶剂，水循环在生态系统中传递和利用能量；三是水是地质变化的动因，矿质元素流失和沉积只有通过水循环才能完成。

降水、蒸发和径流是水循环过程的三个重要环节。让水循环起来，就是让这三个环节产生的水有出路，不受阻，保持良性循环。否则将会酿成洪涝灾害。所以，实现水循环是建设生态城市不可或缺的重要任务。

建设用地范围内的水循环的规划、设计原则和策略主要有两条：一是基地保水；二是雨水和中水的收集和利用。

1）基地保水

基地保水是指在透水性较好的粉土、砂土土壤建筑用地（基地）范围内，通过采取工程措施增进建筑用地内自然土层及人工土层涵养水分及储留雨水的能力，以达到改善生态环境、调节微气候、缓和热岛效应和减轻城市内涝的目标（图4.27）。

基地保水的作用是：

• 减少地表径流，通过基地内的透水设计与储留设计等措施降低公共排水设施负荷、减少城市洪涝发生率；

• 降低城市温度，调节微气候，缓和气候高温现象；

• 平衡土壤生态，促进大地的水循环能力、改善生态环境。

基地保水的工程措施有：

• 增加土壤地面，包括降低建筑密度，降低地下室开挖率（法定空地一半以上未开挖地下室）。

• 增加透水铺面，包括空地全面绿化，将道路、广场等人工铺面设计成透水铺面，法定空地80%做成透水铺面。

• 储留渗透设计，包括利用裸露空地上的绿地造园，融入景观贮留渗透水池设计。大面积小区开发，可利用露天停车场、广场、游戏场、绿地设计成渗水低地。

• 花园雨水截留设计，包括屋顶、阳台、地下室的地面层，尽量绿化以涵养雨水。

当基地位于透水不良的黏土层时，可采取以下措施：

• 在屋顶或阳台绿化；

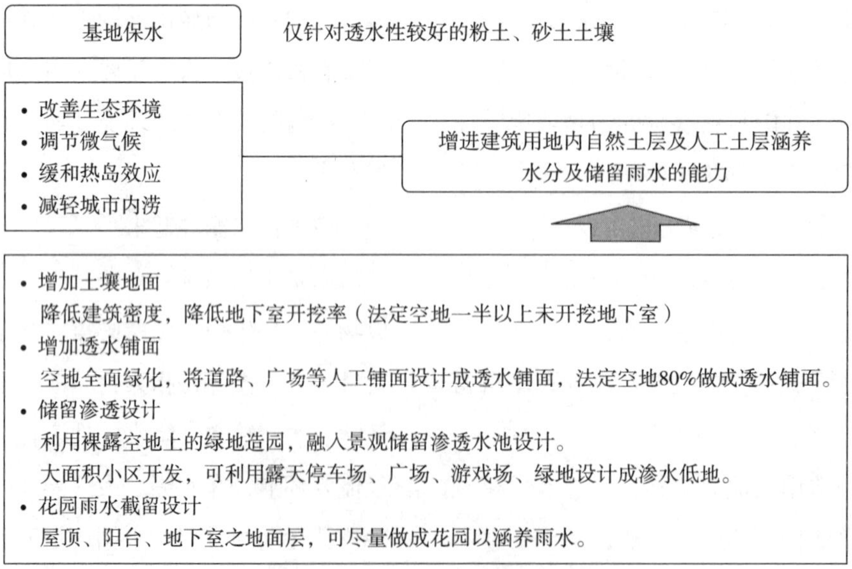

图4.27　基地保水措施和目标

• 在空地设计储集渗透水池，用地下砾石储留水分，弥补透水不良；

• 把操场、球场、游戏空地下的黏土换成砾石层，储集雨水，促进渗透。

2）社区雨水、中水利用系统

要让水循环起来，收集和利用雨水、中水是重要环节。

雨水收集利用系统是把屋面和地面的雨水，通过管道或地形收集截取储存在地下水池内，经过净化处理，达到安全水质标准后，再用作绿地浇灌、洗车和人工景观用水。雨水收集利用系统，操作简单、安全性高、建设成本较低，特别适合用在雨量丰富的地区，尤其是建筑密度较低的项目。但是，对于年降雨量少的缺水地区，则不宜采用。

中水利用系统是把厨房、洗澡和洗手等的生活排水汇集起来，经过简单的净化处理，达到安全水质标准后，再用作绿地浇灌、洗车和人工景观水体用水。中水利用系统必须要有大量的生活排水作为水源，水质一定要符合标准，必须由有资质的单位设计，并有维护管理安排，管道必须同自来水管道分开并有彩色文字标识和警告标示，以免因接触或误饮而传播疾病。对于入住率很高的住宅小区，中水利用系统有稳定的水源，但使用较高污染的水源，净化设备比雨水利用系统昂贵，经济效益也比较低。现在全国很多中水利用设施的小区，实际上并没有运行，不是入住率低，中水水源不足，就是水价太高。很多城市还没有城市中水系统，有的城市虽有，但没有接到住宅小区。鉴于上述情况，需要积极研究解决中水利用存在的问题。

（4）保护城市生态空间

1）城市原有山水格局及自然生态系统得到较好保护，显山露水，确保其原貌性、完整性和功能完好性。

2）完成城市生态评估，制定并公布生态修复总体方案，建立生态修复项目库。

3）对被破坏且不能自我恢复的山体，根据其受损情况，采取相应的修坡整形、矿坑回填等工程措施，解决受损山体的安全隐患，恢复山体自然形态。保护山体原有植被，种植乡土、适生植物，重建山体植被群落。

4）分析城市废弃地的成因、受损程度、场地现状及其周边环境，运用生物、物理、化学等技术改良土壤，消除场地安全隐患。选择种植具有吸收降解功能、抗逆性强的植物，恢复植被群落，重建生态系统。

5）在保护城市水体自然形态的前提下，结合海绵城市建设开展以控源截污为基础的城市水体生态修复，保护水生态环境，恢复水生态系统功能，改善水体水质，提高水环境质量，拓展亲水空间。

6）城市河湖水系保持自然连通。

7）消除建成区内黑臭水体。

（5）城市设计遵循生态理念

城市设计思想随着时代的发展而演进。20世纪20年代以前是物质形态决定论（physical determinism），表现在空间视角有序，建筑形体控制，感性多于理性。20世纪50年代城市设计遵循经济和技术理性准则，把城市视为高速运转的巨大机器，注重功能和效益，注重体现最新科技进步和技术美学观念，把设计对象扩展到包括人和社会关系的空间环境，考虑历史文脉、旧城保护和更新改造。到了20世纪70年代，整体和生态优先准则受到重视，通过运用城市生态学和景观建筑学方法创造人工环境和自然环境和谐的可持续的生态城市。

2020年8月笔者应邀到某城市的新区考察，

深感在城市建设中生态理念的重要，生态城市并非可望而不可及，同现有大城市相比，当前城市设计和建筑设计要特别注意以下几点：

- 体现地域性和历史性。

- 结合城市河流、道路和绿化带建设有适当宽度的绿色廊道。因为它有游憩、文化、教育、排污、降温、提高环境质量和保护生物多样性等功能。

- 城市规划要采取紧凑模式，对现有分散的城镇和分散的建设加以调整，体现城市的规模效应。

- 重视居民习俗和多样化。把文脉、历史、文化、建筑、邻里和社区形体视为活的生命，保持人才、用地、功能、行业、建筑、生态等诸方面的多样性，每个街区、每栋建筑都要精心规划和设计，经得起时间的检验。

- 建设和谐的邻里关系和社区。把邻里作为居住区的基本单元，在区域层面，通过公共交通点组织社区，创造5~10min的步行环境，增加交往机会，密切邻里关系，减少对小汽车的依赖，控制城市蔓延，形成有浓厚氛围的社区。

- 保护自然生态、地貌和植被，依山傍水建设，在地面标高较低的地段，采取排水或结构措施提高建筑室内标高，不宜大量开山填土。

- 考虑微气候特性分区和建筑形态。

- 市中心区有小生态圈。

- 设置愉悦的步行空间和透水路面。

- 住宅、环境和商业空间混合、协调。

- 创造活泼的人和动物、植物生命空间，以及与周围大自然整合的生命系统。

- 实行土地利用管制，不准随意改变土地用途。

- 减少技术、交通和能源对环境的影响，对固体垃圾的收集和处理建立有效的机制。

- 建立将环境规划和管理技术纳入城市总体规划和实施中去的机制。

4.3　建设宜居城市

1. 宜居城市和平均标准

一个城市是否宜居，主要用"生活质量"来衡量。"生活质量"包括三个方面：一是居民容易获得就业机会，居住环境良好，后者表现在：有住房，食品健康，空气清洁，有机会享用交通、通信、水和卫生等基础设施，以及绿地和公园；二是居民获得上述诸项的机会均等，体现公平；三是居民能有机会参与决策。一个城市如果这三个方面都做好了，就是居民"生活质量"好的城市，就是宜居的城市。能够长期维持这种"生活质量"的城市，就是可持续的宜居城市。要容易就业，就要创造就业机会，就要发展经济，发展工业和服务业；要有住房和享用基础设施，就要抓住房、基础设施建设和更新改造；要食品健康，空气清洁，体现公平和市民参与，就要抓好城市管理。所以建设宜居城市不是一件容易的事。

2007年，中国城市科学研究会向建设部申报立项，经建设部科技司组织评审验收的《宜居城市科学评价标准》发布。其评价指标包括六个方面：

（1）社会文明，包括政治文明，社会和谐，社区文明以及公众参与。

（2）经济富裕，包括人均GDP（万元），城镇居民人均可支配收入，人均财政收入，就业率（%），以及第三产业就业人口占就业总人口的比重（%）。

（3）环境优美，包括生态环境，气候环境，人文环境和城市景观。

（4）资源承载，包括人均可用淡水资源总量，工业用水重复利用率（％），人均城市用地面积以及食品供应安全性。

（5）生活便宜，包括城市交通，商业服务，市政设施，教育文化体育设施，绿色开敞空间，城市住房，以及公共卫生。

（6）公共安全，包括生命线工程完好率，城市政府预防，应对人为灾难的设施、机制和预案，城市政府预防，应对人为灾难的设施、机制和预案，以及城市政府近三年来对公共安全事件的成功处理率。此外还有综合评价否定条件：宜居指数即累计得分≥80分的城市，如果有一项否定条件，就不能评为"宜居城市"。

2. 城市地下综合管廊建设

又叫综合管沟或共同沟，是通过将电力、通信、给水、供热、制冷、中水、燃气、垃圾真空管等两种以上的管线集中设置到道路以下的同一地下空间而形成的一种现代化、科学化、集约化的城市基础设施。

（1）地下综合管廊优点

根据《宜居城市科学评价标准》，这种管廊至少有改善城市景观、促进环境优美，改善市政设施、促进生活便宜，以及增进公共安全、有利于应对自然灾难等三大好处。具体优点有五个方面：

1）节约大量地面空间，据测算，综合管廊与直埋占用道路地下空间比约为1∶4；架空线入地平均每公里可节省用地75亩。

2）容易维修管理，管线更安全，抗震性能更好。几年前，北京曾发生热水管道漏水，致使路面突然塌陷、行人坠入烫伤身亡的悲剧。如果当年那条热水管道建在地下管廊内，有廊体保护，管线几乎不受土壤压力、地面交通负荷等外部因素影响，爆裂的概率很低。即便发生事故，

也可避免人员伤亡的悲剧。管线直接埋在土里，其老化损坏情况不易发现，往往漏了水、跑了气才知道，查找漏点还要刨开路面，费时费力。将管线安放在地下综合管廊内，维修人员可以定期巡查，小毛病能及早发现，断电、断水、断网等现象会随之大幅减少。一些地下综合管廊里还配有可视化的红外线、摄像仪、报警仪等监控设备，如果有安全隐患，监控系统会自动报警。

3）选址容易。对电力、通信等公众认为有辐射的管线，地下综合管廊还可以解决其选址难题。尽管相关部门反复解释不会影响人体健康，但不少人仍然担心高压线、通信天线辐射超标。将其纳入地下综合管廊，可以在一定程度上缓解人们的焦虑。

4）管理机制优化，建设地下综合管廊，还能起到优化市政管线管理机制的效果。目前，20多种地下管线牵涉30多个权属部门，规划打乱仗的情况时有发生。当一种管线施工需要另一种管线产权单位配合时，常常因协调程序烦琐拖延工期，也曾因不慎挖断其他管线造成断水、断电甚至引发爆炸。建设地下综合管廊可以有效避免这些风险。

5）兼作运输通道，缓解马路拥堵。在日本，一些管廊中留有专门的空间，可以把垃圾直接送到处理厂。有些管廊可以用来运输蔬菜，在一线城市可大幅降低物流成本。目前我国在建管廊还发挥不了地下运输通道的作用，不过中冶横琴地下综合管廊等项目已经预留了空间，将来可以在地下运垃圾，避免清晨半夜垃圾车工作，搅扰居民生活。

（2）地下综合管廊发展历程

早在1833年，法国巴黎为了解决地下管线的敷设问题和提高环境质量，开始兴建地下管线共同沟。现已建成总长度约100km较为完善的共同

沟网络。此后，英国的伦敦、德国的汉堡等欧洲城市也相继建设地下共同沟。

1926年，日本开始建设地下共同沟，1963年的《关于建设共同沟的特别措施法》规定，日本相关部门需在交通量大和未来可能拥堵的主要干道地下建设"共同沟"，1992年已建成310km。20世纪80年代开始修建的麻布和青山地下综合管廊系统修建在东京核心区地下30余m深处，其直径约为5m。这两条地下管廊内电力电缆、通信电缆、天然气管道和供排水管道排列有序，每月检修。通信电缆全部用防火帆布包裹，以防火灾造成通信中断；天然气管道旁的照明灯用玻璃罩保护，防止出现电火花，导致天然气爆炸等意外事故。

1933年，苏联在莫斯科、列宁格勒、基辅等地修建了地下共同沟。1953年西班牙在马德里修建地下共同沟。其他如斯德哥尔摩、巴塞罗那、纽约、多伦多、蒙特利尔、里昂、奥斯陆等城市，都建有较完备的地下共同沟系统。

我国1958年，在北京天安门附近铺设第一条1000多m长的地下管廊。1994年上海在开发浦东新区时在张杨路修建了全长11.125km的地下管廊，包括1条干线和2条支线，其中支线收容了给水、电力、信息与煤气等4种管线。2006年，中关村西区建成现代化的地下综合管廊，主线长2km，支线长1km，包括水、电、冷、热、燃气、通信等市政管线。以后，上海建成了松江新城示范性地下管廊工程和"一环加一线"，总长约6km的嘉定区安亭新镇共同沟系统。但到2012年全国已建和在建的才有900km，进展缓慢。

2014年以后国务院多次发文推动地下综合管廊建设。2015年国务院要求到2020年，建成一批具有国际先进水平的地下综合管廊并投入运营，逐步消除主要街道蜘蛛网式架空线。2015年7月国务院常务会议指出，要创新投融资机制，在加大财政投入的同时，通过特许经营、投资补贴、贷款贴息等方式，鼓励社会资本参与管廊建设和运营管理。2015年8月，国务院办公厅印发《关于推进城市地下综合管廊建设的指导意见》，提出推广运用政府和社会资本合作（PPP）模式，鼓励社会资本组建项目公司参与城市地下综合管廊建设和运营管理。2016年《政府工作报告》提出开工建设地下综合管廊2000km以上。同年明确"城市新区、各类园区、成片开发区域新建道路必须同步建设地下综合管廊，老城区要结合地铁建设、河道治理、道路整治、旧城更新、棚户区改造等，逐步推进地下综合管廊建设"。随后各地发文件，下指标，发措施，全国形成城市地下综合管廊建设的热潮。

（3）地下综合管廊发展存在的问题

地下综合管廊优点很多，国务院又大力推动，为何进展不快，主要原因是：

1）造价高。根据住房和城乡建设部标准定额司制定的《城市综合管廊工程投资估算指标（试行）》，综合管廊建设成本约为每公里0.5亿~1.7亿元，不含运营维护成本。据住建部测算，加上入廊管线，地下综合管廊每公里造价约为1.2亿元，比同期四车道高速公路造价还高出4000多万元。根据《中国城市建设统计年鉴》，截至2011年年底，我国城市仅供水、排水、燃气、供热四类市政地下管线长度已超过148万km。如果按照综合管廊的设计模式，将这几种管道设计为一体，建设管廊长度约为37万km，在不计算拆迁等成本的情况下，所需资金就将近4万亿元。

2）收费难。2015年《指导意见》明确，入廊管线单位应向地下综合管廊建设运营单位交纳入廊费和日常维护费，具体收费标准由地下综合管廊建设运营单位与入廊管线单位根据市场化原则共同协商确定。在地下综合管廊运营初期不能通过收费弥补成本的，地方人民政府视情给予必要的财政补贴。目前，厦门等地已出台地方政策，明确收费标准。

3）投资风险大。地下管廊建设投资比普通管线高出很多。据统计，日本及中国台北、上海的共同沟平均造价（按人民币计算）分别是50万元/米、13万元/米和10万元/米。但综合节省出的道路地下空间、每次的开挖成本、对道路通行效率的影响以及对环境的破坏等方面，"共同沟"的成本效益比显然不能只看投入多少。台湾曾以信义线6.5公里的共同沟为例进行过测算，建共同沟比不建只需多投资5亿元新台币，但75年后产生的效益却有2337亿元新台币。但这种长期效益对企业的吸引力并不大。

目前，综合管廊收入包括入廊费、补贴和维护保养费。国家要求已建设地下综合管廊的区域，所有管线必须入廊。一些管线入廊会增加建设成本，管线单位对入廊的意愿并不强烈。而且按现有政策，管廊使用费由建设运营方和使用方协商决定，管线单位大多属于天然垄断行业，社会资本担心自己投钱把管廊建好了，有些管线根本就不入廊，即使入廊了，在议价时自己也处于弱势地位。管廊日常维护包括哪些内容、什么情况下需要维修、出了问题如何界定责任等，目前都没有章法，企业很难预估维护成本。总的来说，民资仍有顾虑。推广PPP模式，还需投资回报明确。地下综合管廊具有准公益性质，投资回报不会太高，企业有思想准备。但建设运营成本不可控的因素较多，他们对投资回报心里无底。从已建成的地下管廊看，参与企业以国企居多，民营资本只是少量参股。

4）管理法规不健全。西欧国家在管道规划、施工、共用管廊建设等方面都有着严格的法律规定。如德国、英国因管线维护更新而开挖道路，不但有严格法律规定和审批手续，而且规定每次开挖不得超过25～30m，且不得扰民。日本也在1963年颁布了《共同管沟实施法》，解决了共同管沟建设中的资金分摊与回收、建设技术等关键问题，并随着城市建设的发展多次修订完善。我国地下管线的相关法规严重滞后，除了《城乡规划法》中关于地下管线的指导性意见外，至今仍无全国性的地下管线管理办法，各地方政府在2005年才开始陆续出台相关法规。姑且不论实施效果，所颁布的管理办法中，地下管线的规划、测绘及档案资料管理等仍然分属不同部门，一旦涉及利益分配和具体责任的承担，不是你争我抢就是互踢皮球，最终仍各行其是。

如何更多吸引社会投资？如果采用EPCO（设计采购施工运营总承包）模式招标，对企业更有吸引力。目前大多数地下综合管廊项目按"设计+施工总承包"的方式招标。而EPCO模式下，总承包人负责设计、采购、施工、调试全过程。对业主而言可降低管理成本，对承包人而言可减少工程价格的变动风险。更重要的是，在这种模式下，可以实现将运营管理中可能出现的问题，前置到设计、采购、施工环节进行考虑，有助于提高建设运营水平。

专家建议在管廊运营方面，设立补偿机制推动管线入廊。管线入廊后可以节约大量土地，可将部分土地价值补偿给管线单位，以提高其入廊的积极性。在维护保养方面，相关部门要出台细化标准，这不仅有助于增加PPP项目透明度、降低企业投资风险，也有助于厘清管廊建设运营企业与管线产权单位之间的权责，避免遇到问题相互推诿。

地下综合管廊建设切忌盲目推进。要充分考察城市的地形地貌、城市功能区分布等。比如有的房屋过于密集的老居民区或地质条件不满足安全要求的地区，就不适宜建设地下综合管廊。规划建设要地上、地下同步，否则一定要先做好地下空间规划。

3. 城市生活垃圾收集

生活垃圾处置涉及《宜居城市科学评价标准》六个方面的多数内容，如社区文明和社会参与；生态环境和城市景观；生活便宜和市政设施；以及城市公共安全事件应对等。城市生活垃圾收集的方式有三种：

（1）车辆流动收集

利用后装垃圾车、侧装垃圾车和压缩车等对分散在各个收集点的桶装、袋装和散装垃圾集中收集。收集后的垃圾直接或经中转运往垃圾处理设施。这个模式较适用于人口密度低、车辆方便进出的地区。西欧应用比较普遍。国内中、小城市或大城市周边也适用。车辆流动收集的优点是灵活性大，垃圾集中点可随时改变。缺点是车辆需要在收集点作业，噪声和粉尘会污染收集点的周围的环境。

（2）固定收集点收集

利用设在垃圾产生区的固定站进行收集。产生的垃圾一般用人力或机动小车运到收集站。收集站里有将垃圾从小车向运输车集装箱体转移设施。收集的垃圾直接运到垃圾最终处理设施或进入大型转运站。这种模式适用于人口密度高、区内道路窄小地区。香港、上海、广州等地就采用这种方式收集。

（3）真空管道收集

通过铺设好的管道系统，利用负压技术将垃圾抽送到中央垃圾站，再由压缩车运送到垃圾处理场。

传统垃圾收集方式和真空管道收集方式的比较见表4.6。真空管道垃圾收集系统又称智能垃圾收集系统，或气动真空管道垃圾收集系统，它的主要设备由投放系统、管网系统和中央收集站三大部分组成。投放系统包括室内和室外两个部分：室内垃圾经室内投放口、建筑内竖槽、储存节、排放阀到地下管网系统；室外垃圾经室外投放口、室外投放口储存节、排放阀到地下管网系统。管网系统主要是地下水平管道网络。中央收集站包括同地下管网系统连接的垃圾分离器，分离器把管道里的垃圾和空气分离开来，分离器出来的垃圾经垃圾压实机压实后进入垃圾罐，再通过垃圾车向外运出；垃圾分离器分离出来的空气，则经除尘系统和除臭系统处理后排往室外。

传统垃圾收集方式和真空管道收集方式的比较　　　　　　　　　　　　　　　　表4.6

序号	对比项目	传统垃圾收集方式	真空管道收集方式
1	对环境影响	较大	较小
2	人员配置	多	少
3	技术要求	中等	较高
4	人员素质要求	中等	较高
5	投资费用	35万元/吨	120万～140万元/吨
6	运营费用	105元/吨	180～200元/吨
7	维护费用	低	高
8	收集负荷能力	高	低

真空管道收集垃圾方式的优点是：

1）垃圾源密封、隐蔽，和人流完全隔离，有效地杜绝了收集过程中的二次污染，包括臭味、蚊蝇、噪声和视觉污染。

2）显著降低垃圾收集的劳动强度，提高收集效率，改善环卫工人劳动环境。

3）取消了手推车、垃圾桶、箩筐等传统的收集工具，基本避免垃圾运输车辆穿行居住区，减轻交通压力和环境污染。

4）垃圾收集、压缩可以全天候自动进行，垃圾成分不受雨季影响，有利于填埋场、焚烧场稳定运行。

5）可利用一套公共管理收集系统自动分别收集可回收和不可回收垃圾。

真空管道收集垃圾的缺点是一次性投资大和对系统的维护和管廊要求高。

真空管道垃圾收集系统1961年用于医院垃圾收集，1967年用于住宅小区。目前，已在美国、日本、德国、丹麦、新加坡，以及中国香港等30多个国家和地区安装运行数百套。主要用于高层住宅、现代化住宅密集区、商业密集区，以及对环境要求较高的地区。欧洲新城、世博会、体育运动村应用比较普遍。西班牙、葡萄牙用于输送垃圾已达10%～20%。亚洲主要用在日本、新加坡和中国香港。日本采用三菱将焚烧厂周边的垃圾直接运到焚烧厂，如东京湾和横滨，新加坡和中国香港分别采用7套和8套瑞典Envac系统。中国上海浦东国际机场和广州白云新国际机场也用了这个系统。

笔者曾于2019年春在海南省三亚市吉阳区鹿回头半山半岛住宅小区小住。该小区有49栋高层住宅（图4.28）。建有真空管道生活垃圾收集系统，2008年竣工验收。该系统由三个部分组成：一是垃圾投放口，设在住宅楼的每个楼层，每层

有数个，圆形，直径50cm的垃圾投放口，平时关闭，使用时打开（图4.29）；二是楼栋内的竖向管道和小区内的水平管道；三是中央收集站。

垃圾达到一定数量后，控制台发出开始工作命令，垃圾收集站抽气装置启动，水平管道内产生负压，电脑遥控打开设在住宅楼的垃圾管道底部的垃圾排放阀实施垃圾气、固体分离处理。固体进入排放阀，存在阀顶面的垃圾以20m/s速度被吸入地下输送管网，送到中央收集站垃圾罐体。气体通过高效处理后排放。不要求住户做垃圾分类，只要没有砖块、石头或特别大的体积物件即可。

半山半岛小区垃圾自动收集系统的运营商是广州恩华特（envac）环境技术有限公司。系统有两个中央收集站，其中一个中央收集站的实景图如图4.30所示。

图4.28　三亚市鹿回头半山半岛住宅小区

图4.29　楼层垃圾投放口及使用说明

图4.30　海南省三亚市半山半岛真空管道生活垃圾收集系统中央收集站实景图

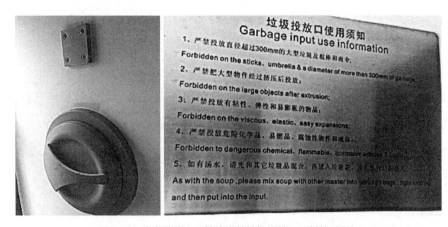

图4.31　半岛蓝湾小区楼栋内的垃圾投放口及其使用须知

据物业管理公司反映，运行中由于有的住户没有按照规定投放垃圾，比如投放大的被褥和体积大的物件等曾经造成管道堵塞，以至短时不能正常运行。小区内的宾馆曾反映排放的气体有臭味，后尝试增加排放气体处理系统，但因与恩华特设备不匹配，改造不够成功，后用其他方法消除臭味。说明需要加强研发，实现设备国产化；与德国、瑞典相关合作在全国建厂生产；同时培训人员，承担维修任务。此外，小区地面路边仍放置垃圾箱，说明目前并非所有生活垃圾都通过真空管道系统收集。

三亚市除了鹿回头半山半岛小区以外，半岛蓝湾小区也曾建有真空管道生活垃圾收集系统，但竣工后只运行两年（2015～2017年）就弃用了。说是因为国产设备故障率高，住户投放大件，造成管道堵塞，有臭味，用一周修两周。管道直径为70cm，转弯处有检修口，维修要戴氧气罩进去。根据住户要求停止运行。笔者实地考察时，楼栋内的垃圾投放口及其使用须知仍在原处（图4.31），没有拆除。

广州金沙洲新社区，总用地面积339481m²，分为四个区，共有64栋建筑，建筑高度为5层、11层和18层，5616户。2009年投资2.9亿元，建设生活垃圾真空管道收集系统，共有四条线，覆盖18个小区，采用瑞典恩华特公司的设备，是中国大陆的先行者。2009年6月3号线，即金沙洲新社区（保障房）开始调试运行。2010年广州亚运会前夕，亚运城系统试运行，会后停止运行。2016年10月12日到12月31日试运行，由清洁工引导投放，2017年1月1日正式运行，由住户自行投放。

真空管道收集系统主网由政府出资2.9亿元建设，铺到小区门口，配网由开发商建设，为业主共有资产，与自来水、煤气相似。

参考文献

［1］叶耀先. 城市减灾对策. 中国减灾，2007（10）：12-13. 本文系根据作者在国家减灾委2007年8月16日在北京召开的《城市减灾和灾害应急工作座谈会》上的报告写成。

［2］叶耀先. 中国震后重建的路该怎么走［J］. 民主与科学，2017（6）：25-27.

［3］叶耀先. 1976年河北唐山地震灾后恢复重建［M］//仇保兴. 地震灾后重建案例分析. 北京：中国建筑工业出版社，2017：1-48.

［4］叶耀先，冈田宪夫. 地震灾害比较学［M］. 北京：中国建筑工业出版社，2008：10-11.

［5］中华人民共和国国家标准 建筑抗震设计规范 GB 50011—2010［S］. 北京：中国建筑工业出版社，2010.

［6］叶耀先. 2008年中国四川汶川地震灾后恢复重建［M］//仇保兴. 地震灾后重建案例分析. 北京：中国建筑工业出版社，2017：159-210.

［7］叶耀先. 异地重建要慎之又慎［N］. 中国建设报《内部参考》，2008-06-11（29）.

［8］叶耀先. 汶川县城必须放弃吗？［N］. 中国建设报《内部参考》，2008-06-23（30）.

［9］叶耀先. 异地重建要十分谨慎［N］. 科学时报，2008-07-02（1）.

［10］叶耀先. 汶川地震灾后重建的问题和建议［N］. 科学时报，2009-02-12（A4）.

［11］叶耀先. 异地重建要十分谨慎［N］. 科学时报，2008-07-02（1）.

［12］李微敖，高胜科，董欲晓. 川震重建账本［J］. 财经，2012（12）：116-119.

［13］叶耀先. 1989年中国山西大同——阳高地震灾后恢复重建［M］//仇保兴. 地震灾后重建案例分析. 北京：中国建筑工业出版社，2017：113-124（第3章）.

［14］孙国学. 谈我国首次震害评估工作及其意义——以1989年10月18日大同—阳高地震为例［J］. 山西地震，1993-12（4）：54-57.

［15］叶耀先. 城市暴雨内涝灾害及其产生原因和对策［J］. 城市管理与科技，2013（4）：8-10.

第 5 章
城镇化的要务之四：
城市管理和城市更新

坚持以人为本。牢固树立为人民管理城市的理念，强化宗旨意识和服务意识，
落实惠民和便民措施，以群众满意为标准，切实解决社会各界最关心、
最直接、最现实的问题，努力消除各种"城市病"。

——中共中央 国务院《关于深入推进城市执法体制改革改进城市管理工作的指导意见》

2015年12月24日

5.1 城市管理的含义、难点和策略[1]

现代城市是由经济、社会和环境三个系统组成的复合系统。从现代意义上讲，城市管理应当包括经济管理、社会管理和环境管理三个方面。从世界范围来看，城市中政府行使的主要职能包括：城市规划和城市设计、城市基础设施建设、卫生和环境保护、公共教育、文化娱乐、社会保障和福利、社会治安、公用事业和经济振兴等九个方面。

我国城市管理主要是指市政管理，包括管理方面、管理时间和管理事务等三个维度的工作（图5.1）。

1. 管理方面维度

（1）城市市政基础设施管理，包括城市道路、桥梁、排水以及污水处理等；

（2）城市公用事业管理，包括供水、供气以及供热等；

（3）城市环境卫生管理，包括大气和水环境污染、固体废物污染以及噪声污染等；

（4）城市市容环境综合整治，包括市容市貌、户外广告、夜间照明，经营性停车设施等整治；

（5）城市管理综合执法，包括综合执法的统一协调、调度和监督检查等。

2. 管理事务维度

（1）法规和规章草案拟定；

（2）行业管理、制度和政策制定；

（3）政府投资或非经营性建设项目可行性研究、申报立项和竣工验收；

（4）成果推广；

（5）标准、规范拟定；

（6）新技术引进；

（7）重大科技项目攻关指导等。

3. 管理时间维度

包括从长期到短期的计划制订和实施：如制订发展战略、中长期规划和年度计划以及组织实施等。

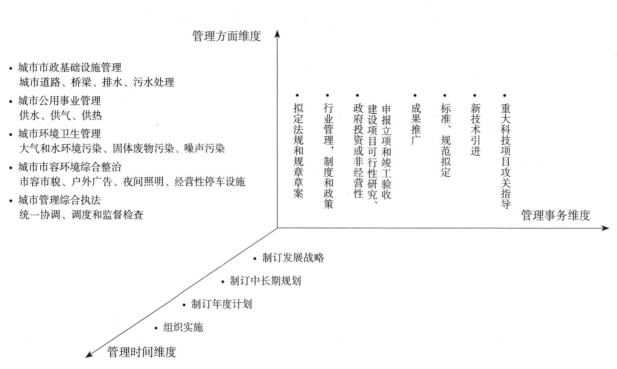

图5.1 城市管理的三个维度

城市是人类伟大的创造，是钱学森先生1990年提出的"开放的复杂巨系统"（Open Complex Giant Systems）。这个系统具有开放、复杂、进化与涌现、层次和巨量等五个特性。管理这样复杂系统的城市难度极大，难点主要有三：

一是城市是高度复杂的社会综合体，它关系到国家的命运和前途。城市是经济增长的引擎，高效集约的场所，优秀人才和事物的中心，工作和就业的创生地，人流、物流、交通流、信息流和金融流的节点，科教文基地，有巨大的市场，有软、硬基础设施。城市还是人们保护隐私的最佳场所，是人们交流学习、放大自己力量、释放创新火花的理想境地。21世纪是城市的世纪，一个国家的城市搞不好，这个国家就没有希望。人们一直在研究、探索如何管理好这种复杂的社会综合体，但至今尚未完全如愿。

二是城市是生命系统，管理城市不能用处理两个变量简单性问题的物理学方法，也不能用处理复杂无序性问题的概率统计方法，而要用生命科学的方法。梁思成先生说："城市是一门科学，它像人体一样有经络、脉搏、肌理，如果你不科学地对待它，它会生病的"。遗憾的是，至今还没有完全找到"科学地对待"的方法，城市还是照样在"生病"，"城市病"仍然是全世界亟待攻克的难题。

三是城市是个人、社会（家庭、社区、志愿组织、非政府组织）、企业（含投资商）和政府机构在市场环境下大量投入资本、技术和时间的产物。城市管理涉及的是人的心智，多从人的主观感受评价。人性复杂多变，行为受不同观念影响，随时会发生变化。人类社会是一种自下而上的"涌现现象"❶，不可精确预测。如何管理人的心智，直到今天仍然没有找到靠谱的办法。

尽管城市管理难度极大，还处在研究和探索之中，但曙光已经显现。经过中华人民共和国成立以后70多年的努力，我国城市管理取得了巨大的进步：城市基本上拥有给水、排水、卫生、教育和医疗保健设施，积累了一些公认、可行的管理经验和策略。

这些经验和策略的要点如下：

（1）城市主体有多元性和参与性特点，必须把政府、市民、社会组织、企业、市场等五股力量的积极性调动起来，以政府为主导，市民、社会组织、企业和市场为主体，大力协同，城市管理才能奏效。

（2）城市政府虽然是城市管理的主导，但并非万能，不可包揽一切。为此，城市政府首先"要转变观念，从'划桨人'转变为'掌舵人'，同市场、企业、市民一起管理城市事务、承担社会责任"。其次要"尊重市民对城市发展决策的知情权、参与权、监督权，鼓励企业和市民通过各种方式参与城市建设、管理，真正实现城市共治共管、共建共享"。第三"要坚持协调协同，尽最大可能推动政府、社会、市民同心同向行动，使政府有形之手、市场无形之手、市民勤劳之手同向发力。政府要创新城市治理方式，特别是要注意加强城市精细化管理"。❷

（3）市民参与是城市管理的基本原则。联合国最佳人居范例评选有一条一票否决的原则，即所有范例都必须上、下结合。完全按照上级指示

---

❶ 涌现现象（Emergent Phenomena）是一个复杂系统中由次级组成单元间简单的互动所造成的复杂现象，是一种原因不能被立刻看到或显现的效果或事件。例如，单个神经元不存储信息，但在互相之间建立联系后，这个整体便出现了存储信息，乃至运算功能。

❷ 习近平总书记在中央城市工作会议上的讲话（2015年12月20日）.

去做，没有下面参与，做得再好，也不能评上最佳范例。1994年我国申报的最佳人居范例，凡没有下面参与的项目，都未入选。笔者作为国家推荐的评审专家，虽在评审现场，却无言申辩。北京市2017年4季度集中整治牌匾标识。整治前，颁布了经专家修订的新的《北京市牌匾标识设置管理规范》。但因缺乏市民参与，出现舆情。在听取市民意见，市民参与，做好宣传沟通后，问题迎刃而解。早年笔者在美国旧金山饭店就餐，看到一位妈妈蹲下从地毯上捡起女儿散落的面包屑；笔者在日本京都宇治小住时，按要求做好垃圾分类，按时送到收集地点；看到小巷路边的住户清早冲洗门前路面，挂在墙上和放在窗台的鲜花四季如春。深深感受到习近平主席关于"只有市民参与，从房前屋后实事做起，从身边的小事做起，把市民和政府的关系从'你和我'变成'我们'，从'要我做'变为'一起做'，才能真正实现城市共治共管、共建共享"❶的论述是多么精准。

（4）发挥社会组织作用。政府从社会能够而且应该承担的城市管理领域退出，让非政府组织、社会团体、志愿者等社会组织去做，保留和强化社会需要但又必须自己承担的城市管理职能。

（5）发挥企业的作用。例如，把他们吸引到垃圾处置中来。资源类垃圾已有收废品大军，宜将其收编，组成企业专司资源类垃圾收集和处置。有害垃圾数量较少，可通过专门分类和处置解决。其他垃圾处置有焚烧、填埋和堆肥三种方法。垃圾分类要与处置企业挂钩，严苛有效，分时分类收运，避免混装混运。政府可以联系这三类处置企业，根据他们的要求进行分类，直接运送到相应的企业进行处置。目前，大部分垃圾通

过焚烧处置。有些国家，如日本，焚烧站建在市中心，并融入城市环境，先进的垃圾处理技术和拥有高达210m的烟囱，形成壮观建筑，使得垃圾焚烧站不仅无味、无烟、不散发致命物质，而且也很漂亮，甚至成了旅游景点。根据上述情况，目前垃圾可分为资源、有害、可燃和不可燃垃圾四类。不可燃垃圾通过填埋和堆肥处置。必要时，可逐步实施垃圾按类按量收费，从源头减少垃圾量。立法明确乱扔垃圾是违法行为，处以重罚也是必要的措施。

（6）发挥市场的作用，引入竞争机制。把有条件通过市场运作、依靠市场投入产出机制消化成本的城市管理部分，从政府职能中剥离出去，保留与强化市场失灵的城市管理职能，以降低城市管理成本，提高效率。

（7）把城市中政府是否能够保证所管辖范围内的居民获得安全而充足的饮用水、卫生和排水设施、教育和医疗保健等基本服务作为衡量城市管理好坏的标准，作为良好城市管理的标配。

5.2 城市管理的公众参与

1. 城市创建活动

开展城市创建活动意在以此为抓手，联手相关部门、地方政府和公众参与，大力协同提升城市管理水平。国家相关部门启动创建的城市都有明确的评价标准和指标，定期评选，并公示后发布。1992年以来，已经启动创建的城市主要有七个。

（1）1992年，建设部率先创建国家园林城市。它是根据《国家园林城市标准》（表5.1）评选出来的。

---

❶ 习近平总书记在中央城市工作会议上的讲话（2015年12月20日）.

国家园林城市标准　　　　　　表5.1

一、综合管理（8）	1	城市园林绿化管理机构：设立，有专业队伍，有1~2名专业领导	
	2	城市园林绿化建设维护专项资金：列入，到位	
	3	有科研机构、生产基地及相应人员，资金到位，成果有推广应用	
	4	编制《城市绿地系统规划》，并经批准实施	
	5	实施城市绿线管制制度，划定绿线，设立公示牌或界碑，并公布	
	6	建立城市园林绿化法规、标准、制度	
	7	有数字化信息管理系统和共享平台，动态监管；市民可查询、监督	
	8	城市公众对城市园林绿化的满意率	≥80%
二、绿地建设（14）	9	建成区绿化覆盖率	≥36%
	10	建成区绿地率	≥31%
	11	人均公园绿地面积	≥8.00~9.00m²/人
	12	城市公园绿地服务半径覆盖率	≥80%
	13	万人拥有综合公园指数	≥0.06
	14	乔、灌木面积在建成区绿化覆盖面积占比	≥60%
	15	城市各城区绿地率最低值	≥25%
	16	城区人均公园绿地面积最低值	≥5.00m²/人
	17	城市新建、改建居住区绿地达标率	≥95%
	18	园林式居住区达标率≥50%或年提升率≥10%	
	19	城市道路绿化普及率	≥95%
	20	城市道路绿地达标率	≥80%
	21	城市防护绿地实施率	≥80%
	22	地级市有面积≥40hm²植物园，其他市综合公园有树木花卉专园	
三、建设管控（11）	23	城市园林绿化建设综合评价值	≥8.00
	24	公园按规定管理、设计，编制近两年建设计划并实施，国家重点公园、历史名园实行永久性保护；按规定配套服务设施和经营管理	
	25	公园免费开放率	≥95%
	26	编制《城市绿地系统防灾避险规划》或在《城市绿地系统规划》有专章；防灾避险的公园绿地的水、电、通信和标识符合规范要求	
	27	编制城市绿道建设规划，建设符合规范要求，设施维护良好	
	28	古树名木保护率100%，完成树龄超过50年及以上古树名木后备资源普查、建档、挂牌并确定保护责任单位或责任人	
	29	植物造景和栽植全冠苗木为主；控制大树移植、大广场、水面、草坪和色块及雕塑、灯具造景、过度亮化；用乡土、适生植物和木地种苗，控制反季节种植、更换行道树种；推广海绵型公园绿地建设	
	30	制定立体绿化推广的鼓励政策、技术措施和实施方案，且效果良好	
	31	划定城市紫线和《历史文化名城保护规划》或城市历史风貌保护规划，获批准，实施效果良好；城市历史文化街区和建筑保护有效	

	32	风景名胜区、世界遗产有管理机构，保护、利用有效；有经批准的《风景名胜区总体规划》，严格建设项目审批等手续	
	33	编制和实施海绵城市规划，建成区内独立汇水区达到建设要求	
	34	原有山水格局及自然生态系统保护较好；完成生态评估，制定并公布生态修复总体方案，建立生态修复项目库	
	35	结合绿线、水体保护线、历史文化保护线和生态保护红线划定，统筹城乡生态空间；合理布局绿楔、绿环、绿道、绿廊等，将自然要素引入城市和社区	
	36	完成市域范围的生物物种资源普查；制定《城市生物多样性保护规划》和实施方案；本地木本植物指数≥0.80	
	37	完成规划区内湿地资源普查；编制《城市湿地资源保护规划》及其实施方案，并实施	
四、生态环境（9）	38	完成城市山体现状摸底与生态评估；对被破坏且不能自我恢复山体，采取修坡整形、矿坑回填等工程措施，解决受损山体安全隐患，恢复山体自然形态；保护山体原有植被，种植乡土、适生植物，重建山体植被群落	
	39	分析城市废弃地成因、受损程度、场地现状及其周边环境，改良土壤，消除场地安全隐患；选择种植有吸收降解功能、抗逆性强的植物，恢复植被群落，重建生态系统	
	40	结合海绵城市建设开展城市水体生态修复；自然水体的岸线自然化率≥80%，城市河湖水系保持自然连通；地表水Ⅳ类及以上水体比率≥50%；建成区内消除黑臭水体	
	41	全年空气质量优良天数	≥292d
	42	城市热岛效应强度	≤3.0℃
	43	城市容貌评价值	≥8.00
	44	城市管网水检验项目合格率	≥99%
	45	城市污水处理率≥90%；城市污水处理污泥达标处置率	≥90%
五、市政设施（6）	46	城市生活垃圾无害化处理率	100%
	47	城市道路完好率≥95%；编制城市综合交通体系规划及实施方案，2020年城市路网密度≥8km/km²和城市道路面积率≥15%	
	48	除体育场、建筑工地和道路照明外，室外公共活动空间或景物夜间照明达到规范要求，淘汰低效产品；城市照明功率密度达标率≥85%	
	49	北方采暖地区住宅供热计量收费比例	≥30%
	50	林荫路推广率	≥70%
六、节能减排（4）	51	步行、自行车交通系统制定专项规划，并实施	
	52	近两年新建建筑中绿色建筑占比≥40%；严寒寒冷、夏热冬冷和夏热冬暖地区节能建筑占比分别为≥60%、≥55%和≥50%；制定推广绿色建材和装配式建筑政策措施	
	53	住房保障建设：住房保障率≥80%；连续两年建设计划完成≥100%	
七、社会保障（4）	54	基本完成棚户区和危房改造，制定实施城中村改造规划	
	55	社区教育、医疗、体育、文化、便民服务、公厕等设施配套齐全	
	56	主要道路、公园、公共建筑等公共场所有无障碍设施，维护管理好	
八、综合否定项	57	近两年内安全运行有重大事故、重大违法建设事件、被住房和城乡建设部通报批评、被媒体曝光造成重大负面影响者，一票否决	

（2）2004年，建设部在深化和拓展国家园林城市内涵的基础上，创建国家生态园林城市。评价指标和考核要求如表5.2所示。

（3）1997年，国家环境保护局创建国家环保模范城市。考核指标如表5.3所示。

（4）1990年，全国爱国卫生运动委员会办公

国家生态园林城市标准　表5.2

一、综合管理（8）	1	城市园林绿化管理机构：设立，有专业队伍，有2～3名专业领导
	2	城市园林绿化建设维护专项资金：列入，到位
	3	有园林绿化机构、生产基地及相应人员，资金到位，成果推广应用
	4	《城市绿地系统规划》修订，与城市总体规划、控规协调，实施
	5	实施城市绿线管制制度，划定绿线，在两种以上媒体公布；设立绿线公示牌或界碑，公布四至边界
	6	健全绿线、建设、养护管理、生态和生物多样性、古树名木保护和义务植树等法规、标准、制度
	7	有对建成区公共区域的监管范围覆盖率100%的园林绿化专项数字化信息管理系统，市民可查询、监督
	8	公众对城市园林绿化的满意率　≥90%
二、绿地建设（10）	9	建成区绿化覆盖率　≥40%
	10	建成区绿地率　≥35%
	11	人均公园绿地面积　≥10～12m²/人
	12	公园绿地服务半径覆盖率　≥90%
	13	建成区绿化覆盖面积中乔、灌木所占比率　≥70%
	14	城市各城区绿地率最低值　≥28%
	15	城市各城区人均公园绿地面积最低值　≥5.50m²/人
	16	园林式居住区达标率≥60%或年提升率≥10%
	17	城市道路绿地达标率　≥85%
	18	城市防护绿地实施率　≥90%
三、建设管控（8）	19	城市园林绿化建设综合评价值　≥8.00
	20	公园管理、设计和配套服务设施经营符合规定，编制近三年公园建设计划并实施，国家重点公园、历史名园实行永久性保护
	21	公园免费开放率　≥95%
	22	按标准规范编制城市绿道建设规划，绿道及配套设施维护管理良好
	23	古树名木保护率100%，完成树龄超过50年及以上古树名木后备资源普查、建档、挂牌并确定保护责任单位或责任人
	24	植物造景和栽植全冠苗木为主；控制大树移植、大广场、水面、草坪、色块及雕塑、灯具造景、过度亮化；用乡土、适生植物和本地种苗，控制反季节种植、更换行道树种；制订立体绿化推广鼓励政策、技术措施和实施方案；推广海绵型公园绿地建设
	25	有风景名胜区、世界遗产管理机构，保护、利用有效；有经批准的《风景名胜区总体规划》，严格建设项目审批等手续
	26	编制和实施海绵城市规划，建成区内独立汇水区达到建设要求

续表

	27	山水格局及自然生态保护较好，完成生态评估，制定并公布生态修复总体方案，建立生态修复项目库，有成功生态修复案例	
	28	结合绿线、水体保护线、历史文化保护线和生态保护红线划定，统筹城乡生态空间；合理布局绿楔、绿环、绿道、绿廊等，将自然要素引入城市和社区	
	29	完成生物物种资源普查，制定《城市生物多样性保护规划》和实施措施，有五年以上监测记录、评价数据，综合物种指数≥0.6，本地木本植物指数≥0.80	
	30	完成规划区湿地资源普查，编制《城市湿地资源保护规划》并实施	
四、生态环境（9）	31	进行山体摸底和生态评估，解决破坏且不能自我恢复山体的安全隐患，保护山体植被、种植乡土、适生植物、重建、植被群落，破损山体生态修复率每年增长10个百分点以上或修复维护保持率≥95%	
	32	分析废弃地成因、受损程度，运用生物改良土壤解决场地安全隐患，种植有吸收降解功能、抗逆性强植物，恢复植被群落，废弃地修复再利用率每年增长大于10个百分点或修复维护保持率≥95%	
	33	结合海绵城市建设做水体生态修复，水体岸线自然化率≥80%，保持河湖水系连通，地表水Ⅳ类及以上水体比率≥60%，建成区消除黑臭水体，发生内涝防治重现期内暴雨，无严重内涝灾害	
	34	全年空气质量优良天数	≥292d
	35	城市热岛效应强度	≤2.5℃
五、市政设施（6）	36	城市容貌评价值	≥9.00
	37	城市管网水检验项目合格率	100%
	38	污水应收集全收集，污水处理率≥95%，污水处理污泥达标处置率100%，污水处理厂进水COD浓度≥200mg/L或比上年提高≥10%	
	39	生活垃圾无害化处理率100%，填埋场全部达到Ⅰ级标准，焚烧厂全部达到2A级标准，生活垃圾回收利用率≥35%，基本建立建筑垃圾和餐厨垃圾回收利用体系	
	40	城市道路完好率≥95%，制定城市综合交通体系规划及实施方案，2020年达到城市路网密度≥8km/km² 和城市道路面积率≥15%	
	41	地下管线等基础设施档案健全，建成地下管线综合管理信息平台，遵照要求开展城市综合管廊规划建设及运营维护工作，考核达标	
六、节能减排（5）	42	城市再生水利用率	≥30%
	43	北方采暖地区住宅供热计量收费比例	≥40%
	44	林荫路推广率	≥85%
	45	制定步行、自行车交通体系专项规划并已实施，建成步行、自行车系统	
	46	近三年新建建筑中绿色建筑占比≥50%，严寒寒冷、夏热冬冷和夏热冬暖地区节能建筑占比分别≥65%、≥60%、≥55%，制定推广绿色建材和装配式建筑政策措施	
七、综合否决项	47	近三年发生安全运行重大事故，重大违法建设事件，被住房和城乡建设部通报批评，被媒体曝光、造成重大负面影响者，一票否决	

国家环境保护模范城市考核指标 表5.3

指标类别	考核指标	考核要求
基本条件	1. 城市环境综合整治定量考核	连续三年名列全国或全省前列
	2. 国家卫生城市考核验收	通过
	3. 环境保护投资指数	>1.5%
社会经济	1. 人均GDP	>1万元
	2. 经济持续增长率	>全国平均增长水平
	3. 人口出生率	<国家计划指标
	4. 单位GDP能耗	<全国城市平均水平
	5. 单位GDP用水量	<全国城市平均水平
环境质量	1. 全年空气污染指数	<100天数大于全年天数的80%
	2. 集中式饮用水水源地水质达标率	>96%
	3. 城市水域功能区水质达标率	100%，市内无劣五类水体
	4. 区域环境噪声平均值	<60dB
	5. 交通干线噪声平均值	<70dB
环境建设	1. 自然保护区覆盖率	>5%
	2. 建成区绿化覆盖率	>35%
	3. 城市生活污水处理率	>60%
	4. 工业废水排放达标率	>95%
	5. 城市气化率	>90%
	6. 城市集中供热率	>30%
	7. 生活垃圾无害化处理率	>80%
	8. 无危险废物排放，工业固体废物处置利用率	>70%
	9. 烟尘控制区覆盖率	>90%
	10. 噪声达标区覆盖率	>60%
环境管理	1. 城市环境管理目标责任制	落实到位，制定创模规划，并分解实施
	2. 环境保护机构	独立建制
	3. 公众对城市环境的满意率	>80%
	4. 中小学环境教育普及率	>80%

室（中华人民共和国国家卫生和计划生育委员会疾病预防控制局）创建国家卫生城市。

（5）2003年，全国绿化委员会创建全国绿化模范城市。

（6）2004年，全国绿化委员会、国家林业草原局创建国家森林城市。

（7）2005年，中央精神文明建设指导委员会（中央文明委）创建全国文明城市，它是市民整体素质和城市文明程度较高的城市。依照《全国文明城市测评体系》要求，主要从廉政高效的政务环境，公正公平的法治环境，规范守信的市场环境，健康向上的人文环境，安居乐业的生活环境，可持续发展的生态环境，以及扎实有效的创建活动等七个方面和一个特色指标，以及119项具体内容进行考核。此外，还设置了材料审核、问卷调查和实地考察等测评方法，其中多数项目采取了量化的测评标准。

已经启动创建的七个城市名称、创建部门、评价指标、创建时间和已命名城市的个数如表5.4所示。

创建城市名称、创建部门、评价指标、创建时间和已获称号城市个数　　　　　　表5.4

创建城市名称	创建部门	评价指标	创建时间	已获称号城市个数
1. 国家园林城市	建设部，2008年后改为住房和城乡建设部	人均公共绿地 绿化率 绿化覆盖率	1992年	352（1992~2017年）
2. 国家生态园林城市		生态环境 生活环境 基础设施	2005年	19（2016~2019年）
3. 国家环境保护模范城市	国家环境保护局。2008年升为国家环境保护部，2018年成立生态环境部	基本条件 社会经济 环境质量 环境建设 环境管理	1997年	83（1997~2012年）
4. 国家卫生城市	全国爱国卫生运动委员会办公室（国家卫生和计划生育委员会疾病预防控制局）	爱国卫生组织管理 健康教育和健康促进 市容环境卫生 环境保护 重点场所卫生 食品和生活饮用水安全 公共卫生与医疗服务 病媒生物预防控制	1990年	108
5. 全国绿化模范城市	全国绿化委员会	领导重视程度 绿化机构建设 绿化规划、计划 义务植树 绿化成活和保存 城乡绿化建设 绿色通道建设 单位庭院和居住区 绿化管护 古树名木保护 绿化宣传教育	2003年	85（2003~2013年）含直辖市的区
6. 国家森林城市	全国绿化委员会、国家林业草原局	森林网络 森林健康 生态福利 生态文化 组织管理	2004年	161（2004~2019年）[1]（含县级市）

---

[1] 国家森林城市个数有多少？国家森林城市名单一览. https://www.maigoo.com/news/520945.html.

创建城市名称	创建部门	评价指标	创建时间	已获称号城市个数
7. 全国文明城市	中央精神文明建设指导委员会（中央文明委）	廉洁高效的政务环境 公正公平的法治环境 规范全国文明城市守信的市场环境 健康向上的人文环境 安居乐业的生活环境 可持续发展的生态环境 扎实有效的创建活动	2005年	复查保留83 （2005～2017年）

从上述可见，我国城市创建活动开展了20多年，已经启动创建的七个城市的特点是：①都是中央政府部门发起创建，制定评价标准、指标和细则，通过城市政府和公众参与推行；②创建城市名称和考核内容都同创建政府部门的主要职能相关联；③评价指标和考核内容有些重复和交叉；④已经有几十到几百个城市获得命名；⑤同现代城市的职能，特别是经济增长、人流、物流、交通流、信息流和金融流等节点的形成，以及科教文基地建设等职能契合不够。

21世纪是城市的世纪，一个国家的城市搞不好，这个国家就没有希望。诚然，要搞好现代城市，需要创建园林、生态、环保、卫生、绿化和文明城市，但更需要同决定现代城市发展的职能契合。因此，迫切需要对20多年来走过的路，进行认真地回顾和总结，通过成本—效益分析，统筹规划，建章立法，避免各行其是、指标重复和政出多门。特别是对一直存在争议和质疑的国家森林城市，更需监管到位。对国家森林城市的争议和质疑主要有三点：一是同国家园林城市概念接近；二是缺乏现实可行性；三是未经过国务院批准。

2. 城市管理公众参与模式 [2]

美国是西方国家城市管理公众参与起步较早且程度较高的的国家。1971年就开始把大量的城市公共事务交给社区管理，以后一直重视和强化。其公众参与模式主要体现在以下三个方面：

（1）城市公共事务的社区管理

1975年纽约市把城市公共事务交给该市下属59个社区管理，为发挥城市社区自治组织的作用打下了基础。比如，西雅图市政府内部虽然设有社区部和居民服务中心，但主要负责社区事务的还是200多个社区理事会。其管理和服务职责是：帮助改进邻里关系、反映居民服务诉求，以及治安、环境保护方面事务。除了社区理事会外，西雅图市还有13个区理事会。区理事会由区内的1名商会等经济组织的代表、1名居民代表和政府相关部门的官员组成。区理事会的主要职责是沟通、协调市议会和居民之间、市政府与居民之间，以及区理事会和社区理事会之间的关系。1978年，亚利桑那州的菲尼克斯市开始在垃圾收集、废渣填埋、停车场管理、街道清扫、道路维修、食品和饮料经营特许，以及治安等城市管理领域实行公营、私营单位竞争承包经营试点。1981～1984年，该市与私营公司签订的大型承包合同从53项增加到179项。竞争带来的最明显的好处是效率提升，投入少，产出多。纽约市长发现，该市公共卫生部门同该市及其周边私营单位相比，私营承包商每吨垃圾收集费用约为17美元，而公共卫生部门承包每吨垃圾收集费用却为

49美元，为私营承包商的2.9倍。

（2）公众通过集体行动参与城市管理

公众通过集体行动参与城市管理有两种方式：一是公众为共同利益组织起来，采取集体行动以达到目的，如为反对在自己家门口修建公路而组织起来，通过请愿向政府施压、反映意见，提出诉求，影响政府改变决策；二是公众自发组织起来，成立非政府组织（NGO, Non-Governmental Organization），并以非政府组织的名义开展活动，谋求共同利益，或响应政府决策而采取相关行动。

非政府组织是介于政府与私人组织之间的，具有很强的自治性、公益性、非营利性、志愿性、民间性的组织。美国是世界上非政府组织最早诞生的国家，而且还是世界上非政府组织最发达的国家。主要表现在：种类多，数量多；重要性突出，影响广；独立性高；资金来源多元化；志愿性强；制度完备等。比如，有各种商会、工会、协会等。公众通过集体行动，以一个声音向政府表达对话，表达诉求，效果更佳。

（3）非政府组织是城市管理的重要角色

在美国的城市管理中，非政府组织的主要作用是：

1）在政府支持下提供城市公共物品

美国很多城市的公共物品，特别是教育培训、救困济贫和公民权益维护等，主要不是政府提供，而是非政府组织提供，但也离不开政府的支持。

政府支持主要有三：一是在非政府组织开展公共服务时，政府给予免税优惠，包括财产税、所得税和消费税等；二是政府拨款资助开展特定活动，如纽约市政府一直资助非政府组织从事乞丐和囚犯救援相关的公共服务；三是政府通过合同承包和特许经营等方式出资把公共服务转包给非政府组织，或从非政府组织购买特定的公共服务。自20世纪60年代以来，已有200多种公共服务项目纳入城市政府购买体系。如纽约市社区服务领域每年有80%的项目为非政府组织合同，洛杉矶市亚裔青少年活动中心每年活动经费的75%通过服务合同资助非政府组织。

2）在政府授权下承担城市管理与服务职责

政府授权非政府组织承担城市管理与服务职责主要是行业管理、经济服务和政策研究等方面。例如，俄克拉荷马（Oklahoma）州的彭卡市政府的经济发展局和彭卡市民间商会合署办公，两块牌子一套人马，工作人员都是志愿者，不拿政府工资。就是说，彭卡市民间商会代替彭卡市政府经济发展局承担了发展和管理该市经济职责，包括创造就业机会、制定经济发展战略规划、开展经济发展研究、协调企业与其雇员之间的关系，为企业提供求职人员信息，为本市商业发展提供信息支持，组织劳动力培训。商会除了向企业会员收取一定的会费以外，政府财政给予资助。在具体项目里，商会还可以从城市政府得到项目经费。这种商会和城市政府合作互利的关系，一方面使非政府组织获得合法地位和资金、政策支持，发挥民间组织优势；另一方面使政府在缩小机构，减少行政运作成本的同时，实现了经济管理的职能。

3）增强城市基层的"草根"组织及其自治能力

美国城市基层有许多"草根"组织（Grassroots organization），如社区互动组织、自助组织。自助组织有禁酒俱乐部、读书会、青年踏板车俱乐部等。调查显示，约有40%的美国人加入了各种"草根"组织。这类组织规模虽然较小，组织松散，正规化程度低，制度规则也不够严密，但涉及社会问题广泛，在社会管理和基层公共领域发挥的重要作用却不容小觑。这些领域包括权益保障、失业人员帮助和职业培训、残疾人和移民问题咨询、自然环境问题宣传、滥用药物防范和吸毒防范，以及组织业余爱好活动和业余技能培训等。"草根"组织功能实际上是社会自治，是协调人与人之间的关系，同政府的行政命令和市场的等价交换不是一回事。"草根"组织可以通过自治协调成员的利益关系，满足成员的利益诉求，帮助政府处理基层的公共事务。

5.3　城市灾害管理 [3]❶

人类在科学技术方面取得了历史上空前的、突破性的进展。人能登陆月球，在月球上行走；机器人能在火星登陆。但是，自然灾害险情并没有因此而有所降低。由于人类自身，灾害风险实际上在急剧增加，我们仍然面临严峻的灾害风险。我们总是事后诸葛亮，觉醒太迟。对我们自身来说，我们可能比任何其他险情还要危险。表5.5为1980年以来世界十大损失最严重的自然灾害，从中可见，这十大灾害造成的经济损失高达8790亿美元。其中2011年发生在日本的东北地震/海啸造成的损失就占总损失的24.3%，包括道路、居住区、机场、船只、房屋、汽车和集装箱被地震引发的海啸摧毁（图5.2）。

1. 风险、灾害与损失

风险（risk）的定义和内涵有多种说法，至今仍未获得共识。权威的世界英语字典（World English Dictionary）里说，风险是"在险人和物的伤亡或损失概率"或"遭遇危险或伤害、损失等的概率"。澳大利亚/新西兰风险管理标准

1980年以来世界十大损失最严重的自然灾害　　　　　　　　　　表5.5

	灾害	国别	发生年份	经济损失（亿美元，按通货膨胀调整后）
1	东北（Tohoku）地震/海啸	日本	2011	2140
2	卡特里娜（Katrina，Rita，Wilma）飓风	美国	2005	1820
3	阪神—淡路（Hanshin-Awaji）地震	日本	1995	1500
4	汶川地震	中国	2008	900
5	那不勒斯（Naples）地震	意大利	1980	550
6	桑迪（Sandy）飓风	美国	2012	500
7	北岭（Northridge）地震	美国	1994	460
8	新潟县（Niigata—ken）地震	日本	2004	340
9	摩尔（Maule）地区地震	智利	2010	310
10	伊兹密特（Izmit）地震	土耳其	1999	270

资料来源：https://www.worldvision.org/disaster-relief-news-stories/10-most-expensive-natural-disasters-since-1980.

---

❶ 叶耀先. 第二届综合防灾减灾与可持续发展论坛. 北京五洲大酒店. 2011年5月10日.

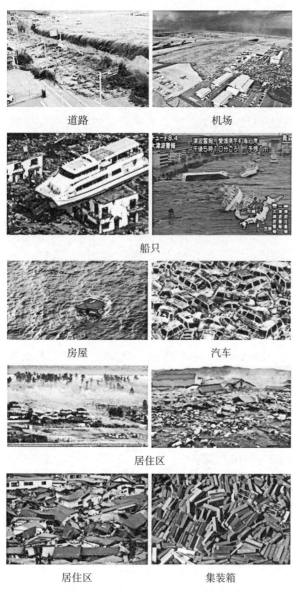

道路　机场

船只

房屋　汽车

居住区

居住区　集装箱

图5.2　2011年日本东北地震/海啸造成的破坏

（AS/NZS4360：1999）把风险定义为"对客观事物产生影响的某时间的发生概率，用后果和可能性来度量"。而GeoRisk❶则认为风险是在险物暴露、险情和易损性的卷积。保险公司对风险的定义是"损失的险情或概率"。

本节下面所说的20世纪80年代和90年代的三篇最具影响力的风险基础性研究科学著作之一的

作者斯坦·卡普兰（Stan Kaplan）和约翰·加里克（John Garrick）则用三连集（Set of triplets）的概念和贝叶斯定理对风险作定量描述，并扩展到包括不确定性和完整性，用于讨论"相对风险""风险的相对性"和"风险的可接受性"[4]。他们把风险R定义为"情景描述、情景概率和衡量破坏的情景后果等三位一体的集合"，如下式所示：

$$R=\{(S_i, P_i, X_i)\} \qquad (i=1, 2, 3\cdots n)$$

式中：

S_i——情景i描述

P_i——情景i概率

X_i——衡量破坏的情景i后果

对于风险定义本身，虽然存有争议，但都认为风险具有以下三个特点：

（1）风险具有不确定性。就是说，有风险特征的事件，可能发生，也可能不发生。

（2）风险可能会造成损失，如果风险成为现实，则损失必然发生。

（3）风险可以改变或选择，对于可能发生的风险，我们可以采取措施来减少它，或者选择我们能够接受的风险。

对于自然灾害，现在我们还不能或很难减少险情，只能想办法去降低风险，或者控制处于险情的在险人和物或降低它们的"易损性"。

风险分析通常要回答三个问题：①什么灾害可能发生？②如果将会发生，可能性有多大？③如果真的发生，后果是什么？

什么是真实的风险？这同对风险再现估计有关。对于地震灾害来说，关键是估计某一震级的地震的再现期，即这个震级的地震每隔多长时间发生一次。一般，4级以下地震不会造成房屋破

❶ GeoRisk，杂志名称，英文是Risk Assessment and Management in Geo-engineering，可译为《地球（地质）工程中的风险评估与管理》。

坏和人员伤亡，5级和6级地震则会造成房屋破坏和人员伤亡，7级地震通常会造成严重灾害，8级地震则会造成巨大灾害。按传统方法和现代方法估计的地震再现期如表5.6所示。从表中可见，按传统方法估计，5级地震可能10～12年发生一次，6级地震可能70～90年发生一次，一般认为减轻地震灾害花钱是合理的。但是，如果按现代方法估计出的再现期[5]，6级地震可能114～166年才发生一次，这样，通常认为，为减轻地震灾害花钱就很难认定是合理的。

由于风险管理是以风险分析为基础的，任何风险自身都有不确定性，而且不确定性潜入风险分析的全过程，加上我们不可能每次新论文发表都改变模型，这就导致风险分析陷入困境。所以有人说，风险分析近于技艺而非严谨的科学。

20世纪80～90年代，国际上在灾害风险领域做了许多基础性研究。2020年1月，挪威斯塔万格大学的泰耶·阿文（Terje Aven）在《可靠性工程与系统安全》杂志上发表了一篇回顾总结性论文，题目是："20世纪80年代和90年代的三篇有影响力的风险基础性研究论文：它们仍然是最先进的吗？"[6]所述最具影响力的三篇科学著作是斯坦·卡普兰（Stan Kaplan）和约翰·加里克（John Garrick）在1981年发表的关于风险量化的论文[7]，阿波斯托拉基斯（George E. Apostolakis）在1990年发表的关于概率的论文[8]

以及M.伊丽莎白·帕特·康奈尔（M. Elisabeth Paté-Cornell）在1996年发表的关于风险评估水平不确定性的论文[9]。文章重点回顾了风险和概率概念的含义，不确定性的不同类型，模型不确定性，不确定性和概率之间的差异，以及如何量化和描述风险等的问题。文章认为，根据风险科学的发展和当前的最新水平，这三篇论文对风险科学的发展作出了巨大贡献，解决了重要的基础性问题，对风险分析和管理有重大影响和指导意义，在很大程度上仍然代表了现代最新技术水平。

一个地区的灾害风险（risk）是险情（hazard）、承灾体易损性（vulnerability）和承灾体暴露度（exposure）的函数。一个地区有灾害风险，如果险情没有发生，则不会发生灾害。一个地区有灾害风险，如果在没有人烟和经济设施的地区，即使险情发生了，也不会酿成灾害。

就自然灾害来说，险情就是地震、洪水、飓风、龙卷风、森林火灾等在所考虑的地区发生的强度、概率和后果的严重程度。比如地震，险情就是三要素：地震震级（知道震级就可以推算出震中地震烈度、地面运动加速度和灾害分布）、可能发生时间以及可能发生的地点。易损性或脆弱性是指暴露或处在险情之下的承灾体的抗灾能力或对灾害的敏感程度（susceptibility）。暴露度就是承灾体在有潜在险情的地方暴露的程度。承

震级和再现期估计　　表5.6

震级	传统方法估计的再现期1	现代方法估计的再现期2
4	14 月	—
5	10～12年	—
6	70～90年	140±26年
7	254～500年	1400±600年
8	550～1200年	14000±7000年

灾体一般包括四个方面：一是生物群落，包括人、动物、植物和微生物等；二是经济，包括房屋、工程设施、生命线系统（道路、桥梁、管线、输电线路等）和网络系统等；三是社会，包括个人、家庭以及社会组织等；四是生态，包括地表、水域以及山脉等。尽管1976年唐山地震对社会承灾体造成的破坏相当严重，如家庭的破碎和邻里、社会组织的分割，但并未引起足够重视。

一个地区如果有潜在险情，承灾体易损，而且暴露度高，就可以认定这个地区有灾害风险，但是还未形成灾害。一旦险情发生，就会形成灾害。其结果是承灾体损失、破坏。如图5.3所示。灾害发生前，可以根据历史上发生过的灾害和模拟分析技术预测灾害造成破坏的概率和后果的严重程度。

城市灾害风险随着时间的推移而增长，究其原因，主要有以下几点[1]：

（1）人们对风险认知不足，特别是由于科学认知水平的限制，往往低估灾害险情；

（2）风险意识缺失，忽视灾前防御和预警；

（3）人口增长和城镇化使人口分布产生变化，特别是城镇化引起的城镇人口的快速增长和密集；

（4）灾害险情地区因开发和经济发展而升值；

（5）现代社会科技和经济发展迅速，但也带来了防御灾害的脆弱；

（6）环境因人类活动，特别是忽视生态保护和无节制地消耗化石能源而造成环境退化和全球气候变化；

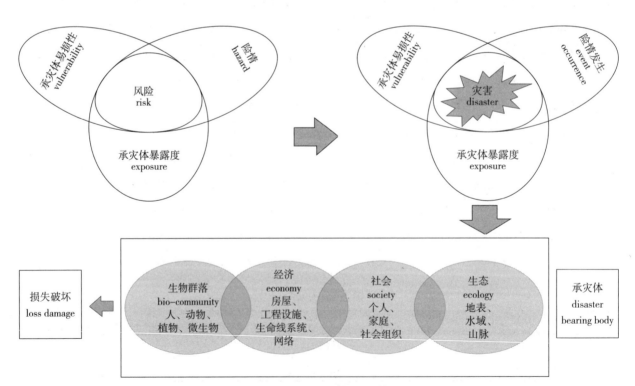

图5.3 风险、灾害和承灾体损失破坏

[1] GTZ. 2002，Munich Re Group. 1999.

（7）保险投保率的变化；

（8）地理位置，发展中国家多处于自然灾害多发地区；

（9）缺乏有效、可操作的灾害管理方法。

可见，减轻城市灾害风险需要全球各国共同努力，一个或少数几个国家的努力，是难以奏效的。

灾害（disaster）与损失（loss）是有灾害风险的地方，一旦险情发生而造成的。这就是说，在一个地区，只有在"有潜在险情""承灾体暴露""承灾体易损"和"潜在险情发生"等四个条件同时具备的时候，才会发生灾害，从而造成损失或破坏。这四个条件，一是这个地区有生物群落（人和动、植物）和工程设施（房屋、生命线系统、网络系统）等"承灾体"；二是这个地区的"承灾体"具有"易损性"，即在灾害发生时容易遭受损坏；三是这个地方有"潜在险情"，即有发生地震、飓风和洪灾等灾害的可能性，比如，我国地震基本烈度为6度或6度以上的地区，就是有地震险情的地区；四是在这个地区"潜在险情"真的发生了，即震中地震烈度为6度或6度以上的地震，确实发生了。

2. 城市地震灾害风险管理

城市是一个多层次的系统。这个系统包括自然环境（Natural Environment，NE），社会环境（Social Environment，SE），基础设施（InfraStructure，IS），土地利用和建成环境（Land-use and Built environment，LB），以及人类活动（Human Activities，HA）等五个层次（图5.4）。城市的所有功能都是由这五个层次构成的。从变化速度来说，变化最慢的是自然环境，社会环境的变化速度比自然环境快一些，基础设施的变化速度又比社会环境快一些，土地利用和建成环境的变化速度又比基础设施快一些，

这五个层次中变化最快的当属人类活动的变化。但从分布的空间来说，人类活动的空间最为狭窄，土地利用和建成环境的空间比人类活动的空间要来得广阔，基础设施的空间又比土地利用和建成环境的空间广阔，社会环境的空间又比基础设施的空间广阔，这五个层次中空间最为广阔的当属自然环境。

城市地震灾害就是地震袭击整个城市的所有这些系统，使城市的多层次系统质量和功能下降，从而使城市潜在的最脆弱的和功能不良的部位经受不住地震的考验而遭到破坏。这样，未来地震灾害可能造成的破坏就在很大程度上取决于城市的每一个层次和所有层次之间的相互作用方式和功能。特别是，如果对整个城市系统的发展管理不善，则很可能造成城市灾害潜在的风险增加，一旦巨大的自然灾害袭击这座城市，这些薄弱环节最终就会暴露出来。所谓城市诊断（urban diagnosis）就是用系统的方法查明城市的多层次实体的脆弱和功能损坏部分，并对解决这个系统存在问题和减轻灾害的有效措施作出分析和评价。

如何管理好一座现代城市，特别是一座巨型城市（mega-city）和都市连绵区，是我们面临的一个紧迫问题。我们必须通过和谐的发展和可持续的管理，使我们的城市能够经得起地震灾害的袭击。

当今减轻地震灾害主要有三个途径（图5.5）：一是地震预报，现在尚处于研究和试用阶段，试用主要是针对长期地震预报，但准确率仍然很低；二是诱发地震，仍处于探索和实验阶段，只能说看到曙光，还没有实际应用；三是通过地震工程对地震进行风险管理和后果管理，包括防御、控制和抗御等，已经处于应用和研究阶段，这是当前最为现实可行的减轻地震灾害途径。

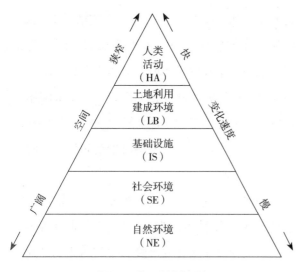

图5.4 多层次城市系统

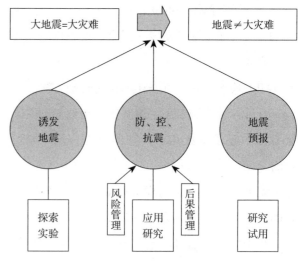

图5.5 当今减轻地震灾害的途径

地震预报即预报地震发生的时间、地点和强度（震级或震中烈度）。我国地震预报分为四类：①长期预报：未来10年内可能发生的破坏性地震的预报；②中期预报：未来1～2年内可能发生的破坏性地震的预报；③短期预报：未来3个月内可能发生的地震的预报；④临震预报：未来10日内可能发生的地震的预报。由于地震类型多样，孕育过程非常复杂，人类至今还没有掌握地震孕育过程的基本规律，所以地震预报在科学上仍是一个未解的难题，处于研究和试用阶段，只能等待掌握地震孕育过程的基本规律以后，才能付诸应用。多数科学家认为，这是22世纪有望实现的事情。

诱发地震是人们受到往深井里注水和水库蓄水可以诱发地震的启发提出来的减轻地震灾害设想。具体想法是在可能发生强烈地震的地区，把孕育几十或几百年发生一次的大地震能量，通过多次诱发小地震释放出来。1962年，美国科罗拉多州丹佛附近洛基山兵工厂向3.8km深的井内注入废液，结果引发了多次地震，最大的达到5.5级，地震频度与注液速率密切相关。1967年，科学家在美国科罗拉多州西北部的兰奇雷油田周围布设四台地震仪做实验。他们向采油深孔高压注水，当水的压强达到4000磅／平方英寸时，开始诱发一系列地震，水的压强下降，地震频度也随之下降。1970年日本松代的注水实验和1972年美国兰吉利油田油井注水也曾诱发地震。我国1976年任丘油田，1985年胜利油田向深油井高压注水时，也诱发过一系列小的地震。可见：深井注水确实可以诱发地震。但是，深井注水非常昂贵，具体位置也难以确定，注水的具体技术，以及和地震震级的关系等问题都没有解决，所以现在只能探索，无法应用。

水库蓄水会诱使坝区、水库库盆或近岸范围内发生地震，但震中位置多分布在库坝区或其外围邻近地区25～40km范围之内。有些水库蓄水后地震活动性增强，如赞比亚卡里巴水库、希腊科列马斯塔水库、印度科依纳水库、中国新丰江水库、塔吉克斯坦努列克水库等。有些水库蓄水后地震活动性减弱，如我国台湾曾文水库和美国安德逊水库。国内外地震、地质专家普遍承认的水库诱发地震有70～80起，占世界大坝会议已登记的3.5万座水库的2‰～3‰。但是不容忽视的是，随着大坝坝高的增加，发生水库诱发地震的比例也相应增加，坝高超过200m的水库，发生诱发地震的实际比率为34%。绝大多数水库诱发地震的震级小于里氏5级，属于弱震或微震，约占总数的80%以上；较强的水库诱发地震不到总数的20%，其中5.0～5.9级的中等强度地震10例，6.0～6.5级强度地震仅有4例。世界上已记录到的最大的水库诱发地震为6.5级，1967年12月发生在印度科依纳水库。迄今为止，只有两例水库诱发地震对大坝局部地段造成损害，一个是我国的新丰江水库（6.1级），一个是印度的科依纳水库，坝址处地震烈度均为8度；经抗震加固后，至今仍在安全运行。迄今为止，世界上尚未发生因水库诱发地震而使大坝失事的实例。通过建设水库诱发地震来释放强烈地震区的地震能量难度更大，因为水库只能建在特定的地区，而且比深井注水耗用人力和物力更多。

通过对房屋建筑和工程设施采取防御、控制和抗御措施是国际公认的、可行的减轻地震灾害途径。

3. 减轻城市地震灾害的策略

要管理好一座现代城市，减轻城市地震灾害，必须抓好三件事。

（1）提升建筑和工程设施的"延性"，应对地震潜在险情。

1976年唐山地震前，唐山市的地震基本烈度定为6度，低于建筑抗震设计规范规定的设防烈度，几乎所有房屋、工程设施和设备都没有抗震设防。实际上，唐山市是一座对地震没有设防的城市。地震时实际地震烈度高达9～11度，这是造成这次地震巨大灾难的主要原因。唐山地震以后，唐山市的地震基本烈度从原来的6度提高到8度，建筑抗震设防标准也有相应的提高。[10]

这种低估地震险情的情况在世界地震国家常有发生，我国更是屡见不鲜。中华人民共和国成立以来，我国发生过14次强烈地震，其中11次与唐山地震雷同，实际震中地震烈度都高于原定的地震基本烈度，只有3次实际地震震中烈度没有超过原定的地震基本烈度（表5.7）。

1949年中华人民共和国成立后强烈地震原定地震基本烈度和实际震中地震烈度比较　　　表5.7

序号	发生年份	发生地点	震级	地震基本烈度	实际地震震中烈度
1	1955	四川康定	7.5	10	9
2	1955	新疆乌恰	7.0	9	9
3	1966	河北邢台	6.8，7.2	6	10
4	1970	云南通海	7.7	9	10
5	1973	四川泸霍	7.9	9	10
6	1974	云南永善	7.1	8	9
7	1975	辽宁海城	7.3	6	9
8	1976	云南龙陵	7.6	8	9
9	1976	河北唐山	7.8	6	11
10	1976	四川松潘	7.2	6～9	8
11	1985	新疆乌恰	7.4	9	9
12	1988	云南澜沧	7.6，7.2	8	9
13	1999	台湾集集	7.3	6～7	11
14	2008	四川汶川	8.0	6～7	11

这种失误主要来自对地震和地震工程认知的不足。表现在：当前的地震科学水平还不能准确地预测未来的地震险情；当前的地震工程水平还不能完全把握地震时房屋建筑和工程设施的地震性状。

1970年1月5日云南通海地震以后，笔者到峨山县地震灾区调查，和农民一起探讨如何重建家园。农民带着深深地渴求问笔者："能不能帮我们把房子盖得地震来了，即使倒塌也不会伤人？"这个问题笔者一直铭记在心，但至今还没有办法实现他们的渴求。困难在于，一般建筑设计的目标是防止破坏，把变量理想化为确定性的；而建筑抗震设计的目标是优化，要处理的是随机变量，所以必须以破坏发生在最近将来的概率为依据。如果以防止破坏为目标，把变量视为确定性的，则大量的一般建筑都将成为碉堡，人类所有财富用于抗震可能还不够[11]。可见，峨山农民提出的问题仍然是目前世界科学水平还不能解的世界级难题。

这就提醒我们，未来地震的实际地震烈度有可能超过设计时采用的抗震设防烈度。所以，我们必须努力学习，尽可能多地了解房屋建筑和工程设施的地震性状，特别是如何使建筑和工程设施整体和局部都具有良好的"延性"（ductility），即做好延性设计，提升建筑抗变形能力，为地震区建筑和工程设施留有适当的安全余地。

（2）降低城市承灾体的暴露程度

城市承灾体的规划和布局不仅要考虑防御地震，而且要立足于防御可能发生的大地震，尽量减少承灾体的暴露程度。首先，要汲取1976年唐山地震唐山市路南区由于坐落在活动断层上而遭到毁坏的沉痛教训，规划前要查明活动断层的所在，如在其上建设，必须采取相应措施。其次，在沙土液化严重的地段，地基失效造成房屋倾斜、下沉、室内地面拱裂、设备倾斜。房屋倒塌虽少，但修复十分困难。重大工程要尽量不在这些地段建设，必须建设时，应采取相应措施。第三，岩石地基上的房屋建筑和工程设施破坏比其他地基上的轻。规划时要尽量把重要工程建在岩石地基上。第四，城市通信、供水、供电等生命线系统不宜集中设置，应分散在城市周围，自成系统。第五，要留有避震和疏散场地，适当加宽街道。第六，注意防止地震次生灾害。如震后火灾、水库溃坝及剧毒气体和液体散逸等，在布局、安全防范等方面要采取有效措施。第七，重要设备、设施尽量建在地下，1976年地震唐山市地震烈度10度和11度地段，地面建筑荡然无存，而地下建筑却破坏轻微。矿区地下巷道基本完好，近万名地下作业人员，震后安全返回地面。而且，凡有地下室的房屋，破坏都比没有地下室的房屋轻。可见，重要设备、设施应尽量建在地下，降低暴露程度非常重要。

（3）降低城市承灾体的易损度，即确保承灾体抗御地震的能力

主要是做好以下三项工作：一是新建建筑和工程设施要按照规范进行抗震设防。我国地震灾害的实践表明，设防和不设防结果大不一样。即使按地震基本烈度7度设防，实际地震烈度达到8度，甚至9度，多数房屋建筑仍不致倒塌。二是既有建筑和工程设施要按照标准进行抗震鉴定和加固，因为我国第一本建筑抗震设计规范迟至1974年才颁布试行，此前建造的既有建筑大多没有抗震设防，地震时这类房屋最易遭受破坏。三是适时修订和编制建筑和工程设施抗震设计和施工规范，使新建的建筑能应用新的研究成果。

4. 城市地震综合防灾减灾救灾和韧性城市建设

2016年，中央《关于推进防灾减灾救灾体制

机制改革的意见》❶指出："推进防灾减灾救灾体制机制改革，必须牢固树立灾害风险管理和综合减灾理念，坚持以防为主、防抗救相结合，坚持常态减灾和非常态救灾相统一，努力实现从注重灾后救助向注重灾前预防转变，从减少灾害损失向减轻灾害风险转变，从应对单一灾种向综合减灾转变。要强化灾害风险防范措施，加强灾害风险隐患排查和治理，健全统筹协调体制，落实责任、完善体系、整合资源、统筹力量，全面提高国家综合防灾减灾救灾能力。"

随着现代城市系统的日益复杂，它们面临的来自外部和内部的各种灾害的不确定性影响也日益增加。灾害发生时，城市的任何一个系统失灵，哪怕是很短暂，涉及范围很小，也会造成不可估量的损失。未来城市面临传统灾害和新的灾害、本地灾害和区域灾害相互叠加的风险、快速城镇化导致承灾体易损性和风险暴露度增加，必须能够应对灾害不确定性风险。因此，要全面提高国家综合防灾减灾救灾能力，就需要建设韧性城市（resilient cities）[12]，即提升城市系统遭受灾害时，应对和调整不确定性影响的能力，以维持城市系统的运行功能和保障居民基本生命财产安全。城市规划是引导城市生产和生活空间布局和协调社会资源分配的主要行政和技术手段，建设韧性城市的思想理应在城市规划编制过程中得到落实和贯彻，从源头上减少灾害发生。

建设韧性城市的目标是提升城市灾害防御能力和社会应对能力，建设城市综合防御体系和社会应对体系，使城市各系统能够有效地预防和减少灾害的发生，在遭受重大自然灾害后，城市不致瘫痪或破坏，仍然具备较强的自我恢复能力和功能，能够较快地从灾难中复苏，其核心是综合

防灾减灾救灾，做好灾前预防、灾中抗御和灾后恢复。

建设韧性城市要抓好四件事：

（1）编制韧性城市规划。重点有三：一是识别城市面临的不确定因素，并针对这些因素制定规划政策；二是突破政府行政职能分割，跨越现有规划管理制度壁垒，促进不同政府部门的协同合作，建立区域合作治理的长效机制；三是优化重点功能区域规划。比如，商业休闲区、大型游乐区、工业区和危险品区等要着重分析其安全特征，进行布局优化，有效减少灾害事故的发生及其影响。

（2）重视韧性城市基础设施建设，包括优化城市道路交通、给水排水、供电供气、通信等生命线系统的规划和布局，避开发震断裂，减少暴露程度；对未经抗震设防的和抗震能力不符合要求的生命线系统进行抗震鉴定和加固；在城市建成区注意建筑基底保水和利用公园绿地滞留雨水，减少洪涝灾害风险；确保遭遇灾害时仍能保持原有功能，在灾后应急救援和恢复重建中仍能发挥作用。

（3）新建房屋建筑严格按抗震设计施工规范设计施工，对既有未经抗震设防的老旧房屋建筑进行抗震鉴定和加固，对农村老旧房屋和未经抗震设防的房屋要进行普查，并采取必要的措施，保障房屋建筑不易遭受灾害毁损。为了减少灾害事故对城市的影响，在城市规划建设阶段，需要从城市安全发展的战略高度布局城市功能区域，优化设计将人流、物流有效分离，将危化品、化工园区等规划建设在远离人流密集地区。

（4）做到城市各种安全设施全覆盖，有足够的避难场所、消防设施、警署、医院等安全场所

---

❶ 中共中央　国务院. 关于推进防灾减灾救灾体制机制改革的意见. 2016年12月19日.

和救护设施，确保一旦灾害发生，能为灾民快速提供安全便捷的场所和救助，保障遭遇特大灾害时，能安全避灾、快速获得救助。

日本2014年6月发布了《国土强韧化基本规划》（以下简称《基本规划》），规定《基本规划》享有最上位法定规划的指导地位，其他规划有义务和《基本规划》相衔接，及时修正不一致的内容。国土强韧化规划有四个基本目标，一是最大限度地保障国民人身安全；二是维持国家及社会主要机能的无障碍运作；三是确保国民财产和公共设施相关损失最小；四是迅速恢复和复兴。国外的这些经验值得我们借鉴。但是建设韧性城市在我国刚刚起步，面临诸多困难。例如，韧性城市规划编制需要大量的数据资料，包括灾害的基础资料、致灾因子、承灾体等方面，这些资料来自不同部门，收集难度很大，有些数据因统计年代、标准不一，使用难度较大。又如，我国城市面临的公共安全形势非常复杂，加上经费、技术等方面的限制，前期风险评估难度很大，只能有重点地开展。再如，韧性城市规划与现有规划的关系不够明晰，在现有规划体系下，我国的城市规划种类已经非常多，相关规划之间的协调尚在研讨之中。所以，不能陷入浮躁和急于求成，要一步一个脚印，持之以恒。

5.4 城市牌匾标识和天际线管理[13]、[14]

2017年第四季度以来，北京市为维护市容市貌整洁，加强城市精细化管理，合理开发利用城市空间资源，提升首都城市品质，展示首都风范、古都风韵、时代风貌，建设国际一流和谐宜居之都，开展建筑物牌匾标识规范和整治工作，集中整治户外的牌匾、标识和广告，亮出天际线的专项行动。这项工作是适时的、明智的，也是国际通行的。行动开始以前，修订和颁布了新的《北京市牌匾标识设置管理规范》，是实事求是的、科学的做法。这样一个很好的工作却引起了广泛的争议，形成比较突出的舆情。实际上，市民对这项工作是支持的，争议主要是对具体做法有意见，比如拆除前缺乏同市民交流和沟通，对市民的城市心理形象和感受了解不够，以及在执行中出现一刀切和操之过急等情况。北京市城管委对这些具体做法方面的意见非常重视，并已及时改进，取得了较好的效果。

现将北京市、国内、国外在整治户外的牌匾、标识和广告，亮出天际线的行动方面，值得借鉴的经验综述如下。

（1）事前作出牌匾标识整治计划，根据具体情况，区别对待。北京市对中华老字号牌匾标识，着重抓二环以内的，并通过中华老字号协会确认予以保留。对现代牌匾标识，厘清有时代特征的，予以保留。重点检查准备保留，但有潜在风险的牌匾标识的安全性，并采取相应措施。根据各区的具体情况，确定规范牌匾标识的尺寸、材质、色彩等，务求避免全市一律。

（2）在整治中，特别要注意尊重历史、尊重市民和游客感受、尊重商家经营。北京市的牌匾、标识是多年形成的，是历史的沉淀。有些牌匾标识带有时代的烙印。大栅栏、王府井、同仁堂等120多个中华老字号，历经数百年依旧魅力不减，是人们公认的高质量品牌，更是北京的历史传统文化现象。全聚德的烤鸭、内联升的布鞋、同仁堂的药、六必居的酱菜、瑞蚨祥的绸布、东来顺的涮羊肉、吴裕泰的茶庄、功德林的素菜、砂锅居的砂锅白肉……北京人提起它们，如数家珍。老字号对于北京人的重要性、对于这座日益焕发新生机的古都的重要性，不言而喻。如果把这些牌匾标识都拆了，北京的历史就难找到了。为了妥善处理老字号牌匾标识，北京市召开了老字号牌匾标识设置市民代表座谈会，就是尊重历史的做法。

牌匾标识是可识别的城市的重要组成部分。有人说：识别道路的标识拆除了，就找不到要去的路了；商铺的牌匾对他们揽客、对顾客寻找他们的位置很有帮助，拆除了会影响他们的生计。市民、游客和商家的这些感受应该受到尊重。

牌匾标识有些是出于经营活动的需要。香港街头，户外广告牌已经成为这个城市的标签，改造行动一直在进行。2009年香港政府再次大面积整治，拆除了5000多个广告招牌，其中许多是霓虹灯招牌。2015年规定外伸的招牌采用竖向型，而非横向型。日本东京涩谷、美国纽约时代广场和第五大道也是灯火辉煌，牌匾标志和广告众多，这些都是做生意的需要。如果把这些牌匾标识一刀切地拆了，不但影响经营，城市也失去了生气，搞不好就可能会成为"死"的城市。

（3）因地制宜、确保安全。美国纽约的时代广场，作为世界户外广告和商品宣传的十字路口，这里是广告景观的黄金阵地。20世纪20年代就是繁华聚集区，同时也是一个贩毒场所。20世纪70～80年代，纽约市政府提出振兴规划，将广告作为重要元素，旨在利用广告的亮度、动态形成夜间的人气，降低犯罪率。2011年之后，有很多中国品牌扎堆亮相，国际各种大牌也在此争先恐后打广告。这片区域的规划跟其他地区完全不一样。它要求在一些核心节点的建筑，必须要大于 8000 平方英尺的画面。对于动态广告，必须占有 20%以上的面积。相对丁其他地区追求无声、统一的户外广告效果，时代广场对于这片区域的定义则是繁华和喧闹。现在是广告景观的黄金阵地，80m²以上的大型户外广告就有300个。

巴西圣保罗的户外广告曾经在 2000 年左右经历了一次爆炸式的增长。在 2007年，时任市长吉尔伯托卡萨布作出了一个大胆的决定：取缔城市内所有的广告牌。有15000个广告牌、1600多个标识和1300个金属板被市政府拆除。纽约时报在2006年法案生效前的报道称，圣保罗市民对政府的这种行为大都持支持态度，认为广告的消失使得城市的景观更加和谐统一。

法国1991年以来，政府颁布了一系列限制户外广告的条例，所有广告都必须使用法语。取缔了大规模购买广告位再出租的行为。在巴黎，不但广告标识受到了限制，甚至连建筑物本身都有严格的规定。巴黎城市规划整齐划一。黄色的墙面，深蓝的屋顶，没有繁杂的牌匾，所有的建筑外观都很简洁的。

东京的城市定位为现代化都市，而新宿作为娱乐区，被称作"亚洲城市终极视野的街道风景"，巨大醒目而又奇特的广告比比皆是。相比东京，京都的要求则更为严格。京都的城市定位则是"文化的京都"，浓郁的传统文化氛围在它的街道上得到体现，保留着许多江户时代的板屋，错落有致。《京都市户外广告制度》指出：全市禁止设置屋顶广告，禁止使用闪烁式、可动式照明（如旋转灯、可动照射灯等），并且除自家用广告、管理用广告及导向用广告之外，禁止使用大型广告看板。北京市是地震基本烈度为8度的地震区。鉴于户外牌匾、标识和广告在遭遇大地震和飓风时可能发生破坏坠落，从而造成人员伤亡，北京市规定，所有牌匾标识和广告都应按抗震、抗风要求设计和施工。为尽量减少对风造成阻碍，应避免在通风廊道和风道上设置外伸的障碍物，在城市狭窄空间中的高层建筑旁边应避免建设大型高架道路，以免造成地面空气不流通。外伸的招牌应采用竖向型，而非横向型，在行人活动频繁的地区更应特别重视这一点。

2018年，北京市城市管理委员会提出"拆设有序、分类施策、统筹推进"的原则，不搞一刀切，不设关门时间，充分体现了实事求是和科学办事的精神，深受市民欢迎。

综上所述可见，建筑物屋顶牌匾标识的设置，国际上并无统一的标准可循，都是根据本地实际情况和市民意见，因地制宜地处置。

（4）逐步把建筑物屋顶牌匾标识规范工作纳入城市设计，建立长效机制。2017年3月，《城市设计管理办法》（住房和城乡建设部令第35号）指出：城市设计是落实城市规划、指导建筑设计、塑造城市特色风貌的有效手段，贯穿于城市规划建设管理全过程。通过城市设计，从整体平面和立体空间上统筹城市建筑布局、协调城市景观风貌，体现地域特征、民族特色和时代风貌。建筑物屋顶牌匾标识工作正属于城市设计的范畴。

城市设计分为总体城市设计和重点地区城市设计。建议按照《城市设计管理办法》要求，对城市核心区和中心地区；体现城市历史风貌的地区；新城新区；重要街道，包括商业街；滨水地区，包括沿河、沿海、沿湖地带；山前地区；其他能够集中体现和塑造城市文化、风貌特色，具有特殊价值的地区；编制重点地区城市设计。重点地区城市设计的内容和要求应当纳入控制性详细规划，并落实到控制性详细规划的相关指标中。这样，建筑物屋顶牌匾标识工作就建立了长效机制。

北京市城市管理委员会是规范整治建筑物屋顶牌匾标识工作的主管机构，建议参与总体城市设计和重点地区城市设计的编制和实施。

（5）亮出城市天际线需要改善认知。首先，要认识到天际线很难改。城市天际线是城市全域或某一区域内建筑和自然景观的外部轮廓线与天空交接形成的剪影。它是长时间形成的，是历史的累积和沉淀；是一定时期内城市竖向形态风貌特征的反映，突显城市意象，浓缩城市精神，是城市的象征；是认识城市的重要载体，它使人们对城市发达程度和现代化程度产生联想和判断。

城市天际线随着城市发展、自然和人工环境变化、城市新建筑的出现和城市更新改造，以及社会、经济、科技和政策的变化而变化，始终处于动态变化状态。即使对现在的天际线有想法，也不能马上修改，只能通过在修改城市规划和城市设计的时候做出变动，逐步实施。

其次，要认识到打造美丽天际线更难。城市天际线同建筑的体形、高度、颜色和布局，同当地的山、水、地形、地势密切向相关，房子不能随便拆，山、水更是难挪动，所以天际线很难改动，不是想打造就可以打造的。

每个城市在不同时期都有自己的天际线，天际线美丽不美丽现在是仁者见仁，智者见智，各有说法。要打造天际线，必须解决三个问题：一是，弄清人们对天际线美丽不美丽，是否有共同的、一致的看法；二是，如果有，弄清天际线有什么用途，有什么意义；三是，回答用什么标准来评价，用什么方法去打造。只有这三个问题解决了，才谈得上打造美丽的天际线。

现在的情况是，国际上对城市天际线研究很少，上面讲的三个问题都没有完全解决。2012年，加拿大滑铁卢大学有人曾针对两个问题做过研究：一是"人们喜欢某些天际线吗？"二是"天际线有意义吗？"。结果是人们对天际线有偏好，有人说有意义，没有一致性的看法。至于评价天际线好坏的标准，我国也有人研究，但仅限于评价原则，如：美学、和谐、特色、历史、标志和发展原则等，很难在实际中应用。所以，如果我们真想打造美丽的天际线，就要沉下心来展开研究。

第三，目前还不能用天际线判断实际空间效果的好坏。城市天际线反映了不同时期的城市特征，即使像纽约这样的国际大都市，在城镇化早期，它的天际线也是平淡无奇的。天际线的变化与人在城市空间中的感受没有必然联系。比如巴黎老城区的城市天际线就非常平，没有什么起伏变化，但人们行走在城市街道里，并不感到单调，反而处处能感受到巴黎作为浪漫之都的魅力，感受到街道生活的丰富和活力。反过来，一些城市的高层建筑造型变化多端，但给人的感觉并不好，因为建筑风格、高度对比过分强烈，给人一种不够和谐，甚至是彼此冲突的感觉。总之，现在还不能通过天际线简单地去判断实际空间效果的优劣。

第四，现在可以做的是厘清现有的市域和区域天际线，选择天际线的最佳观赏点。把现有市域和区域天际线以照片和图的形式整理出来，找出最佳观赏点，并提出今后改进意见，是一种可行的做法。观赏点的位置、高度和视觉对天际线的感知起决定性作用。一般来说，在城市的滨水区，或者比较开敞的空间，或者从山顶上往下看，才能看到完整的城市天际线。以上海外滩建筑群为例，当站在浦东滨江大道上，以人的视线高度向浦西看，看到的主要是滨江第一排历史建筑的界面；但如果站在浦东的某幢高层建筑上看下来，外滩滨江建筑的天际线就被浦西整个区域的建筑形态淹没了，这时感受的主要是整体的区域形态和氛围，滨江城市天际线已经淡化了。观赏点的设置和安排，同天际线的规划引导具有同等重要的意义。如果一个城市能够选出几个全市

的和区域的天际线最佳观赏点，居民和游客能在观赏点拍下一张天际线的照片，说："这就是我住的地方"，或者"我来过这里"，我想就够好的了。

第五，把天际线规划和控制纳入城市规划，保护有特殊历史和文化价值的天际线。城市天际线的吸引力会影响一个人对城市的整体印象。它可能是影响城市品牌和城市营销的重要因素之一。建筑物影响天际线，从而影响城市的形象。城市规划师不仅要通过城市规划不断地改善市民的生活质量，而且还要通过城市规划不断地改善城市的形象。城市设计关注的是建筑形式的正面感知，远景对于城市的成功和吸引力是不可或缺的，所以城市天际线是城市形象的一个极其重要的组成部分。因此，要把天际线规划和控制纳入城市规划。

城市天际线是城市历史、文化的浓缩，体现了特定历史时期的城市价值。对具有特殊历史和文化价值的城市天际线要加以保护，这是城市发展过程中，保持和传承自身特色的重要举措。比如，北京故宫周边一定范围内严禁建造高层建筑，就是为了使得故宫的天际线不受到破坏。上海外滩万国建筑群是上海最具特色的城市名片，它的天际线也同样应该受到保护。但城市在发展过程中，新的建设对原有的城市天际线或多或少都会带来影响，虽然有些高层建筑距离外滩已经有较大的距离，但由于建筑高度很高，在视觉上还是产生了叠加效应，使得外滩城市天际线受到一定程度的影响和破坏。

地标建筑是天际线的重要组成部分，而地标建筑往往是政治诉求、资本力量的体现，好的城市形态还要满足人们审美的精神要求。因此，城市天际线的规划控制和引导，要在尊重历史发展的基础上，突出自然价值（生态保护、城

市与自然有机融合），文化价值（地方历史、传统、内涵和归属感）和视觉价值（视觉质量、审美需求）的统一。正如美国著名城市规划学者凯文·林奇在《城市形态》一书中所说："城市的形态，它们的实际功能，以及人们赋予形态的价值和思想，形成了一种独特的现象……形态的产生总是人的欲望和价值取向的结果"。

5.5 应对疫情的城市规划建设和管理

2019年12月，湖北武汉暴发的新型冠状病毒肺炎，即"2019冠状病毒病"（COVID-19，全称是Corona Virus Disease 2019），对城市规划、建设和管理如何有利于疫情防控，特别是有利于阻滞疫情的传播和扩散，提出了严峻的挑战。

中国—世卫组织联合考察专家组指出："新型冠状病毒感染的肺炎的主要传播途径是呼吸道飞沫和接触传播，已从一些确诊患者的粪便中检测出新型冠状病毒，存在粪口传播风险。新冠病毒可能通过气溶胶传播，但在中国这不是主要的传播方式。"为了有利于疫情防控和阻滞疫情的传播和扩散，城市规划、建设和管理要以防控和阻滞呼吸道飞沫和接触传播途径为核心，适当考虑阻滞粪口传播和气溶胶传播途径。

这次新冠肺炎疫情向城市规划、建设和管理界提出了一些值得思考的问题，这些问题一时难以回答，需要深入研究。现将其中比较典型的列举如下。

1. 如何解决"春运大潮"？

据国家统计局2019年的数据，我国尚存在2.8亿人户分离人口，2.36亿流动人口。这种人口大规模的流动，促成了"春运大潮"，不仅造成交通流量激增，而且在疫情发生时，大大增加了人群交互感染的可能，助长疫情传播，给此次新

型冠状病毒疫情的防控增加了难度。如何解决人口大规模流动，是疫情向我们提出的难题。

城镇化是人类生产和生活方式由乡村型向城市型转化的过程，表现为乡村人口向城镇人口转化，以及城镇不断发展和完善的过程。我国现阶段城镇人口的增长仍然主要来源于农村人口向城镇的转移。由于城镇，特别是大城市的生活居住"门槛"过高，农民又拥有耕地的使用权和宅基地与自留地等原因，近几年进城打工的人口中，只有17%在城镇定居，成为转化了的城镇人口，83%是"候鸟型"流动人口，没有转化。因此，中国当前的城镇化还不是完全的城镇化，这同欧洲某些国家在城镇化早期依靠农民破产进城的情况有很大的不同。"候鸟型"流动人口虽然对送出地和接受地都有好处，但却不利于产业的技术成长和城镇化的质量提升。由于城市的生活居住"门槛"不可能在短期内降低到可接纳所有进城务工人员，"候鸟型"流动人口在短期内仍难以避免。

回想我国城镇化的发展历程，1949~1958年是城镇化健康发展的阶段。国家从1953年开始第一个五年计划，在计划经济体制下，大规模的工业建设吸收大批农民进城，工业化带动城镇化，全国城镇化水平从1949年的10.60%增长到1958年的16.25%，每年平均增加0.63个百分点。农村人口通过招工、招兵和招生等途径有序地向城镇转化。全国从乡村流动到城镇的人口，1949~1952年，就有1398万人，1954~1956年更高达7700万人。可见，户籍制度并没有严重阻碍城镇化的进程，农民通过招工进城，进城就有工作，就有住房，实现了转化，没有出现"春运大潮"。

"春运大潮"不改变，不但对疫情防控不利，对交通组织不利，而且也不利于家人团聚和子女培养，还影响城镇化的高质量发展。这个问题是

否可通过城乡统筹和城乡一体化规划、建设来逐步实现，值得思考。

2. 是否要在城市规划的综合防灾减灾专项规划中增加传染疾病专项

现在的城市综合防灾减灾专项规划已经有地震、火灾、洪水、风灾、地质灾害、人防等内容，从2003年的SARS和这次新冠肺炎造成的经济损失和人员伤亡来看，增加传染病防灾减灾专项规划，还是很有必要的。

传染病防灾减灾专项规划要考虑的事项主要有：城市公共医疗中心规划建设；临时性传染病医院的规划建设；传染源隔离和全域管控；城市集中建设区及周边农业生产空间内的大规模、高密度动物养殖、交易场所选址论证，设定邻避和卫生隔离要求；对飞机、高铁、地铁等密闭空间的公共交通工具，采取适当缩小乘车人员流动范围，探索分区通风，以及进站口处负压净化等措施；用河道和绿带等分隔防灾分区；应急物资储备和应急演练；平疫结合的医疗机构建设方案，确保疫情时能迅速实现功能转换，如利用大型公共建筑作方舱医院，借用一些学校改为临时医院等。

3. 城市住宅小区是封闭大院，还是开放的街区

街区是被道路包围的区域，是城市结构的基本组成单位，是城市规划、城市设计中的重要因素。每个街区的平均面积大约为0.5km²。2016年《中共中央、国务院关于进一步加强城市规划建设管理工作的若干意见》提出："新建住宅要推广街区制，原则上不再建设封闭住宅小区。已建成的住宅小区和单位大院要逐步打开，实现内部道路公共化，解决交通路网布局问题，促进土地节约利用。"这个要求，因存有争议，还没有全面推行。

我国城市有比较多的封闭大院和封闭住宅小区，这次疫情为了达到隔离要求，这些封闭大院和封闭住宅小区只留一个出入口，很容易就实现了隔离。从疫情防护的角度来看，恰恰是封闭的大院和封闭的住宅小区，为特殊时期的防疫管制提供了空间基础。部分开放的社区，用临时墙体和堵路的办法实现封闭，也是无奈之举，说明开放社区规划设计需要考虑可能临时封闭的诉求。美国学者凯文·林奇（Kevin Lynch）认为如果区域界限分明，特征明显，能从外部看到，就是易于识别的区域，会给人以良好的视觉形象。这样的区域不仅给人以安全感，而且可为人们的行动提供方便，不会迷路。说明封闭住宅小区还有存在的理由。

推广街区制确实面临一些实际问题，比如，住宅小区内的道路属于全体业主共有，打开后成为公共道路，有违《物权法》；小区打开后，车流增加、车速更快，增加安全隐患和噪声干扰，降低居住的舒适度和生活品质；拆了围墙，各种广告、流动摊贩、骗子小偷等会肆无忌惮闯入；相对较老小区停车已经困难，即使开放，交通拥堵也不会改善。

上述问题确实需要解决，但是从城市交通路网布局来说，推广街区制，促进土地节约利用，树立"窄马路、密路网"的城市道路布局理念，建设快速路、主次干路和支路级配合理的道路网系统，是符合城市发展和市民生活需要的，也是未来城市发展的方向。

开放小区规划如何适应防疫，以及防疫面临的实际问题的解决，都需要认真思考，找出如何兼顾城市空间的日常开放共享和特殊时期的分区管控。这就需要在住宅小区规模、功能构成和边界形态的动态性等方面加强研究，创造具有自身特色的平疫结合的"新大院"模式。

4. 临时性传染病医院建设为什么这样匆忙

2003年4月21日，北京"非典"疫情最为严重的时候，北京市决定在昌平区小汤山疗养院北部建设可容纳1000张病床的应急传染性病医院。4月23日开工，7000多人奋战7个昼夜，4月30日建成。5月1日，第一批非典病人进住。6月20日最后一批治愈患者出院，完成了51天的使命。非典过后荒废。2010年4月2日宣布拆除。2020年1月30日开始，又在2003年"非典"定点病房拆除后的旧址空地上平整场地，准备建设新的应急传染病医院。

17年后，为了应对爆发的新冠肺炎疫情，2020年1月武汉新建了两座应急传染病医院。火神山医院，1000张床位，1月24日动工，7000人鏖战10天，2月2日建成。雷神山医院，1600张床位，1月27日动工，1000多名管理人员和8000名作业人员日夜奋战10天，2月6日建成。

从预防为主的方针来看，疫前就应该有所准备，不应老是重复建设应急传染病医院，更不应该疫情来了建，疫情走了拆。可能还是建设"平疫结合"的医疗设施比较好。比如像南京那样，建设南京市公共卫生医疗中心，以"小综合、大专科、强防治、应突发"为特色，集消化道与呼吸道、接触性与非接触性、暴发烈性等病种专科的精细诊疗为主，综合诊疗为辅。综合病区150张床位；接触性传染病病区400张床位；呼吸道传染性疾病病区390张床位，暴发性应急病区也在其中。又比如在新建设有传染科室的医院的用地范围内，划出应急传染病病房的后备用地；在新建应急传染病医院时，选址优先考虑与既有医院毗邻，又符合传染病医院要求的场地等。

这次湖北武汉新冠肺炎疫情暴发后，建设两座临时性传染性病医院是很必要的，特别是临时借用大型公共建筑作为方舱医院，临时借用学校和宾馆饭店建筑作为医疗设施，值得推广。这也提示我们，今后对那些疫期有可能被借用作为医疗设施的建筑，设计时就要考虑，"平疫结合"。

总之，建筑"平疫结合"是可能发生疫情地区建筑设计的方向，值得深入思考和研究。

5.6 促进体育锻炼的健康的城市设计

人生活在城市里，出行很少走路，上班很少有机会锻炼，健康的城市设计应当尽可能为市民提供更多的步行和体育活动机会。

美国纽约市的《公共健康空间设计导则》[15]，根据理论研究和实践经验，在建成环境里，通过交通、建筑、健身娱乐和健康食品的可达性设计，增加居民日常体育锻炼活动，促进身体健康，减少慢性病的发生，值得借鉴。

交通方面通过安全和充满活力的环境设计，支持步行、自行车和公共交通。

建筑方面通过提供室内体育锻炼活动空间吸引使用者和游客。

健身娱乐方面着重提高不同人群到达健身设施和娱乐社交空间的方便性和快捷性。

健康食品则通过增加农业种植点、健康蔬菜等食物的销售网店，以及街边安全直饮水供应等方式为市民提供健康食物和清洁卫生的饮用水。

这个《公共健康空间设计导则》对健康的城市和建筑设计提出了10条颇有参考价值的具体设计建议：

（1）增大城市用地功能的混合程度。研究表明，这个办法可以有效地提高市民日常锻炼时间和次数，降低肥胖症发生率。比如，尽量找住宅、办公、学校、零售商店、农副产品市场等功能混合程度高的地块，同时，尽可能使居住区与工作区的市民能够方便到达各类慢行步道和滨水空间，以培养市民日常锻炼习惯。

（2）增加公共交通的可达性、改良停车场设计，同时增加开放空间的可达性。例如，将办公和居住建筑的入口尽量朝向公共交通站点；设计停车场时，满足无障碍停车条件，停车场的选址尽可能考虑与公共交通线路和站点的接驳。又如，步行和自行车线路要尽可能穿过广场、公园和其他康乐设施，社区尽量设置大型集中的开放空间，并使所有居民能够在步行10min以内，就可到达这个开放空间。再如，在居民活动的开放空间内设置体育锻炼设施，如跑道、操场和饮水点等。

（3）提供适宜儿童健康活动场所。例如，尽可能设计内院、花园、阳台、可上人屋顶等空间给儿童提供日常锻炼和娱乐的场地；活动场地标识系统清晰，标明专业活动场地和多功能活动场地；在儿童的室外活动的场地中保留或创造与自然接触的可能，同时设置室外照明，考虑昼夜、不同天气和季节的灵活使用；在学校里设计日常体育锻炼场地，并将这些场地适当地开放给社区使用。

（4）保证食品健康，鼓励设置农副产品杂货市场。例如，在居住区和工作区周边步行范围内设置能够提供所有农副产品的杂货市场，并且提供畅通的新鲜农产品物流渠道，为市民提供新鲜健康的饮食；在人流量大的农副产品杂货市场和居住区间提供便捷安全的步行交通；巧妙安排农副产品杂货市场的总平面，合理设置卡车货运路线、市民步行线路、自行车线和停车位。

（5）设计适宜人行的街道。例如，尽量保持较小的街区尺度，设置通畅带有步行系统的街道；减少交通噪声，保证街道对行人友好，设计各类有助于减少交通噪声的设施，用城市家具、树木和其他基础设施把人行道和机动车道分开；为行人和锻炼者提供休息处、饮水处和洗手间等基础设施；设计吸引市民步行的街道景观，在街旁增加咖啡馆的数量，以增加街道空间的活跃度；策划以人行为先导的活动，如在某时段停止机动车通行，或者策划人行道慈善活动，等等。

（6）鼓励使用自行车出行。例如，设计连续成网络的自行车系统，并且尽量使用自行车网络与公共交通系统相连接；在城市街道两侧设置专用的自行车道，鼓励自行车作为通勤工具；建立为自行车服务的基础设施系统，如自行车租借、停放处等。例如纽约皇后区至布鲁克林区的"绿色大道"，就是一条专门为自行车和步行设计的线路，该大道长约64km，连接了13个公园和2座植物园以及多个博物馆，为市民的日常锻炼提供了有吸引力的场所。

（7）市民每天90%时间在室内度过，在工作场所久坐和在住宅内长时间看电视直接导致了肥胖症和相关疾病的发生。通过主动的建筑设计策略将爬楼梯、室内日常锻炼融入市民日常的生活模式。例如，设计可见而有吸引力的楼梯，而不是只把楼梯当作防火疏散的通道；设计楼梯的朝向时，尽量保证楼梯的可见和便捷；在楼梯的设计中，运用有创造力和有趣的内部装修，选择令人舒适的色彩，在楼梯井中播放音乐，在楼梯间中加入艺术雕塑的元素等增加楼梯间和楼梯段的美观和吸引力；尽可能为行走在楼梯中的市民提供欣赏自然风景的机会，并通过自然通风和柔和的照明增加楼梯的吸引力；通过标识系统鼓励市民将爬楼梯纳入日常锻炼活动，如在楼梯中张贴励志标牌，标明爬完每层楼梯后积累消耗的卡路里数以鼓励市民运动；为鼓励居民爬楼梯，要把电梯和扶梯设置在主入口不能直接看到的位置，不要在设计及照明方面突出电梯和扶梯。

（8）通过建筑功能的合理设计，增加室内日常活动。例如，通过建筑功能分布，鼓励市民从工作空间步行到共享空间，如邮件室、打印室和午餐室等；将大堂设置在二层，通过楼梯和坡道到达，或将某些相同相关的功能分别设置在两层，以增加步行距离；在建筑内部提供步行锻炼专用路线，在路线上安排自然采光、饮水处和卫生间；设计一套标识系统，标出整个行走路线的示意图、每段行走的公里数和消耗的卡路里数等。

（9）在建筑内部设置锻炼活动专用空间。例如，在写字楼和住宅中设置日常锻炼活动专用空间和相关设施，如位于建筑内部或沿街立面的可见的健身活动的空间，并配套设计淋浴、更衣室、室内自行车租借处等；专用活动空间设计要尽量为参加室内日常锻炼的市民提供可欣赏的自然景观；在专用活动空间设计标识系统，介绍可提供的服务和锻炼设施的使用说明，设置展板鼓励市民自发组织日常锻炼小组。

（10）通过建筑外观设计，刺激市民的日常锻炼。例如，尽可能优化建筑一至二层的界面，使得界面连续，内容丰富多样充满细节，以吸引市民步行；通过建筑外立面给街道提供适宜人行的环境，包括设置多个入口、门廊和雨棚等；巧妙地使坡道和楼梯成为提升建筑形象的元素，通过建筑形体的设计提供与城市相接的小广场、屋顶花园、运动场等公共空间。

5.7 城市设计要强化城市印象

60年前，凯文·林奇（Kevin Lynch）在他的《城市的印象》[16]一书中，赋予城市以视觉形式，实际上就是现在我们所说的城市设计。他认为："城市景观的许多作用之一就是可以看见、可以记得和使人愉快。"他把人们对城市的印象归纳为由五个要素构成，对开启城市设计有重大的影响。

凯文·林奇认为，任何一个城市，对物质形式，人们都有一个或多个由许多相同的个体印象组成的公共印象，每一个都代表一大批城市居民。城市设计就是要强化这些印象。他把这些印象归纳为五个要素（图5.11）❶❷：道路（Path）、边界（Edge）、区域（District）、节点（Node）和地标（Landmark）（图5.6）。

下面将这五个要素的含义及其设计原则简述如下。

1. 道路

道路是指街道、步行道、车行道、铁道和河道等，是人们和货物在城市里移动的线性轨迹，是人们印象中占控制地位的、最为突出的要素。

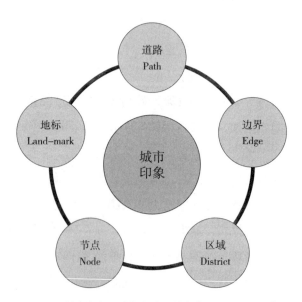

图5.6　城市印象五要素 凯文·林奇（Kevin Lynch）

---

❶ 什么是城市印象？凯文·林奇的城市设计五要素. https://www.sohu.com/a/230527561_100166571.

❷ 城市设计之林奇五要素. https://wenku.baidu.com/view/9088e4d75e0e7cd184254b35eefdc8d377ee1408.html.

人们沿着道路观察城市，其他构成要素则沿着道路设置，并同道路相联系。道路的特点是有方向性、延伸性、交叉性和可度量性。道路设计应遵循以下原则：

（1）要有鲜明的特征和强烈的可识别性；

（2）要有连续性，马路和人行道要贯通；

（3）做到方向明确，标明起点和终点；把有名的目标布设在道路一侧形成明显的方向感，便于判定自己所在位置，便于度量走过的和余下的距离；

（4）交叉路口形象生动，形式清晰，容易识别，特别是四叉以上的交叉路口；

（5）路网应形成规律，办法是尽量使城市大量道路的重复关系很有规律，并可预料，这样，就能在地形、空间关系方面形成一个连续的网络。

（6）道路与周围环境要有良好的联系，如缺乏联系时，位于高处的高速公路上的驾驶人员，在转弯往邻近的位于低处的街区时，因看不清街区情况而手足无措。

2. 边界

边界是指海岸、河岸、路堑、城市发展的边缘、开发区的边界、围墙等线性要素。它是两个区域的分界线，虽然并不像道路那样控制性强，受到人们的关注或者供人们使用，但对于许多人来说，却是对这个环境具有代表性的、非常重要的特色要素。比如构成城市轮廓线的护城河或城墙、铁路、高速公路和地形的边界。边界往往也是道路，也有指向性。

边界设计应遵循以下原则：

（1）增加边界的使用强度；

（2）与城市结构在视觉上和交通上增加联系，使人们能够与其接近，并频繁使用；

（3）注意视觉上的明确和连续；

（4）具有一定的界定性。

3. 区域

区域主要是指城市里尺度相对较大的城市地区，区域一般是二维空间。进入区域，从内部看，很容易辨认。从外部看，常把区域视为外部空间的参照。大多数人是从区域想象他们心目中的城市的。

区域通常都有某些共同的特征，比如地面铺装、空间形式、细部构造、建筑类型、标志特色、功能特点、活动方式、居民习俗、地形地貌等。要让城市印象鲜明难忘，就要突出这些特征。

区域设计应遵循以下原则：

（1）明确的含义和闭合的界线可使区域更为突出；

（2）区域和区域之间可以通过并列、互视、相关的线，或以某些中介点、路或小区而相互联系。

4. 节点

节点一般是指道路交叉口、转弯变向点、十字路口、多条道路汇集点、街角场地、围合广场等。其实，节点就是人们集中、会合点，就是标识点，就是重要的战略点，就是旅途中抵达与出发的聚焦点。

从概念上说，虽然节点只是城市印象中的一些小的点，但实际上，它们却可以是巨大的广场，当从足够大的尺度上考察城市时，甚至整个市中心区都可以视为节点。

节点设计应遵循以下原则：

（1）节点的界面要有特点，应该尽量做到突出和难忘；

（2）与道路关系明确，交接清楚；

（3）在节点空间提供活动支持；

（4）节点的尺度适宜，根据不同的功能和作用，建立不同的尺度；

（5）若节点与标志相配合，可增强节点的印象性。

5. 地标

地标是指建筑物（如高塔、穹顶、超高层建筑）、建筑屋顶的匾牌标识、广告、少数地点和道路上能看到的场所和树木，以及山峰等一大批目标中的突出个体（图5.7）。有些是远距离的，但因为"鹤立鸡群"，可以从多个角度和距离看得到。人们一般不进入其内部，而是从外面观察。这些地标物由于反复被人们辨识，最后形成人们的城市印象。人们认出的标识物越多，对城市就越熟悉。随着人们对城市越来越熟悉，他们对这些标识物的依赖也与日俱增。这些富有特色的建筑物，不但给城市中的人们提供方向感，还易于成为城市的特色景观，如我国北京的天安门，以及澳大利亚的悉尼歌剧院、法国的巴黎凯旋门等。

地标设计应遵循以下原则：

（1）强化与背景的对比，形成感性支柱；

（2）产生联想；

（3）组织标志体群。

一个特定物质实体的印象类型，偶尔也会随着观察背景的不同而发生转变。于是，一条快速

路对一位司机而言可能是条道路，但一位步行者却可能把它当作边界。又比如，当我们在中观尺度上组织城市时，一个中心地带可以看作区域，但在整个大都市区尺度上，它就成了一个节点。

上面所述的城市印象的五个要素，在现实的城市里并非独立存在的。道路构成了区域，连接了节点，边界围合了区域，地标显示了区域的核心。在城市设计中，只有细心思考，才能做出符合发展要求和市民喜爱的城市设计（图5.8）。

凯文·林奇出于对心理学和城市环境之间可能联系的好奇，对城市景观审美的热情，以及如何评估一个城市的持续不断的思考，对新泽西州的泽西（没有特点的城市的代表）、洛杉矶（机动车指向的城市的代表）和波士顿（作者了解、喜欢而且离得很近）等三个城市进行了调查访问。他问人们，当他们想到这座城市时，他们想到了什么，然后要求他们画出自己头脑印象的草图，要求他们想象在城市中行走的过程，描述城市令人印象深刻的要素，并指出这些要素在照片中的位置和地方，并同其中一小部分人一起进行了实地的行走和考察。后来，他们在街上向行人询问去往某地的方向。要求没有参与采访的研究

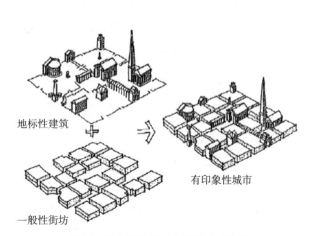

图5.7　地标性建筑在城市印象中的作用

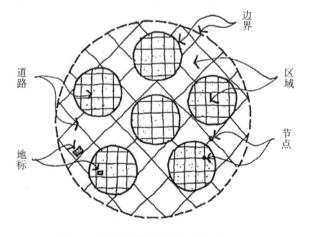

图5.8　城市构成图中的城市印象五要素

组成员，对整个地区进行调研，并根据城市的物理形态写出他们自己的城市印象。[1]在此基础上，凯文·林奇写出了《城市的印象》一书，率先把环境心理学（enviromental psychology）引入城市景观分析和城市设计。环境心理学是心理学的一个分支，是研究环境与人的心理和行为之间关系的一个应用社会心理学领域，又称人类生态学或生态心理学。环境心理学之所以成为社会心理学的一个应用研究领域，是因为社会心理学研究社会环境中的人的行为，而从系统论的观点看，自然环境和社会环境是统一的，二者都对行为发生重要影响。虽然有关环境的研究很早就引起人们的重视，但环境心理学作为一门学科还是20世纪60年代以后的事情。

鉴于《城市的印象》是1960年在美国出版的，至今已经60多年了，加上城市印象构成的五个要素和设计原则主要是从对美国的波士顿、新泽西州的泽西和洛杉矶等三个城市调查得出的，我国一些城市已经有所应用。当前特别需要结合这个领域的发展趋势和我国城市的具体情况进行研究，有所发展和细化。例如：

（1）郭兆敏和万艳华提出在边界里，要关注"城市阀门"的研究[17]。他们所述的"城市阀门"是指城市的出入口，如城市高速公路的出入口，出入城市的航空港，河、海港口等。他们建议关注的理由是，城市阀门一般位于边界上，用来划分城市内部与外部，并控制城市内、外物质、能量与信息等交流的界面；城市阀门体现了城市中整体和部分并存、物质和精神呼唤、空间与时间连续的观点；缺少了城市阀门，会影响对城市整体、全面的认知。

凯文·林奇认为，城市入口就是一种边界。当人们进入一个陌生的城市时，到了边界就表示到了城市的入口。到了城市入口，实际上就是到了这个城市的机场、港口、火车站和汽车站。所以"城市阀门"的深入研究是对边界研究的扩充。

（2）如何对整个城市设计出有规律的路网？上文说过，路网应形成规律，办法是尽量使城市大量道路的重复关系很有规律，并可预料。但是，如何具体实现，尚需研究。

（3）凯文·林奇的《城市的印象》阐述了城市环境与人们主观感受的关系，说明美好的城市不是图纸规划设计出来的，而是要通过察看、访问和剖析，才能做出好的规划设计。为此，需要研究察看、访问和剖析的方法。规划师要懂得心理学，理解生活，重视城市中一切大而敏感事物的细节。

（4）凯文·林奇的城市印象五个要素主要是基于物质形态的研究，很少涉及社会、文化等其他方面，今后的研究应扩充到这些方面。

5.8　城市更新

5.8.1　城市更新的定义、目标和动因 [18][19]

城市更新学（urban renewal）是20世纪50年代从欧美兴起的，它是工程技术、社会学和经济学的综合。城市更新是对老化的城市市区，从整个城市考虑进行更新改造，使其具有现代化城市的本质，为市民创造更加美好、舒适的生活和工作环境，收到环境、经济和社会效益。

实施城市更新的目标是为了改善老化地区的不良现象，结果必然可以提供足够的公共设施，可以美化市容，形成适宜居住、工作和休闲的环境，环境效益明显。实施城市更新可以使老化地

---

[1] 凯文·林奇. 城市印象再思考（Reconsidering the Image of the City）. 1985.

区经济复苏，虽然需要很大的投资，但根据国外经验，通常5~10年投资就可收回，而且还可得到更多的经济效益。比如，因固定资产增值而增加的税收，提高就业率后所得的收入，以及建筑工程施工收入等，经济效益不难想见。城市更新完成以后，就业率增加，家庭生活改善，社区环境变好，卫生条件改善，教育和发展机会增多，就必然会使犯罪率减少，促进社会稳定，社会效益不言自明。城市更新涉及房屋、交通、公共设施、环境设施、土地利用、人口动态和地域社会经济等诸多方面，需要工程技术和社会、经济方面人员的密切配合方能奏效。

我国不少城市市区老化现象严重。近年来有些地方成立了城市更新机构，大力开展旧城、老旧小区和棚户区更新改造，使其向现代化方向迈进了一大步。但是，由于没有对老化的城市市区进行细致的调查分析，没有评定其老化程度，没有在此基础上对行将老化的市区做出更新规划，并适时付诸实施，因而只能治标，不能治本。有些城市市区，道路拓宽了，但很快又被汽车洪流淹没，人们不仅不能舒适散步，交通事故也未见减少。有些城市市区，拆除了低矮颓废房屋，兴建了高楼大厦，邻近的住宅却从此见不到阳光。可见，只有根据城市更新学的原理、方法和步骤，从城市整体考虑，进行规划和更新，市民才能享受到舒适的生活。

城市更新日益受到重视，原因在于有四个动力在推动：一是技术进步使汽车、电脑、电梯等进入城市，促使人们生活现代化，而城市规划又难以在短期内实现，因而激起市民对城市更新的迫切需求；二是老旧房屋不适应市民现代生活需求，且遇到火灾、洪涝和地震时容易受灾，市民急切要求更新改造，实现防灾和维护市容观瞻的愿望；三是大城市市区土地稀缺，汽车和人口激增，房屋日趋高层化，出行乘车难，急需拓宽道路，增建停车场。这些只有通过城市更新方可实现；四是城市工商业发达，创造价值增多，可为实施城市更新提供资金。

5.8.2 城市更新的步骤

城市更新通常分为以下三步：

1. 城市老化程度调查和评定

调查和评定的主要项目有：

（1）建筑物。为确定建筑物的老化程度，需先制订建筑物老化程度标准，然后逐户调查，对建筑物用途（办公、住宅、商店或其他）、结构（木、砖、钢筋混凝土、钢结构或其他）、面积、层数、使用年限、有否改建或拆除等做详细记录，再对照预先制订的建筑物老化程度标准，判定其老化程度。房屋寿命与其用材有关，通常木结构房屋为20年，砖结构房屋为40年，钢筋混凝土房屋为100年，及时修复、改建或扩建当可延长寿命。若房屋实际使用年限已到达或超过其寿命，则该房屋已呈现老化。

（2）人口。人口动态是规划的基础资料。人口调查包括人口动态（历年人口数，出生、死亡与迁出、迁入情况），人口组成（年龄分布、职业分布及性别等）及人口密度等。一般认为市区人口密度以每平方公里2万~4万人为合适，有较大庭院的高级住宅区每平方公里只有1万人，但高层无庭院住宅区则可达5万人以上。通常人口密度达每平方公里6万~8万人时，即谓此地区已发生老化。

（3）环境设施。主要调查与评定公用建筑、公园绿地等休憩设施的分布、大小及其设备情况。包括:学校、幼儿园、消防队、派出所、医院、邮局、图书馆等公用建筑分布与规模;自来水普及率，人均日用水量，水质、设备与水源情况，下水系统普及率，污水与垃圾处理情况，以及煤气、电话、电气、邮政设施情况等。如果人口增多，公用建筑数量不足，或其位置偏于一侧，则其服务无法满足需要。公园、运动场等休憩设施不足时，小孩就上街或到不清洁空地玩耍。这些都表明此地区已呈现老化。

（4）土地利用。土地使用混杂是城市老化的象征。污水、垃圾处理厂，屠宰场、火葬场、墓地、监狱，以及用地广大的军警设施和大专院校等本应建在郊外，当其因城市扩展而混在市区之内时，则将影响市区土地发展和充分利用，促使城市老化。土地利用调查应用大比例尺地形图（1/500左右），将土地利用情况分为住宅、工厂、商店、公共用地等分别标于图上，并划定范围。

（5）交通与社会灾害。交通也是规划的基础，应就道路网和道路现状、交通量、车祸、停车场、公共汽车数量与运行等进行调查分析。汽车数量激增，道路宽度不足，缺乏停车场所，煤烟、噪声及河流污染，地下水超抽引起地基沉陷，以及在违章建筑和颓废住宅区易发生火灾、疾病和犯罪等社会灾害，皆为城市老化的象征。

欧美各国在实施城市更新以前，多对建筑物、环境和社会经济状况按事先制定的方法，并采用"罚分数值法"（此法以简单的数据表示老化程度）评定老化程度，具体评定项目内容是：

（1）建筑物的评定项目包括建造年数、主要构造、价值与租金、内部设备及居住状况等。例如美国Baltimore市以有一半以上建筑物超过45年的地区作为建筑物老化地区。美国Detroit市按地基不良、房屋老朽、屋顶破坏、缺乏管道及暖气设备等五项依其不良或缺乏程度分为五个等级进行评定。美国Baltimore和Milwaukee市以房屋平均价值和月租低于4000美元和7500美元及25美元和35美元作为老化标准。有些城市则以建筑物无浴室，或自来水管百分比，或需大修作为老化评定标准。美国公共卫生协会以房间拥挤（如平均每间超过1.5人），面积拥挤（每人卧室面积不到40平方英尺）等作为老化评定标准。

（2）环境评定项目包括土地使用、公共设施、道路交通、及不适宜居住状况等。土地使用状况常以人口密度（如每英亩人口粗密度在25～30人以上），土地混用程度（住宅、公用及非工业用地混合）及建筑密度（大于70%者）等作为评定依据。公共设施状况评定较为复杂。美国公共卫生协会的标准是：在300英尺内无下水道系统者；给水水压不足或水质不良者；缺乏街道或人行道者；小学服务半径超过2/3英里或住宅与小学之间有三个以上危险交叉路口者；儿童游戏场地每千人不到0.75英亩者；社区运动场每千人不到1.25英亩者；公园面积每千人不到1英亩者；住户离公共汽车站超过2/3mi或每隔1h少于2班班车者；商业网点距离超过1/3mi者。道路交通多以道路、停车场、机场、码头等的适用情况及交通事故情况来评定。不适宜居住状况常以公害程度评定，公害包括洪水等自然公害和有毒工厂等工商业公害以及空气污染等。

（3）社会经济状况评定项目包括青少年犯罪率、疾病发生率、税收下降率及救济案件率等。例如美国Baltimore市以每千人有10名以上青少年犯罪，每千人有15人以上患肺病，连续8年税额下降以及每千人有40件以上救济案件等作为评定社会经济不良地区的标准。

2. 编制城市更新规划

城市更新是在已有市区的土地面积之上进行，既要有充分的阳光、空气和休憩场所，又要有便利的交通，且确保安全。这样，为了对道路、房屋、公园、停车场等做最有效的布置，常需复杂的立体处理，且需要大量投资。所以，编制城市更新规划远较编制新的城市规划复杂，且技术难度也大。城市更新规划必须考虑市民生活所必需的基本条件，对城市作实质性改善，以免日后又要再来二次更新。

编制城市更新规划需要有总体规划（master plan），明示更新地区的开发方向。总体规划要阐明城市建设方针，未来城市形态，以及实施方案。应包括建筑物种类及规模、土地利用和交通总体规划等，要充分反映市民对更新的要求。

城市更新规划有多种模式。有的将高密度的人口分布在高层建筑群内，而在建筑物之间留有足够的空地。小孩们在周围的空地上玩耍，且家人可以看到并可叫到小孩。有的把高层住宅与其周围宽广的公园绿地，以及行人与汽车分开，人车分流。城市更新规划还应注意防止土地分区使用混杂。商业区内如混有住宅，则不利于商店的繁荣与扩展。住宅区内如混有工厂，则噪声、煤烟、排污及交通等公害将干扰市民的生活。

城市更新地区地价很高，交通必然集中，因此，交通道路分离是城市更新的一项重要目标。汽车是人的交通工具，因而绝不能威胁到人的安全与自由。因此，人行道与汽车道应完全分离。汽车道应按其行车速度分离，高速道路网应尽量避免进入闹市区。公共汽车站应能直接通经人行道。汽车交通应按其用途作路线分离。显然，要在不大的地域内实现这些要求，常需做立体处理。例如，1970年完成的美国Fortworth市中心地区更新规划，在中心区1英里见方的范围内，没有汽车通过，原来的道路全改为人行道，并配以绿化，行人可作舒适的步行。该区周围有高速公路围绕，汽车可直达该区周边的六个停车大楼，

人们只要步行2～3min即可到达任何地方。卡车道路设在原有道路的地下，卡车可直通各高楼的地下室。

超大街坊（super block）规划是实施城市更新的一个有效方法。超大街坊是由以人行街路分隔的若干个小街坊集合而成的大面积街坊。汽车道路则设在街坊之外。白天人口很多，夜间人口很少，街道狭窄，交通混乱的地区可采用超大街坊规划。此时，只拓宽干线街路，同时封锁小街小道交通，以保留充分空地。例如，美国Detroit市将面积约20hm²的老旧木结构住宅区分为三个超大街坊，在该区内建造4500户高、中、低层住宅。超大街坊方式是城市更新规划的重要课题，虽源于英国伦敦市中心区战后复兴规划研究，但仍需作深入研究和探讨。

3. 实施城市更新规划

实施城市更新规划涉及领导和市民的认识、更新法规的拟定、土地的征收、经费的筹措、更新地区的开发，以及原住户的安置等多种问题。只有妥善处置这些问题，更新工作才能顺利进行。

宣传城市老化现况和更新的意义与效益，提高市民和领导的认识是实施城市更新的关键。欧洲一些国家城市更新同战后复兴相关联，政府强制推行。即便如此，也常遭市民反对，可见宣传的重要。美国1949将有关更新法制正式列入住宅法，但其后数年，更新工作仍然进展缓慢，原因是政府和市民缺乏理解。以后经长期宣传，至1954年才将城市更新思想贯入住宅法，各城市才竞相实施。我国城市更新尚处于起步阶段，宣传工作就更为重要了。

实施城市更新常需征收房地产，或强制对房地产进行维护和修理，这种为增进市民福利的合法行为在城市更新法规里应作明确规定。此外，

城市更新法规还应对城市更新执行机构、更新规划的编制与批准、更新经费的筹措、土地和房地产征收程序、市民监督等作详细规定。

城市更新需要费用甚多。美国的做法是市政府将整备好的土地按适当地价售给民间开发人，而不把购买土地、拆除原有建筑物及公共设施等费用算进去，其差额则由联邦政府负担2/3，市政府负担1/3。市政府负担部分可由不动产增值而增加的税收很快得以补偿，民间投资也因联邦与市府的补助而充分获利。如果把原有建筑物拆除和公共设施建设费用转嫁给民间开发人，则会因地价过高而无法推动，更新工作也就难有进展。

经收购和整建后的更新地区的土地，除公共设施用地外，其余土地应售给或租给开发人。此时应注意的是，处理要迅速并以法约形式限期建成投入使用，以法约形式规定开发人必须按土地利用规划进行建设，土地价格应公平合理，兼顾国家与开发人的利益。

如何对更新重建地区的原住户作妥善安置是推动更新工作的最重要而又最困难的问题。原住户可分为两类：一类为重建完成后仍回原地的，只需作临时安置即可；另一类为不愿回到原地区定居的，这些住户需由政府作永久性安置。为此，应按"先建后拆"的原则，制订安置规划和迁徙办法，在实施更新之前，原住户的安置住宅就有着落。

值得指出的是，城市更新需根据具体更新地区的特点制订实施目标与方法。例如，车站是人们集中上下车的场所，站内应配有旅客所需的一切设施，使旅客一进车站就感到什么都很方便。车站地区的特点就是各种设施混杂，既有公共汽车、出租车及其他交通车等有关设施，又有饭店、旅馆、旅行社、邮电通信等服务设施，也有各种土特产商店等购物设施，还有一些必要的办事设施。因此，车站宜按超大街坊模式设计，徒步旅客设计在地下街来往，以保障人行安全，地面道路主要供汽车交通。车站本身应设计为高层建筑，地下几层为各种饮食店，地上一层为土特产商店，二层为旅行社等服务机构，三层为电影院，四层以上为旅馆客房等。我国车站设计多未考虑上述目标，更未采取所述设计方法，所以旅客在车站多有不便。特别是高铁车站，多建在城市近郊，除车站外没有其他设施，车站是旅客上下车地方的老概念仍未转变，以后还要再次更新。

5.8.3　走向可持续城市更新[20]-[23]

北京、上海、广州、深圳、武汉等大城市已经把城市更新列为未来城市工作的重点，广州和深圳市甚至率先成立了专门的城市更新局。近几年来开展的旧城改造、三旧改造和棚户区改造等都属城市更新范畴，但是没有完全按照城市更新的理念、原则和方法进行。多数项目采用大拆大建模式，有些项目代价高昂，甚至还有负面影响。虽然短期经济效益明显，增加了土地储备，但长期经济、社会和环境效益都有问题，特别是邻里关系和社会结构破坏、文化传承堪忧，给城市带来长期隐性后患，是无法修复的。为了避免今后出现类似的问题，必须按照中央要求，认识、尊重、顺应城市发展规律，走向可持续城市更新。可持续是一种持久的、可以长期维持的能力、过程或状态。所以，可持续城市更新就是更新区域的功能和状态能够长期维持。

要做到可持续城市更新，首要的是遵循"城市是生命系统而不是机械系统"的理念进行。生命系统的特征是：系统整体的可靠性大于其组成部分的可靠性；系统一个组成部分的变化会影响整个系统；系统有自组织特性，而机械系统则不同：系统组成部分的可靠性小于整体的可靠性，系统组成部分的变化对整体影响不大，系统没有自组织特性。所以，对城市某个地区进行更新时，一定要考虑到对整个城市的影响。建设功能单一的超大居住区，局部拓宽马路，兴建超高层建筑等带来的交通拥堵等城市病，就是因为建设时，没有考虑局部变化对整个城市的影响所造成的。

要做到可持续城市更新，最重要的是研究和采取可持续的城市更新模式，扎实抓好以下几项工作：

（1）要从以"拆"为主，转变为"保留维护、整治改造和拆除重建"相结合

以"拆"为主的过程是：征收产权，迁离人口；拆除房屋，整理土地；编制土地出让计划；开发商投标竞标；中标开发商实施再开发。由于很多城市的旧区破败，房屋质量差，严重影响生活质量，居民对拆除重建有强烈的愿望，造成以"拆"为主成为各地城市旧区改造的唯一模式。这种模式如不转变，会造成对城市文脉和历史文化记忆的破坏。

（2）要研究探索渐进、小规模、就地安置居民方式，以保护邻里关系和社会结构

成片旧区更新实行全部居民异地安置的做法是不可取的。要探索就地安置，增强归属感的新模式，做到更新以后，职住平衡，以免增加城市交通堵塞情况。做到这点非常困难，因为这是城市更新利益主体相互博弈的关键，只有政府、居民、开发商三者利益平衡，才能实现。

（3）要从上到下和自下而上相结合，建立健全居民参与机制

政府要建立健全公众参与机制，听取和尊重居民的改造意愿，维护好他们的合法权益，让他们有话语权。房屋拆除以前，就建好回迁安置房。通过更新，改善他们的居住和生活条件，收到社会效益。保护居民利益，就要在更新规划初期，就开始考虑居民的需求，搭建居民参与的多元渠道和机制，让更多的居民直接参与到更新过程，最大限度地保障居民对动拆迁和更新的知情权、参与权和监督权。

（4）扩大城市更新资金来源

研究采取财政、税收方面的扶持政策，通过吸引社会和居民私人资本、构筑公私合作（PPP）等多种方式筹措城市更新资金。

5.8.4 关于烟台市的城市更新和发展[1]

2017年7月15日至16日，受烟台市政府委托，中国城市科学研究会住房政策和市场调控研究专业委员会组织专家组赴烟台调研，为烟台城市发展提供决策参考，笔者是专家组成员，以下为笔者在座谈会上的发言。

我想讲四个问题。第一个问题是城市更新。

城市更新是20世纪50年代就提出来了。它和我们国家现在做的旧区改造、城市改造概念是不完全一样的。城市更新是什么？就是把一个城市视为一个生命系统，对老化的城市市区，从整个城市来考虑，进行更新改造，使原来的城市具有现代化城市的本质，为市民创造更加美好、舒适的生活和工作环境，收到环境、经济和社会效益。在一座城市里面，无论是新的建设项目，还

---

[1] 叶耀先. 在烟台城市发展座谈会上的发言（2017年7月15日至16日，受烟台市政府委托，中国城市科学研究会住房政策和市场调控研究专业委员会组织专家组赴烟台调研，为烟台城市发展提供决策参考，笔者是专家组成员）。

是旧区改造、棚户区改造项目，都要考虑项目完成以后对整个城市产生的影响。比如说，北京市的回龙观、天通苑等住宅小区，那么大，住那么多人，居民工作在其他地方，早出晚归，"职住分离"，必然会造成城市交通堵塞。这就是没有考虑建这么大的"睡区"对整个城市影响的后果。国际上，城市更新必须先制定《城市老化评定标准》，凡被评定为老化的市区就要更新。广东省和广州市、深圳市已经设立城市更新局，就是为做这件事。

烟台市朝阳街和所城里两个历史文化街区的改造，一提突和太平湾两个片区的改造和扩建都属于城市更新范畴。

朝阳街历史文化街区的更新，牵扯到2474多户人家，30多万m²房屋，42hm²土地。所城里历史文化街区，牵扯到1313户人家，8万多m²房屋，11hm²多土地。这两个地方怎么去更新改造，好像现在还是没有完全解决。

朝阳街是步行街，但街上却停了不少汽车。街两边的房子原来多是2层楼房，后来中间插建了多层房屋。街边房屋进深很大，有的入口极其脏乱，里面昏暗，左边墙上黑底白字写着："登记保护的不可移动文物——朝阳街近代建筑，烟台市文化局，2004年5月24日"，右边存放着垃圾。另一个入口，进去以后，里面堆满杂物，私搭乱建随处可见。看了一户人家，她刚退休，住在她父母租住的房子里，照料93岁的母亲，父亲已过世。房子是2层楼房，产权分属两个部队，一个部队维修了他们分属的一半，另一半没有人管，里面特别脏乱。像这样的地方你怎么办？首先是更新的钱从哪儿来？我国多数城市政府利用"土地财政"，用卖地的钱来搞这个事情。有的在原来的土地上按原来的建筑风格盖房子，原来的住户全部回迁。北京市菊儿胡同就是这样做

的。第一期还可以，第二期亏本，第三期搞不下去了。现在对土地财政也有不同的看法，有一位专家说，中国的城市发展得这么快，就是运用了"土地财政"，"土地财政"立了大功。现在政府并不支持"土地财政"，在酝酿改革。烟台市对民生考虑较多，从土地赚的钱不多。最大的问题是如何做到可持续城市更新，至少收支要能平衡。

关于朝阳街的更新，建议分两步走。第一步，做好五件事：①确认产权，弄清产权单位和他们对更新的意愿；②查清楚现在的住户在别处是否还另有房子；③尽快拆除私搭乱建的违章建筑；④步行街立即禁止车辆进入；⑤现在就开始整治脏乱差。第二步，按原来的样子进行更新整治。新插建的房子，可以保留，不要拆除，反映历史嘛。

所城里街区是一大片平房。这一大片住户怎么办？历史文化街区规模较大，要保护，首先要能利用，不能利用就很难保护。保护的目的是传承、利用和历史见证。代表当时城市建筑的部分，保留，但首先得利用起来。作为传承和见证，要不要把一大片全部保留？我觉得没有必要。人类的生活和需求在变化，社会在进步，科技在发展，建筑材料日新月异，我们要适应这些新的情况。现在的房子如果要住人，要利用，就要拆掉一部分房子，留出空间来改造。我认为，可以局部保留、利用、保护、传承，作为历史见证，给后人看。

上述两个历史文化街区的更新，全国都在看。建议作深入思考，不必太急，反正从登记到现在已经13年了，一定要想好了再行动。做好了，是烟台市的参观旅游景点，对全国也会有示范作用。保护的街区，建议出台《保护区居民守则》，这是他们比一般居民必须多承担的一份义

务和责任。

一提突片区陆地1.0km²，准备填海0.48km²。建议滨海建筑和景观规划布局注意从海面看岸边的效果。意大利米兰附近科姆湖（Como lake）的湖滨建筑，在湖里从船上或者从湖中心的小岛上看，都非常漂亮，我看了很震惊，赞赏规划、设计师的远见。

太平湾片区计划东港池一期建367泊位，太平湾南、东、北侧510m码头岸线规划建77个8～28m游艇泊位。建议这一片，在发展临港经济、打开海外贸易和旅游上狠下功夫。

第二个问题是产业发展。

烟台市有很多优势，市领导对产业发展很重视。在2011～2020年的城市总体规划里面，也说了发展战略，具体有四项：一是利用资源优势，发展黄金和食品产业；二是利用机械、电子优势，发展汽车、手机和笔记本电脑、海上石油钻井平台特种船舶、挖掘机和叉车；三是依托八角深水港发展石化、钢铁临港产业；四是利用环境区位优势发展物流、金融、旅游、会展等服务业。

关于产业发展战略，建议有三点：一是继续按规划要求实施；二是产业发展要有拳头产品，拳头产品怎么才会有？如何吸引人来？可以采用设立研究中心的办法。中心配备仪器、装备、场所，配备少量人员，研究人员可外聘，国内国外的，来几周或几个月。美国斯坦福大学地震工程研究中心就是这样的中心，出了不少成果，我在那儿呆过；三是零部件生产和维修配套不可忽视，光有拳头产品生产线，没有配套的零部件生产和维修，拳头产品生产线也待不下去。我弟弟在老家盖了厂房，准备生产电缆保护管。一次回老家，他带我到浙江湖州安吉县天子湖工业区，去看他在那儿租来的厂房里建的生产线，生产电缆保护管。我问他为什么老家有现成的厂房不用，到这儿来租厂房生产？他说主要是老家没有配套的零部件生产和维修厂，需要零部件和零部件维修还要到其他地方去买。可见，发展产业，零部件生产和维修配套多么重要。

第三个问题是城镇化。

城镇化就是城市化，因为我国的镇也是城市化地区，叫城镇化更为贴切。什么是城镇化？我接触过的几乎所有的人，都不能准确地说出城镇化的定义。媒体上说的人口城镇化，土地城镇化，物的城镇化，农村城镇化，半城镇化，被动城镇化，主动城镇化，城镇化建设，城镇化的本质是人的城镇化等，都没有说到点子上。其实，中国早在1999年发布的国家《城市规划基本术语标准》里就有城市化的定义。那里面说，城市化是"人类的生产方式和生活方式由乡村型向城市型转化的过程。表现为乡村人口向城市人口转化以及城市不断发展和完善的过程。"可见，城镇化的核心是人的生产方式和生活方式的转化，转化表现为乡村人口向城镇转化和城镇不断发展和完善的过程。过程要几十年、几百年，说搞"城镇化"建设，就令人费解了。从这个定义来看，城镇化的主要任务至少有三条：第一条，你的城镇要发展工业和服务业，要创生就业岗位，要提供住房；农村人进到城里要有工作做，生产方式就会转化；要有房子住，生活方式就会转化。第二条，你要把农村建设好，提高劳动生产率，改善居住环境，创生富余劳动力，让农民安居，为城市提供劳动力。搞城镇化，农村是半壁江山，如果农村搞不好，城镇化也不会搞好。韩国的城镇化，搞得很好，既健康又快速，这同他们重视农村建设是分不开的。第三，你要让城镇不断发展和完善，就是要把基础设施建设好，把住房建设好，通过老化评定和更新建成宜居的住区。如果这三条做好了，城镇化肯定就会健康发展。

21世纪是城市的世纪，一个国家城市搞不好，这个国家就没有希望。烟台要注意防灾。记得有一年，发生洪涝灾害，烟台老机场飞机的轮子都在水里了。地震对城市的破坏很大，我们一定要汲取1976年唐山地震的血的教训。地震以前，唐山市的地震基本烈度为6度，实际地震烈度高达11度，对地震基本烈度的估计，严重偏低。按当时建筑抗震设计规范，建筑不需抗震设防。所以，震前唐山市是一座没有抗震设防的城市，以致酿成巨灾。这种对地震危险估计偏低的情况，在中华人民共和国成立后发生的破坏性地震中就有12次，世界多地震的美国和日本也多有发生，今后也难避免。烟台现在地震基本烈度定为7度，将来会不会超过？不好说。所以，烟台的城市规划要立足于防大震。供电、供水、交通、医院等生命线系统的要害部位要分散布局，确保自身安全，而且震后能方便通达。你们想把交通枢纽整合到一处，我认为从地震安全方面考虑，这样做并不利于震后救灾和重建。地震区城市要有多条出入的道路，保证地震后道路不会全部遭到破坏，至少要有1~2条保持畅通，以便营救人员和物资出入烟台市区。供水、供电要害设施都要分散设置，这样地震后总会有未遭破坏的，东方不亮西方亮。唐山地震以后，国家建委领导当天要我带调查小组去灾区，但是天津到唐山的蓟运河大桥倒塌，只好返回。第二天改道从北方进入，进唐山市时，由于当地交通警察很多遇难，或者不能上岗，只好由士兵指挥，士兵不会指挥，车子堵在市外好几公里。有的医院房子没有倒，但进医院的路堵了，进不去。这些问题都应当引起重视。

第四个问题是市民的参与和对非正规就业、贫困人口的看法。

市民参与很重要。1995年联合国人居署评选最佳人居范例奖，评委里中国人只有我一个。我当然希望中国申报的项目都能得奖。会上，我国有的项目申报书上说，上级领导怎么布置，他们怎么做，最后做得非常好。这个项目评委一看就枪毙了，为什么？因为最佳人居范例评选有一个强条，即项目执行既要有自上到下，又要有从下到上，不能没有下面参与。我国的一些项目就是因为缺少下面参与而没有评上。美国有一座城市颓废了，政府发动市民讨论，找出问题，制定计划，花了10年时间完成计划，执行结果很好，被评为最佳人居范例。现在提倡创新，我们烟台市能不能发动市民和市里的干部一起讨论烟台市的城市规划、建设和管理方面究竟存在哪些问题？如何改进？再把市里的规划设想告诉他们，请他们提意见，最后按照上下结合制订出来的规划实施。其实，真正了解烟台市的是市里的市民和干部，而不是外来的专家，外来专家只能起咨询和参谋作用。这次我接触过的市、局领导就很有思路和见解。

非正规就业属于低端产业，说白了，就是摆地摊。我们要善待非正规就业。因为一座城市，不论高、中、低端产业，都是不可或缺的。而且国内外实践证明，非正规就业还是促进城市经济发展的一支力量。有一次，我走在奥地利首都维也纳的街上，看到两个人摆地摊，把东西放在一块布上卖，见到警察来了，慌忙把布卷起来，飞快地拉着逃离，警察也不追赶拦截。欧洲许多城市节假日市区都有自由市场。

世界上的穷人大都在什么地方？有些研究指出，穷人大都在城市里，特别是大城市和特大城市里，这是城市优越性的表现。所以，消除城市贫困是急不得的。

中共中央 国务院《关于进一步加强城市规划建设管理工作的若干意见》列举了城市病的表象和破解和治理城市病的指导思想。当前城市病主要表现在三个方面：一是城市规划前瞻性、严肃性、强制性和公开性不够，城市建筑贪大、媚洋、求怪等乱象丛生，特色缺失，文化传承堪忧；二是城市建设盲目追求规模扩张，节约集约程度不高；三是依法治理城市力度不够，违法建设、大拆大建问题突出，公共产品和服务供给不足，环境污染、交通拥堵等"城市病"蔓延加重。"认识、尊重、顺应城市发展规律"是破解和治理城市病的指导思想。

笔者认为，以城市更新为抓手，破解和治理城市病，是贯彻、落实上述文件的关键和要务。

参考文献

［1］叶耀先. 城市管理的难点和策略［J］. 城市管理与科技，2019，6：24-25.

［2］冯刚. 城市管理公众参与研究［M］. 北京：线装书局，2012.

［3］叶耀先. 地震灾害风险管理和实施技术［J］. 地震工程与工程振动，2006，26（3）：11-17.

［4］Kaplan, S. and Garrick, B.J. On the Quantitative Definition of Risk[J]. Risk Analysis, 1981, 1(1):11-27.

［5］American Association for the Advancement of Science，AAAS[J]，Science，1999 (4)：619-621.

［6］Terje Aven. Three influential risk foundation papers from the 80s and 90s: Are they still state-of-the-art?[J]. Reliability Engineering & System Safety，2020, 193 (1): 106680.

［7］Stan Kaplan, B. John Garrick. On the quantitative definition of risk[J].Risk Anal, 1981 (1): 11-27.

［8］G.E.Apostolakis. The concept of probability in safety assessments of technological systems[J]. Science,1990, 250: 1359-1364.

［9］M. ElisabethPaté-Cornell, Stanford University. Uncertainties in risk analysis: six levels of treatment[J]. Reliab Eng Syst Saf,1996, 54(2-3):95-111.

［10］中华人民共和国国家标准 建筑抗震设计规范GB 50011—2010［S］. 北京：中国建筑工业出版社，2010.

［11］N·M·纽马克（Newmark），E·罗森布卢斯（Rosenblueth）. 地震工程学原理［M］. 叶耀先，蓝偶恩，钮泽蓁，译. 北京：中国建筑工业出版社，1986.

［12］邵亦文，徐江. 城市规划中实现韧性构建：日本强韧性化规划对中国的借鉴［J］. 城市与减灾，2017，04：71-76.

［13］叶耀先. 建言北京市建筑物屋顶牌匾标识规范工作［J］. 城市管理与科技. 2018，5：20-22.

［14］叶耀先. 关于城市天际线及其整治的认识与思考［J］. 城市管理与科技. 2018，4：42.

［15］刘天媛，宋彦. 健康城市规划中的循证设计与多方合作——以纽约市《公共健康空间设计导则》的制定和实施为例［J］. 规划师，2015，6：27-33.

［16］凯文·林奇（Kevin Lynch）. 城市的印象［M］. 项秉仁译. 北京：中国建筑工业出版社，1990.

［17］郭兆敏，万艳华. 城市阀门解析及其城市控制方法研究［OL］. 2007. http://www.doc88.com/p-2949594660586.html.

［18］叶耀先. 加强城市更新的研究［N］. 人民日报（海外版），1986-03-04：第二版.

［19］叶耀先. 城市更新的理论与方法［J］. 建筑学报，1986（10）：5-11.

［20］叶耀先. 城市更新的原理和应用［J］. 科技导报，1986（2）：48-51.

［21］叶耀先. 加强城市更新的研究［N］. 人民日报（海外版），1986-03-04.

［22］叶耀先. 城市老化如何更新［N］. 人民日报，1986-09-18.

［23］叶耀先. 城市更新与土地有偿使用［M］//李元. 中国土地科学二十年. 北京：中国大地出版社，2000：254-
　　255.

第 6 章
城镇化的要务之五：
中华人民共和国城镇化的历程和认知❶

管理者需要不断地分析、综合，不断地行动、反思。

——（英）弗里蒙特·卡斯特（Fremont E. Kast）

真知灼见，首先来自多思善疑。

——（美）诺曼·洛克威尔（Norman Rockwell）

❶ 国家中长期科学和技术发展规划战略研究专题之十一"城市发展与城镇化科技问题研究"项目和中国环境与发展国际合作委员会（国合会）"可持续城镇化战略"课题报告。

本章首先叙述中华人民共和国城镇化的三个发展阶段，以及每个阶段的做法、发生的重大事件和出现的问题；然后阐述经过分析和反思得出的对中华人民共和国城镇化的9点认知。

6.1 中华人民共和国城镇化的发展历程❶[1]

关于中国城镇化发展阶段的划分，国内外学者看法不一。有的按城镇化水平［用一定地域内城镇人口占总人口的比例（%）表示］，把低于30%、30%～70%和70%以上，分别划为初期、中期和后期阶段；有的按人口流向和再分布形式，划分为城镇化、郊区化、逆城镇化和再城镇化4个阶段；有的按城镇化的空间形成演变，划分为核化、大城镇化和地带性城镇化3个阶段；有的按城镇体系时空演化形式，划分为市区化、郊区化、带状化和网络化4个阶段。

中华人民共和国的城镇化有自己的发展历程和特征。2020年，中国总人口为14.1212亿人，城市人口和城镇化水平分别为9.022亿人和63.89%。图6.1为中华人民共和国在1949～2020年的71年期间，全国城镇化水平的变化和相关的重大事件。

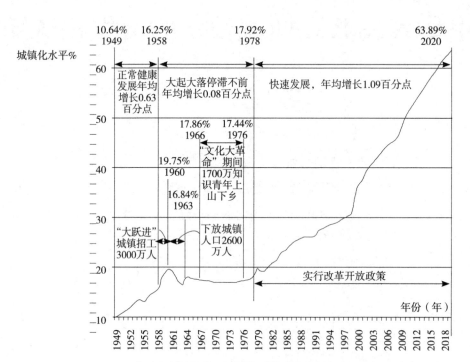

图6.1　中国城镇化水平变化和相应的重大事件（1949～2020年）

资料来源：①中国国家统计局人口、社会、科学和技术统计司. 中国人口统计年鉴［N］. 北京：中国统计出版社，2000（中、英文）.

②中国国家统计局. 2004年中国统计年鉴［N］. 北京：中国统计出版社，2000（中、英文）.

③刘仲藜. 奠基：新中国经济50年［M］. 北京：中国财政经济出版社，1999.

④国家统计局编. 2019、2020、2021中国统计年鉴［N］. 北京：中国统计出版社，2019，2020，2021（中、英文）. 其中，2019中国统计年鉴将2010年城镇化水平47.5%更新为49.95%，2021中国统计年鉴对2011～2019年的城镇化水平作了更新，本图采用更新数据.

---

❶ 叶耀先. 中国城镇化情景分析和可持续城镇化政策建议［C］//国家发展和改革委员会地区司，瑞典斯德哥尔摩环境研究院可持续城镇化战略课题组. 中国可持续城镇化战略文集. 2005.

从图可见，中华人民共和国的城镇化发展可以分为以下3个阶段[1][2]。

1. 正常和健康发展阶段（1949～1958年）

这个阶段，国家从1953年开始实施第一个五年计划，在计划经济体制下，大规模的工业建设吸收大批农民进入工厂，工业化带动城镇化，而且表明它对城镇化的影响是任何其他因素所无法相比的。城镇人口有计划地增长，全国城镇化水平从1949年的10.60%增长到1958年的16.25%，每年平均增加0.63个百分点。农村人口通过招工、招兵和招生等途径有序地向城镇转移。进入城镇的人就有工作做，就有房子住，就能享用城镇基本基础设施，从而实现了生产方式和生活方式从乡村型向城镇型的转化。

2. 大起大落和停滞不前阶段（1958～1978年）

在这个阶段，1958～1960年的"大跃进"，搞虚幻的经济赶超，从农村招工3000万人进城，城镇化水平从1958年的16.25%提高到1960年的19.75%，年均提升1.75个百分点，成为中国城镇化水平提升最快的时期。1959～1961年，由于自然灾害和苏联政府背信弃义地撕毁合同，发生了严重的困难，进入"三年困难时期"，由于粮食减产，城市口粮无法保证供应，不得不把1961～1963年间，全国精简的职工1800万人，加上职工家属等其他职工共约2600万人下放回农村，致使1961年、1962年和1963年城镇化水平分别减少0.46、1.96和0.49个百分点，成为中国城镇化水平下降最快的时期。1964年在内地建设中实行"分散、靠山、进洞"的建设方针，试图走"非城镇化的工业化道路"，致使1965年城镇化水平减少0.39个百分点。1966～1976年的"文化大革命"期间，国家经济发展缓慢，1700万知识青年上山下乡，城镇化水平不但没有提升，反而稍有回落。这就造成1958～1978年的20年间，全国城镇化水平从1958年的16.25%提高到1978年的17.92%，平均每年只增加0.08个百分点，还有几年是负增长。

3. 快速发展阶段（1978年至今）

1978年以后，中国实行改革开放，进入了城镇化的快速发展时期。由于经济快速发展，特别是工业化和服务业的快速推进，城镇化水平从1978年的17.92%提高到2020年的63.89%，年均增加1.09个百分点。其中，1995～2003年，年均增长1.41个百分点。工业化带动城镇化的规律再次回到中国大地。有学者认为，城镇化水平这种超高速增长存在水分，水分主要是由于修补第5次和第4次全国人口普查之间4.7%的口径差距所造成的[2]。但即使考虑这种水分，城镇化速度也是很快的。

城镇化发展模式因国别而异。欧美：基本上是伴随着市场经济和工业化发展的自然历史过程，从自由放任到政府必要的引导和干预；日本：政府主导型市场经济下的快速集中型城镇化；拉美、南非：工业化基础薄弱和政府能力不足导致的过度城镇化。部分国家城市化发展速度比较见表6.1。中国的城镇化水平从1981年的20.16%提升到2003年的40.36%只用了22年。图6.2是根据表6.1绘制的中国和英国、美国、法国、德国、苏联及日本等国家城市化水平从20%提升到40%经历年数的比较。从图中可见，中国是经历年数最短的国家。

❶ 城市发展与城镇化科技问题研究专题组. 国家中长期科学和技术发展规划战略研究专题报告之十一：城市发展与城镇化科技问题研究专题报告. 2004.

❷ 周一星. 中国城市发展的新趋势. http://www.worldbank.org/wbi/sdenveconomics/udm/docs/M1S6ZhouyixingCN.pdf.

部分国家城市化发展速度比较   表6.1

国家	英国	法国	德国	美国	苏联	日本	中国
达到20%的年份	1720	1800	1785	1860	1920	1925	1981
达到40%的年份	1840	1900	1865	1900	1950	1955	2003
经历时间（年）	120	100	80	40	30	30	22

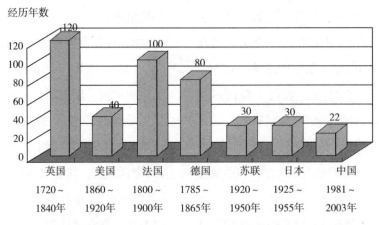

图6.2 中国和英国等6个国家城市化水平从20%提升到40%所经历的年数

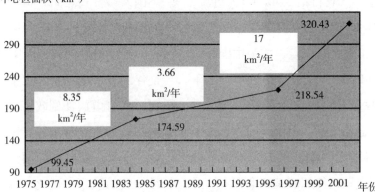

图6.3 北京市中心区扩大情况

我国城镇化的快速发展还表现在城市中心区的扩大，以北京市为例，1996～2002年期间，城市中心区年均扩大17km²，分别是1975～1984年和1984～1996年城市中心区年均扩大面积的2倍和4.6倍，如图6.3所示。

快速发展阶段出现的问题主要有三个。一是"候鸟型"流动人口与"定居型"流动人口不利于产业的技术成长和城镇化的质量提升，由于城市生活居住"门槛"较高，不可能在短期内降低到可接纳所有进城务工人员，难以解决他们的市民身份；二是不少城市规划区面积远大于建成区面积，许多开发区土地搁置没有开发；三是有的地方认为城镇化就是刺激房地产，建新城、扩老城，不断扩大城市面积；有的地方认为城镇化就是拆掉农村、消灭农村，就是让农民抓紧"上楼"；有的地方把城镇化水平每年增加1.4～1.9个百分点作为政府目标；有的市提出成倍地扩大城区面积；全国183个城市提出要建成国际化大都市等。

6.2 中华人民共和国城镇化发展的认知

1949年中华人民共和国成立以来，中国的城镇化经历了一条曲折的道路，既受国家工业化和经济社会发展水平的影响，也同指导思想、方针政策的变化有关。由于国土广大，地区差异等因素，各个地区城镇化在水平、速度以及空间形态等方面，都表现出不同的特点。70多年了，走过这样曲折的道路，对沿途的风光作一番回顾，看看有哪些新的认知，是非常必要的。

1. 城镇人口的增长除了自然增长以外，主要来源于农村人口向城镇的转移，"候鸟型"流动人口短期内难以解决

中国现阶段城镇人口的增长仍然主要来源于农村人口向城镇的转移。由于城镇，特别是大城市的生活居住"门槛"过高，农民又拥有耕地的使用权和宅基地与自留地等原因，近几年进城打工的人口中，只有17%在城镇定居，成为真正的

城镇人口，83%是"候鸟型"流动人口。因此，中国当前的城镇化主要是依靠农民转移，这同欧洲某些国家在城镇化早期依靠农民破产进城的情况有很大的不同。"候鸟型"流动人口虽然对送出地和接受地都有好处，但却不利于产业的技术成长和城镇化的质量提升。由于城市的生活居住"门槛"不可能在短期内降低到可接纳所有进城务工人员，"候鸟型"流动人口在短期内仍难以避免。

2. 中国正处在城镇化的中期阶段，城镇化快速发展，今后的城镇化将主要由第二产业和它带起的第三产业驱动，并逐步过渡到主要由第三产业驱动

城镇化的历史表明，一个国家的城镇化水平在达到30%以后就进入快速城镇化阶段，达到70%以后发展将趋于缓慢。中国2004年的城镇化水平为41.8%，正处在快速发展的中期阶段。图6.4表明，1949～2003年中国城镇化水平与人均GDP指数有较强的相关性。这可从1978～2002年中国城镇化水平和GDP中的工业指数的关系（图6.5）看出，城镇化是由第二产业驱动的。由

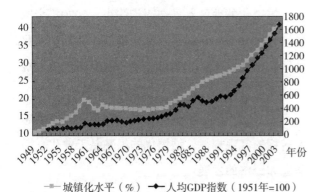

－城镇化水平（%）　－人均GDP指数（1951年=100）

**图6.4　中国城镇化水平和人均GDP指数的关系
（1949～2003年）**

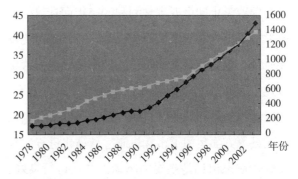

－城镇化水平（%）　－GDP中的工业指数（1978年=100）

**图6.5　中国城镇化水平和GDP中的工业指数的关系
（1978～2002年）**

资料来源：①国家统计局. 2004中国统计年鉴［M］.
　　　　　北京：中国统计出版社，2004.
　　　　②刘仲黎. 奠基——新中国经济50年［M］.
　　　　　北京：中国财政经济出版社，1999.

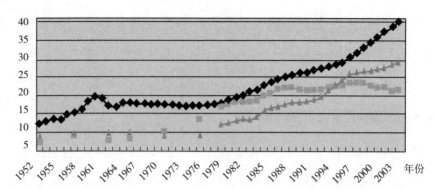

图6.6 中国城镇化水平同第二产业和第三产业就业比重之间的关系（1952～2003年）
资料来源：国家统计局. 中国统计年鉴2004［M］. 北京：中国统计出版社，2004.

1952～2003年中国城镇化水平同第二产业和第三产业就业比重之间的关系（图6.6）可以看出，今后中国的城镇化将主要由第二产业和它带起的第三产业驱动。

3. 政府主导与市场力量对城镇化的进程影响并存

1978年以后，一方面，政府为城镇化护航，如指出城镇化是解决"三农"问题的重要途径之一，在"十五"计划中明确提出推进城镇化的战略，以及调整部分限制和不利于农民进城的政策等，在"十一五"规划建议中又进一步提出促进城镇化健康发展。《中华人民共和国国民经济和社会发展第十四个五年规划和2035年远景目标纲要》中提出完善新型城镇化战略，提升城镇化发展质量，包括加快农业转移人口市民化，完善城镇化空间布局，全面提升城市品质。另一方面，在劳动力转移和就业、房地产开发、城镇基础设施建设等方面运用了市场机制，城镇化进程明显加快。如果市场是主要的驱动力并且运行良好，那么政府的介入就会成为负担。政府介入应该建立在发现问题的基础上，直接解决发现的问题。

4. 城镇化的地区差异在缩小

由于区域自然条件和社会经济条件的不同，中国的城镇化表现出明显的区域差异。2003年，东、中、西部的城镇化水平分别为44.6%、33.5%和27.7%。东部沿海地区得之交通与对外开放之便，形成了以都市连绵区为标志的快速城镇化地区。中部地区受资源开发导向的影响，沿路和沿江形成了较快的城镇化地区；西部因受经济、社会发展和生态环境脆弱的影响，城镇化进程较慢，仅在一些中心城市显示出较快的城镇化进程。此外，受原有城市规模大小的影响，城镇化进程的区域差异更加突出。此后，经历第十个五年计划和第十一到十三个五年规划，在中央振兴东北、西部开发、中部崛起和东部现代化的思想指导下，中、西部和东北地区省份有了很大发展，城镇化的地区差异在逐步缩小。2020年全国城镇化水平为63.89%，东部、中部、西部和东北地区城镇化水平分别为79.7%，60.01%，56.16%和66.8%。

5. 工业化伴随城镇化是一条不以人们意志为转移的客观规律，城镇化的根基是工业化、服务业和经济的发展

中国农村人口向城镇转移的驱动力主要来自两个方面，一是城镇的"拉力"，二是农村的"推力"。城镇的"拉力"表现为城镇工业化、服务业和经济发展提供的城镇就业岗位（包括正规的和非正规的）和城镇经济与生活水平高于农村的吸

引力。农村的"推力"表现为农业生产水平提高造就了大量的富余劳动力。城镇的"拉力"是城镇化的关键的驱动力。城镇化伴随工业化，主要由第二产业驱动，今后将主要由第二产业和它带起的第三产业驱动。

1949～1958年中国的城镇化主要是根据城镇经济发展和工业化的需求，通过有计划地从农村招工、招生和招兵等方式，实现农村人口向城镇地区的有序转移是有中国特色的、成功的城镇化道路。中国领导人毛泽东对城镇化早有思想准备，在中华人民共和国成立前四年的1945年，他就曾经预言[3]："将来还要有几千万农民进入城市，进入工厂。如果中国需要建设强大的民族工业，建设很多的近代的大城市，就要有一个变农村人口为城市人口的长过程"。这就是说，城镇化必然要有大量的农村人口进入城市，而且这是一个漫长的过程。因此，中国政府不可能制定什么政策限制或阻碍农村人口向城镇转移。

有些研究者认为："中国在1958年通过了一项有关户口的制度❶，把农村居民禁锢在他们的出生地，限制他们到其他地方工作"；"这项制度变成了世袭的，使那些生在农村的小孩不能到他们双亲出生地以外的地方去工作"；以户籍制度为核心的城乡二元社会制度，包括户籍制度、社会保障制度、统购统销制度等，"把农民堵在城门外，捆在土地上"。他们都强调，这项制度严重地阻碍了中国城镇化的进程。

诚然，从1950年到1977年，中共中央、人大常委、国务院和公安部确实先后颁发了十多个有关户口管理的文件，如表6.2所示。但事实上，最初的户籍管理和所有这些文件，并不是为了限制乡城人口流动，而是出于治安和巩固政权的需

要。户口制度只是限制农村人口盲目流入城市，合法而有序的乡城人口流动始终没有停止过。由于城乡差别引发农民盲目进城的情况出现以后，国务院才多次发文，制止农村人口盲目外流，但招工、招生、招兵仍在持续进行。实际上，从1949年到1952年的三年间，城市人口增加了1398万人。在1954年到1956年的另一个三年间，全国流动人口甚至高达7700万人。

这种有中国特色的城乡人口迁移是可持续的，是健康的，城镇是不会出现贫民窟的。因为招工、招生、招兵等都是按需要、按计划进行的。招来的职工直接进入工厂和工作单位，招来的大学生毕业以后都由国家统一分配工作，参军的农村人口离开部队后都由政府作转业安置。这些人在招收以后，马上就有户口，都有工作或学习岗位、都有住房，不受户口制度的影响。

虚幻的工业化和人为的城镇化，严重地阻碍了城镇化的进程。1957～1959年，"大跃进"运动席卷全国，全民大炼钢铁，提出15年赶英超美，加上劳动力管理权限下放，三年招工3000万人，城镇人口从1957年的9947万人增加到1960年的13073万人，三年增加3126万人，城镇化水平相应地从15.39%提升到19.75%，每年平均增长1.45个百分点，成为中华人民共和国城镇化历史上发展速度最快的年份。

有学者称此为"过度城镇化"，实际上，这同拉美国家的"过度城镇化"是完全不同的。这种人为的城镇化加上粮食连年减产，使城市粮食供应紧张，全国出现粮食危机。于是不得不将这几年新招的职工下放回农村。1960～1963年共下放城镇人口2600多万人，使城镇化水平从1960年的19.75%下降到1963年的16.84%，每年平均

---

❶ 指人大常委会通过的《中华人民共和国户口登记条例》。

减少1个百分点。有学者称此为"第一次逆城镇化",实际上,这同西方出现的"逆城镇化"是完全不同的概念。不切实际的工业化带来了人为的超速的城镇化,决策者很快就受到了城镇化规律的惩罚。

1966~1976年,全国搞"文化大革命"运动。在此期间,全国许多生产领域处于停滞状态,经济发展缓慢,人均GDP指数(1951年为100)从1966年的223.92增加到1976年的278.36,10年才增长54.44。由于农村人口几乎停止向城镇转移,再加上1700万知识青年上山下乡,使原有的城镇人口减少,城镇化水平从1966年的17.86%下降到1976年的17.44%。城镇化10年处于停滞倒退状态。再度证明,没有工业化,经济不发展,就不会有城镇化。

中国走的是以资本、技术密集型的重工业为主导并带有强烈赶超意识的工业化道路。重工业优先的工业化战略虽然有利于迅速奠定国家的工业化基础,但创造的就业岗位却相对有限。发展中国家制造业产值增长3~4个百分点,才能带来1个百分点的就业增长。1980年与1952年相比,中国工业产值增长27.6%,而工业就业只增长7.4%。由于中国经济社会发展总体水平低,且城市和乡村都相对落后,在社会总体资源有限,又几乎没有外来资源的情况下,只有牺牲农业的发展,来保障重工业发展所需的高资本投入。由于重工业优先,对城镇第三产业的发展重视不够,在工业不能提供充分就业岗位的情况下,城市对农村人口的吸纳能力明显不足。这样就造成国民经济比例失调,影响了经济的持续发展和城镇化的进程。1950~1980年的30年间,中国城镇化水平年均提高0.26个百分点,与年均提高0.2个百分点的印度和年均提高0.33个百分点的菲律宾等实施类似工业化战略的发展中国家一样,均低于同期世界城镇化水平年均提高0.36个百分点的水平。

中国户口政策文件(1949~1977年)　　　　　　　　　　表6.2

时间	中国户口政策文件
1950年8月	公安部《关于特种人口管理的暂行办法(草案)》
1951年7月	公安部《城市户口管理暂行条例》(政务院批准)
1953年4月	政务院《关于劝止农民盲目流入城市的指示》
1955年6月	国务院《关于建立经常户口登记制度的指示》
1955年8月	国务院《关于城乡划分标准的规定》
1956~1958年	国务院四次发出防止、制止农村人口盲目外流的指示
1957年12月	中共中央 国务院《关于制止农村人口盲目外流的指示》
1958年1月	人大常委《中华人民共和国户口登记条例》
1962年12月	公安部《关于加强户口管理工作的意见》
1964年8月	国务院批转《公安部关于处理户口迁移的规定(草案)》
1975年	四届全国人大通过的宪法取消"公民有居住和迁徙的自由"权利
1977年11月	国务院批转《公安部关于处理户口迁移的规定》

6. 大城市超前发展是城镇化的规律，城市群是城镇发展的高级形态，对城市群要大力引导，建立和完善协调机制

联合国原先把800万和800万以上人口的城市称为"超大城市"（mega-city），现在这个界定标准已经改为1000万人。据联合国的资料，这类超大城市，全世界1950年只有纽约1座；1975年增加到5座，我国上海名列第三；2001年增加到17座，13座在发展中国家，我国上海和北京分别名列第10和14。2016年，全世界超大城市增加到22座，位于16个国家。❶亚洲有15座，我国上海、北京、天津、广州和深圳名列其中。非洲和欧洲各有两座，美洲有三座。这22座城市中，沿海的有14座（东京、上海、天津、广州、深圳、马尼拉、雅加达、曼谷、加尔各答、孟买、卡拉奇、拉各斯、伊斯坦布尔、纽约），近海的有5座（首尔、北京、达卡、开罗、圣保罗），内陆仅有3座（新德里、莫斯科、墨西哥城）（图6.7）。

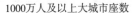
1000万人及以上大城市座数

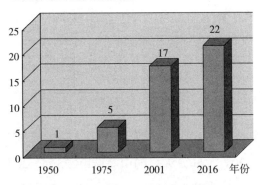

图6.7 全球1000万人及以上的城市座数

城市群（megalopolis，mega region，又称城市带，城市密集地区，城市连绵区）是指"一定地域范围内多个空间接近、社会经济联系紧密的城市的集合。"一般来说，在一个国家，城市群在城镇化水平达到60%的时候才会出现。但是在中国却不是这样。虽然2003年中国的城镇化水平才达到40.53%，在沿海地区却出现了三个公认的城市群。其中，长江三角洲早在1976年就被Jean Gottmann教授认定为世界六大城市群之一❷。中国的其他两个城市群分别是珠江三角洲和京津冀地区。

中国、美国和日本的三大城市群及其对本国GDP的贡献如表6.3所示。从表中可见，美国和日本的三大城市群对本国GDP的贡献都已达到了2/3，而中国的三大都市连绵区对全国GDP的贡献却只有1/3。问题是，未来中国能否赶上美国和日本，把三大城市群对全国GDP的贡献提升到2/3。从表6.4所列出的中国1994年和1999年三大城市群对全国GDP、外国投资和出口的贡献，可以肯定地回答，这是有可能的，但需要较长的时间。

从区域协调发展的角度，一方面要支持和引导三大城市群的发展，使其发挥更大的对内地经济发展的带动和辐射作用；另一方面还要支持和引导其他可能出现的新的城市群的发展。

---

❶ 1000万及以上人口的城市的面积按最大2500平方公里（即方圆50公里）计算，人口则按此面积范围内最多的常住人口计算，而非以涵盖郊区、远郊区的都会区人口计算。按此标准，武汉、巴黎、洛杉矶、里约热内卢、布宜斯艾利斯等大城市都不符合此标准，故未列入，数据截至2016年1月份。资料来源：www.360doc.com/content/16/1215/01/8527076-614787601.shtml.

❷ 世界六大城市群是：①美国东北部大西洋沿岸（北起波士顿，南至华盛顿）；②北美五大湖区；③日本太平洋沿岸；④以伦敦为核心的地区；⑤欧洲西北部；⑥中国长江三角洲。

中国、美国和日本的三大都市连绵区及其对本国GDP的贡献（%）　　表6.3

国家	城市群	对本国GDP的贡献（%）
中国	珠江三角洲	12
	长江三角洲	18
	京津冀	8
	总计	38
美国	五大湖区	20
	大洛杉矶地区	21
	大纽约地区	24
	总计	65
日本	大名古屋地区	20
	大阪神地区	23
	大东京地区	26
	总计	69

资料来源：中国市长协会《中国城市发展报告》编辑委员会. 中国城市发展报告（2002-2003）[R]. 北京：商务印书馆，2004.

三大都市连绵区对全国GDP、外国投资和出口的贡献　　表6.4

都市连绵区	对全国GDP的贡献（%）		对全国外国投资的贡献（%）		对全国出口的贡献（%）	
	1994年	1999年	1994年	1999年	1994年	1999年
珠江三角洲	6.4	8.0	24.8	30.1	29.5	34.5
长江三角洲	9.5	10.6	18.5	15.9	12.3	16.7
京津冀	4.7	5.1	7.4	10.2	8.8	8.0
总计	20.6	23.7	50.7	56.2	50.6	59.2

7. 要让大城市充分发展，大城市周边地区是非农就业人口增长最快的地方，也是规划和建设薄弱的地方，必须及早关注和部署

2002年[4]❶，中国共有城市660个，其中：200万人口以上的超大城市15个，100万～200万人口的特大城市30个，50万～100万人口的大城市64个，20万～50万人口的中等城市225个，20万人口以下的小城市326个。此外，还有建制镇20600个。1978～2002年，中国的城市数目和建制镇数目分别增长3.46倍和9.48倍，如图6.8所示。

❶ 在2005年出版的《中国城市统计年鉴—2004》中，有2003年的数据，但因多处自相矛盾，没有采用。例如，根据该年鉴第27页的表2-1，全国城市个数为660，巨型城市、超大城市、特大城市、大城市、中等城市和小城市的个数分别为3、6、25、72、113和441个，但根据该年鉴第29～35页的表2-3，全国城市个数为584个，巨型城市、超大城市、特大城市、大城市、中等城市和小城市的个数分别为3、11、17、19、113和424个。

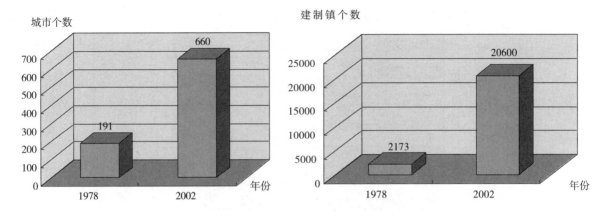

图6.8 1978年和2002年中国的城市和建制镇个数

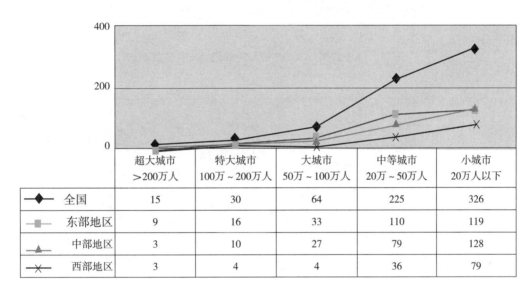

图6.9 按城市市辖区非农业人口分组的城市个数

资料来源：国家统计局城市社会经济调查总队. 中国城市统计年鉴—2003 [M]. 北京：中国统计出版社，2004.

在近代历史上，中国城市空间分布的特点是东部地区的城市密度远高于西部地区。在空间上更是集中在沿海地区，特别是长江三角洲、珠江三角洲和京津冀地区等三个城市群。图6.9绘出了2003年按城市市辖区非农业人口分组的城市个数。从图中可见，在全国660个城市中，43.5%分布在中国的东部地区，该地区的土地面积仅为全国国土面积的9.5%；37.4%分布在中部地区，相应的土地面积比重为17.4%；19.1%分布在西部地区，相应的土地面积比重为70.4%。从图中还

可以看出，中国东部和中部地区城市个数分别为西部地区的2.3倍和2.0倍。西部地区的超大城市、特大城市、大城市、中等城市和小城市的个数占全国的比重仅分别为20%、13.3%、6.3%、16%和24.2%。而在东部地区，相应的比重则分别为60%、53.4%、51.2%、48.9%和36.5%，除小城市以外，其他各类城市个数所占比重都大大超过西部地区。

图6.10为2000年人口大于100万人的城市人口占一个国家或全世界总人口的比重，即大于

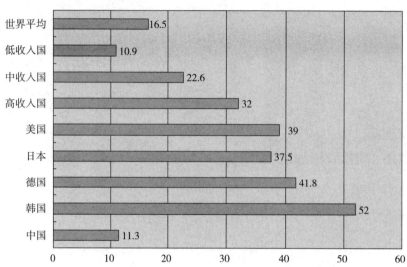

大于100万人的城市的人口/总人口（2000年）

图6.10 大于100万人的城市的人口的集中度（%）（2000年）

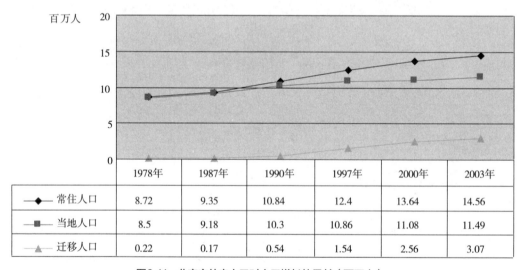

百万人

	1978年	1987年	1990年	1997年	2000年	2003年
常住人口	8.72	9.35	10.84	12.4	13.64	14.56
当地人口	8.5	9.18	10.3	10.86	11.08	11.49
迁移人口	0.22	0.17	0.54	1.54	2.56	3.07

图6.11 北京市外来人口对人口增长的贡献（百万人）

100万人的城市人口的集中度（%）。从图中可以清楚地看出，中国大于100万人的城市的人口集中度仅为11.3%，低于世界平均水平的16.5%，远远低于发达国家水平。这说明，中国的大城市发展得很不充分[5]。

外来人口在城市人口增长中的贡献日益增大，特大和超大城市尤其如此。以北京市为例，1978年全市常住人口为872万人，外来人口为22万人，占全市常住人口的2.5%；而在2003年，全市常住人口为1456万人，外来人口为307万人，占全市常住人口的21.1%（图6.11）。

1997～2003年北京市外来人口分布的变化如图6.12所示。从图中可见，在这期间，市区和近郊区的外来人口比重逐年下降，而远郊区的外来人口比重则逐年上升。1997年，北京市市区、近郊区、远郊区的外来人口比重分别为16%、63%和21%；而在2003年，这些比重分别改变为9%、56%和35%。

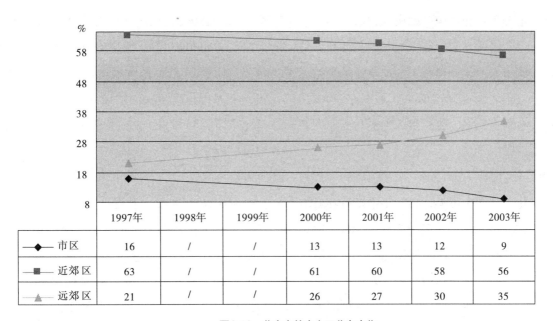

图6.12　北京市外来人口分布变化

资料来源：肖冬连.中国二元社会结构形成的历史考察［J］.中共党史研究，2005，（1）.

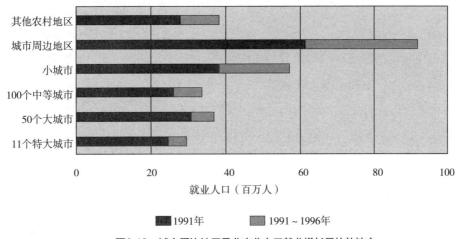

图6.13　城市周边地区是非农业人口就业增长最快的地方

图6.13为中国1991～1996年不同地区非农就业人口的增长情况。从图中可以看出，同各类城市和其他农村地区相比，城市周边地区是非农就业人口增长最快的地方。

8. 建制镇要有适当规模，要关注农业机械化和工业化的发展[6]。

虽然大城市引人注目，但是直到现在，世界上大多数城镇人口还是生活在中小城镇，而不是在最大的城市聚集区。2000年，全球城镇人口的37%生活在100万以上的大城市，53%生活在不到50万人的中小城镇。据联合国估计，到2015年，城镇人口增加的大部分仍将在中小城镇[7]。

中国的镇有三种类型。一是"建制镇"，即"行政建制镇"，属于国家行政管理体制，为乡级行政区划，是乡一级的政权机构；二是"集镇"，不属于行政建制概念，为工商业集中地域或农副产品集散地，以非农业人口为主，商业比较发达、有一定的工业和市镇基础设施，通常为"乡级行政区"（包括乡、"镇"）行政驻地；三是"村镇"，属于农业区人口集中的地段，是"亦工亦农"人口聚居区。"亦工亦农"或"亦商亦农"的人口占有很大比例，有一定的工业与商业，基础设施不完善。

图6.14为1979～2002年中国建制镇的个数和人口的变化。从图中可见，1979年中国有2851个建制镇，镇区平均人口为14762人。1984～1986年，由于撤社建乡和修改建制镇标准，三年间建制镇增加了7750个。在1992年到1994年的另一个三年里，由于乡镇的撤、扩、并，建制镇个数又增加了4247个。这样，到2001年，建制镇的个数增加到20312个，是1979年的7.1倍，而镇区平均人口则下降到5118人，仅为1979年的34.9%。2002年建制镇的个数为20600个。

总体上说，建制镇的发展并没有预期的那样好。图6.15为2003年北京市和上海市建制镇的表现比较。上海市和北京市建制镇的平均镇区面积分别为5.7km²和3.7km²。上海市建制镇的镇区平均人口为18000人，而北京市建制镇的镇区平均人口仅为5000人。上海市建制镇的平均镇区面积是北京市的1.5倍，镇区平均人口为北京市的3.6倍，上海市建制镇人均镇域财政收入为3952元，是北京市955元的4.1倍。这充分说明，建制镇平均镇区面积大，镇区平均人口多，人均镇域财政收入也会多。

图6.16为北京、上海小城镇各产业从业人员所占比重。从图中可见，上海市的第一产业、第二产业和第三产业从业人员比重分别为4.5%、58.5%和37%，而北京市则相应的为31.3%、37.2%和31.5%，上海市工业和服务的发达程度明显高于北京。

农业机械化是农村、农业发展的短板，要大力加强农业机械的开发和生产。

9. 中华人民共和国城镇化的思考

（1）市场经济对城镇化的影响不可忽视

中华人民共和国城镇化的三个阶段中，第一阶段（1949～1958年）最好，第三阶段（1978年至今）次之，第二阶段（1958～1978年）最差。

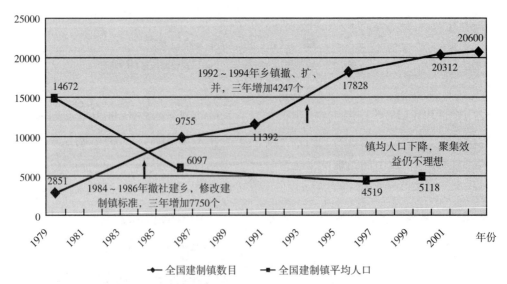

图6.14　中国建制镇的个数和人口的变化（1979～2001年）

资料来源：1. 武力. 1978～2000年中国城市化进程研究. http://www.usc.cuhk.edu.hk/wk_wzdetails.asp?id=2327.
2. http://www.stats.gov.cn/tjfx/fxbg/200401070026.htm.

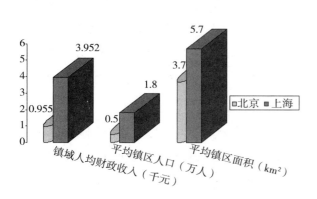

图6.15　北京市和上海市建制镇表现的比较

资料来源：http://www.stats.gov.cn/tjfx/fxbg/2004010700
26.htm.

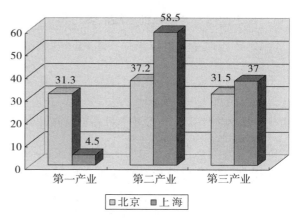

图6.16　北京、上海小城镇各产业从业人员所占比重（%）

资料来源：中国统计信息网http://www.stats.gov.cn/tjfx/
fxbg/200401070026.htm.

究其原因，第二阶段主要是指导思想错误，违背科学和城镇化规律，搞虚幻的工业化，发动群众大炼钢铁，试图赶英超美；搞工业"靠山、分散、进洞"，试图走非城镇化道路等。这个阶段主要是"大跃进"和"文化大革命"的干扰，作为特殊情况，不再讨论。第一和第三阶段主要同经济体制改革有关，这一阶段的城镇化告诉我们，体制机制改革，特别是经济体制改革对城镇化发展的影响是不可忽略的因素。

1949～1958年在计划经济体制下，农村人口通过招工、招兵和招生等途径有序地向城镇转移。进入城镇的人就有工作做，就有房子住，就能享用城镇基本基础设施，就是市民，从而实现了生产方式和生活方式从乡村型向城镇型的转化。说明这一阶段城镇化是健康的，是可持续的，说明对于公有制为主体的国家，计划经济体制是有利于城镇化推进的。因为公有制是实行计划经济的充分必要条件，计划因公有制和集权制领导而易于实施。

1978年以后，实行市场经济体制，出现了一些棘手的问题，特别是数以亿计的农村转移人口难以融入城市社会，他们和随迁家属未能享受城镇基本公共服务，没有市民身份；农村留守儿童、妇女和老人问题凸显；一些城市"摊大饼"式扩张，开发区和工业园区占地过大，建成区人口密度偏低，面积增长速度远高于城镇人口增长速度；一些地方过度依赖土地出让收入和土地抵押融资推进城镇建设；一些地方政府过分追求城镇化水平提升，把每年增加1.4～1.9个百分点作为目标；全国183个城市政府提出要建成国际化大都市等。这些问题都同市场经济体制忽视长期利益和社会总体利益，对大的结构调整软弱无力和调节的局限性，以及不能保证公平竞争，难以处理好公平和效益关系，市场竞争会带来环境污染和生态问题等有关。这种情况说明市场经济体制并不完全适合公有制为主体、集中统一领导的国情，需要研究思考。

（2）要明晰什么是新型城镇化

《国家新型城镇化规划（2014—2020年）》出台以后，对新型城镇化的议论很多。目前尚未见到明确的定义。有新型城镇化必有旧型城镇化。什么是旧型城镇化？简新华认为，在世界城镇化发展的历史上，主要存在四种旧型城市化：

1）西方发达国家以往在工业化过程中实现的城市化；

2）部分发展中国家的过度城市化；

3）中国改革开放以前的滞后城市化；

4）中国改革开放以来存在多种问题和缺陷的城镇化[8]。

吴敬琏说了旧型城镇化的特点和导致旧型城镇化弊端的三个因素，以及推进新型城镇化需要解决体制缺陷，但没有给旧型城镇化下定义❶。他还说过，旧型城镇化已异化为房地产开发❷。也有人说，旧型城镇化的核心特征是低成本扩张和强势政府主导。

综上所说，可以认为，旧型城镇化就是《国家新型城镇化规划（2014—2020年）》第二章发展现状中所述的存在下述六个突出矛盾和问题的城镇化：

1）统计为城镇人口的2.34亿农民工及其随迁家属，没有市民身份，不能享受城镇基本公共服务。城镇内部出现新的二元矛盾，农村留守儿童、妇女和老人问题凸显，给经济社会发展带来诸多风险隐患。

2）城镇建设用地粗放低效，增速远高于人口增速。一些城市"摊大饼"式扩张，过分追求宽马路、大广场，新城新区、开发区和工业园区占地过大，建成区人口密度偏低。城镇建成区面积增速远高于人口增速；农村人口减少1.33亿人，农村居民点用地反而增加了3045万亩。一些地方过度依赖土地出让收入和土地抵押融资推进城镇建设，加剧土地粗放利用，浪费了大量耕地资源，威胁到国家粮食安全和生态安全，也加大了地方政府性债务等财政金融风险。

3）东部一些城镇密集地区资源环境约束趋紧，中西部资源环境承载能力较强地区的城镇化潜力有待挖掘；城市群布局不尽合理，内部分工协作不够、集群效率不高；部分特大城市主城区人口压力偏大，与综合承载能力之间的矛盾加剧；中小城市集聚产业和人口不足；小城镇数量多、规模小、服务功能弱，这些都增加了经济社会和生态环境成本。

4）一些城市空间无序开发、人口过度集聚，重经济发展、轻环境保护，重城市建设、轻管理服务，交通拥堵问题严重，公共安全事件频发，城市污水和垃圾处理能力不足，大气、水、土壤等环境污染加剧，城市管理运行效率不高，公共服务供给能力不足，城中村和城乡接合部等外来人口集聚区人居环境较差。

5）一些城市景观结构与所处区域的自然地理特征不协调，部分城市贪大求洋、照搬照抄，脱离实际建设国际大都市，"建设性"破坏不断蔓延，城市的自然和文化个性被破坏。一些农村地区大拆大建，照搬城市小区模式建设新农村，简单用城市元素与风格取代传统民居和田园风光，导致乡土特色和民俗文化流失。

6）现行城乡分割的户籍管理、土地管理、社会保障制度，以及财税金融、行政管理等制度，固化已经形成的城乡利益失衡格局，制约着农业转移人口市民化，阻碍着城乡发展一体化。

新型城镇化就是不会出现上述问题的城镇化。《国家新型城镇化规划（2014—2020年）》对新型城镇化的要求有以下五项：

1）有序推进农业转移人口市民化，包括落户、享有城镇基本公共服务（教育、就业、社会保障、基本医疗卫生、住房保障）和市民化推进机制。

2）优化城镇化布局和形态。包括优化提升

---

❶ 吴敬琏. 中国旧型城镇化弊端的根源. http://www.iceo.com.cn/com2013/138/2013/ 1211/273322_2.shtml.

❷ 吴敬琏. 2013年11月24日在中欧国际工商学院演讲. 中国经济周刊, 2013-12-10.

东部地区城市群、培育发展中西部地区城市群、建立城市群发展协调机制、促进各类城市协调发展、强化综合交通运输网络支撑等。

3）提高城市可持续发展能力。包括强化城市产业就业支撑，优化城市空间结构和管理格局，提升城市公共交通、市政公用设施等基本公共服务设施水平，提高城市规划和建设水平，推动绿色、智慧、人文城市建设，加强城市社会治理和健全防灾减灾救灾体制。

4）推动城乡发展一体化。包括完善体制机制，加快农业现代化进程和建设社会主义新农村。

5）改革完善城镇化发展体制机制。包括人口管理和土地管理制度改革，创新城镇化资金保障机制，健全城镇住房制度和强化生态环境保护制度。

本书的城镇化七项要务不但基本上涵盖了上述五项要求，而且还有所扩展。

笔者认为，由于"旧"和"新"没有准确的定义，所以只能表示一个阶段，不能表示城镇化过程中的多个阶段。出现问题的，说是"旧"，问题解决了就说是"新"；再出现问题又说是"旧"，问题解决了又说是"新"，令人费解。可见，旧型城镇化用"不可持续的"城镇化比较准确。这样，相对于旧型城镇化的就是新型城镇化，就是可持续城镇化（sustainable urbanization）。

什么是可持续（sustainability）？1987年，挪威首相布兰特夫人（Gro Harlen Brundland）首次提出的可持续是"为后代留下充足的资源，使他们能享有同我们类似的生活质量"。1987年，世界环境与发展委员会在《我们共同的未来》（*Our Common Future*）中，将可持续表述为："满足当代人的需要，又不影响后代人满足他们自身需要的能力（sustainability is progress that meets the needs of the present without compromising the ability of future generations to meet their own needs.）"通俗地说，可持续是一种持久的、可以长期维持的能力、功能、过程、状态。

可持续城镇化是"乡村人口向城镇转移，生产和生活方式由乡村型向城镇型转化，城镇不断发展和完善，增长随着城镇发展而成熟，资源利用效率最高，对环境影响最小，对生物种群最好，把经济、社会和环境因素结合起来考虑，关注子孙后代需要的城镇化发展方式和途径。"

参考文献

[1] 叶耀先. 中国城镇化的进展和未来 [J]. 建筑学报，2002（2）：46-48.

[2] 叶耀先. 新中国的城镇化历程和经验教训 [J]. 小城镇建设，2005（7）：64-65.

[3] 毛泽东. 1945，论联合政府. 毛泽东选集　第三卷 [M]. 北京：人民出版社，1991：1077.

[4] 国家统计局城市社会经济调查总队. 中国城市统计年鉴—2003 [M]. 北京：中国统计出版社. 2004.

[5] 国家统计局城市社会经济调查总队. 中国城市统计年鉴—2003 [M]. 北京：中国统计出版社，2004.

[6] 叶耀先. 世界发展趋势和可持续的小城镇建设 [J]. 小城镇建设，2000（6）：25-27.

[7] 叶耀先. 城市的未来 [J]. 城市开发，2004（1）：79-83.

[8] 简新华. 新型城镇化与旧型城市化之比较. https://wenku.baidu.com/view/1558cf97 43323968001c9251.html（ppt）.

第 7 章
城镇化的要务之六：
世界城镇化的历程和经验借鉴

把别人的经验变成自己的，他的本事就大了。❶

——毛泽东

一切具体的文明，都是具体的人类经验的体现。

——（印度）拉宾德拉纳特·泰戈尔（Rubindranath Tagore）

---

❶ 引自：《1948年4月2日对晋绥日报编辑人员的谈话》，1960年收入人民出版社出版的《毛泽东选集》第四卷，2011年收入中央文献出版社出版的《建党以来重要文献选编》（第二十五册）。

本章阐述英国、美国、法国、德国、日本、韩国、巴西和印度等八个国家城镇化的发展历程和值得我们参考借鉴的经验。

7.1 世界城镇化

1950～2020年世界城镇化水平如图7.1所示，其中2020年的城镇化水平除中国为统计值外，其他均为估计值。从图中可见，1950年、2000年和2020年，发达国家城镇化平均水平最高，分别达到53.8%、74.4%和81.0%；全世界城镇化平均水平介于中间，分别为29.2%、46.6%和57.0%；发展中国家城镇化平均水平位居第三，分别为17.0%、39.3%和52.0%。中国1950年和2000年城镇化水平位居第四，分别为11.2%和36.2%，而2003年达到40.53%超过发展中国家城镇化水平，2020年则跃居63.9%，超过全世界平均水平。

7.2 发达国家的城镇化发展和经验

7.2.1 英国城镇化[1]

英国是世界上城镇化起步最早的国家。通过14～15世纪开始的商业革命和海外殖民积累的大量资本，又通过17～18世纪的农业革命，用圈地运动的方式将农民与土地剥离，产生大量自由劳动力，使得资本和劳动力的自由转移成为可能，1750年城镇化水平就已经达到25%。这时工业还处于手工工场和家庭作坊阶段，大部分分散在农村。工业和服务业的发展使城镇化水平不断攀升，1801年为33.8%，1851年为50.2%（当时世界人口中，城市人口只占总人口的6.5%）。1891年为70.2%，1911年城镇化水平上升到78.1%。20世纪上半叶，除两次大战时期以外，农村人口向城市的流动还在继续，但流动的规模已大为减少。城市间的人口流动上升到主要地位。城市地区人口的比重在1951年普查年度达到80.8%以后开始回落，1981年城镇化水平为76.2%，回落到谷底，1990年又提高到78.1%。2011年为79.%，

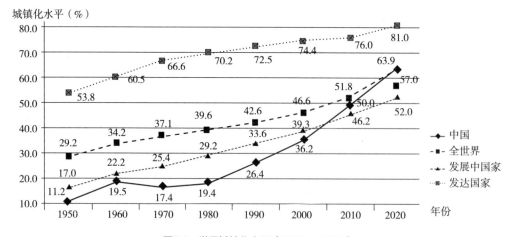

图7.1 世界城镇化水平（1950～2020）

资料来源：魏后凯绘制. 1950～2025年中国与世界城镇化率比较［N/OL］. 2013年4月21日人民网—人民日报politics. people.com.cn/n/2013/0421/c1001-21215483.html

---

[1] 卢海元. 英国城镇化的特点与城镇化加速的启示. http://blog.sina.com.cn/s/blog_56499e5a01014spk.html.

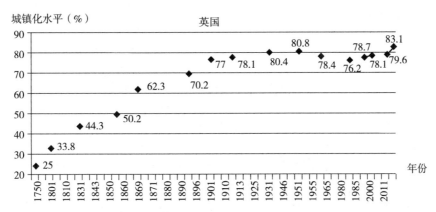

图7.2　英国城镇化水平（1750～2017年）

资料来源：1. 中国社会科学院经济研究所世界经济室. 主要资本主义国家经济统计集［M］. 北京：世界知识出版社，1961.
2. 王章辉，黄柯可. 欧美农村劳动力的转移与城市化［M］. 北京：社会科学文献出版社，1999：4、39、40、42.
3. 樊亢，宋则行. 世界经济史（上）［M］. 北京：经济科学出版社，1993.247.
4. 联合国人居中心（生境）. 城市化的世界（全球人类住区报告，1996）［M］. 北京：中国建筑工业出版社，1999.
5. P. 迪恩，W.A.科尔. 英国的经济发展，1688～1957年. 剑桥，1964：156.
6. 韦伯. 19世纪的城市发展. 1899：144-145.
7. 方正宏观，任泽平. 英美城镇化经验与中国城镇化趋势——房地产周期研究之十七. 2016. https://wallstreetcn.com/ articles/280467.

2017年上升到83.1%（图7.2）。

促进英国城镇化进程的因素主要有：第一次工业革命的推动；工业成为主导产业，成为吸引人口聚集的动力；得益于蒸汽机的发明，革新了交通工具，交通运输条件改善使区域间流动性增强；人口自然增长率和移民增长率增加，促进了城市人口聚集；农业实现规模化生产、商品化经营；着力发展工业和服务业。但是，环境和空气污染曾经是城镇化进程中的突出问题。其中最有名的是1952年伦敦烟雾事件。1952年12月5日至9日，伦敦上空受反气旋影响，大量工厂生产和居民燃煤取暖排出的废气难以扩散，积聚在城市上空。伦敦被浓厚的烟雾笼罩，交通瘫痪，行人小心翼翼地摸索前进。市民不仅生活被打乱，健康也受到严重侵害。许多市民出现胸闷、窒息等不适感，发病率和死亡率急剧增加。直至12月9日，一股强劲而寒冷的西风才吹散了笼罩在伦敦的烟雾。据统计，当月因这场大烟雾而死亡的人数多达4000人，成为20世纪十大环境公害事件之一。此外，工厂的污水排放污染附近河流，城市用水卫生条件差。1888年伦敦人口死亡率高达2%，婴儿死亡率则一度达到17.1%。19世纪中期每年都有不下1万名儿童死于百日咳，死于斑疹和伤寒的儿童更多。

7.2.2　美国城镇化[1][2]

美国是世界上城镇化发展质量比较高的国家之一。其建国之初主要以农业生产为主，城镇化

❶ 卢海元. 美国城镇化的特点与城镇化加速的启示. http://blog.sina.com.cn/s/blog_56499e5a01014six.html. http://blog.sina.com.cn/s/blog_56499e5a01014sjz.html.
❷ 发达国家城镇化发展的历程、特点及启示. https://max.book118.com/html/2017/0413/100187592.shtm.

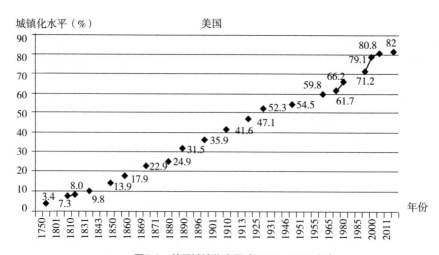

图7.3　美国城镇化水平（1790～2017年）

资料来源：1. 世界银行数据. https://data.worldbank.org/indicators/SP.URB.TOTLIN.ZS?locations=US.
2. 方正宏观，任泽平. 英美城镇化经验与中国城镇化趋势——房地产周期研究之十七. 2016. https://wallstreetcn.com/articles/280467.

始于1790年，当时的城镇化水平只有3.4%。经历170年，到1960年城镇化水平达到59.8%，实现了高度城镇化。2017年城镇化水平为82%，实现了城乡一体化（图7.3）。

美国的城市化有如下特点：

（1）工业化是美国城市化的根本动力。两次工业革命，尤其是第二次工业革命，极大地促进了工业化的发展，吸引大量劳动力离开农业进入到第二、第三产业。工业化使得农业生产效率大幅提高，使得农业为工业提供了大量富余劳动力。

（2）内战扫除了农奴制度，解除了束缚生产力发展的制度障碍。

（3）注重公路、铁路、水路等交通基础设施的建设和完善。基础设施的建设带动了工业化的发展，为农民进城提供了方便，同时为西部开发提供了交通便利。

（4）注重均衡协调发展。美国东部地区，包括纽约、马萨诸塞和宾夕法尼亚等州，工业化起步较早，是最早实现高度城镇化的地区。第二次世界大战期间，国防工业的快速增长，使西部城市得以迅速发展。西部开发使得各项要素西进，

缩小了地区差距，为城乡一体化协调发展奠定了基础。1920年开始大规模基础设施建设，着力西部开发。建成或改建了大量的公路，东西交通有了大发展；大量开凿运河，逐步形成以密西西比河和五大湖为主干的内河运输网络，极大地降低了物流成本，耕地的灌溉有了保障；同时创造了大量的就业机会；大量修筑铁路，1916年铁路里程达到高峰。西部开发带动大量劳动力西进，使得城镇化发展趋于均衡，逐渐形成了综合性城市与专业性城市及大中小城镇相结合的现代城市体系。

（5）美国政府从未制定有关城镇化的政策，也没有进行过具体指导。然而，100多年来，政府在土地、交通运输、货币、外来移民等方面实行的政策，以及一些战时措施，都不同程度地促进了农业人口向城市的迁移，而第二次世界大战后的农业休耕政策和农产品价格支持政策，则对城镇化起到了积极的引导作用，更直接地推动和加快了城镇化进程，其结果是出现了历史上第二次城镇化高潮。

（6）形成了四个都市连绵区，即：①东北部大西洋沿岸的纽约都市区，以纽约为中心，从波

士顿到华盛顿，沿大西洋东岸的十几个州；②中西部地区的五大连湖都市区，以芝加哥为中心，东从匹兹堡，西至达圣路易斯，南绕五大湖呈半月形；③太平洋西海岸城市带的洛杉矶都市区，主要以旧金山和洛杉矶两大都市区为主体，从加州首府向南一直延伸到圣地亚哥；④美国南部的墨西哥湾都市区，包括以休斯敦为主体的一些城市。20世纪20年代末期，农业人口降到最低点，城镇人口趋于饱和。

7.2.3 法国城镇化❶

19世纪初，法国城市人口从1806年的17.3%，经历整整一个世纪的变迁后，1906年城镇化水平达到42.5%，年均增加0.25个百分点；1931年和1946年，城镇化水平分别达到50.8%和53.2%，经过140多年才基本实现城镇化。

1946~1968年的22年间，城镇化水平年均增加0.82个百分点，1968年达到71.3%。若从基本恢复战争影响的1954年起算，到1968年的14年间，城镇化水平年均增加1.1个百分点；20世纪

60年代实行土地改革后，年均增加甚至达到2.0个百分点。历经150年，法国城镇化才进入加速阶段，成为高度城镇化的国家（图7.4）。

法国城镇化起步仅次于英国，但进展却比较缓慢，直到第二次世界大战以前，仍然是工农业并重的国家。工业化和城镇化水平在19世纪下半叶均被后起的德国和美国超过，到第二次世界大战以后才接近或赶上他们，20世纪60年代才实现高度工业化、城镇化。究其原因，主要是农村和农业的发展拖了后腿，表现在：

1. 农村和农业生产率不高，不能为城镇化创生大量的富余劳动力

18世纪末的法国大革命消除了封建土地所有制和封建特权，使土地成为私有财产。从封建贵族手中没收来的土地部分卖给了资产阶级，这些大土地所有者又把土地租给农民，从事小规模经营。虽然买地的农户数量很多（19世纪20年代达600多万户），但每个农户的地并不多，形成大批小土地所有者。75%的农户都是自己直接经营土地，使法国成为典型的小农经济国家。

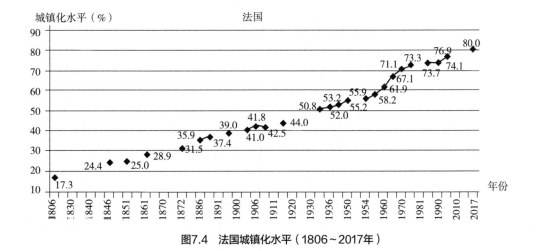

图7.4　法国城镇化水平（1806~2017年）

❶ 卢海元. 法国城镇化的特点与城镇化加速的启示.
http://blog.sina.com.cn/s/blog_56499e5a01014sc8.html.
http://blog.sina.com.cn/s/blog_56499e5a01014sci.html.
http://blog.sina.com.cn/s/blog_56499e5a01014scw.html. http://blog.sina.com.cn/s/blog_56499e5a01014sdl.html.

1860~1914年，小农经济在农业经济中占主导地位，没有出现像英国那样，大批农民脱离土地成为自由劳动者的现象。法国在农业发展的最初阶段，耕地面积扩大、耕作制度创新增加了对劳动力需求，为工业化和城镇化提供富余劳动力的只是贫穷地区和人口过剩的地区，而非农业发达地区，使无地的穷人和农村的家庭手工业者成了19世纪上半叶农村人口流向城市的主流。

2. 手工业生产方式长期存在，不能为工业化提供大量的富余劳动力

发展工业不是创建资金、技术、劳动力集中的大工厂，而是建设众多的小企业。1866年全国各类企业主133.4万人，工人289.8万人，平均每个企业只有2.17人[1]。生产组织则是现代的"宿舍工厂""修道院工厂"，劳动力是很多驯服、廉价的女工。由于劳动力便宜，又可利用当地河流的水能，这类半近代化的中、小工厂遍布各地，虽然能吸收很多当地劳动力，但流动性小，职业转换没有实现空间转移，产业结构与城乡结构严重背离。工业的分散导致工业化的缓慢和不同产业就业结构调整的滞后。家庭手工作坊和"工厂"使农村富余劳动力滞留在农村。企业规模小，布局分散。

为了推进城镇化，第二次世界大战后，法国政府制定了一系列扶植、保护农业发展的政策和措施，1960年、1962年和1980年曾先后颁布农业指导法，加速农业土地和资本集中，促进人口外流，推进以农业现代化为目标的农业结构改革，鼓励农场合并，扩大农场平均规模；同时，促进农场改善经营条件，提高现代化水平。为了改造旧农场和创立符合规模标准的新农场，法国政府采取的办法有：

（1）设立中央和地方"地产整治和农村建设公司"，扩大农场规模

公司不以盈利为目的，由国家严密控制，其行政委员会由国家官员和农业职业代表组成。公司是股份有限公司，股东不是农民，而是各省农业职业组织，特别是农业信贷银行和农业互助组织。公司享有先买权，即利用国家资金先购买土地，然后进行整治，达到可以使用，时间最长不超过五年，然后再转卖给农民。公司对平衡地价起了积极作用，帮助贫穷的农民拥有中型家庭农场。到1966年年底，促成建立了1273个各拥有32hm²土地的农场，并使5960个其他农场平均扩大土地面积7.6hm²。全国有1/10的农民从公司得益。1962年成立的"整治农场结构社会行动基金会"配合公司提供资金；1965年成立的"全国整治农场结构中心"，配合公司使政策、措施得以付诸实施。

（2）设立中央和地方农业信贷银行，通过信贷对农业投资

在中央设立农业信贷银行，在省一级设立100多家地区银行，基层的地方银行有3000多家，下设分理处8500个。通过地区银行发放贷款，为鼓励农场集中，向农民提供较长期贷款和低息贷款，款项可达购买地产价值的60%。优惠贷款的对象是愿意扎根农村、从事农业的青年农民，以及自然条件不利地区的农民。农业贷款逐年增加，1950年仅17.14亿法郎，1960年上升为119.21亿法郎，其中为扩大农场规模以及推进机械化而发放的中期贷款的比重也逐年增长：1950年仅占20.5%，1960年上升至39.4%，1975年达70%；农业信贷银行的资金主要来自公众自筹，但国家对因发放优惠贷款而造成的利息损失给予补贴。这个补助金在国家对农业投资中的比重逐年上升，1964年为4.07亿法郎，1972年达14亿法郎，1978年升至45.6亿法郎；14年间其比重直线上升，从21%增至60%。农业贷款对扩大农场规模和鼓励青年农民务农起了重要的作用。

（3）促进土地出让，以扩大农场规模

主要有两项措施：一是对转换职业的农民给予资助。农业现代化使一部分农场主、家庭辅助劳力或农业工人因就业不足而迁移，为使他们在选择其他职业时机会均等，需要专门培训。"全国整治农场结构中心"向他们提供培训的路费和生活费；二是向不务农的老年农民发放终身年金。政府鼓励老年农民不再务农，自动让出农场，以降低农场主的平均年龄，扩大农场规模。到1969年7月1日为止，政府已向17.1万人发放了终身年金，当时提出申请的还有6.15万人。终身年金数额可观，逐年上升：1965年仅为2870万法郎，1967年达1.26亿法郎，1970和1972年分别跃至3亿和10亿法郎。由于大量老年农民放弃农场，从1963年至1970年有约510万hm^{2}土地可以重新分配，相当于法国可用农田面积的16%，这些土地中有56%用于扩大其他农场面积，38%用于建立新农场，6%改作他用。这项政策不仅使农场规模扩大了，而且使农场主年龄结构得到调整。农业劳动力年轻化，64岁以上的农场主从1962年的12%降至1990年的3%，而40～59岁的农场主在同一时期内从41%升至57%。

（4）鼓励"农业共用经营组合"

这是为了扩大农场规模，政府鼓励建立的新型农场，即中、小规模家庭农场根据自愿合伙经营，地产、农机、农具等可以统筹合理利用，但不改变所有权，最后一起分红，各个合伙成员是平等的，各自仍享有合伙前农场主的经济、社会、税收方面的待遇。政府对每个经营组合提供起动经费，如果两个农场联合，可享受15000法郎资助，此外在购进土地和其他生产资料以及搞农田基本建设时，可申请低息中、长期贷款或得到国家补助金，在农业技术普及方面也享有优惠。到1977年，已有10900个平均面积为80hm^{2}的

经营组合，大部分是两个农场联合，仅21%是两个以上农场的联合，仅700个是四个或四个以上的合伙经营体。这些组合84%在有情缘关系的农民之间进行，如父子间、兄弟间，在一定程度上对稳定农村人口、特别是青年农民稳定在农村起到了有益的作用。虽然有些组合由于缺乏经营能力和不习惯于协作的心理因素等而在后来不欢而散，但是有相当一部分持之以恒，运转顺利，效益良好。

（5）鼓励农场迁移

由于农村人口流动无序，有些地区人口过剩，有些缺乏劳动力；有些地区很富裕，有些则十分贫瘠。政府在20世纪50年代就把农业地区间的农业劳动力迁移视作解决差异的优先办法。迁移者如果有能力务农，并且在迁入地能建立一个面积相当于最起码是中型规模的农场，就可以享受到政府的安家补助，并退还他们交通费用和搬家费用；从1949年到1973年，有10000多个家庭离开故土迁移到人少的地区，占有40万hm^{2}土地。虽然这不足以彻底改变农业人口分布的不平衡，但是迁移者经营的农场规模扩大了，每户平均占据40hm^{2}的土地。此外，能够迁移的农民一般都相对年轻，有活力和创造力，因此他们会对新到达地区的耕作制度和生产方式重新考虑，并进行革新，以提高农业劳动生产率。附近的当地农民也会效仿他们，这对发展当地经济，缓解地区差异有积极的推动作用。

（6）资助青年农民的安置和培训

农业劳动力年龄老化令人担忧，政府不惜工本鼓励青年农民留在农村务农。1970～1975年间，45%以上的农场主超过55岁。为了改变农业劳动力的年龄结构，必须采取优惠政策吸引青年农民经营农场。最初这项政策主要在农业不发达地区进行，从1976年开始扩展到全国，一般情况

下，资助每个愿意经营农场的青年农民25000法郎安置费用，在劳动力缺乏的农业地区，安置费用提高到30000法郎，山区就更高了，给予45000法郎。当然，资助对象有一定条件，他们必须在农村有过五年的农业实践，或拥有适当文凭或证明；必须经营一个中型农场，并要提出三年的生产规划；还要保证尽全力经营好农场，五年内不得离去。尽管有这些限制，很多青年农民还是跃跃欲试，1977年已有6500人得到了安置。由于他们年轻有为，思想开放，他们会采用现代化生产方式带动其他守旧的农民。

此外，法国政府从1960年起，一方面改革农业教育，把义务教育的年限从六年延长至九年；另一方面为了使农民、特别是农民子弟能在农业部门的新职业岗位上就业，政府给予助学金，对农民进行职业再培训。"整治农场结构社会行动基金会"和"全国整治农场结构中心"先后负责落实这项措施。根据补充农业指导法的规定，可享受培训者的年龄为18~45岁。到1988年，各年龄段接受过农业教育的青年农场主的比例为：30~34岁的有60%，25~29岁的有71%，25岁以下的有75%。法国政府这样做是力图为青年农民创业提供方便，使他们获得必要的农业生产和经营的基本知识以及更新的农业生产技术和现代经济管理方面的知识，并促使这些有知识的青壮年农民来进行大部分农场的开发和经营，以稳定农村地区的人口，避免由于农业劳动力盲目外流而造成法国农业的落伍。

在农场加速集中的同时，政府还积极扶持各种类型的农业合作组织和工商联合体，推动农业产业化经营。显然，上述农业结构改革政策的目的都是为了扩大农场经营规模，改造小农经济。实施的结果是，1962~1968年，法国城镇化水平年均提高达到2个百分点，小农经济或小土地经营消失的速度也大幅度加快，使法国快速进入高度城镇化阶段。到1982年，法国农业劳动力在全国劳动力总数中的比重已下降到8.2%，1987年和1997年又分别下降到7.5%和4.8%。这对战前依然是农业国的法国来说是非常惊人的变革和成功。

7.2.4 德国城镇化[1][2]

德国工业革命始于19世纪30年代，同英、法等国比较，起步较晚，但进展却十分迅速，1970年城镇化水平达到72.3%，成为当时世界上城镇化速度最快的国家。

1843年德国的城镇化水平为25%。此前，德国的城市发展已有一千多年的历史，在漫长的时期，居民绝大多数从事农业，农民被束缚在土地上，人口流动受到经济上、政治上和地域上的阻碍，城市发展缓慢。后来，在工业革命浪潮的推动下，农村人口不断流向城镇，为城镇工业和服务业提供了源源不断的劳动力，城镇化速度加快，1871年城镇化水平上升到36.1%。此后，大中城市纷纷崛起，新兴工业城市迅速发展，到1900年城镇化水平达到54.4%，一半以上人口生活在城镇。1910年，城镇化水平上升到64.8%，接近高度城镇化的国家。第一次世界大战以后，社会经济仍然向前发展，城市人口仍然不断增加。但在1929~1933年经济危机和第二次世界大战期间，农村劳动力的转移和城镇化进展非常缓慢。第二次世界大战以后，在恢复重建家园

---

❶ 卢海元. 德国城镇化的特点与城镇化加速的启示. http://blog.sina.com.cn/s/blog_56499e5a01014stc.html.

❷ 德国城市化的特点及对我国的启示. http://www.xzbu.com/3/view-7432358.htm.

中，城镇化又继续推进，城镇化水平从1950年的68.1%，提高到1970年的72.3%，1980年的72.8%和1990年的73.1%，2011年的73.95%，2017年的75.7%（图7.5）。

德国城镇化的特点如下：

1. 土地利用比较均衡

2010年城市、市郊和农村土地面积占全部国土面积的比重分别为27.27%、33.18%和39.55%，是经济合作和发展组织（Organization for Economic Cooperation and Development，OECD）❶国家中最均衡的。

2. 人口分布比较均衡

截至2012年年底，德国国土面积为35万km²，总人口为8052.37万，是欧盟人口最多的国家，人口密度为每平方公里226人，是欧洲人口最稠密的国家之一，人口呈负增长态势。2010年德国城市、市郊和农村人口占总人口的比重分别为56.89%、25.52%和17.59%，城镇化水平虽然比较高，但人口分布却比较均衡，不是集中在城市地区。农村居民绝大多数不是农业从业人员，而是非农业从业人员选择在农村居住。据世界银行数据，2009～2011年间，德国农业从业人员占总人口的比重为1.6%，但2010年在农村居住的人口占总人口比重却是17.59%，很多在城里工作的人员把家安在市郊或农村。

人口从大城市向市郊、小城镇或农村流动的主要原因是人们越来越多地考虑工作和生活环境，如居住地的服务水平和开支，个人专长的发挥，工资待遇提升和避开喧嚣的市区等。工作依旧在城市第二产业或第三产业。此外，还有一些退休的老年人，为图安静和便宜房租，也从城市迁往郊区或农村，一些南部城市居民到德法边界的小村镇。这些都是大城市人口减少的诱因。

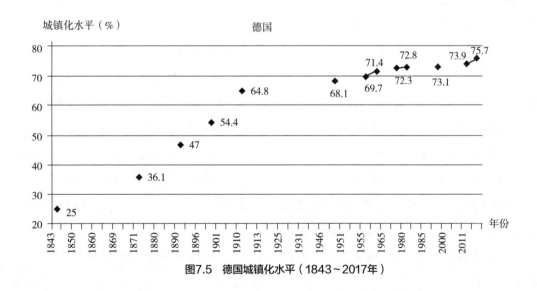

图7.5 德国城镇化水平（1843～2017年）

❶ 经济合作和发展组织1961年成立，前身是欧洲经济合作组织（OEEC），现有澳大利亚、奥地利、比利时、加拿大、捷克、丹麦、芬兰、法国、德国、希腊、匈牙利、冰岛、爱尔兰、意大利、日本、韩国、卢森堡、墨西哥、荷兰、新西兰、挪威、波兰、葡萄牙、斯洛伐克、西班牙、瑞典、瑞士、土耳其、英国、美国等30个成员国。还包括国际能源代理机构、核能代理机构、欧洲交通部长会议、发展中心、教育研究和创新、Club du Sahel等六个半自治代理机构。国民生产总值占全世界2/3。OECD的职能主要是研究分析和预测世界经济发展走向，协调成员国关系，促进成员国合作，为成员国制定国内政策和在区域性、国际性组织中的立场提供帮助。

3. 城市布局比较合理，发展均衡

德国百万人口以上的城市只有三个，即柏林（330万）、汉堡（170万）和慕尼黑（128万）。50万～100万人口的城市有12个，其中科隆接近100万，15万～50万人口的城市有35个。70%以上的居民生活在10万人口以下的城市，多数居住在1000～2000人规模的村镇。德国有22个中心城市，53%的人住在九片城镇集聚区，其中较大的五片是：汉堡—汉诺威，鲁尔区—科隆—波恩，法兰克福—曼海姆，柏林—波茨坦，莱比锡—德累斯堡。城市布局与人口、资源、交通等条件相适应，西南部和中部城市较多，北部和东部相对较少，结构相对合理。虽有少数大城市，但并未造成畸形发展。整体看，德国城市、市郊和农村人口分布呈现倒三角形，城市人口除小城市比重较小外，中等城市、都市和大都市的人口分布都比较均衡。

4. 基础设施完善

德国城市公共设施完善，都市和大都市公共交通便利，都有地铁和有轨铁路。即使几千人的农村，基础设施也很完善，大到银行、商店、邮局、交通、道路、消防队和医疗，小到休闲椅、停车场和公厕的设置，甚至残疾人无障碍通道、马路的自动收费设施等都一应俱全。上百年的老房屋，都有了现代化的卫生设备和供暖设施。

5. 城镇化靠第二产业和第三产业拉动和支撑

德国的城镇化靠产业拉动和支撑，随产业扩大而前进，城市要么工业发达，要么商业、金融服务业先进，要么有文化旅游业支撑，或者有大学支撑。德国十分重视和支持中小企业在中小城市发展，所有小城镇都是农业、林业、饲养业、手工业及服务业的集群地。全国35万个农、林、牧和园艺企业中，多数分布在乡镇，加上大量的中小工商企业和服务业，创造了大量就业岗位。例如，闻名世界的腕表品牌制造商格拉苏蒂有限公司就在小镇格拉苏蒂。

6. 农村保持田园风光和传统风貌，旅游资源丰富

德国的"自然崇拜"和"德意志森林"等社会文化和思想意识，为德国小城镇建设提供了持续的精神养分，推动了德国的环保与绿色和平运动，保护了农村自然田园风光。特别是从美因茨城到科隆市之间的中莱茵河谷段形成绿色的"城镇链"，两岸的古城堡、古教堂、博物馆、宫殿、名胜、古迹、葡萄种植园等，景观如诗如画，美不胜收，是吸引国内外游人的旅游胜地。德国是人文主义思想的发源地，给小城镇留下浓厚的人文氛围。小城镇犹如富有历史特色的建筑博物馆。目前在德国仍保存2万多座古城堡。

7.2.5 日本城镇化❶❷

日本的城镇化虽然比一些西方国家晚百余年，但由于其城市经济飞速发展，只用了几十年时间，就赶上了西方发达国家的城镇化水平。1920年，日本城市人口只占总人口的18%，但是，到第二次世界大后的1955年，城市人口比重就上升到58%。2017年，城镇人口占总人口的比重高达94.3%，处于世界领先水平（图7.6）。

1868年明治天皇建立新政府，进行近代化政治改革，建立君主立宪政体；经济上推行"殖产兴业"，学习欧美技术，进行工业化；提倡"文明开化"、社会生活欧洲化、发展教育等。这次

---

❶ Japan Urbanization. https://www.indexmundi.com/japan/urbanization.html.

❷ 蓝庆新. 日本城镇化发展经验对我国的启示. https://wenku.baidu.com/view/5a5dc2cf767f5acfa1c7cdc8.html.

改革使日本成为亚洲第一个走上工业化道路的国家。这时，日本的城镇化水平还不到10%。此后，通过征收高额农业税扶持工业发展，人口逐渐向城市集中，1889年、1920年和1950年，城镇化水平分别增加到11.7%、18%和37.5%。1889~1950年的52年间，城镇化水平年平均增长0.41个百分点。

1950年以后，日本进入快速工业化和经济高速增长时期。1956~1973年是工业发展的黄金时期，18年间工业生产年均增长13.6%。城镇化水平从1955年的56.3%、1960年的63.5%和1965年的68.4%增加到1970年的72.2%。这个阶段城镇化水平年均增加1.7个百分点。

1970年以后，日本进入后工业化时代，经济增长速度放慢，第二产业的产值在国民生产总值中的比重逐年下降，第三产业逐渐成为国民经济的重要组成部分。2010年第三产业的总产值占全国总产值的76.3%。城镇化水平从1975年的75.9%，缓慢增加到1985年的76.7%和2000年的78.7%。2005年跃升到96.3%，以后就缓慢下降到2017年的94.3%。主要原因是传统工业向大城市周边、小城市和农村转移。

日本城镇化的特点是[2]❶

1. 工业（第二产业）和服务业（第三产业）是城镇化的主要推动力

20世纪50~70年代，日本实行产业振兴，统筹发展城乡工业，特别是发展农产品加工业和农用机具制造业，通过招商引资创办农村新型工业。工业化促进了人口集聚和城镇快速发展。1950~1970年，日本农业、工业和服务业产值占全国GDP比重如图7.7所示。从图中可见，1950~1970年，日本工业和服务业的产值占全国GDP比重分别从31.7%和42.3%，提升到43.0%和48.4%，城镇化水平相应地从37.5%提升到72.2%，年均增加1.7个百分点，是日本城镇化发展速度最快的时期。20世纪70年代以后，大城市居民向周边郊区、卫星城转移，推动了大城市郊区和周围城镇的发展。20世纪90年代以后，第

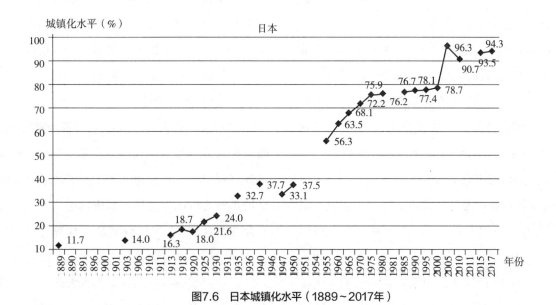

图7.6　日本城镇化水平（1889~2017年）

❶ 国家发改委调研组. 日本城市化发展考察报告. 2014. http://www.zhongdaonet.com/NewsInfo.aspx?id=11522.

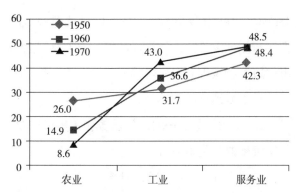

图7.7　1950~1970年日本农业、工业和服务业产值占全国
GDP比重（%）

三产业从业人员在全国从业人员中的比重持续上升，2010年达到66.5%，信息、金融等服务业取代工业成为城镇化的重要驱动力。

2. 高度集中的城镇化

日本的国土面积37.8万km²，是中国国土面积960万km²的1/25；人口1.3亿是中国13亿人的1/10。国土面积狭小，地形复杂，人口稠密，外向型经济发展模式和政府主导的工业化发展历史，使得人口、产业和城镇高度集中在东京（东京附近的关东平原）、名古屋（名古屋附近的浓尾平原）和京阪神（京都、大阪附近的畿内平原，包括京都、大阪和神户）等三大都市连绵区，其国土面积仅为全国国土面积的14.4%，人口和国民生产总值却占全国的50%以上。同时集聚了日本工业企业和工业就业人数的2/3，工业产值的3/4和80%的经济总量，是日本政治、经济、文化活动的中枢地带。

日本城市建设密度非常高，东京、大阪等城市人口密度超过1万人/km²。在一些中小城市和新城，人口密度也并不低，比如港北新城，面积为13.4km²，人口已达13.8万人。这些新城与老城一样，建设密集度也很高，道路不宽，路网密集，但是商业比较繁华。

日本在城市开发过程中，充分尊重土地所有者的土地权益，既鼓励土地所有者通过换地模式联合开发，也允许私人在符合规划的前提下自行开发，利用自有土地。在城市建设过程中，采取多元化建设主体的方式，不同建设主体共同参与实现了土地的多元化利用，使得土地利用效益最大化，达到集约节约的效果。

3. 建立国土开发规划体系和完备的法律体系

日本的国土规划包括经济社会发展、区域基础设施配置和国土空间结构等内容，涵盖了影响国家和区域发展的各个方面。1950年制定的《国土综合开发法》，虽然根据发展需求，几经修订，但仍不适应发展需求。2005年又制定了《国土形成规划法》，明确国土空间规划为国土形成规划。在区域规划层面，也有法律支撑，如《首都圈建设法》等。健全的国土开发法律为规划的编制和实施、国土的有序开发提供了法律保障。日本国土规划由国土交通省负责编制，该省有国土开发、建设等多方面的职能，能够较好地协调国土开发和建设、区域基础设施配置等国土空间规划中的重要内容，从国家和区域层面综合地对资源进行合理配置，避免不同地区、不同部门之间由于利益分配和职能分工等带来的利益冲突和矛盾，强化国家层面的宏观调控。

4. 重视轨道交通

在东京、名古屋、大阪三大都市连绵区内，轨道交通客运量占总交通客运量的51%。在城市发展过程中，人口分布基本上沿着轨道交通线路从城市中心区向外延伸。城市轨道交通发展注重与商业结合，早在1920年电铁公司就和百货公司合作开发枢纽站。无论是在新城区还是在城市中心区，轨道交通站点的开发都大大地提升了城市商业功能，形成了城市的商业中心。城市地价最高、商业最繁华的地区一般都在轨道交通站点的周边，比如东京站周边的CBD和新宿、涩谷等商业中心的形成都是依托于轨道交通站点的开发建设，实现了城市交通和商业功能的复合开发。城市在建设交通站点时，尽量将不同线路的站点放在一个站点，特别是城市中心区的站点，比如东京站就有16条线路，包括地铁、城铁，也包括新干线，既方便换乘，还能最大限度地集中人流，提升服务业发展空间。

5. 鼓励社会资本参与城市建设

社会资本参与轨道交通建设分为两个阶段：第一阶段通过私有铁路公司对铁路沿线的开发，推动了城市发展和空间布局的改变。如阪急电铁、东急电铁等开发建设了多摩新城等诸多新城市。现在东京都市连绵区私营铁路营运里程达1126km，为全区轨道交通营运里程的48.0%，承担了重要的客运功能。第二阶段是国有铁路民营化以后站点的再开发。1987年国有轨道交通私有化改制以后，民营铁路公司为了获取车站土地收益的最大化，针对车站及其周边发展的多样化需求，对车站功能进行复合化开发。车站从交通、商业功能向商务办公、酒店、文化等多元化复合功能转化。2002年开始，日本国铁私营后的日本铁路总公司（JR，Japan Rai），对东京站进行了再开发设计，通过兴建三条公共地下通道，优化地下商业环境。在保证公共空地的前提下，通过增加容积率，兴建了35.2万m²的商业办公设施，扩充了新的办公和商业功能。东京站的开发，带动了周边关联区域的更新改造。

6. 推进智慧城市建设

日本推进智慧城市建设有三个特点：

（1）以节约能源资源和保障能源安全为出发点。2011年（平成23年）3月11日，日本东北地方太平洋冲地震（简称"3·11"地震）以后，日本政府关停了核电站，减少能源消耗成了智慧城市建设和研究的重点，除强调利用可再生能源，利用技术手段加强能源管理、减少能源消耗、降低能源供应峰值外，还突出强调单栋建筑的能源安全，以应付突发事件时能源应急保障供给。

（2）从社区开始推进，以智慧社区为切入点，将智慧基础设施作为城市建设的主要推进方向。选择了北九州市、丰田市、京阪奈学研城和横滨市等四个城市作为智慧城市的实证试点地区，并按照不同的模式进行试点，试验的重点放在社区能源的集约节约利用，包括办公建筑、工厂和住宅的能源消费的管理及节约利用。

（3）以企业为主体，鼓励多企业和社会团体的参与合作。在政府认定的混合型环保示范城市——丰田市，以丰田为主导，相关技术和产品涉及大金等多个企业产品。在柏叶智慧城市，则吸引了三井不动产、日建设计等诸多企业参与。在建设过程中，政府仅是对先进技术应用进行补贴，并未直接参与其中。日本智慧城市建设还处在小规模试点阶段。

7. 房地产和股市泡沫破裂

1980～2000年的20年间，日本城镇化水平从76.2%提高到78.7%，年均提高仅为0.12个百分点，主要是受股市和房地产泡沫破裂的影响。

1985年年底到1990年年初，短短四年，日本城市地价上涨了200%。1990年，仅东京都的土地价值就相当于美国全国的土地价值，而美国的面积则是东京的1.5万倍。实体企业和金融机构，不计成本地将资金投入土地市场。1985年日本城镇镇化水平已经达到76.7%，老龄化率开始攀升，城镇化和人口红利消失，经济增长失去动力。房地产价格失去支撑，越是大城市，下跌越严重。整个社会，都在讨论房地产和股票，企业一年利润，不如一块地一天的涨幅，实体企业纷纷抽出资金进入房地产。当时，政府奉行货币宽松政策，银行贴现率和贷款利率都很低，商业银行鼓励居民贷款，金融机构乐于将钱贷给土地投资者，并鼓励投资者买到地后，再以土地作为担保，继续贷款买地，银行最终也被拖进泡沫之中。

1990年，股票市场率先崩盘。短短一两年间，日经指数从最高的38915点跌到14309点，跌幅高达50%以上。接着，在"土地不会贬值"和"东京房价不会下跌"两个神话的刺激下，由于土地市场与资本市场关系密切，资本市场崩盘随即传导到楼市。金融机构为避免损失，要求企业偿还贷款，企业不得不变卖股票和不动产，大量地产抛到楼市，地价应声而跌。1991年，日本楼市崩盘，房价一泻千里，大量银行和房地产企业倒闭，倾尽所有买房的家庭一夜返贫，每年还要交沉重的赋税。日本经济陷入长达20年的持续衰退。

早在崩盘之前几年，日本政府就已经看到楼市和股市的狂热，频频出台调控措施。1986年，要求金融机构"房地产贷款增长速度不能超过总体贷款增长速度"；同时提高房地产税收，对持有不到两年的土地交易课以重税。这些举措对房市并未起到控制作用。土地管控措施非但未能遏制地价飞涨，反而导致土地供给不足，促进地价上升。短短一年，日本央行连续三次提高贴现利率，连续五次加息，过急的货币政策，反而成了股市崩盘的导火索。崩盘都是在最不经意的时候来临的。

20年间，日本六大主要城市住宅用地价格跌幅65%。随着房价暴跌，国民财富持续缩水，损失高达1500万亿日元，相当于日本三年的GDP总和。日本经济更是萎靡不振，20年间，日本年均GDP增速只有0.75%。时隔20年之后，日本经济开始温和复苏，但日本地价和房价远远没有回到当初的水平。

7.2.6 发达国家城镇化结语

纵观英、美、法、德、日等发达国家的城镇化进程，其基本做法和特点可归结如下：

1. 工业化是城镇化的基本动力。英国是世界上最早开始工业化和城镇化的国家，城镇化是建立在乡村工业高度发展的基础上的

早在17世纪，英国就有1/2的农业人口农闲时从事工业生产。这些乡村工业集中在工业村庄，相当一部分工业村庄慢慢演化为城镇。工业革命开始以后，在"羊吃人"的"圈地运动"中，失去土地的大批农民涌进城市，成为产业工人。英国的城镇化紧随工业化的发展而发展，曼彻斯特、伯明翰、利物浦等一大批工业城市迅速崛起和壮大。德国的鲁尔地区、法国北部地区、美国的大西洋沿岸等地区都是随着资本、工厂、人口向城市的迅速集中，形成的城市密集地区。工业化成为城镇化发展不可或缺的第一动力，随着工业化的不断提升，城镇化步伐也不断加快。

2. 农村人口向城市自由迁徙，有制度保障，但没有法律限制

人口迁徙取决于三个条件：收入、就业和生活成本。人们追求生计、追求就业，就到城市定居，德国宪法规定，选举、工作、迁徙、就学等公民权利一律平等，城乡之间社会保障体系差异不大。农民要进城，只需到市政局登记并且按章纳税，就可以成为城市居民。城镇化达到一定程度之后，城市问题越来越严重，城里的富人向城市郊区转移，在郊区居住，在城里工作。如美国洛杉矶的一个小镇，常住人口只有9000人，而在这里工作的人口却有7万多人。伴随富人、农业人口和产业向中小城市集聚，就带动了中小城镇的经济发展。

3. 加快基础设施建设，促进城镇不断发展和完善

伴随工业化的迅速发展，加快运河、铁路、公路等基础设施建设，完善交通系统。如国土面积广阔的美国，交通革命就在城镇化中发挥了巨大的作用。美国从建设高速公路开始，19世纪40年代又形成了世界最发达的运河网。1828年，开始建设铁路，北太平洋铁路、南太平洋铁路、圣斐铁路等相继建成，贯通美国领土的东西，深入西部腹地，带动了铁路沿线新城镇的兴起。全国数以万计的大小城镇由铁路网连接了起来。铁路运输不仅促进了西部开发和城镇发展，而且大大刺激了工业革命，对工业化和城镇化起了关键作用。此外，美国大力建设高速公路，引导郊区发展。由于城镇化快速发展，主城区人口过度集中，造成城市中心区环境、交通、治安状况恶劣，而汽车的普及让大批城市中产阶级迁往郊区定居成为可能。为推进郊区化，美国联邦政府改善州际道路，完善公路系统，各州也采取措施带动城市向郊区发展。到20世纪70年代中期，美国高速公路总里程已达5万英里。

4. 注重城乡协调发展

美国在20世纪20年代以后，城镇化步伐加快，大城市的数量和规模迅速上升，出现了以东部、西海岸和五大湖区为主的三个大都市连绵区。在这些地区，人口过度密集等城市化问题也随之出现。到20世纪60年代，美国政府开始对大城市中心区进行再开发，将人口分流到小城镇。注重整合各种要素，培育龙头城镇和城镇群，提升聚集效能，在都市连绵区发展中，推进区域一体化、服务均等化，消除城乡差别，实现均衡发展。10年后，美国10万人以下的城镇人口增长了25%，从7700多万人增加到9600万人。三大都市连绵区创造了全国2/3的GDP。在这些都市连绵区中，大、中城市和小城镇共生共荣，大、中城市是核心区、就业区，小城镇是大、中城市的商务区、生活区。

随着城镇化推进和新移民涌入，美国大城市中心区的住房短缺日益严重。为此，政府建造廉价公寓，建造低租金住宅，为买房者提供信贷抵押保证和税收补助金。第二次世界大战后，为引导城市人口外迁，联邦政府安排1600万老兵在郊区定居，到20世纪90年代末，政府重点帮助低收入家庭、残障人、少数族裔等弱势群体解决住房难题，以兴建工程和投入教育帮助城镇居民就业。

在城镇化初期，政府通过兴建大规模市政工程来提供大量就业岗位，投入大量资金用于职业教育、失业者转岗培训及失地农民的就业培训，帮助他们就业，大力扶持城镇社区教育，鼓励民间办学，使所有学龄儿童都能享受到充分的教育。

日本也有三大都市连绵区，即大东京区、大阪城区、名古屋区。这三大都市连绵区创造了全国GDP的70%。日本在第二次世界大战以后经济进入高速发展时期，大量农民脱离土地。日本政府为新进城农民提供与城市居民相同的社会保障和市民身份，保证了农民在失地后不会再失业，成为城市流民阶层。采用各种措施增加农民收入，维持农产品的高位价格，保障农户有较多的基本收入，实现城乡共同发展，确保大米完全自给和蔬菜大部分自给。这与日本较为成功的城乡协调发展政策密切相关。

德国城市分布均匀，11个都市连绵区遍布全国，中小型城市星罗棋布。德国小城镇的通信、电力、供水等基础设施条件与大都市基本没有差异，医院、学校、购物等应有尽有。而且自然环境优美，完善的基础设施、方便的交通网络和发达的汽车业令德国人的活动半径大大增加，好多

人并不留恋大城市。

法国巴黎大区有1000万人口，在其周边有马恩、赛纳、翼瑞、斯滔亭、庞绅斯等许多小城镇，聚集了大量的人口和产业。法国在城镇化进程中十分注重农业的现代化。两次世界大战使法国的农业受到了严重打击。第二次世界大战以后，法国政府将农业装备现代化摆在了重要位置，逐步实现了农业装备的现代化和规模化，提高了劳动生产力，形成了专门的农作物产区，一个农民可以耕作百余公顷土地，为城市提供了大量劳动力。

从发达国家城乡协调行动发展的经验可以看出，这些国家的城、镇、村一体化，基础设施、公共服务、社会保障、产业发展、管理体制和生活方式没有太大的区别，实现了一体化和均等化。在城镇化中注重农业现代化，将农民从土地中解放出来，并保障农民权益，让更多的农民进城推动城镇化稳步发展。

5. 引导大、中、小城市协调发展

小城镇与大都市的发展要同步进行。发达国家城镇化发展历史上，人们最先注意的是要优先发展大城市。基本经历了从小城市、中等城市、大城市到都市区、大都市区的发展过程。但由于大城市城区人口过于密集、就业困难、环境恶化、地价房租昂贵、生活质量下降，带来一系列弊端和问题。在这种情况下，小城镇的建设引起更多人的关注。于是人们向环境优美、地价房租便宜的郊区或卫星城迁移，出现了人口尤其是大城市市区人口郊区化、大城市外围卫星城镇布局分散化的趋势，这主要发生在20世纪50～70年代城镇化水平很高的发达国家。如美国除洛杉矶以外的12个大城市的市区人口，在1950～1971年间，城市市区人口从2625.3万下降到2552.4万，郊区及卫星城人口则从1463.5万增加到1714.7万。1955～1970年，日本东京每年的人口净流入量达到30万～40万。东京借助大容量轨道交通，主动沿轨道交通站点建设居民区，并提供高标准的生活服务、社会文化和治安配套，使得很多在东京工作的居民，都在距东京市中心数十公里的神奈川县、千叶县和埼玉县等地居住。

6. 城镇化历程和逆城镇化

英、美、法、德、日五国1750～2017年城镇化水平如表7.1和图7.8所示。从表中和图中可见，如果以城镇化水平25%视为起步，则：

英、美、法、德、日五国1750～2017年城镇化水平（%）　　表7.1

年份	英国	美国	法国	德国	日本	年份	英国	美国	法国	德国	日本
1750	25					1851	50.2		25		
1790		3.4				1860		17.9			
1801	33.8					1861			28.9		
1806			17.3			1869	62.3				
1810		7.3				1870		22.9			
1830		8				1871				36.1	
1831	44.3					1872			31.5		
1840		9.8				1880		24.9			
1843			25			1886			35.9		
1846			24.4			1889					11.7

续表

年份	英国	美国	法国	德国	日本	年份	英国	美国	法国	德国	日本
1850		13.9				1890		31.5	37.4	47	
1891	70.2					1950		54.5	55.2	68.1	37.5
1896			39			1951	80.8				
1900		35.9		54.4		1954			55.9		
1901	77		41			1955			58.2	69.7	56.3
1903					14.8	1960	78.4	59.8	61.9	71.4	63.3
1906			42.5			1965	77.8		67.1	72	67.9
1908					16	1970	77.1	61.7	71.1	72.3	71.9
1910		41.6	41.8	64.8		1975	77.7		72.9	72.6	75.7
1911	78.1					1980	78.5	66.2	73.3	72.8	76.2
1913			44		16.3	1981	76.2				
1918					16.7	1985	78.4		73.7	72.7	76.7
1920		47.1			18	1990	78.1	71.2	74.1	73.1	77.3
1925					21.6	1995	78.4	71.2	74.9	73.3	78
1930		52.3			24	2000	78.7	79.1	75.9	73.1	78.7
1931	80.4		50.8			2005	79.9	79.9	77.1	73.4	86
1935					32.7	2010	81.3	80.8	78.4	74.3	90.5
1936			52			2011	79.6			73.9	
1940					37.7	2015	82.6	81.6	79.5	75.3	93.5
1946			53.2			2016	82.8	81.8	79.8	75.5	93.9
1947					33.1	2017	83.1	82	80	75.7	94.3

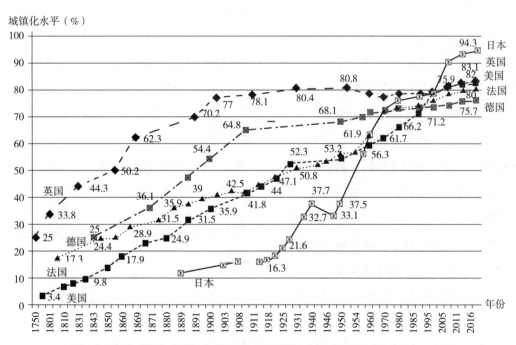

图7.8　英国、美国、法国、德国、日本五国城镇化水平（1750～2017年）

（1）英国是英、美、法、德、日五个发达国家中城镇化起步最早的国家，1750年城镇化水平就达到25%，到2017年，经历265年，城镇化水平达到83.1%，在五国中居第二位。

（2）德国是英、美、法、德、日五个发达国家中城镇化起步第二的国家，1843年城镇化水平达到25%，到2017年，经历174年，城镇化水平达到75.7%，在五国中居第五位。

（3）法国是英、美、法、德、日五个发达国家中城镇化起步第三的国家，1851年城镇化水平达到25%，到2017年，经历166年，城镇化水平达到80%，在五国中居第四位。

（4）美国是英、美、法、德、日五个发达国家中城镇化起步第四的国家，1880年城镇化水平达到24.9%，到2017年，经历137年，城镇化水平达到82%，在五国中居第三位。

（5）日本是英、美、法、德、日五个发达国家中城镇化起步第五的国家，1930年城镇化水平达到24%，到2017年，经历87年，城镇化水平达到94.3%，在五国中居第一位。日本是后来居上，速度快，质量好。

加拿大的城市化发展与美国相类似，当美国的城市人口大规模集聚在东海岸和西海岸时，加拿大的城市人口则集聚在南部的边境地带。目前，据世界银行《2000年世界发展指标》显示，美国和加拿大的城市人口占总人口的比重都是77%。

在大洋洲国家中，新西兰和澳大利亚两国总人口最多，它们基本反映了该地区的城市化状况。1994年两国城市人口占总人口的比例均为80%。2000年世界银行统计资料显示，澳大利亚城市人口比重为85%。大洋洲地区的特点是没有一座城市总人口超过500万，总人口在100万～500万的城市由1950年的两座增加到2000年的六座。

近几十年，从20世纪60年代开始，在发达国家城市化进程中，又出现了一种逆城市化的现象，也有人称之为郊区化或反城市化。其主要表现为大城市人口明显减少、人口由中心城市大量向郊区及更远的乡村地区迁移、更多的人口集居在大城市的边缘地带。很多的工业企业也纷纷离开城市，向中小城镇及乡村地区转移，中等城市人口迅速增加，城市化区域不断扩大。逆城市化现象首先开始于北欧和西欧，随后在20世纪70～80年代许多发达国家都出现了这种现象，如丹麦、法国、德国、意大利、西班牙、英国、美国和日本等，其中在西欧和美国表现较为突出。20世纪60年代，美国全国六个100万以上人口的大城市，人口减少了140万，50万～100万人口的大城市从20个减到16个。这16个大城市人口总数也减少220万，占全国人口的比例从12.2%降到9.7%。纽约市的人口减少了36.6%。

1970年和1980年之间，许多城市包括布法罗、克利夫兰、底特律、新奥尔良、匹兹堡和圣路易丝等，总人口都呈下降趋势，其中有些城市在这期间平均人口增长率为负数。20世纪60年代，英国伯明翰的人口减少了8%，伦敦的人口减少了54万。

1970～1985年间，伯明翰、利兹、伦敦和曼彻斯特人口增长率为负，1985～1995年间，其总人口基本没有增加。1970～1985年间，伦敦人口负增长率超过1%，共减少了125.9万人，从而失去其大都市的称号。在其他一些国家，如西班牙、意大利和丹麦，现有资料表明，这一现象仍在进行。

7.3　发展中国家的城镇化发展和经验

发展中国家的城镇化始于第二次世界大战以后，比发达国家晚得多，城镇化的动力和过程与发达国家雷同，但发展速度比发达国家快得多。交通和通信改善，促使更多贫困乡村人口涌向富裕城市。但是，由于城市工业发展缓慢，就业岗位不足，造成城市普遍失业；由于城市基本设施不足，贫富差别悬殊，造成诸多社会问题；由于没有足够住房，出现贫民区。这种情况使城乡差距持续拉大，乡城迁移规模持续扩大，贫穷使城市之间的差别加大，最终移民迁移到全国最大城市，形成首位城市（primate city）。首位城市的人口往往占全国总人口的10%～30%，例如泰国的曼谷、菲律宾的马尼拉、孟加拉的加尔各答、墨西哥的墨西哥城、秘鲁的利马等。

7.3.1 韩国城镇化❶~❺

韩国作为一个新兴的工业化国家，经济发展突破了西方发达国家从资本原始积累、工业革命到工业化的传统模式，在30多年的时间里迅速实现了工业化，城镇化水平也在非均衡城镇化发展道路下不断提高，到2000年城镇化水平高达81.4%（图7.9）。

韩国在殖民地时期（1910～1945年），城镇化的进展非常缓慢。1910年，城镇化水平仅为3.3%，到35年后的1945年，才发展到11.6%，年均增长仅0.24个百分点。1945～1960年（27.7%），15年间年均增长1.07个百分点。1953年战争结束后，流亡国外的韩国人大规模回迁，促使韩国的城镇化水平迅速提高。1955年韩国的城镇化水平达到24.4%，比1945年提高了12.8个百分点，年均增长近1.28个百分点。流亡人士归国浪潮过去之后，城镇化水平迅速回落，1960年城镇化水平为27.7%，只比1955年提高3.3个百分点，年均增

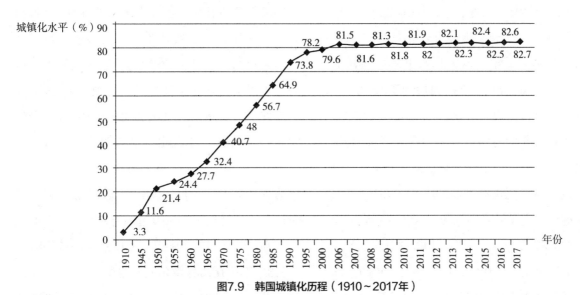

图7.9　韩国城镇化历程（1910～2017年）

资料来源：1. 据Department of Economic and Social Affairs，United Nations，World Urbanization Prospects，The 2001 Revision，New York，2002.数据整理.

2. https://www.statista.com/455905/urbanization-in-south-korea.

3. Index mnudi: Central Intelligence Agency. The World Factbook.https://www.cia.gov/lib.

---

❶ 李铁等. 韩国城镇化发展及对中国的启示. http://www.ccud.org.cn/2015-01-06/114366665.html.

❷ 杨明. 韩国的"压缩型"城镇化之路：30年基本实现城镇化进程. http://www.cfcn.com.cn/old_7392/gjlw/201310/t20131008_2088866.html.

❸ 中国城市研究中心课题组. 韩国城市化特点. http:// www.ems86.com/lunwen/html/?351.html.

❹ 2017年韩国人口城市化水平、都市圈人口密度变化、住房原因占比情况分析. http://www.chyxx.com/industry/201708/548545.html.

❺ South Korea: Urbanization from 2006 to 2016. Statista. https://www.statista.com/statistics/455905/urbanization-in-south-korea.

长0.66个百分点。这一时期汉城、釜山和大丘等城市的发展十分迅猛，出现了城市人口向大城市集聚的趋势。特别是汉城（今首尔）的发展速度更为惊人，人口规模由1950年的102.1万猛增到1960年的236.1万，10年翻了一番多，这种高速增长势头一直持续到20世纪70年代末。

1960～1990年，工业化开始利用外资，从进口替代向出口导向战略转变。政府推行了以低工资为基础、轻工业为中心的输出主导型开发政策。由劳动密集型的纺织业起步，逐步发展到以汽车、电子、钢铁、造船业为支柱的制造和出口加工业体系。1962～1966年，韩国年均引进外资0.69亿美元，1977～1981年，年均引进外资75.50亿美元。从1962年起，韩国连续实施六个经济发展五年计划，工业化水平迅速提高，实现了经济起飞。伴随着工业化和经济的发展，大量农村人口涌入城市。城市化水平从1960年的27.7%，1987年的68%，提高到1990年的73.8%。1960～1990年，韩国城市化水平年均增长1.55个百分点，用30年的时间，走完了西方国家100年走过的发展历程，城市化水平提高了45.8个百分点，完成了城市化快速发展阶段。1990年以后，城镇化进入稳定发展时期。1990～2017年城镇化水平增加8.9个百分点，年均增加0.33个百分点。

从上述可见，在1960～1990年的30年间，韩国就把城镇化水平从1960年的28%猛增到1990年的72%，提高了44个百分点，年均增长1.47个百分点，如此长时间的高速增长是世界城镇化历史上极为罕见的。

韩国城镇化发展的主要特点是：

1. 城镇化经历了高速增长阶段，面临土地和自然资源不足问题

1960年韩国城镇化水平为27.7%，1970年达40.7%，1980年达56.7%，1990年达75.8%，2000年以后基本稳定在82%左右。1960～1980年，韩国城镇化率年均提高1.65个百分点，1960～1990年，年均提高1.53个百分点，全国城镇人口年均增加约80万人，城镇化面临土地资源不足问题。韩国国土总面积为10万km²，人口5000万，人口密度为500人/km²。国土面积中，山地约占70%，最大的平原面积仅500多km²。

2. 人口向大城市和特大城市集聚，出现了大城市率先发展的现象

20世纪60年代以后，韩国政府奉行"工业为主、大企业为主、大城市为主"的政策，一方面工业受政府强有力的计划指导，向城市、特大城市集中；另一方面农村人口又不受政府限制，可以充分、自由地向城市迁移，使人口向大城市的集聚程度超过绝大多数国家。如2000年，韩国的六个大城市：汉城、釜山、仁川、大丘、大田、光州的总人口达2217.8万人，占全国总人口的一半以上。1960～2010年，韩国100万人口以上大城市人口数量占全国的比重由39.2%上升到52.7%。2010年，20万以上人口城市人口数量占全国的87.5%。其中，首尔市总面积606km²，人口达到1050万，人口密度1.73万人/km²。以首尔为核心，包括仁川和京畿道的首尔都市圈总面积1.17万km²，人口约2300万，人口密度1965人/km²。

3. 不平衡的城镇化发展格局

由于韩国实行向沿海倾斜、向城市倾斜的产业布局策略，相应出现了沿海与内地之间城市发展的不平衡。

4. 随着城镇化的推进，向城镇迁移的人口发生变化

20世纪六七十年代人口以农村向城镇迁移为主，到20世纪80年代逐渐转变为以城镇向城镇的迁移为主。20世纪90年代以后，则过渡到主要以人口自然增长为主，城镇化速度明显放慢。如1970年农村人口向城镇迁移占人口迁移总量的42.2%，同期城镇间的人口迁移只占总量的34.3%；到1980年，前者下降为33.1%，而后者则上升到50.6%。

5. 产业结构和就业结构的依次演进，直接推进了城镇化进程

1960 ~ 1990年，韩国的城镇化水平提高了44个百分点，同产业和就业结构依次演进密切相关。1980年第一、第二和第三产业国内生产总值比重分别为16%、42%和42%，1990年演进为9%、30%和61%，说明第三产业比重快速上升，第二产业升速较快，第一产业则快速下降。

第一、第二和第三产业的就业人员比重从1960年的分别为67%、9%和24%，演进到2000年分别为10.9%、28.0%和61.1%。相应地第一产业的国内生产总值比重和就业人员比重分别减少了26个和47个百分点。第三产业和第二产业成为推动城镇化进程的直接动力（表7.2）。

6. 逐步解决城市居民住房问题

1985年，城镇化高速发展行将结束的时候，韩国住房普及率仅为69.8%，首尔都市圈地区仅为54.4%。大量进城人口居住在棚户区、地下室，20世纪60年代，首尔市带厨房的房屋仅占18.3%，有电力供应的房屋仅占29%。1988年，韩国政府重点扩大中低收入阶层住房供给，在1988 ~ 1992年200万套住房建设计划和

1992 ~ 1996年250万套住房建设计划中，政府部门投资建设了90万套和127万套的小套型公租房。到2010年，韩国住房普及率达112.9%。

7. 通过新城建设疏解首尔功能，关注新城与首尔间的距离

20世纪80年代，韩国加快卫星城建设，首尔市的卫星城由1980年的6个增加到20世纪90年代的16个。首尔部分城市功能开始外迁，例如，1978年，隶属韩国中央政府的国土研究院搬迁到距首尔中心约30km的京畿道安养市；韩国负责中央政府土地和住宅事业的LH公社也设在京畿道城南市。2000年以来，韩国继续推进首都圈内新城建设，除担负中央政府行政职能的世宗市外，已建和在建的新城大多在距离首尔市中心30km左右的范围内。韩国的新城建设周期较短，大约10年左右，远低于日本的20年。但是因为韩国新城建设在城镇化水平饱和期，有居民收入作为支撑，基本上没有出现地产空置和"鬼城"现象。

8. 城市发展强调以工业主导，服务业发展相对薄弱

韩国强调工业发展，建设了大量园区。仅2003 ~ 2008年，就划定了6个经济自由区，总面积近500km²，在建新城也都划定了几个平方公里的产业园区。1980年，韩国第一、第二、第三产业结构为16.3、36.6和47.3，2010年，变为2.6、36.7和

韩国分产业国内生产总值比重与就业人员比重（%）　　表7.2

产业	国内生产总值				劳动力				
	1960年	1970年	1980年	1990年	1960年	1970年	1980年	1990年	2000年
第一产业	35	28	16	9	67	51	34	20	10.9
第二产业	20	30	42	30	9	20	29	28	28.0
第三产业	45	42	42	61	24	29	37	55	61.1

资料来源：1. United Nations: Internal Migrations and Structural Changes in the Labor Force. Bangkok. Thailand，1988.
　　　　　2. 韩国经济统计. 1966 ~ 1996年.
　　　　　3. 中国统计年鉴2003.

60.7，第二产业仍占较高比重，第三产业与第二产业之比为1.65，分别低于德国和日本的2.6和2.8，更分别低于英国、美国、法国的3.7、4.1和4.2。

9. 中央政府在国土空间规划和基础设施等资源配置上发挥重大作用

韩国在行政体制上与西方国家类似，但中央政府仍有强大的资源控制力。表现为：①韩国以立法形式明确全国和区域国土规划，以《国土基本法》为依据，制定综合国土规划，确定了城镇化和国土开发的总体框架。②中央政府统筹基础设施投资，地方政府对中央政府资源配置的依赖性很强。③城镇土地通过国有的土地住宅公司（LH公社）进行一级开发，再在市场上出让；土地补偿标准依据相关法律评定，虽然经常有补偿水平达不到土地所有者预期而引发的抗议上访和极端性事件，但并没有影响城镇土地开发方式和城镇化进程。

10. 注重城市建设、管理治理的人性化

首尔市自2003年开始拆除了覆盖在清溪川上近6km的高架桥，恢复了清溪川的自然风貌；流经市内的汉江堤坝也由水泥坝改为泥沙坝，并建成以本地野草覆盖为主、方便民众休憩的市民公园。城市基础设施注重便捷性和人性化，首尔市将公交车站设在道路中间，加快公交运行速度；城市道路开放度较高，完全阻隔的路段很少，多数道路上专门辟出自行车道等。

7.3.2 巴西城镇化[1]

1. 巴西的城镇化历程

巴西是拉美最大的国家，国土面积851.6万km²，为南美洲总面积的48%，仅次于俄罗斯、加拿大、中国和美国，居世界第五位。2017年人口为2.09亿，也居世界第五位。2017年巴西国内生产总值（GDP）为2.03万亿美元，人均国内生产总值为9749美元。1940～2017年巴西城镇化水平如图7.10所示。

（1）缓慢起步阶段（1930～1950年）

1889年巴西摆脱殖民统治后，先后依靠蔗糖、黄金、棉花、咖啡和橡胶等原材料产品的大发展带动了经济增长。经历40年的发展之后，1930年城镇化水平达到15%，其首都已呈现出向首位城市发展的趋势。1940年城镇化水平为31%，1950年为31.2%，里约热内卢的城市人口已经达到296.5万。超过了巴西最大城市圣保罗的252.8万。

（2）快速发展阶段（1950～1980年）

第二次世界大战后，巴西工业化步伐加快。1948～1980年间，国民经济年平均增长7%，超过大多数发达国家的发展速度。1956～1961年是战后第一个高速发展期，6年间，国内生产总值年平均增长8.3%，其中工业增长10.7%，农业增长5.7%。1968～1974年是第二次世界大战后第二个高速发展期。七年间，国内生产总值年平均增长10.1%，其中工业增长11.9%，农业增长5.9%。成为继原联邦德国和日本经济奇迹之后，世界经济发展史上出现的"巴西经济奇迹"。城镇化水平从1950年的36.2%提升到1980年的65.5%，年均增加9.8个百分点。

（3）稳定增长阶段（1980～2017年）

1980年以后，城镇化水平增长放缓，从1980年的65%提升到2017年的86.2%，年均增加0.6个百分点。基本完成了城镇化进程。

---

[1] Urban population（% of total）. United Nations Population Division. World Urbanization Prospects: 2014 Revision. The World Bank, https://data.worldbank.org/indicator/SP.URB.TOTL.IN.ZS.

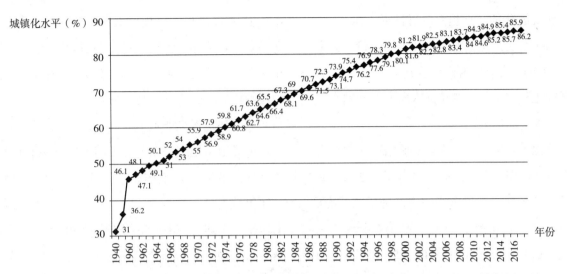

图7.10　巴西城镇化水平（1940～2017年）

资料来源：1. 江时学. 拉美发展模式研究［M］. 北京：经济管理出版社，1996.
　　　　　2. 世界数据发展手册［M］. 北京：中国财政出版社，2000.
　　　　　3. United Nations Population Division. *World Urbanization Prospects: The 2001 Revision*. P33.
　　　　　4. https://data.worldbank.org/indicator/SP.URB.TOTLIN.zs?locations=BR&name−dasc=true.
　　　　　5. Brazil−Urban population as a share of total population. World Data Atlas. https://knoema.com/atlas/Brazil/Urban−population.

2. 巴西城镇化发展的主要特点[3][4]

（1）过度城镇化❶

以巴西为代表的拉美城镇化的突出特点是，在短时间内大量农村人口进入城镇，城镇化水平超过经济发展水平，造成过度城镇化。发达国家的城镇化水平从50%到75%，人均国民生产总值增加3倍左右。而巴西的这一过程在1964年到1992年之间，人均国内生产总值只提高60%左右。20世纪80年代以后的五年，人均GDP不但没有提升，反而下降，成为典型的落入"中等收入陷阱"的国家。政府对于农村迁入城镇的人口没有任何调控措施，在就业、住房等方面产生大量的社会问题，主要表现在城市失业率增加与非正规部门不断扩大、城市严重贫困化以及环境污染严重、交通拥挤、水电供应困难、治安混乱等社会问题。

过度城镇化是20世纪人口、地理、生态学、经济学、政治学和社会学的学者们为描述城镇化水平超过其工业增长和经济发展速度的城镇化而提出的。认为过度城镇化国家的特点是没有能力为城市增加的人口提供就业和资源，是消极的，不利于经济和社会发展的。这个概念在20世纪50年代和60年代曾被广泛接受，但一直存在争议。争议的焦点是过度城镇化是否必然是消极的。甚至提出过度城镇化的戴维斯和戈尔登（Davis and Golden），他们虽然认为"相对于工业化速度，城镇化速度大大高于正常水平的国家是过度城镇化"，但他们认为过度城镇化是一种统计现实，并不是必然的消极现象，最终将会自我校正，因为在城镇化速度和工业化速度之间找到了平衡。Sovani认为，快速城市化实际上使一些

❶ 冯奎. 巴西：过度城市化带来多方面问题. http://www.china-up.com:8080/international/message/showmessage.asp?id=2423.

地区的状况恶化的观点仍然缺乏证据。David R. Kamerschen发现,几乎没有统计证据支持"欠发达国家的快速城市化阻碍了经济增长"。可见,过度城镇化是一个需要继续深入研究的问题❶。

(2)农业问题突出

城镇化过程中,城市人口不断增多,农村人口不断下降。但农业生产率并没有相应增长,城镇缺乏就业支撑。巴西70%的土地为私人所有,土地可以买卖。0.9%的农场主拥有44.6%的土地,而40%的农民只拥有1%的土地。农场主囤积土地并非为了耕种,而是为了投机。在城镇化过程中,农场主获得了更多的土地,但耕地产量却不断减少。小农场主耕地的产量虽然较高,但因规模小,纷纷弃耕。城镇化快速,但农村和农业并未得到相应的发展,一批失地、失业、无住房、贫困的农民成为农村不稳定因素。

(3)大城市膨胀,小城镇发展缓慢

圣保罗和里约热内卢两个大城市人口呈爆炸式增长。1900年,这两个城市都不过几十万人口。1950年,巴西第一大城市圣保罗的人口约为250万人,1980年就达到1350万人。同期,巴西第二大城市里约热内卢的人口由290万人增加到1070万人。全国一半以上人口居住在10万人以上的城市中,其中9个大城市占全国人口的29%。与此相反,小城镇发展则却明显缓慢。1964年,巴西城镇化水平从50%开始向上攀升,进入城镇化中后期阶段,人口100万以上的特大城市从四个增加到七个,50万到100万的大城市从五个增加到七个。而人口不到2万人的小城镇则从3649个减少到3495个。

(4)城市地理分布不合理

全国51%以上的人口居住在10万人以上的城市,其中,九个人口规模大的城市都在东部沿海地区。1980年,人口超过2万人的城市分布为:东南部59%,北部4%,东北部19%,南部13%,中西部仅5%。

(5)环境污染严重

世界卫生组织公布的91个国家逾1100个城市的空气污染品质研究报告显示,巴西城市平均水平比可接受的污染标准高出2倍,空气品质恶劣全球排名第44。其中,里约热内卢是巴西空气污染最严重地区。而造成污染的主要原因是工业、汽车和城市垃圾。巴西最大城市圣保罗每天产生垃圾约为2万t,75%的垃圾被填埋,13%暴露野外,9%用于植物堆肥,仅有3%得到焚烧处理。生态环境的污染已经直接影响空气、水的使用。受汽车排放和工业排放的影响所致,巴西最大工业兼旅游城市圣保罗位列全球污染最为严重的城市前列。

3. 巴西应对过度城镇化的做法

(1)支持农村发展

国家设立协调发展委员会,建立基金会。为了稳定农业和农民,进行土地制度改革。政府对农村占用土地较多的大庄园主荒芜的土地进行征收。对土地和土地上的附着物分别用国库券与现金两种形式征收,价格参考市场价。对于无地、无其他收入的农民,政府通过发放贷款的方式予以支持,一般设定20年的长期优惠贷款期限,并免除前几年的利息。

(2)让都市区的核心区与周边中小城市、小城镇协同发展

如在圣保罗老市区50~80km半径范围内,建设了八个卫星城,这些卫星城环境优美,交通相对便利,从事旅游、水产等细分产业,具有一

---

❶ Overurbanization. https://en.wikipedia.org/wiki/Overurbanization.

定吸引力。

（3）实施区域协调发展

巴西东南部、东北部是人口高度集中的大都市区，而中西部等地方地广人稀。为了推进区域协调发展，政府1956年决定在中西部戈亚斯州海拔1100m的高原上建设新都，定名巴西利亚。实施区域协调发展的政策后，原先人口过度集中的东南部的年均增长率呈下降趋势，而原先中西部基本上无人居住，到了1980年，全国人口的5%居住在中西部地区。

（4）促进制造业发展

20世纪80年代以来，巴西采取措施，支持劳动密集型企业发展，尤其是在一些中小城市，支持纺织、服装、皮革等产业发展。加大教育培训力度，提升农村转移人口的劳动技能。对非正规就业加大管理力度，既保障就业者权益，又引导非正规就业向规模较大的正规就业形式转变。

（5）调整工业化政策❶

工业化是城镇化的驱动力。巴西工业基础薄弱，早期主要是依赖初级产品出口的外向型经济。1930年以后多次调整工业化政策。

1）进口替代（1930～1960年）。一是通过多重汇率❷和高进口关税，严格控制工业消费品进口，保护国内工业发展；二是投资发展国内民族工业，通过附加税和强制储蓄快速积累工业化资金，重点投向钢铁、石油、电力、冶金、水泥、机械制造等基础工业和重工业部门，实行对进口工业的替代。

这项政策取得了良好的效果：1940～1945年、

1946～1955年和1956～1961年实际GDP增长分别为3.1%、7.5%和8.0%。但是，也带来了一些问题：如高关税遭到一些国家贸易报复，使出口占GDP的比重从1929年的23.8%下降到1964年的5.6%，带来工业发展缺乏外汇；对国内产业过度保护造成企业生产效率下降；重点发展重工业造成工业部门就业吸纳能力低下，农业部门转移劳动力就业困难；大规模国有化导致腐败和贫富差距开始显现，1960年基尼系数达到5.0。

2）出口导向（20世纪60年代中～20世纪70年代中）。为解决进口替代引发的问题，采用出口导向政策：1966年开始下调关税，增加进口；1968年将多重汇率改为爬行盯住汇率；1969年开始实行工业制成品出口补贴。实行时间虽短，却带来了出口猛增（1974年是1965年的5倍）和从未有过的经济高速增长（1969～1976年GDP年均增长12.7%），创造了"巴西奇迹"。

3）引进外资、资本品进口替代和制成品出口战略（1977～1984年）。通过多种优惠政策大量引进外资，借贷外资作为投资资金，实行负债工业化。1987年偿债率❸高达87%。严重的债务危机和极高的通胀率使经济增长几乎停滞，1977～1984年年均增长不到0.3%。以后又实行资本品进口替代和制成品出口战略，经济得以逐渐好转。

1985年以后，经济年均增长保持在4%左右，但通胀仍未完全解决。债务危机以后，巴西重视工业制成品出口，实行进口替代与出口导向相结合的战略。

---

❶ 新兴工业化国家的工业化及其道路. https://wenku.baidu.com/view/f30dcc03e009581b6ad9eb31.html.

❷ 多重汇率是一国政府对本国货币规定的一种以上的对外汇率，是外汇管制的一种特殊形式。其目的在于奖励出口、限制进口，限制资本的流入或流出，以改善国际收支状况。

❸ 指当年还本付息额占当年出口收入的比重。

7.3.3 印度城镇化[1]~[5]、[5]

1. 印度城镇化历程

印度是世界上第二个人口大国。考古发现，早在五千年前，印度已经拥有了马亨约达罗和哈拉巴等令世人叹为观止的居民点。1957年，罗伯特·克莱武发现孟加拉境内的穆希达巴德城像伦敦城一样宽大，人烟稠密、富庶，城中个别富户拥有的财产比伦敦城的富户多得多。

但是，印度城镇化进程一直缓慢。1872年第一次人口普查时，城镇化水平为8.7%，到145年后的2017年，城镇化水平才提升到33.5%，年均增长0.17个百分点。在此145年期间，大致可以分为三个阶段。第一阶段从1872年到1950年的78年间，城镇化水平从8.7%提升到17.0%，年均提升0.11个百分点；第二阶段从1950年到2000年的50年间，城镇化水平从17.0%提升到27.6%，年均提升0.21个百分点；第三阶段从2000年到2017年的17年间，城镇化水平从27.6%提升到33.5%，年均提升0.35个百分点。1872～2017年印度城镇化水平如图7.11所示。

2. 印度城镇化的主要特点

（1）城镇化推进速度缓慢

按照世界银行世界发展指数数据，印度1960年城镇化水平为17.9%，1991年为25.7%，2005年为28.7%，45年间累计增加10.8个百分点，年均增加0.24个百分点。1991年实施经济改革到2005年的14年间，累计提高2.98个百分点，年均提高0.21个百分点。

从国际比较来看，印度的城市化速度比较缓慢。20世纪90年代之前，印度的城镇化水平高于低收入国家（包含印度在内）的平均水平，但是20世纪90年代以来却低于低收入国家的平均水平。2005年，包含印度在内的低收入国家城镇化

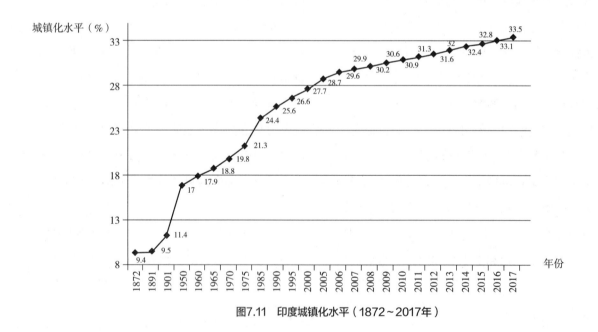

图7.11 印度城镇化水平（1872～2017年）

[1] 印度的人口与城市化. https://www.douban.com/note/596204434/.
[2] 从墨西哥和印度看国外城镇化经验教训. http://news.cri.cn/gb/42071/2013/05/30/5187s4131560.htm.
[3] 印度城市化的经验教训及对我国的启示. https://wenku.baidu.com/view/0421e0ed856a561252d36f0f.html.
[4] 印度城镇化（城乡一体化）发展经验. http://blog.people.com.cn/article/1422940773410.html.
[5] 为什么印度城市化惨败而中国成功. http://opinion.hexun.com/2015-06-11/176648933.html.

水平为29.95%，比印度高出1.25个百分点，不包含印度在内的低收入国家为31.05%，比印度高出2.35个百分点，相差更大。

（2）在经济增长过程中，第三产业增长较快

印度的经济增长率长期处于较低的水平，但突出的特点是第三产业相对增长较快。20世纪90年代改革以来，经济增长加速。1961～1990年和1991～2005年，GDP年均增长率分别为4.23%和5.98%；第三产业增加值年均增长率分别为5.25%和7.92%；第二产业则分别为5.5%和6.15%；农业增加值年均增长率分别为2.4%和2.6%。第三产业增加值占GDP的比重，由1961年的34.3%提高到1991年的42.1%和2005年的54.4%；而第二产业增加值占GDP的比重，2005年为27.3%，仅比1991年提高不到1个百分点。

（3）城市人口的自然增长是城镇化水平提高的主要因素

印度城市人口增长的各种来源中，城市人口的自然增长是主要因素。这是与其他发展中国家不同的显著特点。在城镇化过程中，城镇人口增长一般来自三个方面：一是农村人口向城镇迁移，二是城镇人口自然增长，三是农村地域发展为城镇。一般国家，城镇人口增长主要是农村人口向城镇迁移，但印度却主要是城镇人口自然增长。

根据印度1991年的人口普查资料，1971～1981年期间，印度城镇人口增量中，大约41%左右是城镇人口的自然增长，36%左右是农村向城镇迁移以及城镇建设范围扩大所致。甚至在1981～1991年期间，这两个比例分别变化为60%和22%。

印度城市人口粗出生率和其他许多国家一样，低于农村的粗出生率。有的邦，这种差距比较明显，如1979年北方邦城市粗出生率为32.2%，农村为41.2%，农村比城市高出9%。不仅如此，农村和城市人口粗出生率之间的差距还有下降的趋势；全部农村人口粗出生率从1970年的38.9%下降到1979年34.3%，下降了4.6%；同期城市人口粗出生率从29.7%下降到27.8%，只下降了1.9%。尽管印度人口死亡率比较高，但是，城市人口的粗死亡率都大大低于农村，从而造成城市人口增长超过农村。

（4）农村人口向城镇迁移主要是农村贫困所造成的

农村向城市移民的动力既有农村的"推力"，又有来自城市的"拉力"。农村的"推力"不是由于农村生产力提高，形成富余劳动力，而是由于农村的贫困。大量无地少地、比城市穷得多的农民，在工业和小城镇发展缓慢，缺乏就业机会，向城市迁移以求就业机会。城市的拉力主要来自城市的吸引力，包括：经济比较发达，就业机会比较多；收入比农村多，食品和其他许多消费品供应有保证，可享受到许多免费的公共服务，子女有比农村好得多的学习条件等，而不是由于城镇工业和服务业的发展需要劳动力。正是这种"推力"和"拉力"的结合，促使人口从农村流向城市。这种"推力"和"拉力"和大部分国家不同。如我国实施家庭联产承包责任制、农业生产率大幅度提高之后，农业剩余劳动力向城镇迁移，并非因为贫困有很大的不同。

有学者称印度的城镇化是"贫困推动的城镇化"。调查证实：男子流向城市主要是为了就业，妇女则主要是为了结婚；男、女都有投亲靠友的目的，但都不把进城读书放在重要位置。印度经济虽然取得了明显的成绩，但是体现在老百姓身上的社会效益并不明显，城市大量的贫民窟由此产生。印度独立以后，虽然进行了土地改革，但是土地集中现象仍然非常严重。大量的农民没有耕地，没有住宅用地。

（5）城镇化进展极不平衡

主要表现在：①各邦城之间的城镇化水平差异较大。1981年全国城镇化平均水平为23.73%；马哈拉施特拉、泰米尔纳杜、古吉拉特、卡纳塔克、旁遮普和西孟加拉等邦则高达26.4% ~ 35.0%，而喜马偕尔、特里普拉、奥里萨、比哈尔和那加兰等邦只有7.7% ~ 15.55%。②各邦城镇化发展速度不平衡。1971 ~ 1981年是印度城镇化发展较快的时期，城镇人口年均增长3.65%，高的达到5.3%，低的却只有2%左右。③各类城市发展不平衡。1961 ~ 1981年间，除小城镇发展缓慢外，在大中城市中发展最快的是特大城市，尤其是100万 ~ 400万人口的城市，人口年均增长率都在4%以上，50万 ~ 100万人口的城市，人口年均增长率只有2.8%左右。④100万人口以上特大城市的发展也不平衡。1981年12个最大的城市中，10年人口增长率最高的班加罗尔达到76.2%，最低的勒克瑙只有21.9%，前者为后者的3.5倍。

（6）小城镇人口减少，中等城市人口变化不大，大城市和特大城市人口快速增加

印度城镇规模分为五级。人口在10万以上为一级城市，5万 ~ 10万为二级城市，2万 ~ 5万为三级城市，2万以下为四、五级，一般都是乡村小城镇。1901 ~ 1981年的80年间，一级城市人口增加8765.4万，为所有城市人口增加数13035万的67.2%；一级城市在全部城市人口中的比重从25.7%上升到60.4%。1901 ~ 1981年，100万人口以上的特大城市，1981年的总人口达到4200多万人，比1901年净增1225多万人，平均人口增长率高达41%。相反，2万人以下的乡村小城镇，虽然总人口从1220.8万增加到2129万，净增908.2万，但是，在全部城市人口中的比重却从47.2%下降到13.6%，特别是5000人以下的小镇，

1981年的人口比1901年还减少了81.5万。1801年和1981年二级城市人口比例几乎保持不变，分别为11.29%和11.65%，只有三级城市人口比例下降1.4%。这说明，在80年中，印度中等城市人口在全国城市人口中的占比没有多大变化，在小城镇人口减少的基础上建设和发展了一批大城市和特大城市。需要特别指出的是，这些特大城市的地位都有继续上升的趋势。据法国一家刊物报道，1900 ~ 2000年，世界25个大城市中，加尔各答将从1900年的第14位上升到2000年的第9位，人口达到1600万人；孟买从1900年第24位上升到2000年的第8位；德里1975年跻身第25位后，预计2000年将居世界第19位。

（7）城市贫民窟大量存在

城乡人口贫困率，1993年和1994年分别为32.4%和37.3%；1999年和2000年分别为24.7%和30.2%。按照印度2001年人口普查数据，在人口超过5万人的城镇的贫民窟居住的总人口为4260万，占城镇总人口的22.6%。而且，虽然贫民窟中居住的人口在快速增长，但贫民窟的数量却没有太大变化，说明贫民窟的人口密度在快速增长。

从表7.3可见，2001年印度在百万人口以上的城市中，贫民窟人口占总人口的比重高达23.4%。孟买和加尔各答贫民窟人口占总人口比重分别高达48.9%和32.5%。说明贫民窟主要集中在特大城市。联合国《印度城市贫困报告2009》指出，印度城镇贫困率高达25%以上，8000多万城镇人口处于贫困状态，而且城市贫困人数比农村贫困人数高得多。

贫民窟的饮用水、电力和卫生条件都很差，加重了社会和经济不平衡，滋生社会冲突、犯罪和反社会活动。贫民窟产生的大量未经处理的垃圾和排泄物，危害城市生活质量，污染水、空气等资源和环境，成为城市里各种犯罪和恶性的根

2001年印度百万人口以上城市总人口、贫民窟人口（万人）及比重（%）　　　表7.3

城市	总人口	贫民窟人口	贫民窟人口占总人口比重
百万人口以上城市总计	7081.39	1656.55	23.4
孟买	1191.44	582.35	48.9
德里	981.74	185.47	18.9
加尔各答	458.05	149.08	32.5
班加罗尔	429.22	34.52	8.0
金奈	421.63	74.79	17.7

资料来源：印度2001年人口普查资料。

源，成为滋生城市疾病的温床。

印度贫民窟的存在有很多原因，最主要的是与印度的城镇化和土地政策相关。在印度，法律规定人们享有完全的迁徙自由权。在国土范围内，无论你出生在哪里，都可以迁徙到任何地方生活。除了迁徙自由外，"风可进，雨可进，国王不可进"的产权制度也是贫民窟形成的重要原因。即使在寸土寸金的大城市，无论房子多么简陋，任何人都不能随意侵犯。

首都新德里在2010年英联邦运动会之时，还把在街头搭棚子居住的乞丐和"苦修者"全部赶到了一个距离比赛场馆较远的地方圈着。孟买达拉维贫民窟，目前的黄金地皮初步估计价值100亿美元，据说要被市政府夷为平地，但至今并无消息。一位官员抱怨说，很难解决贫民窟问题——你把这里的拆了，那里又建起更多的，印度的贫民窟是拆不完的。

而实际上，贫民窟发展到今天，已经成为农村人变成城市人的中转地或"落脚地"。在寸土寸金的孟买，贫民窟就成了一个很符合社会中下层人民居住的地方。各个联邦政府为了在竞选中得到这些人的选票，也常常许诺保障这些人的利益。每个城市都出奇招许诺贫民以福利，最常见

的就是给这些居民补贴水电费、改善贫民窟的生活环境。现在，孟买贫民窟里就居住着不少城市白领。

（8）城市管理和公共服务滞后

德里和孟买等特大城市，车辆不分车道，拥堵在城市道路上；机动车严重超载；公共汽车不装车门，到站不停，乘客在缓慢行驶中上下车[1]；许多小轿车只安装一个后视镜。社会保障、医疗服务、义务教育等跟不上。贫民窟里的孩子在义务教育阶段能够获得免费教育，以及校服和食物等补助。但是，其他大部分社保、医疗等公共服务项目按法律规定，实际因供给能力限制，无法满足。

3. 印度城镇化值得借鉴的经验

（1）在发展早期，地价没有快速上涨的时候，宜加快基础设施建设。等高房价和大量的贫民窟占地形成恶性循环时，拆迁贫民窟就非常困难。

（2）疏于管理会严重降低城市运行效率，造成大量资源浪费。

（3）城镇化的动力是工业化和服务业发展，发展服务业必须先发展工业，特别是制造业，尤其是大量中小型劳动密集型企业，这样服务业才有服务对象，才有根基。

---

[1] 笔者20世纪90年代在印度新德里曾经亲身经历过。

（4）印度劳动法形式上充分保护了就业者的各种权益，代价是大量的劳动者无法进入正规部门就业。印度《产业争议法》规定，超过100人的企业，在解雇员工时，必须获得邦政府批准。不少企业宁愿将他们的生产外包给小型、无需经过审查的"非组织性企业"，而不愿扩大规模，以避开劳工法。事实上，此法仅保护不到总就业人数10%的正规部门就业者。按世界银行的世界发展指数，2006年印度劳动力市场僵化[1]程度指数位居41（越接近100越僵化），我国为21，越南为37。2015年4月，楼继伟在清华经管学院演讲中表示，劳动合同法的弊端主要在于降低了劳动力市场的流动性和灵活性。职工可以炒雇主，但雇主不能解雇职工，很多投资人离开中国也是这个原因。

（5）印度土地和住房制度与政策是导致贫民窟长期存在的重要原因。在印度法律里，保障人的迁徙权和居住权比保障土地的公、私产权具有更优先的地位。例如，孟买的房租控制法限制提高房租。印度法律甚至还规定，房客在一处住房住满一年，就有购买这处住房的优先权，即使不买，只要交房租，就可以无限期居住，导致降低私人出租房屋和建造出租房屋的积极性。在这种情况下，虽然孟买政府计划为贫民窟里的人提供住房，但建设速度赶不上贫民窟人口增长。

（6）促进就业产业发展。就业问题是中国和印度城镇化最突出的"瓶颈"之一。尽管一个国家GDP的高速增长可以促进就业增长，但要真的促进就业增长，就要提高就业的GDP弹性系数[2]。而就业的弹性系数又与产业结构有密切的关系。为扩大就业，中国大力推动第三产业的发展。发达国家第三产业产值占GDP的比重约为50% ~ 60%，吸纳劳动力占社会劳动力的50% ~ 80%。2017年，中国第三产业占GDP的比重为51.6%，从业人员约占总体就业人口的46.21%[3]。因此，在第三产业的发展方面，中国还是大有可为的。

（7）发展农村经济。农村人口流向城市，主要是城市在就业、收入、教育、卫生、文化及其他生活方面优于乡村。印度政府没有明令禁止农村人口向城市流动，而是采取措施发展农村，特别是落后地区的经济。一是开展绿色革命，大力支持农民使用良种、化肥、农药和农业机械等现代化农业技术；二是改善农村基础设施，如加大水利灌溉工程投入，提高农村供电的比例（在旁遮普、哈里亚纳、泰米尔纳杜等邦已达到70% ~ 90%），增修乡村公路；三是实行"以工代贩"，既解决了农村部分就业问题，又提高了农民收入和生活水平，还缓解了农村建设资金紧张的矛盾；四是积极发展乡村工业，把优先发展包括乡村工业在内的小型工业作为"基本国策"，主张"凡是家庭手工业能生产的，大中型工业不得生产；小型工业能生产的，不应向大型工业开放"，并提出了"一揽子支持计划"。

（8）控制城市人口自然增长。印度是世界上

---

❶ 劳动力市场僵化指的是企业和劳动者无法灵活适应宏观经济环境的变化，并能阻碍结构转型。参见亚洲开发银行. 中国的劳动力市场僵化和宏观经济表现. 2016. https://www.adb.org/sites/default/files/publication/190180/labor-market-rigidities.pdf.

❷ 就业弹性系数（Employment elasticity coefficient）是就业人数增长率与GDP增长率的比值。即GDP增长1个百分点带动就业增长的百分点，系数越大，吸收劳动力的能力就越强，反之则越弱。参见https://baike.baidu.com/item/就业弹性系数/4791238.

❸ 2017年中国就业状况分析. http://www.chyxx.com/industry/201805/642106.html.

第一个实行官方控制人口增长政策的国家。随着经验教训的积累，人口控制政策也不断完善。从1976年4月起，把以前单纯提供节育服务的人口政策改为促进社会经济全面发展的人口政策。这个政策的主要内容是：增加计划生育投资；提高法定结婚年龄；有专门法律确认人工流产合法；研制和生产各种避孕药具，国家予以补贴供应；奖励与惩罚相结合。"四五计划"规定，20%的计划生育费用用于奖励节育受术者和有关医务人员、宣传人员。相反，对已有三个孩子以上又不绝育者实行罚款；把计划生育与妇幼保健结合起来；大力发展教育，特别强调青年妇女教育，提高识字率；在中等学校开设人口课程；成立全国人口委员会；修改宪法，重新规定到2001年为止，中央和各邦议会根据各地区1971年人口数量分配代表名额，同中央分享资源、税收以及从中央取得赠款；中央给各邦的财政补贴中8%视计划生育工作好坏而定；政府公职人员不执行计划生育政策，则取消公务人员资格及其享受的福利待遇。

（9）建设新兴工业城镇和发展卫星城。为控制大城市发展，印度政府在经济发展中注意在经济落后，但资源富足的地区建立新的工业城镇。为了吸引企业家到这些地方投资，政府决定对这些地区的工厂企业廉价提供所需基础设施和服务，如土地、水、电、气，公路、航运、铁路支线，安全保卫，以及财政补贴，减免税收等。此外，还鼓励私人兴建开发区，使工业区数目增加到20世纪70年代末的567个。1971年印度政府决定逐渐把家庭手工业和小型工业中心移往县城以下分散发展后，到20世纪80年代初，在全国408个县中，已有394个县建立了中心。这些工业区和县中心，有的已发展成具有相当规模的城市。例如，在比哈尔邦的兰契，原来仅为一个山区小镇，由于苏联援助在这里建设重型机器厂，现在已发展成为拥有30多万人的中等城市；科钦、维沙卡帕特南，原来也仅是两个不大的渔村，由于天然港湾多，政府投资开发，现在分别成了具有50多万人的港口城市；随着旁遮普邦农业绿色革命的发展，原来的一个小县城卢迪亚纳，现在成了农业机械和农产品加工的中等城市。

由于大城市具有方便的基础设施、科研条件和有娴熟技术的劳动力，加上市场近、信息传递快，许多企业家仍倾向于在城市投资。为此，政府一方面限制需要资金人的企业在市区投资建厂，另一方面又将大城市周围地区划作卫星城，这样既限制了大城市的过度膨胀，又起到了中心城市带动后进地区的作用。在中央政府内专门设立了城镇及乡村规划机构，负责实施城市发展计划。对愿意到卫星城投资的企业，政府都提供类似于工业区一类的鼓励，一批卫星城迅速发展起来。

（10）注意解决大城市本身的问题。从第一个五年计划开始，印度政府就把消除城市发展中的问题，纳入国民经济计划。"三五计划"期间，为保证少数城市试行"总体发展规划"，中央政府特拨出专款3000万卢比。从"四五计划"起，这个规划推广到各邦大城市，并拨款7.347亿卢比，重点用于改善城市卫生条件。1872~1973年度实行改造贫民窟计划，到1974年3月底，在这个计划涉及的11个城市中建设了854项给水、排水、卫生和道路等基础工程。从"五五计划"起，这项活动由各邦纳入"满足最低需要计划"统一进行，要求各邦首先解决包括30万人的城市的问题，中央共资助23亿卢比。进入"六五计划"后，为城市住宅、供水、卫生和其他设施拨款45亿卢比。为消除环境污染，印度政府在1974年颁布了防止水质污染条例；20世纪70年代末在人民院提出了防止和减轻大气污染的法案，颁布了防止烟尘法令，成立"净化环境协会""反污染协会"等组织。在保证合理利用土地的同时，规定城市建筑物之间必须有一定空地种草植树、绿化环境。此外，印度政府还发起了规模宏大、投资数亿的治理"圣河"——恒河的计划。

值得注意的是，在解决这些城市问题中，印度政府十分重视发挥私人的积极性。"六五计划"明确指出，国家在提供城市住宅方面只起一种促进作用，修建住宅的资金，大多数应由私营部门来提供。据估计，"六五计划"期间，私营部门投资城市住宅的资金达到770亿卢比。在治理恒河污染中，还欢迎外国投资。目前，已有一些西方国家表示愿意提供援助。

7.4 结语

根据世界银行发布的统计数据：世界主要国家城镇化水平如表7.4所示。从表所列的21个国家中可见，截至2011年年底，全球城镇化水平最高的国家是阿根廷，城镇化水平达到92.5%；其次是日本，城镇化水平为91.3%；澳大利亚排名第三，城镇化水平为89.2%。中国和印度的城镇化水平分别是50.6%和31.3%。

世界主要国家城镇化水平（%）　　　　　　　　　　　表7.4

年份	1950	1955	1960	1965	1970	1975	1980	1985	1990	1995	2000	2005	2011
阿根廷	65.3	69.6	73.6	76.4	78.9	81.0	82.9	85.0	87.0	88.7	90.1	91.4	92.5
日本	53.4	58.4	63.3	67.9	71.9	75.7	76.2	76.7	77.3	78.0	78.7	86.0	91.3
澳大利亚	77.0	79.4	81.5	83.5	85.3	85.9	85.8	85.5	85.7	86.1	87.2	88.2	89.2
法国	55.2	58.2	61.9	67.1	71.1	72.9	73.3	73.7	74.1	74.9	76.9	81.6	85.8
巴西	36.2	41.1	46.1	51.0	55.9	60.8	65.5	69.9	73.9	77.6	81.2	82.8	84.6
韩国	21.4	24.4	27.7	32.4	40.7	48.0	56.7	64.9	73.8	78.3	79.7	81.3	83.2
荷兰	56.1	58.0	59.8	60.8	61.7	63.2	64.7	66.7	68.7	72.8	76.8	80.2	83.2
美国	64.2	67.2	70.0	71.9	73.6	73.7	73.0	74.5	75.5	77.3	79.1	80.7	82.4
沙特	21.3	26.0	31.3	38.8	48.7	58.3	65.9	72.6	76.6	78.7	79.8	81.0	82.3
加拿大	60.9	65.7	69.1	72.9	75.7	75.6	75.7	76.4	76.6	77.7	79.5	80.1	80.7
英国	79.0	78.7	78.4	77.8	77.1	77.7	78.5	78.4	78.1	78.4	78.7	79.0	79.6
墨西哥	42.7	46.7	50.8	54.9	59.0	62.8	66.3	69.0	71.4	73.4	74.7	76.3	78.1
西班牙	51.9	54.2	56.6	61.3	66.0	69.6	72.8	74.2	75.4	75.9	76.3	76.7	77.4
德国	68.1	69.7	71.4	72.0	72.3	72.6	72.8	72.7	73.1	73.3	73.1	73.4	73.9
俄罗斯	44.1	49.0	53.7	58.2	62.5	66.4	69.8	71.9	73.4	73.4	73.4	72.9	73.8
瑞士	44.4	47.7	51.0	54.2	57.4	57.4	57.1	65.2	73.2	73.6	73.3	73.5	73.7
土耳其	24.8	28.6	31.5	34.2	38.2	41.6	43.8	52.4	59.2	62.1	64.7	66.8	71.5
意大利	54.1	56.9	59.4	61.8	64.3	65.6	66.6	66.8	66.7	66.9	67.2	67.6	68.4
南非	42.2	44.4	46.6	47.2	47.8	48.1	48.4	49.4	52.1	54.5	56.9	59.3	62.0
中国	11.8	13.9	16.2	18.1	17.4	17.4	19.4	22.9	26.4	31.0	35.9	42.5	50.6
印度	17.0	17.6	17.9	18.8	19.8	21.3	23.1	24.3	25.5	26.6	27.7	29.2	31.3

资料来源：根据世界银行、产业信息网整理。

参考文献

［1］王章辉，黄柯可. 欧美农村劳动力的转移与城市化［M］. 北京：社会科学文献出版社，1999.

［2］门晓红. 日本城市化：历史、特点及其启示［J］. 科学社会主义（双月刊），2015（1）：146-149.

［3］李瑞林，王春艳. 巴西城市化的问题及其对中国的启示——兼与中国城市化相比较［J］. 延边大学学报　社科版（延吉），2006（2）：58-62.

［4］吴国平等. 巴西城市化进程及其启示［J］. 拉丁美洲研究，2014，36（2）：9-16+79.

［5］何承金，文富德. 印度城市化状况、问题和对策［J/OL］. 西北人口，1987（3）：31-37.

第8章
城镇化的要务之七：
深化对城镇化规律的认知[1]

人们要想得到工作的胜利即得到预想的结果，一定要使自己的思想合于客观外界的规律性，如果不合，就会在实践中失败。人们经过失败之后，也就从失败取得教训，改正自己的思想使之适合于外界的规律性，人们就能变失败为胜利，所谓"失败者成功之母"，"吃一堑长一智"，就是这个道理。❶

——毛泽东

科学就是整理事实，以便从中得出普遍的规律或结论。

（英）查尔斯·罗伯特·达尔文（Chales Robert Darwin）

---

❶ 引自：毛泽东，实践论：论认识和实践的关系——知和行的关系，1937年7月，求是网。

规律是指事物之间的内在的必然联系。规律是客观存在的，是不以人们的意志为转移的。这种内在的必然联系一定会不断地重复出现，经常起作用，决定着事物的发展趋向。人们可以通过多次重复探索、实践深化认知规律、利用规律。

中共中央 国务院《关于进一步加强城市规划建设管理工作的若干意见》在总体要求中，提出把"认识、尊重、顺应城市发展规律"作为指导思想。这是我们党和国家在推进城镇化和城市规划建设管理工作认识上的升华，因为中华人民共和国成立以来，城镇化和城市规划建设管理方面出现的问题，基本上都是源于对城镇化和城市发展规律的认知不足，尊重不够，顺应不敷。

联合国人居署在《2016世界城市报告》❶中说，目前世界排名前600位的主要城市，居住着世界1/5的人口，对全球国内生产总值的贡献率高达60%。如果不进行适当的规划和管理，快速的城镇化将会导致不平等、贫民窟和气候变化灾难性影响的增长。应通过一个全新的城市议程（Urban Agenda）进一步释放城镇的变革力量，推进可持续城市的发展。

城市是人类最伟大的发明。她是经济增长的引擎，高效集约的场所，优秀人和事物的中心，工作和就业的创生地，人流、物流、交通流、信息流和金融流的节点，科教文基地，有巨大的市场，有软、硬基础设施。城市是人们保护隐私的最佳场所，是人们面对面的交流学习、放大自己力量、产生新的思想、新的概念和新的产业，释放创新火花的理想境地。21世纪是城市的世纪，城市化和城市发展为人类带来了富裕和进步，一个国家的城市搞不好，这个国家就没有希望。

城镇化和城市发展究竟有哪些规律？现在尚无系统的陈述和共识。探索和厘清城镇化和城市发展规律，深化对这些规律的认知，对于贯彻落实中央关于城市规划建设管理工作的意见和推进健康的、可持续的城镇化至关重要。本章试图抛砖引玉，根据笔者的研究心得，对城镇化规律的认知作一次回眸。

8.1 工业和服务业的发展是城镇化的动力，城镇化发展到一定程度又会反过来促进工业和服务业的发展

城镇化是世界进入工业化以来的全球现象。城市是以人为主体集中生活的地方。马克思在考察人类社会经济演进的历史时曾经指出："现代的历史是乡村城市化。"城市化是"人类生产和生活方式由乡村型向城市型转化的过程"，是"乡村人口向城市人口转化以及城市不断发展和完善的过程。"这也是不以人们意志为转移的客观规律和发展趋势。

城市的诞生源于工业兴起，随之服务业诞生。工业出现以后，人口开始向工厂聚集，城市因聚集地而诞生。工业和服务业进一步发展，人口聚集增多，城市面积扩大，城市得以成长。工业和服务业进一步繁荣，促使更多的人口聚集，城市得以进一步发展。于是，房屋建筑林立，基础设施增多，城市面积进一步扩大，城市进入繁荣时期。

城市的产生、发展和完善是城镇化过程的表现。时代的需求，社会、经济和科技的状况决定了城市的结构和形体，什么样的经济和社会，就

---

❶ 联合国人居署. 2016世界城市报告（The World Cities Report），主题是"城镇化与发展：新兴未来（Urbanization and Development: Emerging Futures）"，2016年5月18日发布.

有什么样的城市（表8.1）。在原始自然经济时代，社会是分离的，没有城市。进入农业社会，经济自给自足，出现少数人口不多的城市。到了工业社会，经济由生产驱动，城市数量、规模和人口快速增长。在后工业社会，经济由消费驱动，城市郊区化，中央商业区（CBD）衰落。在信息社会，经济由信息驱动，中央商业区复兴。

城市的演变　　　　　　　　　　表8.1

经济	社会	城市
原始自然	分隔	没有城市
自给自足（自我生存驱动）	农业	少数人口不多的城市
生产驱动	工业	城市数量、规模、人口快速增长
消费驱动	后工业	城市郊区化，中央商业区（CBD）衰落
信息驱动	信息	中央商业区复兴

城市从诞生以来，历经5000多年，从作为统治与防卫据点的"城"，到交易场所的"市"，再从"城""市"紧密结合，到城市工业和服务业的发展，功能逐步多元化。城市的发展可分为以下三个阶段：

（1）城市发展初期（公元前3000年~18世纪中叶工业革命），是自给自足的自然经济，以农业和手工业为主，商品经济不发达；城市主要是军事据点、政治和宗教中心，经济功能薄弱；没有明显的功能分区，教堂或市政机构占据中心位置；四周有城墙或城壕，地域和人口规模都不大；主要分布在河流两岸和沿海地区。

（2）快速发展时期（18世纪中叶工业革命~20世纪中叶），城市发展加速，规模越来越大；城市功能趋于多样化，除工业和商业以外，金融、信息、科技、文化及交通等功能得到加强，城市成为整个国民经济和地区的经济中心。服务业快速发展，出现明显的功能分区。基础设施明显改善，生活质量明显提高。城市地区分布差异显著，出现了工矿城市。铁路促进了城市发展。

（3）现代发展时期（20世纪中叶以来），城市发展持续加速；城市规模继续扩张，功能日趋复杂多样，出现了超大城市和城市群（又称城市带、城市连绵区、城镇密集地区等），城镇化发展到高级形态。服务业（第三产业）的发达程度成为城市现代化的重要标志。出现了郊区化和逆城市化等的新的倾向。

由于对城市发展规律认识的局限，疏于城市更新和治理，又囿于城市布局和设施，必然会带来衣食住行和环境污染等种种问题，于是，城市进入老化时期。如不及时更新，城市将会因机能逐渐丧失而走向衰落。

表8.2和图8.1为1949~2020年我国城镇化水

城镇化水平和分产业年末就业人数关系　　　　　　　　　　　　　　　　表8.2

年份	城镇化水平（%）	分产业年末就业人数（百万人）		
		第一产业	第二产业	第三产业
1949	10.64			
1950	11.18			
1952	12.46	17.32	1.53	1.88
1955	13.48	18.59	1.91	1.82
1960	19.75	17.02	4.11	4.75
1965	17.98	23.40	2.41	2.87

年份	城镇化水平（%）	分产业年末就业人数（百万人）		
		第一产业	第二产业	第三产业
1970	17.38	27.81	3.52	3.10
1975	17.34	29.46	5.15	3.56
1980	19.39	29.12	7.71	3.53
1985	23.71	31.13	10.38	8.36
1990	26.41	38.91	13.86	11.98
1995	29.04	35.53	15.66	16.88
2000	36.22	36.04	16.22	19.82
2005	42.99	33.44	17.79	23.44
2010	47.50	27.93	21.84	26.33
2015	52.33	21.42	22.64	32.26
2018	61.50	20.30	21.76	34.00
2019	62.71	18.65	21.23	35.56
2020	63.98	17.72	21.54	35.81

资料来源：1. 国家统计局人口和就业统计司、人力资源和社会保障部规划财务司. 2010年第六次全国人口普查劳动力数据资料.

2. 国家统计局. 2019中国统计年鉴［M］. 北京：中国统计出版社，2019：104.

3. 国家统计局. 2020中国统计年鉴［M］. 北京：中国统计出版社，2020：106.

4. 国家统计局. 2020中国统计年鉴［M］. 北京：中国统计出版社，2020：120.

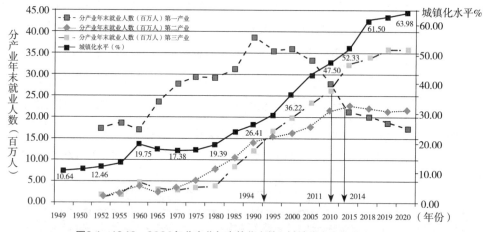

图8.1 1949～2020年分产业年末就业人数和城镇化水平的关系

平和分产业年末就业人数的关系。从表中和图中可见，1995年以前是第二产业（工业）和随后的第三产业（服务业）带动城镇化，此后则是第三产业和第二产业带动城镇化，第三产业紧密地伴随着城镇化向前发展。

8.2 现代城市是生命系统，是复杂有序性一类的问题，要按照生命科学理念行事

梁思成先生说："城市是一门科学，它像人体一样有经络、脉搏、肌理，如果你不科学地对

待它，它会生病的。"

城市是生命系统，不是机械系统。两者的差别有三：一是生命系统的整体可靠性大于其组成部分的可靠性，而机械系统则相反，组成部分的可靠性大于其整体的可靠性；二是生命系统一个组成部分的变化会影响整个系统，而机械系统则不然，组成部分的变化不会影响整体；三是生命系统有自组织特性，而机械系统则没有。所以，在现有城市范围内进行新建或更新改造时，一定要考虑到它对整个城市的影响。建设功能单一的超大型居住区，局部拓宽马路，兴建大型综合体和超高层建筑等带来的交通拥堵等城市病，就是因为在建设这些项目时，没有考虑局部变化对城市整体影响的结果。

城市科学类似生命科学。生命科学是研究生命现象、生命活动的本质、特征和发生、发展规律，以及各种生物之间和生物与环境之间相互关系的科学，属于复杂有序性问题。解决城市这样的问题，既不能用处理两个变量的简单性问题的物理学方法，也不能用处理复杂无序性问题的概率统计方法，而要用生命科学的方法。生命科学方法有三：一是观察与描述，即对生命现象、生物体的结构和生命过程等进行直接的观察与描述；二是在实验室实验，即在实验室（场）人为地对条件进行控制，有针对性地再现或阻断特定的生命过程，以期了解生命活动的规律；三是人工模拟，即在观察、实验和科学假设的基础上，以等效或近似的人工模型模拟生命过程，以求达到对生命现象的了解和预测。

城市是复杂有序性一类的问题，要按照生命科学的研究方法行事。对于这一条城市发展规律，人们至今还没有足够的认识。有些传统的城市规划专家一直采用处理两个变量的简单性问题的物理学方法处理城市问题，如19世纪埃比尼泽·霍德华的花园城市规划理论，就是在两个变量关系的基础上创立的自给自足的小城镇理论体系，这种理论对大城市并不适用，但是直到今天，大城市的规划者还在提倡应用；有些传统的城市规划专家一直采用处理复杂无序性问题的概率统计方法处理城市问题。

解决任何问题，首先要弄清楚它是属于哪一类性质的问题，然后对症下药，针对问题采取与之对应的方法去解决，才能奏效。

8.3 大城市的聚集效应使生产要素回报更高，导致超前发展

世界大城市的数量在迅速增加。全球100万人口以上的城市，1950年只有71座，1960年发展到114座，1993年为316座，2000年为388座，2015年为554座，其中3/4，即426座在发展中国家。

联合国原先把人口为800万和800万以上的城市称为"超大城市"（mega-city），现在这个界定标准已经改为1000万人。据联合国的资料，这类超大城市，全世界1950年只有纽约1座；1975年增加到5座，我国上海名列第三；2001年增加到17座，13座在发展中国家，我国上海和北京分别名列第10和第14；2015年，全世界的超大城市达到21座，17座在发展中国家，我国上海、北京和天津分别名列第13、第16和第21。

我国从1978～2010年的32年间，大城市的发展也非常迅速。从表8.3和图8.2可见，1978年我国还没有1000万人口以上的超大城市，到2010年已经发展到6座。在这期间，500万～1000万人口和300万～500万人口的大城市从2座分别发展到10座和21座；100万～300万人口、50万～100万人口和不到50万人口的城市，分别从25座、35座和129座发展到103座、138座和380座。

1978～2010年中国城市人口规模和数量变化　表8.3

城市级别	城市人口（万人）	城市个数	
		1978年	2010年
超大城市	>1000	0	6
特大城市	500～1000	2	10
I型大城市	300～500	2	21
II型大城市	100～300	25	103
中等城市	50～100	35	138
小城市	<50	129	380
合计	合计	193	658
建制镇	建制镇	2173	19410

资料来源：《国家新型城镇化规划》（2014～2020年）.

中国城市分级　　表8.4

城市级别	2004年[1]（万人）	2003年[2]（万人）	1990年[3]（万人）
巨型城市	>1000		
超大城市	500～1000	>200	
特大城市	200～500	100～200	
大城市	100～200	50～100	>50
中等城市	50～100	20～50	20～50
小城市	<50	<20	<20

资料来源：1. 国家统计局. 中国城市统计年鉴2004［M］. 北京：中国统计出版社，2004.
2. 国家统计局. 中国城市统计年鉴2003［M］. 北京：中国统计出版社，2003.
3. 中华人民共和国城市规划法. 1989年12月26日第七届全国人大第十一次会议通过，自1990年4月1日起实施，2008年1月1日废止。按照市区和近郊区非农业人口数量对城市进行分级。

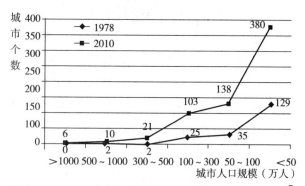

图8.2　1978～2010年中国城市个数和城市人口规模的关系[1]

为了适应城市规模的变化，我国1900年、2003年和2004年分别对城市分级作了调整。1990年，城市按照市区和近郊区非农业人口数量分为大、中、小城市三级，50万人口以上就是大城市。2003年出现了200万人口以上的超大城市，城市分为五级，增加超大城市。2004年出现了人口1000万人口以上的超大城市，城市分为六级，增加巨型城市（表8.4）。

中华人民共和国成立以来，我国对城市规划分标准进行过多次调整。1955年国家建委《关于当前城市建设工作的情况和几个问题的报告》首次提出大中小城市的划分标准，即"50万以

上为大城市，50万人以下、20万人以上为中等城市，20万人以下的为小城市"。1980年国家建委修订的《城市规划定额指标暂行规定》又对城市划定标准进行了调整，将城市人口100万人以上的命名为特大城市。1984年国务院颁布的《城市规划条例》又回归到1955年的标准。1989年颁布、1990年4月1日实施的《城市规划法》在明确1984年标准的基础上，指出城市规模按照市区和近郊区非农业人口计算。但2008年该法废止。取代的《城乡规划法》没有界定城市规模。2014年10月，国务院印发《关于调整城市规模划分标准的通知》，对1989年城市规模划分标准作了调整。《国家新型城镇化规划（2014—2020年）》和《国务院关于进一步推进户籍制度改革的意见》都采用了2014年新的标准。

表8.5为2014年和1989年我国城市规模划分标准的比较。从表中可见，同1989年城市规模划分

---

[1] 国家新型城镇化规划（2014—2020）.

2014年和1998年我国对城市规模划分标准比较　　　表8.5

标准	2014年		1989年	
	五级七档	人口规模（万人）	四级	人口规模（万人）（注）
分级标准	超大城市	>1000		
	特大城市	500～1000	特大城市	100～500
	I型大城市	300～500	大城市	50～100
	II型大城市	100～300		
	中等城市	50～100	中等城市	20～50
	I型小城市	20～50	小城市	<20
	II型小城市	<20		
空间口径	城区，即城市行政范围实际建成区所涉及的村级行政单元		市区，即全部行政范围	
人口口径	城区（常住）人口，即居住在城区内半年以上的常住人口		市区非农业（户籍）人口，即市区内具有非农业户籍的户籍人口	
城市界定	两个标准相同，即都包括设区城市和不设区城市（县级市），设区城市由所有市辖区行政范围构成，县级市即自身行政范围			

注：以上包括本数，以下不包括本数。
资料来源：①国务院《关于调整城市规模划分标准的通知》（国发〔2014〕51号文），2014年10月29日.
　　　　　②城市规模划分标准，https://baike.baidu.com/城市规模划分标准/16177130？fr=aladdin.

标准相比，2014年的新标准所作的修改适应了城镇化、城市管理和发展的需要。修改主要内容有：

1．增设人口规模1000万以上的超大城市，反映了城市发展的实际情况。

2．增加城市分级和细分标准：城市分级由四级增加到五级；小城市和大城市由一档细分为两档，分别满足了城市规划建设和实施人口分类管理的需要，小城市没有设置下限，近2万个建制镇的很大部分有望改变为城市。

3．普遍提高各级城市人口规模的上下限。

4．统计口径界定为城区常住人口，城市公共服务扩大到常住人口，淡化了户籍对获得公共服务的影响，为推进户籍制度改革创造了更好的条件。

5．空间口径从原来的"市区，即全部行政范围"改为"城区（常住）人口，即居住在城区内半年以上的常住人口"。

中华人民共和国成立以来，我国城市发展方针经历了多次变化。1953年是"城市太大了不好，要多搞小城镇"。1955年提出"今后一般不应发展大城市"，对沿海旧有大城市和国家"一五"计划期内新建和扩建工业项目较多的城市，其人口规模"应予以严格控制"。[1]1956年则更为具体，"城市发展的规模不宜过大，一般控制在几万至十几万人口的范围内。"[2]1980年对大中小城市的发展作了明确的规定，"控制大城市规模，合理发展中等城市，积极发展小城市"。[3]1989年提出"国家实行严格控制大城市

[1] 国家建委党组《关于当前城市建设工作的情况和几个问题的报告》，1955年。
[2] 国务院《关于加强新工业区和新工业城市建设工作几个问题的决定》，1956年6月8日国务院常务会议通过。
[3] 国家建委召开的全国城市规划工作会议，1980年10月。

规模、合理发展中等城市和小城市的方针，促进生产力和人口合理布局"。[1]1990年提出"严格控制大城市规模，合理发展中等和小城市、小城镇大战略。"2002年提出了更为宽松但难以掌控的方针："坚持大中小城市和小城镇协调发展。"2014年提出"促进各类城市协调发展。优化城镇规模结构，增强中心城市辐射带动功能，加快发展中小城市，有重点地发展小城镇，促进大中小城市和小城镇协调发展"。

从这里可以看出，历次的城市发展方针，除2002年和2014年以外，都是控制大城市发展。2014年虽然总体和2002年相同，但强调"加快发展中小城市，有重点地发展小城镇"，然后才是"促进大中小城市和小城镇协调发展"。至于如何做到协调发展，则没有具体明确的说法。但是，实际情况是，大城市依然按其规律快速发展。直到今天我国面临的问题仍然是大城市不足，而不是过多，特别是西部地区。

从1900年到1980年世界城市发展来看，如表8.6所示，大城市的超前发展非常明显。

1980年，在城市总人口构成中，100万~250万人口的城市，人口比1900年增长了19倍，其比重从1900年的5.5%升至1980年的13.3%；250万~500万人口的城市，人口比1900年增长了16倍，其比重从1900年的3.5%升至1980年的7.3%；500万~1000万人口的城市，人口比1900年增长了20倍，其比重从1900年的3.2%升至1980年的8.3%；1000万人口以上的超级城市人口，在总城市人口的占比，从零变为4.2%。

可见，大城市人口的增长比中小城市迅猛得多。

大城市之所以能够从中、小城市发展壮大，是因为在其达到过度发展导致规模不经济之前，大城市往往比中、小城市具有更好的发展潜质。从各国的发展实践看，首位城市往往能够保持长时期的高速发展，而中、小城镇的发展速度则往往会落后于大城市，大城市超前发展，虽然与我国城市发展方针不完全一致，但我国城市发展的实践，证明了这一规律的存在。

这一规律表明，在城镇化的初期和中期阶段，大城市的规模扩张对于提高城镇化水平具有十分显著的贡献。大城市的充分发展是完成城镇化进程，形成相对完善的城镇体系的重要前提。没有经过大城市充分发展的过程，要率先实现中、小城市的大发展是超越发展阶段的设想，事

世界大城市的超前发展 表8.6

城市规模分级（万人）	1900年			1980年			1900~1980年
	数量（座）	人口（万）	比重（%）	数量（座）	人口（万）	比重（%）	人口增长（倍）
<50	/	16800	76.4	/	103300	57.2	5
50~100	38	2500	11.4	251	17400	9.6	6
100~250	8	1200	5.5	156	24000	13.3	19
250~500	2	800	3.5	42	13400	7.3	16
500~1000	1	700	3.2	21	14900	8.3	20
>1000	/	/	/	6	7600	4.2	/
合计	/	22000	100	/	180600	100	/

---

[1] 1989年《城市规划法》第4条。

实上也难以取得预期的发展效果。

图8.3是根据《（2001～2002）中国城市发展报告》资料，对中国各级规模城市的综合投入产出、人均GDP、劳动生产率、人均收入和每增加1万人新增产值等五个指标绘制的比较曲线。从图中可见，对于所有五个指标，都是城市规模越大，指标数值越高。说明城市规模是城市经济发展的决定性因素之一。

世界银行《1984年世界发展报告》认为，城镇只有达到15万人的规模才会出现集聚效益，到现在也不清楚城镇大到什么程度会出现不经济的现象。法国经济学家维德马耳利用瑞士资料得出的结论是：100万人口的城市的经济效益比2万人口的城镇高2.2倍，比20万人口的城镇高40%，比40万人口的城镇高19%。从国际经验来看，人均GDP在3000美元以下时，如果没有特殊的限制或壁垒，人口和经济主要还是向大城市集中，这是城市化的一般规律。

人口向大城市集中是城市聚集效应的结果，在市场机制作用下，城市聚集效应会导致生产要素的更高回报，从而吸引人口和生产要素向大城市集中，实现资源的优化配置。这种聚集效应可在一个广阔的城市规模区间里，抵消人口和产业集中对交通、居住和环境带来的负面外部效应，使其具有正的净规模收益。

图8.4为2000年世界超过百万人口的城市人口集中度，即超过100万人的城市的人口总数占全国总人口的比重。2000年我国超过百万人的城市人口集中度只有11.3%[2]，比韩国（52%）、德国（41.8%）、美国（39%）和日本（37.5%）低得多，也低于世界平均水平（16.5%）。2012年，

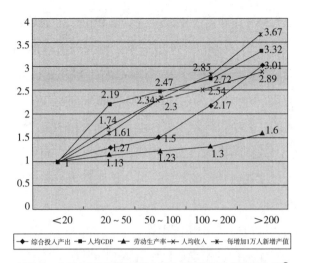

图8.3　中国各级规模城市综合投入产出等五个指标的比较[1]

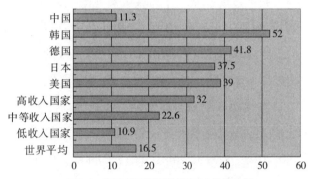

图8.4　2000年世界超过百万人的集中度

我国超过百万人的城市人口集中度增加到22%，高于印度（13%%），但仍比日本（51%）美国（48%）、加拿大（44%）低得多。从这里看出，我们仍然需要着力发展100万人口以上的城市。

2025年，世界将有60%以上人口生活在城市。城镇化是一种大趋势，将会对人的生活和流动产生不同的影响。城市边界的快速扩张，在人口增加和基础设施建设的驱动下，将会迫使城市边界向外扩张，吞噬周围的次级城市，形成人口超过1000万的超大城市。

到2023年，全球将出现30个超大城市，其

❶（2001～2002）中国城市发展报告.

❷ 根据2020中国城市统计年鉴，第13-19页，2-1人口及户数，2019年全国166个百万及以上人口城市市辖区年平均人口合计42048万人，占全国总人口1395.38万人的比重为30.1%，比2000年的11.3%增加18.5个百分点。

中有55%在印度、中国、俄罗斯和拉丁美洲等新兴经济体。2009年到2025年，新兴经济体的超大城市的年复合增长率（Compound Annual Gross Rate，CAGR）为GDP的4.4%，而来自发达经济体的特大城市同期年复合增长率则为1.63%。[1]

我国超大城市发展很快，要注意防止超大城市过度扩张带来的弊端。城市扩张是指城市规模的不断扩大，这里的城市规模既包括城市人口规模，也包括城市用地规模。

我国把城市建成区常住人口500万～1000万人的城市称为特大城市。2010年就开始把"防止特大城市过度扩张"作为城市发展的政策导向。《中共中央关于制定国民经济和社会发展第十二个五年规划的建议》和国家"十二五"规划纲要均提出，要"防止特大城市面积过度扩张"。《全国主体功能区规划》提出要"防止人口向特大城市中心区过度集聚"。国土资源部在《关于下达〈2013年全国土地利用计划〉的通知》中则进一步提出"控制大城市建设用地规模，防止大城市过度扩张"，党的十八届三中全会和中央城镇化工作会议均明确提出要"严格控制特大城市人口规模"。《国家新型城镇化规划（2014—2020年）》提出"严格控制城区人口500万以上的特大城市人口规模"。

城镇化是乡村人口向城市人口转化和城市不断发展和完善的过程，城镇化的过程就是城市扩张的过程，城市扩张是城镇化的必然结果。我们要防止的是"过度"扩张。什么是过度？如何鉴别？专家们说，"超越了城市综合承载能力和经济社会发展需要"就是过度。并据此提出了"堵疏结合、以疏为主"的治理策略，包括：设置城市规模的"天花板"：严格控制城市人口和用地规模，以及市辖区数量增加和禁止整县改区或撤市改区；区分核心功能和非核心功能，实行去功能化：在确保和增强核心功能的基础上推动部分非核心功能向周边地区和中小城市转移扩散；划定城市增长边界（Urban Growth Boundary）：既要依据综合承载能力和经济社会发展需要，确定城市建设用地的"终极规模"，又要根据自然条件、交通状况、经济社会发展、保护耕地和生态环境的需要，划定城市开发的具体边界；以及划定耕地、湿地和生态红线：保护好耕地、湿地和生态空间，形成特大城市区域生产空间集约高效、生活空间宜居适度和生态空间山清水秀的发展格局。[2]

但是，城市综合承载能力和经济社会发展需要是随着城市的不断发展和完善而变化的。比如，城市综合承载力主要包括：城市资源、环境、生态系统、基础设施、安全和公共服务六种承载力，如果资源、环境、生态、基础设施、安全和公共服务通过科技、政策和生活方式得到发展和改善，承载力就会提升，就可以容纳更多的人口，就可以减少用地，城市规模的"天花板"和增长边界又要重新划定了。加上城市综合承载力的内涵和外延尚未准确界定，公共服务承载力等研究十分薄弱，综合承载力评价理论和模型尚不完善，所提出的治理措施很难奏效。

1963年，日本为了缓解人口向东京市区集中的压力，决定在离东京市中心60km的筑波，建设科学城，以疏解东京的人口。新城是由国家主导建设的典型的政策性城市。鉴于筑波在东京大都市圈之外，没有和海相邻，日本政府对筑波科学城的定位是以科研和教育为主的小型高科技

---

[1] 年复合增长率的计算公式为：CAGR = [（期末年投资值/期初年投资值）$^{1/N}$] −1，式中N为期间的年数。

[2] 魏后凯. 中国特大城市的过度扩张及其治理策略. https://wenku.baidu.com/view/7ad05192dbef5ef7ba0d4a7302768e9951e76e75.html.

国际城市。1968年动工建设，1973年以东京教育大学几个院系为基础，创建筑波大学，1980年，文部科学省、建设省、国土交通省、农林水产省、经济产业省等31家国立科研机构入住，包括5000多名外籍研究人员。建设50多年只有22.7万人，离计划人口的35万人还有10多万人的差距。在这期间，东京人口增加的数量远远大于筑波新城人口规模。1950年东京大都市圈的人口是1000多万，到现在已经接近4000万了。从这个情况看来，筑波新城建设对疏解东京人口的作用并不大。回想东京人口2000万的时候，大家都在说要疏解东京人口，但后来东京的人口越来越多，密度越来越大，却听不到人说要疏解东京人口了。因为随着城市管理水平的不断提高，城市基础设施的不断完善，所谓的城市病已经大幅度减轻了。

笔者认为，防止特大和超大城市过度扩张有效的办法是：①提高城市管理水平；②完善城市基础设施；③按照成本—效益评价城市人口和空间的扩张；④完善公平竞争的市场政策；⑤避免向特大和超大城市倾斜的财政、金融、资本市场和价格政策；⑥促进周边次一级大城市的发展。

8.4　城市群是城市发展的高级形态

城市群（megalopolis, mega region，又称城市带、城市密集地区、城市连绵区）是指"一定地域范围内多个空间接近、社会经济联系紧密的城市的集合。"城市群有三个充分必要条件：一是多个城市，而不是任意数量的城市；二是城市分布较为密集，即空间接近；三是社会经济联系紧密。

一般来说，一个国家的城镇化水平达到60%的时候，才会出现城市群。虽然2003年中国的城镇化水平才达到40.53%，沿海地区就出现了长江三角洲、珠江三角洲和京津冀三个城市群。其中长江

三角洲早在1976年就被法国地理学者戈德曼（Jean Gottmann）教授认定为世界六大城市连绵区之一。

城市群对一个国家的经济发展有着举足轻重的地位。美国和日本三大城市群GDP分别占该国GDP总值的65%（图8.5）和69%（图8.6）；我国三大城市群GDP占全国GDP总值39.3%，但土地和人口仅分别占全国的4.57%和15%（图8.7）。如果引导、组织和协调得好，我国三大城市群GDP可望达到全国GDP总值的65%。

城市群多在临海地区，其发展的国际经验主要有：

（1）大力发展临海经济；

（2）城市连绵区内各城市的发展要有专业分工；

（3）城市连绵区内联系各城市的交通网络建设十分重要；

（4）要重视落后地区发展；

（5）政府要促进空间结构优化，避免核心城市过度扩张；

（6）重视管理协调。

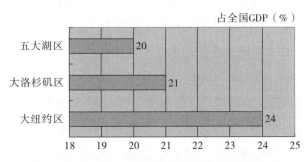

图8.5　美国三大城市连绵区GDP占全国GDP总值65%

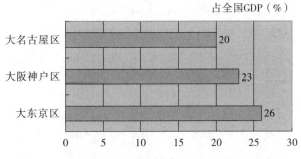

图8.6　日本三大城市连绵区GDP占全国GDP总值69%

美国东北部大西洋沿岸（波士华，Boswah）城市连绵区以纽约为核心城市，北起缅因州，南至弗吉尼亚州，跨越10个州，由波士顿，纽约、费城、巴尔的摩和华盛顿等5个大城市和10多个中小城市组成，呈金字塔形层级结构，绵延600多千米，总面积13.8万km²，4500万人，城镇化率90%。土地和人口分别占美国国土面积的1.5%，人口的15%，是世界首个最强的城市连绵区。其特点有：

（1）外向型经济，以海运实现国际贸易物资交流。

（2）专业化区域分工和产业集群。波士顿集中高科技产业、教育、金融、医疗服务、建筑和运输服务业；费城是交通枢纽；纽约港是商港；华盛顿为美国首都，世界银行、国际货币基金组织和美洲开发银行总部的所在地；巴尔的摩有国防工业，靠近首都，分享联邦开支和政府采购合同。

（3）空间从点轴扩展到联网辐射。先是少数经济中心集中在沿海的港口城市，以后随着港口城市规模急剧扩大，周边地区中小城市数量增加，港口城市形成各自的城市圈；继而交通干线把港口城市连接起来，干线两侧人口和产业聚集，形成新的聚落中心；从而形成整个城市连绵区的功能性网络，使城市连绵区空间一体化。

城市连绵区的人口开始都有增加，但以后都会趋向稳定。图8.8为日本三大城市连绵区人口的净迁移（1955～1990年）。从图中可见，在1955～1960年期间，三大城市连绵区人口的净迁移都有增长，但1962年以后逐渐下降，1975年以后趋于稳定，并非像人们所想象的那样，人口净迁移会只增不减。

实际上，不仅城市连绵区人口的净迁移会随着时间而趋于稳定，一个国家的全国人口，也有类似的现象。美国1790年人口多在南部和东北部，而200年后的1990年，南部、中北部、东北部和西部人口占全国人口的比率分别为35%、27%、20%和18%，区域人口差异大为减少（图8.9）。我国也有类似的情况，西部人口占全国人口的比率也在逐渐上升。

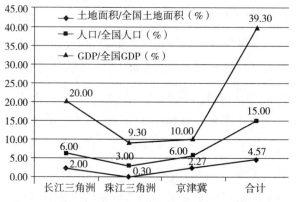

图8.7　中国三大城市连绵区GDP占全国GDP总值39.3%

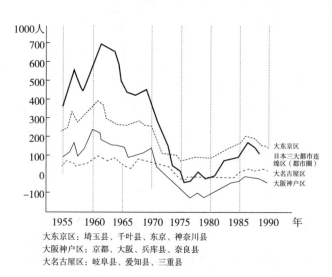

大东京区：埼玉县、千叶县、东京、神奈川县
大阪神户区：京都、大阪、兵库县、奈良县
大名古屋区：岐阜县、爱知县、三重县

图8.8　日本三大都市连绵区人口净迁移（1955～1990年）
资料来源：1990 Census.

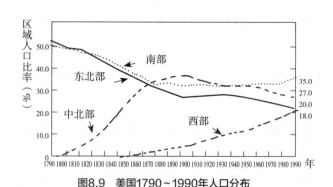

图8.9　美国1790～1990年人口分布

近年来，东京中心城区通过城市更新项目，增加写字楼、酒店和大型综合商业中心，提供比原先多得多的就业岗位；通过改善地下交通设施，交通拥堵大为缓解。这些都促使城市中心人口增长。为控制都市圈人口过快增长，对在都市圈内新办学校和工厂的规模进行了严格的限制。即使如此，由于市场主导，政府的限制性政策和规划，并没有起多大作用。

东京除了中心城区人口下降以外，都市圈人口仍在持续增加，其中下列发展经验值得重视[1]。

（1）在高速城镇化过程中，人口和要素向大城市和特大城市集聚是市场规律在发生作用

工业化使得产业多集中在大城市，以发挥城市的规模效益。当城市形成巨大的规模效益时，会持续产生虹吸效应，这是国际城镇化遵循市场原则的普遍规律。

（2）中心城区和辖区还有很大的发展空间

从东京的人口分布看，在1.4万km²地域吸纳了3600万人口，资源的整合度和利用效率都很高。关键在于发挥中心城区和辖区之间的互补关系优势。我国巨型和超大、特大城市，在中心城区资源利用效率上，可能已经基本饱和，但是在辖区的发展上，如何更好地利用广阔空间，发挥聚合作用，还需要借鉴日本的经验。

（3）要注重发挥超大和特大城市周边的中、小城市的作用

日本新城的规模都不大，有的依托于老的街镇，有的在城市轻轨沿线再开发。许多中、小城市沿着城市轻轨沿线发展，对中心城区的人口膨胀起到了重要的疏导作用（图8.10）。我国超大和特大城市的周边，也有许多中、小城市和小城

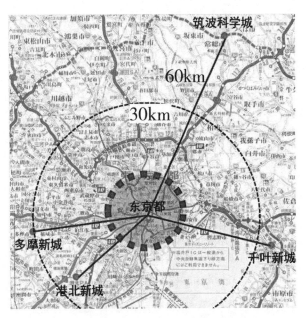

图8.10　日本东京周边的新城示意图

镇，但是没有重视发挥它们的作用，有关都市圈发展的重要问题应该提到研究日程。

（4）都市圈周边的新城尽可能建在半径30km的范围内

日本都市圈周边的新城大多建在半径30km范围之内。因为根据市场选择，城市聚集功能充分发挥之后，合理的交通半径是30km。在30km以内，不会感到交通通勤时间过长，也不会感到交通费用过高。更重要的是，半径30km意味着都市圈的面积可达2700km²，按照每平方公里1万人的最低人口密度，也可容纳2700万人。中心城区人口密度已经达到2万人以上，这样建设新城，都市圈的人口密度将会大幅度下降，自然会形成沿城市轻轨放射性展开的卫星城的空间分布。

（5）要给新城建设留有充足的时间

东京都市圈的新城建设，建设时限一般在20年左右，分期开发，基础设施配套也分期建设。

---

❶ 李铁，文辉等. 国家发改委城市和小城镇改革发展中心赴日城镇化调研组考察报告. 2014. http://www.ccud.org.cn/2014-07-11/114328859.html.

我国的新城建设往往是追求快，大手笔，规划设计时限短，基础设施要求高标准、高起点，规模往往大到50~60km²。由于缺乏细致的可行性研究，大多超过实际开发预期，造成严重的投资和资源浪费，这种教训必须认真吸取。

（6）交通规划和城市规划的一体化

新城建设沿着交通线路扩展，即先有交通规划，后有新城规划。在城市规划中，交通是其中的一个重要内容，但相互之间不可分割。东京站的更新，使得交通的功能和服务业的功能高度重合，带动了地价的升值并增加了就业机会。新城微循环系统的开放，大都市复合交通功能的整合，在日本是普遍遵循的规律。即使在政府管理层面上，国土交通省也是从国土开发的角度上，研究交通资源的一体化配置。处于高速城镇化的我国，无论是在规划编制和规划体系制度上，还是在政府管理体制上，都迫切需要认真研究和借鉴日本等东亚国家的经验。

（7）高速和超高速交通是发挥超大城市功能和使城市群变得更紧凑的抓手

1965年，东京都、神奈川县、千叶县和埼玉县组成的东京大城市圈的人口为2102万，占全国总人口的21.2%，GDP为全国的28%。2015年，人口达到3800万，人口和GDP占全国的比重分别高达28.4%和38.3%。近几十年来，日本政府以举国之力扶持三大城市群以外的地方经济，特别是阻止人口和经济向东京集中。结果向东京集中愈演愈烈，超大城市和大城市群的发展趋势并未减缓，其中新干线的作用不可忽视。

1964年东京奥运会前夕，新干线开通，这是全球第一条高速城际交通线，它贯穿东京、名古屋、近畿三大城市群，直通城市中心，并和四通八达的市内交通实行无缝连接，往来于地方城市和东京大都市圈之间的乘客占新干线乘客的80%，

大幅度压缩了东京与全国各地的时空距离。20多年来，日本GDP增长一直低迷，但东京却成为世界上最有活力和最有魅力的超大城市之一。

我国高铁车站大都建在城市中心区以外，甚至是荒郊野外，无法实现与市内交通无缝连接，大大影响城市布局和交通效率。

日本已经着手建设连接东京、名古屋和近畿三大城市群的磁悬浮中央新干线，时速500km，预计2027年开通东京—名古屋区段，2037年开通名古屋—大阪区段，届时三大城市群将连成更加紧密互动的大城市群，形成对全球人才、资金和信息更具魅力的巨大城市空间。

8.5 虽然大城市引人注目，但是世界上大多数人口还是生活在中小城市

2000年，全球城市人口的37%生活在100万以上的大城市，53%生活在不到50万人的中小城市，2015年，城镇人口增加的大部分仍在中小城市（图8.11）。

按我国调整前的城市规划分标准：城区常住人口20万以下的城市为小城市，城区常住人口20万~50万以下的城市为中等城市。按2014年调整后的标准则为：城区常住人口50万以下的城市为小城市，其中20万~50万的城市为Ⅰ型小城市，20万以下的城市为Ⅱ型小城市；城区常住人口50万~100万的城市为中等城市。

建制镇人均财政收入（元）同镇区各产业从业人员比重、平均镇区人口、平均镇区面积有着密切的关系。如表8.7所示，2004年，上海第二、第三产业从业人员比重比北京分别高出11.3%和5.5%，上海平均镇区人口是北京的3.6倍，上海平均镇区面积则为北京的71%，上海人均财政收入3952元是北京人均财政收入955元的4.1倍。可

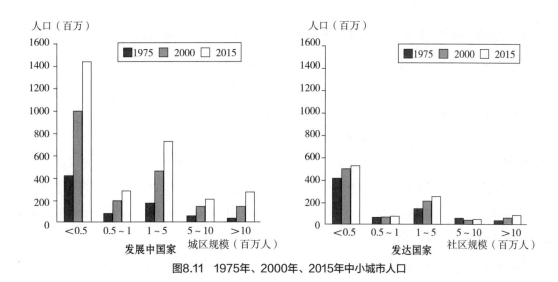

图8.11　1975年、2000年、2015年中小城市人口

见，镇区第二、第三业从业人员比重越多、镇区人口密度高，并有相当的面积，则经济越发达。

2004年上海和北京建制镇产业、人口、面积和财政收入比较　表8.7

	上海	北京
第一产业从业人员比重（%）	4.5	31.3
第二产业从业人员比重（%）	48.5	37.2
第三产业从业人员比重（%）	37.0	31.5
平均镇区人口（万人）	1.8	0.5
平均镇区面积（km²）	5.7	7.7
人均财政收入（元）	3952	955

我国建制镇有17000多个，人口超过10万人的仅有56个，且主要分布在珠三角、长三角大城市周边经济比较好的地方。大部分的镇规模很小，1/3镇人口不到5000人。我国小城镇人口占全国城镇人口的比重最高时也仅为27%，远远落后于美国和德国等欧美国家。

对农村建设、生产发展和生活改善也不能放松。现在德国有40%的居民居住在农村，其中绝大多数在城里就业，日本20%以上的人生活在农村，但农民只占到全国居民的4%。我们要纠正一个认识的偏差，并不是不种地的人都要进城。

8.6　城市要从人工的生态系统向接近自然的生态系统过渡

近年来，建设生态城市的呼声越来越高。1935年，英国生态学家A. G.Tansley说，"生物群落（一定种类相互依存的动物、植物和微生物）和生存物理环境（非生物）就构成生态系统。"按照这个说法，现代城市已经是生态系统。笔者多次咨询生态专家后才明白，现代城市是生态系统，但不是自然生态系统，而是人工生态系统。

世界发展策略最早都是以经济为主导，认为经济搞好了，社会和生态问题就可以得到解决。后来发现，有些社会问题，同经济并无直接的关联，经济上去了，社会并没有更加好起来，反而出现了许多新的问题，于是，社会发展被提升到重要位置，把策略改为经济、社会并重，生态优先。经济是社会的子集，加上人类社会在总体上不可避免地要受到地球自然生态的制约，包括土地、能源、水和矿山等资源的约束，经济发展就不仅依赖于社会，而且依赖于生态，这样，生态被提高到比经济和社会更重要的位置，思考如何继承父辈的地球，而不是借用儿孙的地球。我国已经提出"把生态文明理念和原则全面融入城镇化的全过程"，建设生态城市就是其中的一项重要任务。

根据国际经验，生态城市应当达到如下标准：

（1）经济力求自给自足，使用当地资源；

（2）使用低碳和可再生能源；

（3）有良好的城市规划布局和公交系统：步行—自行车—公交车；

（4）节约和高效利用资源，包括节能、节水、节材、合理用地、废弃物处理和再利用；

（5）修复环境受到破坏的城市片区；

（6）确保所有居民有经济适用住房，创生和改善妇女、少数民族和残疾人等弱势群体的就业机会；

（7）支持当地农业和生产；

（8）推进自觉自愿的简朴生活方式，减少物质消费，提升环保和可持续发展意识；

（9）适应人口增长和变化。

具体来说，生态城市的规划建设应注意的问题有：

（1）城市规划和建筑设计体现地区特色和历史渊源，不盲目抄、搬外国外地样式，避免单一化；

（2）建筑设计重视居民习俗、富于变化和多样化，不搞千篇一律；

（3）住宅、环境和商业空间混合、统一，不是完全按照功能用途划分空间；

（4）和谐的邻里关系和社区，避免老死不相往来；

（5）设法留下大自然地表，保护原生地形地貌，把场地地形、山头、水塘、树木等融入建设项目，不要用人造物把整个大地覆盖；

（6）建筑基地保水，即保有建筑基地内自然及人工土层涵养水分和雨水滞蓄能力；

（7）重视地区微气候特性和建筑形态；

（8）城市中心区要有小型生态圈，不要搞花盆式的大自然；

（9）创造愉悦的步行空间设计，采用透水路面，让大地可以呼吸，不建缺乏变化的宽马路和硬铺装的混凝土路面；

（10）创造生物种群（人和人共同生活的动物与植物）活动空间，不受人工技术形态约束，保护生物多样性，如创造多样化的生态金字塔最基层小生物的生存环境，绿地分布均匀、连贯，大小乔木、灌木、花草密植混种，以原生植物、诱鸟诱蝶植物、植栽物种多样性和保护表土，创生丰富的生物基盘等；

（11）建造生态系统各因素整合的城市，不搞与周围大自然隔离的机械城市；

（12）建筑基地绿化，即利用建筑基地内的自然土层，以及屋顶、阳台、外墙、人工地盘上的覆土层栽种植物，生态表土利用，选用当地原生树种草种等。

8.7 城市可持续发展的关键在管理

如今，城市陷入了住房短缺、交通堵塞、环境污染、水资源缺乏等诸多困境。这些城市病的根源何在？长期以来，世人茫然不知。因为这种病不是地方病，而是全球病，不仅发生在发展中国家，发达国家也未能幸免。直到最近，人们才隐隐约约地知道，"城市病"是工业经济向信息经济转变过快带来的创伤。众所周知，农业经济向工业经济的过渡经历了几代人，人们有充裕的时间去思考、探索、适应和调整，而工业经济向信息经济的过渡势不可挡，没有给我们喘息的时间。近半个世纪以来，我们一直认为，城市规模大，人口多是城市病的诱因。所以，发展中国家的政府采取多种控制城市人口和规模的政策和措施，试图减少人口向城市集中，防止城市规模过度扩大，以促进更为平衡的空间发展，但结果都未能奏效。于是，人们认识到城镇化是不可阻挡的，治理城市病要靠有效的城市管理。

要做好有效的城市管理，必须对城市正面临的五大全球性变化有所认识。这些变化是：

（1）从农村到城市的转变。世界正在日益变为以城市为主体。1800年，世界只有3%的人在城市，1950年增加到29%，1990年增加到43%，2010年增加到50%，预测2030年将增加到60%。

（2）发达国家城市人口稳定，发展中国家城市人口增长迅猛。据估计，从1950年到2050年，发展中国家城市人口将从2亿增加到31.5亿，即增加16倍。2025年发展中国家城市人口将为发达国家的4倍。

（3）从正式向非正式转变。正式城市人口每年平均增加3%～4%，而非正式城市人口的增加则为其2倍。这就是说，发展中国家城市人口有1/3～2/3是非正式的，即我们所说的流动人口。

（4）从大城市到特大城市的转变。1950年全世界1000万人以上的城市只有1座，而1975年则有5座，2001年增加到17座，2016年则为22座。

（5）决策者观念的转变。比如：从"城市就是问题"转变为"城市是创新和经济增长的源泉"，从"乡村支援城市"转变为"城市支援乡村"，从"城市不能太大"转变为"城市大机会更多"，从"限制城市规模"转变为"使城市运转得更好"，从"政府和专家解决问题"转变为"市民参与、自下而上和自上而下相结合"等。

面对这些全球性转变，我们必须与时俱进，更新观念。有效的城市管理的主要内容有：

（1）增加城市财政收入。来源主要有：①城市设施和服务的有偿使用收费，收费标准按投资需求、储蓄水平、运行和维护费用、各类收入水平人员的支付能力，以及城市政府收费能力确定；②地方税，包括财产税、个人所得税、消费税和车辆税，但需有中央、省市政府授权并有包括资产评估在内的收税行政能力；③中央、省市政府分税；④中央、省市政府的拨款、补贴、贷款和投资；⑤民间投资和资金。市政府的管理能力和政治上的支持是实现上述财政来源的重要因素。

（2）提供住房、服务和基础设施。在这方面，最为重要的是，除政府提供以外，要大力吸引民间参与和采用低造价适用技术。

（3）改进城市信息系统。信息不足和不对称已经成为城市管理政策和计划实施的严重障碍，需要尽快收集、整理和积累资料，建立城市信息管理系统，力求做到信息对称。

（4）发挥城市非正规组织和行业的作用。发展中国家的经验证明，非正规组织和行业不仅积极采用符合国情的适用技术，能生产各种居民需要的产品，提供很多的就业机会，而且在提供住房和交通等城市基础设施方面可以作出很大的贡献。

（5）提高城市管理机构能力。包括同有关平级和上下级机构之间的协调能力，各机构职能和责任的界定，各机构实施其任务方面的技术和人际关系技巧，将城市规划和管理权限下放给地方政府，以及配备合格的管理人员等。

（6）改善城市环境。主要是垃圾收集、运输和处置，饮用水供给，污水排放和处理，以及空气污染治理。这方面的主要工作有：制定环境保护规章和立法，明确立法、监督和实施权限的机构及其责任，土地利用管制和产权同环境的协调，对固体垃圾的收集范围和处理建立有效的机制，减少技术、交通和能源对环境的影响，以及建立将环境规划和管理技术纳入城市总体规划和实施机制中去等。

（7）让城市贫困人口走出贫困。首先要改变观念，即城市，特别是超大城市，是世界上多数贫民愿意去的地方，因为那里容易找到工作；失业风险较低；通过跳槽可以找到自己喜欢的工作，发现自己原本永远也无法知晓的才能，从而跨入中产阶级。不是城市让人们更加贫困，而是城市的优势引来了贫困人口。其次，提供医疗保健和教育，帮助他们通过学习和劳动，提升参与竞争所需要的能力，取得成功。贫穷不是他们的过错，但是，如果他们不付出劳动就能轻而易举地从政府得到钱财和物品，他们就会以为，贫穷可以成为不劳而获的谋生手段，因而变得更加贫穷，甚至会导致穷人的集中，那就是政府的错了。第三，为贫困地区的企业减税免税。第四，更多地依赖当地城市，而不是寄希望于国家的政策。

（8）交通拥堵治理，这是世界性难题，目前尚无破解良方，现有办法一是在城市规划方面，力求城市路网疏密有致，建设大型居住区要注意避免职住分离。二是以提升公共交通的分担率、市内公交车辆运行速度和换乘便捷为目标，优先发展公共交通。三是新建道路，但要注意Gilles Duranton的话：汽车行驶里程随新建道路里程增加呈1：1增长，说明新建道路越长，上路的汽车也越多，单靠新建道路并不能完全解决交通拥堵。四是征

收拥堵费，但实施颇难。1975年新加坡开始收费，据说效果很好；2003年伦敦开始收费，据说越收越堵；美国至今很少收费，据说是政治学战胜了经济学。所以，对此宜结合实际情况三思而行。

8.8 城镇化过程有比较明显的低速、加速到平稳增长三个阶段

在一个完整的城镇化水平增长速度曲线中，存在着比较明显的低速、加速到平稳增长三个阶段。根据大多数国家的经验，城镇化水平达到30%以前加速的情况比较少，但进入平稳增长阶段通常发生在城镇化水平达70%以后。

从图8.12中可见，城镇化水平达到70%左右的时候，城镇化速度大都放缓，但加速阶段的起点并不十分一致，在城镇化水平达到30%以后的任何时段都有可能开始加速。印度作为世界上人口规模仅次于中国的发展中大国，迄今仍没有出现明显的加速，值得思考。

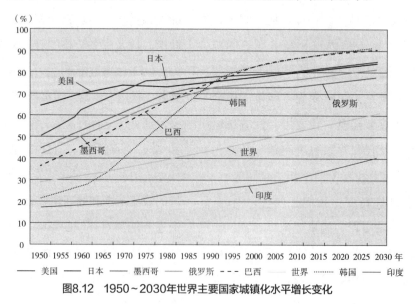

图8.12　1950～2030年世界主要国家城镇化水平增长变化

参考文献

［1］叶耀先. 城市发展规律漫议［J］. 城乡建设，2016（10）：30-35.

第 9 章
城镇化的要务之八：
城镇化的研究和探索

人生的全部的意义在于无穷地探索尚未知道的东西。

——（法）爱弥尔·左拉（Emile Zola）

追求客观真理和知识，是人的最高和永恒的目标。

——（美）阿尔伯特·爱因斯坦（Albert Einstein）

推进城镇化必须研究和探索。为此，政府、高等学校、科研单位、企业和民间对城镇化做了广泛的研究，取得了丰硕的成果，为城镇化发展提供了有力的技术支撑。2003～2005年期间，笔者曾参与或负责三个城镇化研究专题及其两个子课题的研究。三个专题：

（1）"城市发展与城镇化科技问题研究"，系"国家中长期科学和技术发展规划战略研究"项目29个专题中的专题11；

（2）"城市发展与城镇化发展战略与技术经济政策研究"，系"国家中长期科学和技术发展规划战略研究"项目深化研究专题10；

（3）"中国可持续城镇化战略研究"，系国家发展和改革委员会提出，中国环境与发展国际合作委员会（简称国合会）批准立项的专题。

两个子课题：

（1）"城市减灾防灾关键技术和应急系统研究"，系"城市发展与城镇化科技问题研究"专题11的子课题；

（2）"中国城镇化情景分析和可持续城镇化政策建议"，系"中国可持续城镇化战略研究"专题的子课题。

本章简述三个专题和两个子课题研究得出的主要论点，为避免重复，第一个专题出现的论点，以后的专题或课题里面的类似论点将不再赘述。

9.1 城市发展与城镇化科技问题研究[1][2]

1. 什么是城镇化

城镇化是农村人口转化为城镇人口及城镇不断发展完善的过程；是生产方式、生活居住方式和社区组织方式转化的过程；是人口、财富、技术、服务聚集的过程。

2. 城市的重要性

现代城市的出现，标志着人类历史发展到了一个新的阶段。在每个国家，城市都是最大的财富。它拥有国家很大部分的生产力，提供国家大部分的经济产出，汇集着国家主要的科技、文化、艺术、教育方面的机构和人才。科学发明、技术创新、伟大的文学艺术创作大都来自于城市。城市也是国家政治和国际交往的中心。城镇化和城市发展为人类带来了富裕和进步。根据近年统计，我国GDP的70%，国家税收的80%，第三产业增加值的85%，高等学校和科研力量的90%以上出自设市城市。一个国家的城市搞不好，这个国家就没有希望。

3. 全球城镇化和城市发展的特点和经验

据联合国资料，2000年，全球人口为60.6亿，城镇化水平为47.2%，城镇人口为28.6亿。到2007年，世界上有一半人口生活在城镇。城镇人口比1967年的全球总人口还要多。到2030年，全世界城镇人口预计为49.8亿，约为全球预计总人口82.7亿的60.2%。如何应对快速城市化、贫困、资源与环境等方面的挑战将在很大程度上决定着世界的未来。

❶ 专题组组长：叶如棠；副组长：仇保兴、范小建、邹德慈；成员：叶耀先、赵燕菁、周一星、毛其智、吴志强、谢扬、宋小冬、施仲衡、张杰、赵士修、刘福垣、赖明、周长吉；联络员：陈宜明；专题秘书：柴文忠；秘书：袁利平、张仲林；助手：朱才斌。

❷ 笔者的任务是：协助专题组长撰写总报告和准备汇报稿（PPT），随同组长向上级领导汇报，以及代表专题组长向中国工程院等部门汇报。

经过对全球城镇化和城市发展过程分析研究，归纳起来，值得我们注意的特点和可供借鉴的经验教训有以下九点：

（1）工业化伴随城镇化是一条不以人们意志为转移的客观规律。19世纪初，全球只有3%的人口是城市人口。工业革命带来人口迁移的加速，促使城市快速发展，城镇人口1950年达到29.8%，1975年为37.9%，2000年提高到47.2%。1950年到2000年，全球城镇人口从7.5亿增加到28.6亿。

（2）今后30年，全球城镇人口增长主要将在发展中国家。预计2000～2030年，发展中国家的城市人口将从19.6亿增加到39.8亿，而发达国家则从9亿增加到10亿。

（3）大城市的数量在迅速增加。全球100万人口以上的城市，1950年为71座，1960年为114座，1993年为316座，2000年为388座，预计到2015年将会达到554座，其中3/4，即426座在发展中国家。联合国原先把800万和800万以上人口的城市称为"超大城市"（mega-city），现在这个界定标准已经改为1000万人。据联合国的资料，这类超大城市，全世界1950年只有纽约1座；1975年增加到5座，我国上海名列第三；2001年增加到17座，13座在发展中国家，我国上海和北京分别名列第10和第14；2015年，全世界将有超大城市21座，17座在发展中国家，我国上海、北京和天津分别名列第13、第16和第21。❶

（4）虽然大城市引人注目，但是直到现在，世界上大多数城镇人口还是生活在中小城镇，而不是在最大的城市聚集区。2000年，全球城镇人口的37%生活在100万以上的大城市，53%生活在不到50万人的中小城镇。据联合国估计，到

2015年这段时间，城镇人口增加的大部分仍将在中小城镇。

（5）城市连绵区（metropolitan area）的大量出现。城市连绵区是指以一个或若干个大城市为中心，周围集聚一批中小城镇，密集分布，地域可达几万平方公里。1976年法国地理学者戈德曼（J. Gottmann）指出，全球已形成六个世界级的城市连绵区，我国的长江三角洲列于其中。这种态势至今仍在继续发展。

（6）20世纪中、后期，美国、北美和欧洲一些发达国家的大城市曾出现大规模的郊区化现象，城市部分功能外迁，旧城中心区出现"空心化"。在多数发展中国家，则出现"过度"城镇化和人口过分集中在首位大城市，其他城市发展缓慢等现象。

（7）21世纪，所有国家的经济将在更大程度上依赖城市的经济。城市经济的规模、结构、主导产业和竞争力是在经济全球化态势中重要的关键因素。要突出城市强项产业，培育比较优势，充分发挥城市的聚集、规模和成本—收益效应。美国和日本的三大城市群GDP已分别达到该国全国GDP的65%和69%。

（8）20世纪后半期出现的日益严重的环境和资源危机，使人们提高了环境意识，提出了可持续发展的战略思想，并逐步为各国政府接纳并付诸行动。我国政府于1992年郑重承诺以此作为基本国策。

（9）20世纪下半期以来，大批学者从事发展中国家城镇化问题的研究，试图从城乡共同发展来较为合理地解决城镇化问题。当前，国际上普遍认为，各国应该根据国情，决定自己的城镇化道路。

---

❶ 2016年全世界有超大城市22座，我国上海、北京、天津、广州、深圳名列其中，说明预测靠谱。

全球城镇化的过程告诉我们：①城镇化是每个国家在工业化、现代化过程中必须经历的过程，中国不可能例外；②每个国家经济社会发展的特点决定了各国不同的城镇化道路，我们应该认真研究这些特点，吸取它们的经验教训；③城镇化是复杂的社会变迁过程，应遵循它自身的客观规律，使其有利于经济社会的健康发展。

4. 中国城镇化的历程和经验

中国的城镇化，大致可分为三个阶段：①1949～1958年为稳步发展阶段，工业化带动城镇人口增长，全国城镇化水平从10.6%提高到16.3%，年均增长0.63个百分点；②1958～1978年为徘徊和停滞阶段，由于"大跃进""文化大革命"，指导思想摇摆和一度曾试图走"非城镇化的工业化道路"，城镇化水平从16.3%提高到17.9%，年均增长只有0.08个百分点，还有几年是负增长；③1978年以后是城镇化快速发展阶段，由于实行改革开放方针，城镇化水平从1978年的17.9%提高到2002年的39.1%，年均增长0.88个百分点，其中，1998～2002年，年均增长1个百分点以上。

中国城镇化的地区差异较大。2000年，除四个直辖市外，27个省（区）中，广东高达55%，云南只有23%。到2020年，中国仍将保持城镇化快速增长的态势，是全球城镇化率增加最快的国家之一。按城镇化率年均增长1个百分点预测，从2000年到2020年，将有3亿农村人口向城镇人口转化。❶

从中国50多年的城镇化历程，可以得出三个重要的结论：一是工业化和经济、社会发展带动城镇化，城镇化又会从正面或负面影响经济、社会的发展；二是国家有关的方针和政策，对城镇化进程影响很大；三是2000年到2020年以至更长时间，在经济持续高速增长的情况下，中国的城镇化也将经历一个高速发展的时期。❷

5. 中国城市发展情况

到2002年年底，全国有设市城市660座，其中特大城市48座、大城市65座、中等城市222座、小城市325座，全国有建制镇20600个。

20世纪70年代和90年代初相继形成的长江三角洲、环渤海京津冀、珠江三角洲三大城市连绵区以及沿长江黄金水道的城市带，成功地推动了这些地区乃至全国经济的发展。1999年，三大都市城市连绵区创造的国内生产总值达到28565.2亿元，按可比价格计算，比1995年增长56.1%，占全国国内生产总值34.9%。城市连绵区仍在不断扩大，预计到2020年可能发展到12个❸，它的辐射作用仍在增强，可吸纳大量劳动力和高技术人才，对推动我国城镇化进程起到显著的作用。

1998年到2002年的五年间，小城镇的聚集功能、经济带动与辐射功能以及吸纳农村富余劳动力和带动农民增收功能得到了一定程度的发挥，在东部地区，成效尤为显著。

我国现有城镇虽然比过去有了很大的发展，但许多城市基础设施落后状况并没有根本改变。在一些较发达的城市，信息化、汽车化、郊区

---

❶ 2000年乡村人口为80837万人，2020年减少到50992万人，即有29845万农村人口向城镇人口转化，说明预测靠谱。

❷ 2000年城镇化水平为36.22%，2020年增加到63.89%，年均提升1.31个百分点，说明中国的城镇化确实经历了一个高速发展的时期，预测靠谱。

❸ 巨量引擎城市研究院依托抖音、今日头条等线上数据以及统计局等公开数据提出的《2021年中国十九大城市群数鉴》中所列的十九大城市群包括，长三角、京津冀、粤港澳大湾区、成渝、长江中游、粤闽浙沿海、北部湾、关中平原、中原、山东半岛、呼包鄂榆、兰州-西宁、哈长、辽中南、山西中部、宁夏沿黄、黔中、天山北坡、滇中等。资料来源：2021中国19大城市群数鉴，https://view.inews.qq.com/a/20220101A070HT00。

化，乃至交通堵塞、贫富分化等发达国家的大城市现象已经出现；而落后的基础设施、大量的流动人口、非正规的经济、不卫生的居住环境等发展中国家城市的特征也同时存在。在一些产业衰退的城市（特别是资源型城市），生活和环境状况仍然很差。

6. 当前我国城镇化和城市发展存在的主要问题和发展预测

（1）存在的主要问题

1）大量的和源源不断产生的农村富余劳动力和有限的城镇吸纳能力的矛盾将长期存在。即使到2020年，农村人口比2002年减少1.52亿，但仍有6.3亿[1]，富余劳动力仍然大量存在。城乡"二元结构"的影响会在较长时期内存在。

2）城镇化的基础工作薄弱，统计标准多变，缺乏城镇空间识别系统和监控手段，导致对城镇化宏观调控能力不足。

3）城市运营管理体制不顺，机制僵化，手段落后，效率不高。突出表现在城市土地、交通、防灾减灾、水资源和能源管理等方面。不少地方政府超越自身发展条件，盲目扩张，多圈地、早圈地，浪费土地资源；一些地方片面追求以地生财，超强度开发，损害人居环境。

4）城市人口、资源、环境的矛盾日益突出。大城市普遍交通拥堵、污染加剧、事故增多。2003年，中国城市环境卫生协会提供的数据显示，全国城市年产生活垃圾1.5亿t，每年以8%～10%速度增长；垃圾存量60亿t，占耕地75万亩；垃圾处理率50%，只有10%达到无害化处理标准；全国70%城镇缺水，90%的城镇水域和65%的饮用水源受到不同程度的污染，50%重点城镇集中饮用水源不符合取水标准；污水处理率

36%；水污染造成经济损失为GDP的1.5%～3.0%；城镇建筑能耗占全社会终端商品能耗30%以上。

5）城镇防灾能力薄弱，灾害损失日趋严重。在城市高速发展的过程中，城市自然和历史人文资源受到很大的破坏。

6）城镇建设相关产业不适应城镇发展要求，建筑业经济效益的增长中仅有不到20%是依靠技术进步获得的，而这个数值在我国其他一些行业则达到50%。住宅产业、建材产业和废弃物资源化产业缺乏科技支撑。

（2）发展预测

按城镇化水平年均增长1个百分点预测，2020年的城镇化水平将达到57%，城镇总人口8.30亿。比2002年增加3.30亿（包括城镇人口自然增长0.37亿），年均增加1880万人。

如果城镇化水平按年均增长1.5个百分点预测，2020年的城镇化水平将达到66%，城镇总人口9.73亿。比2002年增加4.70亿（包括城镇人口自然增长0.37亿），年均增加约2610万人。

专题组反复论证，多方测算，认为城镇化水平年均增长1个百分点的方案比较合适。按此预测，年均需要新增就业岗位830万个，住房3亿～4亿m²，建设用地2000km²，生活用水14亿m³，建筑耗能66亿kW·h，以及土地开发资金3000亿～4000亿元。此外，年均新增产出生活垃圾1030万t，排放污水11亿m³。城镇化对就业等方面需求与供给之间的矛盾会长期存在。

为提升现有5亿多和不断增加的城镇人口的生活质量，需要解决住房、文化教育、体育和商业设施、道路、交通、绿化、供水、排污和环境保护等诸多问题。到2020年城镇面临的水资源、能源、土地资源短缺和环境问题更加突出。

---

[1] 2020年农村人口为50992万人，比2002年减少17249万人，即1.7亿人，说明同预测的1.52亿人相近。

要解决上述问题，满足城镇发展需求，首先需要现代技术，例如：开发应用污水回用和节水技术可节约用水50%以上；开发应用建筑节能和供热制冷技术可节能50%以上；改善城镇规划和合理利用地下空间，可使土地得到合理、高效利用。其次是需要制度创新，如制定产品回用和制造商对某些特殊产品回收责任等方面的政策会促进废弃物资源化产业的兴起。

7. 城市发展与城镇化科技发展目标

（1）未来15年

1）建立城镇化预测监控信息系统，为人口集聚、经济社会发展与城镇化进程发展提供技术保障。

2）研究城镇发展的资源合理利用、环境污染治理、改善交通状况、居住环境和防灾减灾的关键技术，建设可持续发展的现代化城镇。

3）促进城镇建设相关产业走新型工业化发展道路，为城镇建设提供产业支撑，最大限度地吸纳农村富余劳动力。

（2）未来5年

1）在开展城镇化健康发展方面前期研究的基础上，利用GIS等新技术建成城镇化预测监控平台，在有代表性的地区建立城乡空间识别和监控系统。

2）围绕城镇可持续发展方面进行前期研究，在建筑节能、水系统健康循环和地下空间利用的关键技术与政策上取得实质性突破。

3）在城镇建设相关产业中利用信息技术和其他新技术，研发和生产一批环境友善产品，完善标准和政策，促进绿色城镇建设产业的发展。

8. 城市发展与城镇化科技问题研究的三个战略重点和15项任务

（1）战略重点1：城镇化健康发展

要在城镇化的基础性科技问题和城镇化过程中的共性关键技术方面有所突破，使城镇从盲目扩张向有序发展转变，包括四项任务。

1）研究中国特色城镇化的规律和模式。包括空间模式和动力机制，以及相关的体制、政策和管理体系，以增强宏观引导和调控的目的性。

2）城乡空间识别系统与城镇化预测监控平台的建设。这是解决城乡概念混乱和统计标准多变的基础性研究，也是宏观调控体系的有效手段。主要是利用GIS等信息技术和"五普"的基础数据，在对城乡实体地域的空间特征进行研究的基础上，制定国家标准，建立预测和监控模型、城乡划分空间识别系统和城镇建设管理与发展监控信息系统，使中国城镇化指标规范化，并具国际对比。

3）城市连绵区和小城镇发展战略与对策研究。围绕巨型城市和城市连绵区形成条件、发展趋势、地位和作用，开展国际比较研究，提出发展战略和对策；研究区域城镇体系、小城镇发展规模与经济结构的关系，以及小城镇发展模式、规律、功能定位；制定小城镇发展指南。

4）城镇化过程中的城乡统筹制度、政策与管理研究。包括统筹城乡就业的思路、对策和措施；城乡经济发展的互动与依存关系和乡镇企业对城镇化发展的意义和作用；逐步消除带有二元经济结构特点的宏观政策与管理体制。

（2）战略重点2：城镇人居环境的可持续发展

着重研究城镇居民生活质量的提高和城镇环境的改善，使城镇从过度开发型向可持续发展型转变，避免城镇快速发展导致未老先衰，包括七项任务。

1）城镇住区环境研究。包括人居环境理论、生态建筑学理论和国内外城镇人居环境建设案例分析；人居环境综合评价指标体系；城镇社区可持续发展能力建设；城镇居住区环境规划设计标准；绿色建筑关键技术；室内空气质量控制技术；城镇自然和人文资源保护与合理利用。

2）城镇规划的编制与管理体系。包括城镇发展战略和城镇运营管理对策；适应市场经济体制的城镇规划方法和技术；城镇规划标准和规范；区域空间发展规划的理论与方法。

3）建筑节能关键技术。包括城镇能源规划、需求预测和结构优化；供热方式、热价；集中供热系统改造和体制改革；集中供冷；热电冷三联供技术；建筑节能统计体系及能耗检测；建筑节能标准；既有建筑节能改造技术与政策；太阳能、地热、风能等清洁可再生能源以及其他新能源在建筑中的应用；低能耗和可持续建筑。

4）大城市综合交通发展战略与关键技术。包括综合交通体系发展趋势、管理体制、运行机制、建设投资和决策方法，新技术应用和交通结构优化战略与对策；综合交通规划与层次及跟踪评价技术，交通与土地利用互动分析，多方式综合交通网络整体优化技术，道路网络规划关键技术；轨道交通规划、建设与运营，新型轨道交通制式及关键技术、重大装备关键技术、安全保障体系、环境控制和建设投融资体制。

5）城镇水系统健康循环理论与关键技术。包括城镇水系统健康循环理论，节约（制）用水、城镇雨水水文循环途径修复、城镇污水再生利用等实施方略；污水再生全流程工艺、水系统生态效应和工程技术经济评价及污水厂污泥回用于农田技术；建立从城镇整体出发，含污水处理、深度净化、管道输送系统在内的以城镇污水为源水的城镇第二供水系统；饮用水安全保障技术。

6）城镇土地资源合理利用技术。包括城市生态环境适宜性基础理论、评价标准、方法和区划；土地利用工程控制理论与方法；城镇建设的

环境空间合理容量；地下空间开发及有关的政策法规。

7）城镇减灾防灾关键技术和应急系统。主要针对地震、洪涝、台风、火灾、地质灾害和突发性灾害等共性问题展开研究，包括防灾规划和灾害损失评估；灾害应急系统；防灾减灾产业；防灾设计方法、标准和规范；灾害风险金融手段。

（3）战略重点3：发展绿色城镇建设产业

未来20年城镇发展蕴涵着巨大的投资和消费需求，将促进传统城镇建设产业向绿色产业转变，走新型工业化道路。它既可为城镇的可持续发展提供产业支撑，又可大量提供就业岗位。包括四项任务。

1）建筑业现代化。包括标准体系、监督手段与措施；建筑工业化关键技术与设备；建筑业信息化技术（如可视化设计施工一体化软件技术、建筑施工虚拟信息技术、建筑工程网络协同工作平台）。

2）住宅产业化。包括技术和标准、规范体系，部品、材料的认定制度和住宅性能评价体系；住宅产业化关键技术与设备，特别是节能住宅和低造价住宅；信息技术在住宅产业化中的应用；住宅产业发展对策和可持续住区。

3）绿色建材产业。包括发展战略与政策、产品标准和测试方法；绿色混凝土材料；绿色装饰材料和纳米改性建筑材料。

4）废弃物资源化产业。包括垃圾分类收集成套技术与设备；垃圾填埋处理与气体利用；易腐有机垃圾生物制气工艺及设备工程化；城市垃圾焚烧技术与设备；城市污水处理厂污泥处理与利用；建筑垃圾及工业废料废渣综合利用。

以上三个战略重点是城镇化和城市发展相互依存、互为支撑、紧密关联的三个链环。抓住这

三个套在一起的链环，就是抓住了城镇化和城市发展科技问题的关键。

9.2 城市发展与城镇化发展战略和技术经济政策研究[1][2]

1. 城市发展和城镇化面临的重大问题

（1）城乡二元结构和就业压力大

1）政府是城镇化动力机制主体，在户籍、住房、就业、教育、医疗、养老、社会保障等具体制度上存在着城乡壁垒，1978年以后，城乡二元结构虽在逐步改变，但解决系统矛盾还需要相当长的时间。

2）大量农村人口移居城镇，使城镇就业压力加大。虽然进入城镇的农村人口本身也会创造相应的就业岗位，但更多的是需要城镇提供就业机会。

3）1978～2002年，全国城镇年均增加就业636万人，近几年城镇登记失业率平均约为4%，加上"隐性失业"，就业岗位一直存在着较大"缺口"。预计到2020年前，年均安排新增人口1811万人所需的就业岗位约800万个。

（2）空间利用不合理

1）缺乏区域协调。国家规划体系不完善，空间规划体系存在着严重的"条条分割"，各部门编制的规划和各类专项规划缺乏全局性协调和沟通，削弱了国家规划体系的整体调控效果和能力。

2）城乡规划法规体系不健全。城市总体规划比较成熟，区域城镇体系规划和详细规划则比较薄弱。

3）城乡规划实施的监督机制不完善。规划的决策、执行、监督等权力基本集中在城市政府及其规划行政主管部门，地方政府既是规划编制的组织者、规划的实施主体，同时也是规划实施的监管者，缺乏权力制衡机制和有效的外部监督机制，一些地方政府自身往往成为违反规划的主体。

（3）资源消耗高、利用效率低

1）传统的"高投入、高消耗、高污染、低效益"生产和消费模式在城镇经济社会发展中仍占主导地位。

2）能源消耗高、利用效率低。在一些发达国家能源消费出现零增长或负增长的情况下，我国2002年和2003年的能源消费却分别以9.7%和10.1%的速度增长，高于同期国家GDP的年增长速度。1991年开始出现了持续的能源生产量少于能源消费量的局面，目前标准燃料产生的GDP值仅为发达国家的1/10到1/5，是世界平均值的1/5。

3）城镇水资源短缺，水利用效率不高。全国城市综合人均日用水量为欧洲国家1997年226.6L的2倍，全国城市供水损失率为欧盟13个国家平均值的3倍，高于世界平均值的62%。

4）住宅建筑能耗为相同气候条件下发达国家的2～3倍。目前城乡既有330亿m^2住宅总量中，达到节能要求的住宅不足2%。

（4）城镇环境日趋恶化，防灾能力减弱

1）城市污染情况依然严重。2003年，城市空气质量达到国家空气质量二级标准的城市仅占41.7%；湖南、浙江和江西的部分区域以及松花

---

[1] 专题组长：叶如棠；副组长：叶耀先、邹德慈；成员：赖明、陈宜明、陈峰、秦虹、宋序彤、谢扬、柴文忠、易冰源、刘军民。

[2] 本专题报告执笔人：叶耀先、易冰源。

江和珠江污染加重；噪声污染仍是城市居民反映最为强烈的环境问题之一。

2）城镇污水和垃圾处理能力低，投资效益不明显。1990～2003年城市市政供水能力增加了10139万 m^3/天，而城市市政污水处理能力仅增加了3301万 m^3/天；在全国660个城市中，有458个城市没有城市污水处理厂，城市污水直接就近排入水体；全国城市生活垃圾处理率仅为54.2%，其中还有相当一部分达不到无害化处理。

3）城镇生态、人文资源继续遭到破坏，防灾能力薄弱。一些城镇不切实际地建设大广场，浪费了大量的城市土地资源。城镇排放大量温室气体导致酸雨面积扩大。超采地下水的情况比较突出。过量开采地下水，造成大面积地下水位下降，一些城市出现或隐藏着地面沉降等灾害隐患。数千年历史留下的人文遗迹在建设和拆迁中受到损毁。

（5）资源型城市发展动力下降

1）资源型城市在资源日渐枯竭的形势下，企业停产，生存困难，就业形势严峻。

2）资源型城市国有经济比例过重，社会保障资金等积累严重不足，住房制度、社会保障体制改革滞后于其他类型的城市。

3）资源开采带来地质环境和生态环境恶化，土地复垦任务艰巨。

4）城市布局结构分散，城市公共服务与市政设施不配套，各项社会事业难以形成规模效益。

（6）城镇投资滞后需求，市场化进程缓慢

1）城镇基础设施欠账较多。从"一五"到"七五"期间，城市建设固定资产投资占GDP的比重一直在1%以下，"八五"时期为1.3%，"九五"以来虽达到3%左右，仍远远不能满足城市发展的实际需要。

2）传统的城镇基础设施投融资计划模式还没有从根本上打破，公用设施投资仍以政府为主，市场化进程缓慢，社会投资缺乏可靠的制度保障。

3）在项目投资实施管理中，市场对资源配置的作用没有充分发挥，项目投资主体由政府指定，融资方案的竞争和建设方案的优化比选制度没有建立，市场运作机制不健全。

4）公用设施服务价格体系改革不到位、不配套，经营性公用设施产品和服务价格市场化程度低，对扩大融资渠道形成严重制约。

（7）城镇管理水平差

1）公众参与程度低，缺乏协商和参与的机制。

2）城镇政府官员目标责任制不健全。

3）政府投资工程缺乏科学严格的决策和管理机制，政府部门既是投资者，又是运营者，还是监管者，政企不分，政事不分，权责不明，导致建设、管理、运营脱节，投入产出效益低。

4）城镇行政管理成本高；"行政区经济"阻碍区域协调发展；地方政府直接干预微观经济活动现象比较突出。

2. 城市发展与城镇化发展战略和技术经济政策研究的重点任务

（1）城乡统筹和打破城乡二元结构体制

以尽快消除妨碍城镇化健康发展的各种制度性和结构性障碍为出发点，从根本上打破城乡二元经济结构体制，实现全国范围内的资源优化配置，统筹城乡协调发展。包括调整国民收入分配结构，增加对农业和农村的投入，促进农村产业结构调整，发展农村服务业、农副产品加工业和运销业，促使农村经济由第一产业向第二、第三产业扩展。取消城乡二元分割的户籍管理制度，促进农村剩余劳动力在城乡之间双向流动。大中城市进一步放宽农民进城就业落户的条件，取消各种限制性、歧视性政策，让落户农民与城镇居民享受同等权利。从不同区域的经济、社会条件和未来发展需要出发，完善城镇布局，使各类城镇的空间布局、人口数量、城镇规模以及发展方向符合未来区域内经济社会发展的需要，促进大中小城市和小城镇协调发展。加强村镇公用设施建设。将数量多、规模小、占地多、浪费大、环境差的农村分散居民点重新规划建设成居住集中、公用设施相对齐全、环境优美的新型农民社区。正确处理城镇化进程中旧城改造与自然历史文化遗产保护问题，坚持自然历史文化资源的可持续利用。引导乡镇企业走新型工业化道路，大力发展第三产业，使2010年第三产业增加值的比重提高到50%，从业人员的比重提高到40%。

（2）加强区域协调、城乡规划与城镇体系建设

健全国家区域协调、规划体系，调整城乡规划编制体系，完善城乡规划行政管理体制，建构规划决策、执行、监督三者之间协调和合理制衡的架构。加强城乡规划法制建设，完善法规和技术标准体系。研究巨型城市和都市连绵区发展规律，包括巨型城市和都市连绵区形成的条件和发展趋势，巨型城市和都市连绵区在城镇体系中的地位和作用，开展国际比较研究以及巨型城市和都市连绵区发展战略和对策研究。研究小城镇发展模式和规律，制定小城镇发展导则与指南，研究小城镇适居性，以及小城镇发展规模与经济结构的关系。

（3）城镇发展中的资源节约与生态环境保护

把资源节约和生态环境保护作为城镇建设和发展中的基本要素，综合考虑人口、资源利用、经济发展和环境保护的关系。加强循环经济型城市、生态型城市模式的研究，加强对城镇相关区域内的国家自然保护区、风景名胜区、历史文化遗迹的保护，构建资源环境的社会价值评估体系。以先进适用的技术开发与应用为重点，强化城镇规划、大城市综合交通、水系统健康循环、废弃物资源化、城镇能源和土地利用等瓶颈政策研究。发展生态产业、生态建筑、生态交通和生态材料；推进生态城市规划、生态基础设施建设。保护和尊重城市历史文脉和地域文化，坚持现代化与地域化、个性化相结合。统筹城乡，推进城乡一体化，城乡互动，互惠共生。重视城市地下空间的合理开发，推进城市地上地下空间的有效利用。加强资源环境条件和经济社会发展水平下的住区建设标准、区域型人居环境基本单元模型，以及城镇住区可持续发展的环境容量和资源保证能力研究，大力发展节能省地型住宅建筑。

（4）城镇公用事业的投资和融资

充分发挥市场对投融资活动的调节作用，实行政府宏观指导协调、企业自主投资、银行独立审贷。根据不同市政公用设施的特点，建立多元化投融资主体格局。建立健全政府的规划和监管制度，放宽市场准入，建立公平竞争秩序，坚持"谁投资、谁收益、谁承担风险"的原则，形成责权利相统一的机制。以政企分开作为改革的关键，从根本上改变以往城市市政公用事业单位政企合一的状况，推进市政公用企业的产权转换和机制转换。理顺投融资渠道，积极引入社会资金，发挥政府对社会资金参与的支持作用。

（5）资源型城市的可持续发展

以转变增长方式、城矿统筹、生态兴市、城市建设集约发展为战略，通过政策扶持，做好传统产业与新兴产业接续，改变资源型城市市政基础设施建设的二元化局面。力争在2020年使资源型城市基础设施建设水平达到和赶上全国的平均水平，城市居民居住环境明显改善，就业与社会保障水平达到全国城市的平均水平。

（6）城镇管理体制创新

以减少层次和市制创新为战略思路，加快城镇管理体制创新。包括结合新一轮城市规划、城市建设，合理调整大中城市内部行政区划；通过乡镇和村级合并，适当扩大小城镇政区规模，增强吸引力和凝聚力；精简机构，提高行政效率，降低管理成本，促进小城镇健康发展。

3. 城市发展与城镇化发展战略和技术经济政策研究的政策措施建议

（1）城乡协调发展

1）构筑合理的城镇化体系，从城市数量、规模和空间布局上科学规划、合理安排，促进大、中、小城市和小城镇协调发展；研究制定城镇化进程中建设用地与农民土地之间的新的土地利用格局和配套政策；制定提高新增建设用地有偿使用费标准。

2）加大对农村基础设施和社会事业的投资，提高农村的科技、教育、文化和医疗卫生水平，扩大农民的就业空间。在抓好土地出让金全程征收、管理与监督使用的同时，调整土地收益分配结构，允许被征地农民以土地承包经营权入股、租赁等形式参与项目合作，分享土地增值收益；在15%土地出让金返还用于农村基础设施和社会事业投资的基础上，逐步提高土地出让金的返还比例。

3）深化户籍制度改革。制定"身份"转变后农民的就业、住房、医疗、保险等社会配套政策；建立城乡统一的劳动力市场，完善流动人口管理，引导农村富余劳动力向城镇有序转移；发挥政府在农民再就业中的主导作用，由政府、企业各自按一定比例承担经费，实施农民工进城后的"再就业培训"，提高进城务工人员的就业技能。

4）建立统一的城乡居民劳动和社会最低生活保障制度。统一城乡水、电、气等公用物价；

根据经济发展和城镇化进程，加快建立覆盖城乡的养老、医疗、失业、最低生活保障等社会保障制度。

（2）区域协调发展

1）健全城乡规划法规体系，确定城乡规划在城市、村庄和集镇建设用地规划和管理中的主体地位。根据农民进城后，村庄人员减少和搬迁、宅基地弃置等情况，重新整合乡村编制，合理布局居民点，促进进城农民所留宅基地依法流转，合理利用，节约土地；抓紧出台《城乡规划法》。

2）健全国家规划体系，调整和明确区域规划、土地利用规划、城市规划等主要空间规划之间的关系，并同社会经济发展规划整合，理顺相关部门的职能结构关系，加强法制建设，形成统一协调、调控有力的国家规划体系。在市域范围，将城市规划与土地利用规划编制合二为一，并同区域规划和社会经济发展规划整合。

3）按照统筹协调的思路，对全国进行相应的经济区划分，确定各经济区发展目标、发展重点、产业导向、城镇布局、人口布局、资源、环境和区域基础设施规划；在长三角、珠三角和京津冀等都市连绵区，建立区域发展协调机构，加强对都市连绵区经济与社会发展的区域统筹协调和规划。

4）以健全地下空间规划体系、理顺行政管理关系、完善地下空间法规体系和构筑我国城市地下空间规划与设计理论体系、改进城市地下空间开发利用的规划技术与方法为重点，促进城市地下空间开发，缓解城市人地紧张矛盾。根据一定时期城市经济和社会发展目标，通过调查研究和发展预测，提出与地面规划相协调的城市地下空间开发利用的方向和导则，确定城市地下空间开发的目标、功能、规模、布局，对各类地下设施进行综合部署和全面安排。

（3）投融资体制改革

1）根据市政公用行业的特点，确定其市场化程度和市场化方式，建立多元化投融资体系。经营性城镇公用设施的建设、维护，要逐渐退出政府的财政拨款补贴范围；减少准经营性项目在财政支出中所占的比例；将地方有限的财力更多地转到非经营性项目建设上来。

2）加快研究出台《城市公用事业法》，明确政府对市政公用设施管理的职责，明确监管责任，建立适应市场化改革的监管构架，依法监管、依规则监管，提高监管效率。

3）将市政建设收益债券从一般企业债券中分离出来，单设市政收益债券（或称市政企业债券），单列计划规模，在城市政府监管下，由城市建设系统的各市政公用企业、城建投资公司等，作为独立的企业法人和发债主体发行，募集到的资金主要用于有收益的城市固定资产投资项目，以发债人及该投资项目的现金收入流作为信用基础（区别于一般企业债券主要以以往的盈利业绩和当前信用资质为信用基础的做法），以发债融资所建设施的收益作为偿还债务的资金来源。为保证上述运作顺利实施，应加速城市建设企业的改革。在单独设立和发行市政收益债券的同时，进行市政债务债券的发行试点。在试点取得经验后，修改《预算法》，并出台《市政建设债条例》。

4）政府职能从充当主要投资主体转向社会投资管理，管理方式从主要靠行政手段转向主要依靠经济手段、法律手段，辅之以必要的行政手段。

（4）资源和环境保护

1）加强能源消耗重点领域——建筑、交通领域的节能技术研究和政策引导。加大节能车辆研究和推广应用清洁能源、可再生能源；在单中

心城市实施公交优先，鼓励合用汽车，建设快捷、方便、舒适的公共交通系统，包括专用公交车道。

规范城市规划与建筑设计，全面执行建筑节能标准。建立和完善促进节能、节地、节水、节材、环保等全面综合性的规划体系和标准体系；把节能省地型建筑纳入城乡建设用地指标框架体系；研究建立住宅小区和单体建筑的设计指标体系、农村住宅建设规划控制指标并严格落实；对于既有建筑进行保温隔热系统改造，加快太阳能等可再生能源在建筑中的利用；研究开发自然通气技术。

2）健全建筑全寿命成本核算和节能、节水、废弃物资源化的有效激励机制。倡导生态城市建设，将城镇作为一个"社会—经济—环境复合生态系统"进行规划、建设和管理。把生态成本纳入各级政府的经济分析与政策决策，把保护城镇生态系统、提高城镇环境质量和居民生活质量列为城镇建设和地方政府业绩考核的主要指标。

3）改变生产和消费形态。通过市场机制和经济手段，促进废品回收、娱乐方式与生活习惯的改变。

4）制定适应市场经济的规划和土地利用政策。对工业用地，设定最高和最低容积率；在住宅用地中，对低容积率的土地开发和拥有多套住房者征收附加费用，以减小土地浪费和防止过量使用。

（5）资源型城市经济转型

1）根据资源类型、资源利用程度、城市区位，制定分类指导政策。

2）制定促进资源型城市发展的优惠政策。包括：享受东北老工业基地振兴战略同等的专项财税政策；制定生态恢复与环境治理政策，将环境补偿费纳入资源补偿费范畴，适当调整城建维

护税，增大资源型城市的留成比例；制定有关资源濒临枯竭企业的关闭政策；建立接续产业园区，对接续产业企业实施税费减免优惠；设立产业调整补偿专用基金，由省、区、市制定地方财政支援政策。

3）设立资源型城市转型发展专项基金。中央财政划拨专款设立旧改项目和再就业、失业保障专项基金，前者主要用于旧住房改造、市政基础设施配套建设、城市环境整治、采煤沉陷区居民搬迁安置等，后者主要用于再就业、失业保障、义务教育援助、公共防灾等。

4）实施再城市化战略。包括：制定统一的城市综合环境建设规划，统筹城乡建设与工矿点生活区的协调建设；制定城市规划、乡村居民点建设、环境保护规划和综合防灾规划，积极推进旧矿生活区和旧城改造；对于历史上企业办社会所形成的公用设施，应移交地方政府，纳入城市建设统一管理。

5）适时稳妥地制定人口搬迁转移计划，引导人口有序转移。

（6）管理体制创新

1）重新梳理国家和地方行政法规，对不合时宜和不符合科学发展观的条款及时废止；对已颁布的法规，根据新形势发展的需要制定、修订实施细则。

2）改变单一"GDP导向"的地方政府业绩考核方式，建立包括经济、社会、人文、环境资源等评价指标在内的全面的、综合评价体系。城镇规划、建设和管理要以节约资源、降低运行成本、保护城镇生态系统、提高居民生活质量为目标；社会经济发展计划、财政金融和税收政策要

考虑生态成本，改变过去无偿使用生态资源和将生态资源成本转嫁于社会的现象。

3）参照国际通行办法，建立更适合我国城镇化发展的统计方法。

4）制定有利于小城镇健康发展的财政政策，积极研究建立有效的镇级财政体制，赋予镇政府必要的经济和行政管理权限；增强小城镇自我发展的能力，支持重点小城镇基础设施建设，引导民间资本投入小城镇建设。

5）制定公众参与政策。城市政府在决策城市规划，新建、改建重大公共设施和拆迁改造时，要充分听取社会意见，加强政府与市民沟通；积极促进以自愿、自主、互助为基础的社区建设。

9.3 城市减灾防灾关键技术和应急系统研究[1][2]

1. 城市日趋现代化，在灾害面前显得越来越脆弱

我国1950～1999年间，地震夺走了28万多人的生命，直接经济损失1076亿元。其中，发生在城市的辽宁海城（1975年）、河北唐山（1976年）和台湾集集（1999年）等三次地震造成的死亡人数和直接经济损失分别占87.5%和81.4%；台湾集集地震死亡人数虽仅占8%，但直接经济损失却占65.7%。日本历史上地震所造成的人员伤亡和经济损失主要来自1923年关东地震、1948年福井地震和1995年阪神·淡路地震等三次发生在城市市区的破坏性地震。美国历史上地震所造成的人员伤亡和经济损失主要来自1994年北岭地震、

---

❶ 课题组长：叶耀先；成员：周锡元、李文艺、菀希民、李小军。

❷ 课题研究报告执笔人：叶耀先。

1906年旧金山地震和1971年圣·费尔南多地震等发生在城市的地震。这充分说明，强烈地震一旦发生在城市，后果非常严重。

我国大陆洪水受灾面积每10年成倍增长，20世纪70年代、20世纪80年代和20世纪90年代分别为23万、61万和124万km²。直接经济损失1991～1994年为年均901亿元，而1995～1998年则上升到年均1760亿元，20世纪60年代以来，每年死亡人数不下4000人[1]。在水灾损失中，增长最快的是城市及城市化发展地区，在这些地区，涝灾在水灾损失中所占的比例呈增长趋势，损失约为河道洪水的2倍[2]。在以城市为重点防护对象、江河层次化防洪格局基本形成之后，城市，尤其是重点防洪城市，因河道堤防溃决而遭受淹没的可能性已经很小。但是，同等降雨下的内涝损失却呈增长趋势。武汉、上海、南京、苏州、无锡等城市几乎每年都有内涝灾害发生。洪水倒灌的事例也在逐渐增多。由于城市需水量迅速增加，许多为防洪和农业灌溉服务的水库转为承担城市供水任务，应急泄洪的风险增大[3]。

我国城市火灾起数和直接损失也是有增无减。2009年以来的10年间，全国共接报亡人火灾案件10815起，有15193人在火灾中遇难。其中，较大和重特大火灾有677起，死亡3626人，造成财产损失高达81.7亿元人民币[4]。

据不完全统计，上海、天津、江苏、浙江、陕西等16个省（区、市）的46个城市出现了地面沉降问题。在陕西、河北、山东、广东、河南等17个省（区、市）出现的地裂缝共有400多处、1000多条。据统计，20世纪80年代末至20世纪90年代初，每年因地质灾害造成300～400人死亡，经济损失100多亿元；20世纪90年代中期以来，每年造成1000人死亡，经济损失高达200多亿元。一些地区和县（市）的地质灾害已成为制约地方社会经济发展的重要因素，使全国经济的可持续发展受到了严重影响。

我国突发性灾害虽不显著，但较大面积停电、疫病流行（如1988年年底上海发生的大面积甲肝感染，2003年春夏的SARS流行，2019年春至今的新冠病毒流行）已向我们敲起了警钟。以美国"9·11"事件为标志的城市反恐斗争，使得城市安全、特别是大型公共活动的安全防御工作格外受到重视。我国城市抗御突发性灾害能力与先进国家相比，仍存在较大差距。例如，洛杉矶规定发生地震后的2～3min内就要报出地震的震中位置、震级大小和发震时刻，而我国则需要6min甚至更长的时间；国外的消防机器人已用于实战，而我国尚处于研发阶段；纽约市消防局具备多台大型排烟机，曾在1993年世界贸易中心大厦地下二层遭恐怖爆炸时，发挥了排烟通风的重要作用，我国即使像上海这样的特大型城市也没有一台大型排烟机；国外城市绿地的规划和建设不仅与环境和城市景观密切联系，而且兼顾地下空间开发和灾时疏散避难，我国城市多未做此考虑[5]。

❶ Ye Yaoxian. 2001.Integrated urban Disaster Risk Management Lessons Learned from the Great Natural Disasters of Decades 1950-1999 in China. IIASA-DPRI, http://www.iiasa.ac.at/Research/RMS/dpri2001/Papers/Ye.pdf.

❷ 向立云. 内涝灾害（电子版稿）. 2003.

❸ 苑希民. 中国城市发展中的水危机与防洪减灾战略研究（电子版稿）. 2003.

❹ 应急部，国家统计局. 十年火灾数据分析. https://www.sohu.com/a/308402898_120024250.

❺ 李文艺. 关于《城市突发性灾害事故防灾减灾》的报告（电子版稿）. 2003.

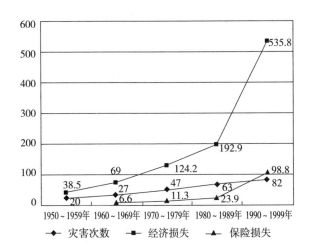

图9.1　20世纪后半叶灾害次数和损失
（损失单位为10亿美元，1998年值）

图9.1显示1950～1999年的50年间，世界灾害次数、经济损失和保险损失情况[1]。对于巨大灾害，发达国家的经济损失虽然远大于发展中国家，但所占国内生产总值的比重却远低于发展中国家。日本1995年阪神·淡路地震损失1120亿美元，美国1994年北岭地震损失440亿美元，仅分别占其国内生产总值的2.3%和0.7%。而我国1976年唐山地震损失150亿美元，2001年萨尔瓦多地震，损失12.55亿美元，却都占其国内生产总值的10%。联合国把20世纪的最后10年定为国际减灾10年，发动全球采取行动，各国在减轻灾害方面都作了最大努力，也没有遏制灾害增长的势头。

2. 重新认识灾害和防灾减灾对策[1][2]

城市地震和洪水巨大灾害的特点是：发生频度低；后果危害大；不确定性高，至今还难以准确地预报出灾害发生的时间、地点和规模；同社会系统相互作用强。现在的情况是：灾害的经验和教训一次又一次地重复，雷同的灾害一次又一次地重现，灾害损失与年俱增；而一些关键的防灾减灾技术急待开发，大量已经开发的科技成果和知识却没有得到应用，以至几乎每一个灾后考察报告都说，新的经验教训极少。出现这种情况的原因可能是：

（1）政府、社区和个人都不注意长期规划，不愿意拿钱去降低长期风险。灾害发生后，都决心要防止类似事件重演，但没过几年，就置之脑后，已有科技成果和从过去灾害总结出来的经验教训难以应用，就不难理解了。

（2）缺乏城市灾害风险管理研究和经验，没有把灾害风险管理纳入日常工作议程。

（3）城市防灾减灾研究往往是针对不同的灾种分别进行，缺乏整合防灾减灾研究，由于忽视实施技术的研究，防灾减灾科技成果和实际应用严重脱节。

（4）不同灾种分属不同政府部门管理，缺乏统一协调部署。

（5）人口和社会经济增长促使人口和建设项目向灾害风险大的地方转移。

（6）防灾减灾科技和产品尚未形成产业，很难大规模应用。

为了扭转上述状况，国际上对于灾害的认识和防灾减灾科技的发展正在经历着重大的转变，具体表现在[2]：

（1）从认为灾害是自然现象，转变到灾害不仅是自然现象，而且也是社会、经济现象。为了减轻灾害，不仅需要研究和开发技术方面的方法和措施，而且要加强社会、经济方面的手段和措施（如体制、法规、保险、政策、社区管理等）的研究。

---

❶ Ye Yaoxian & Norio Okada. 2001. Improving management of urban earthquake disaster risks. Earthquake Engineering Frontiers in the New Millennium. Edited by B.F.Spencer, Jr and Y.X.Hu, A.A. Balkema Publisers.

❷ ALMEC corporation and Sekkei, Ltd.1998. Study on Japanese and Asia experiences in urban development. Final Report, June, 1998.

（2）从注重灾前防御，转变为既注重灾前防御又注重灾后应急和反应（包括应急救人和抢险，恢复、重建和决策等）。把灾前防御和灾后应急研究放在同等重要的位置。

（3）从认为灾害是局部影响，转变为可能有更大范围影响。一次发生在特大城市的巨大灾害，不但会影响当地社区，而且会影响到全国，甚至全球，灾害次生后果的研究日益受到重视。

（4）从关心个体建筑、系统和网络的安全，转变为关心城市整体环境的安全。城市整体环境是由个体建筑物、系统和网络所组成，只有研究开发出整合防灾减灾技术，并把人、环境和整合技术放在一起来考虑，灾害才有可能真正得到减轻（图9.2）。系统和网络防灾问题已经提上日程。

（5）从国内研究转变为国际合作研究。由于巨大灾害在一个国家重复发生的概率很小，所以组织国际多边合作研究，分享研究成果和减轻灾害经验就显得特别重要。现在，国际机构和发达国家资助的跨国研究项目日益增多。

（6）从单学科和专家研究到多学科包括地学、工程、社会、经济、法律、生物、心理专家等交叉学科合作研究和减灾关联人员（stakeholder）参与研究。研究课题主要从灾害的经验教训中去挖掘，从社会、经济的发展需求以及研究工作者和实际工作者之间的相互交流和讨论中去寻找。

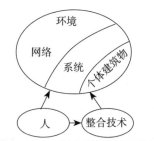

图9.2　人、环境和整合技术的融合

（7）灾害信息和反应系统倍受关注。在日本，川崎市是第一个引入灾害信息系统（DIS）的城市，由原国土厅负责实施，其他城市也有或正在建设类似的系统。美国应急管理厅（FEMA）组织制定的HASUS（Hazard USA）和南加州震后早期房屋和生命线破坏估计方法（EPEDAT）已付诸实施。这些系统对决策起着重要作用，它不仅能使应急反应和恢复重建更为有效，而且也是识别和实施优化减灾策略的规划工具。

3．研究思路和目标[1]～[5]

城市防灾减灾发展的思路是以国家小康目标要求、面临的灾害形势和城市对灾害的脆弱性为出发点，按照灾害自身规律、增长原因、人类处理灾害思路（图9.3）和对灾害认识的发展，以及共性和整合防灾减灾技术和对策，抓住方法、系统、产业、标准和手段等五个方面，明确任务。就是实现防灾技术和产品的产业化，建立风险管理机制和提高城市防灾减灾综合能力，把整合防灾、减灾技术和建立灾害信息和应急系统作

❶ UNDRO. 1991. Mitigating Natural Disasters, Phenomena, Effects and Options, A Manual for Policy Makers and Planners, UN, New York.

❷ J. A. Blume.1967. Comments on Structural Response to earthquake Motion as Related to Damage Risk, U.S. Department of Commerce Meeting on Seismology and Engineering Seismology, Rockville Maryland.

❸ Cheng Gengdong and Li Gang. 1998. Optimization in performance-based design of building structures, paper presented on the Multi-lateral Workshop on Development of Earthquake and Tsunami disaster Mitigation technologies and its Integration for the Asia-Pacific Region.

❹ Daniel P. Abrams.1998. Earthquake disaster mitigation technologies, ditto.

❺ Madrid.2003. Declaration of Madrid Conclusions and Recommendations of the Euro-Mediterranean Forum on Disaster Reduction. http://www.unisdr.org/conference/Declaration%20of%20Madrid.pdf.

图9.3　人类处理灾害思路

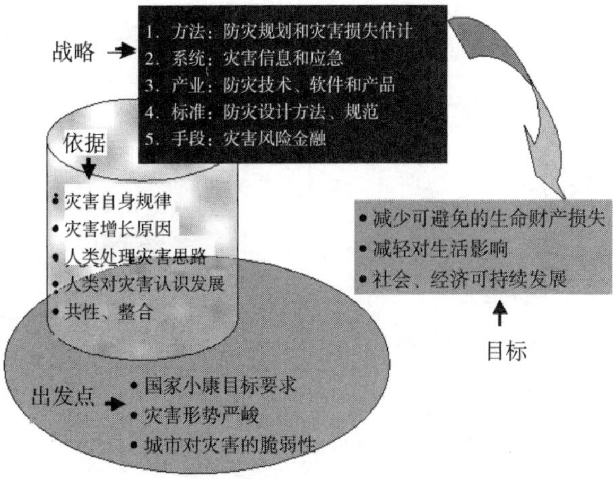

图9.4　研究课题的思路

为研究工作的重点，以达到减少可避免的生命财产损失，减轻对生活的影响和保障社会、经济可持续发展的目标（图9.4）。

未来五年的阶段性目标是：

- 理清城市灾害的特点和灾害增长的原因；
- 研究防灾规划和制定灾害损失估计方法；
- 研究和开发具有产业化前景的灾害防御技术、产品和相关的软件；
- 改进防灾设计方法和完善防灾标准规范系列；
- 研究并初步建立国家和地区灾害信息和应急系统。

未来15年的总体目标是：

- 根据实践经验修改灾害损失估计方法并在全国推行；
- 实现防灾技术、产品和软件的产业化并进入市场；
- 防灾设计方法和标准规范达到国际先进水平；

- 建立运行良好的国家和地区灾害信息和应急系统；
- 灾害风险金融工具在全国推广；
- 使我国灾害损失明显低于发展中国家的平均水平。

4. 主要任务

根据上述研究思路、目标和灾害循环规律，凝练出下列五项任务（图9.5）。

（1）防灾规划和灾害损失估计方法研究[3]❶❷。包括：防灾规划及其编制；承灾体数据采集和分类；致灾险情；直接物质破坏（房屋、重要设施、生命线系统等）估计；次生破坏模型（震后洪水泛滥、震后火灾、危险物品释放、灾后建筑垃圾等）；直接社会损失（人员伤亡、无家可归者、短期简易住房需求等）估计；直接经济损失估计；间接经济损失估计；现有灾害估计方法的回顾和评价，案例分析和灾害评估中不确定性的估计等。

（2）研究并建立灾害信息和应急系统。包

❶ Ye Yaoxian. Architectural design and planning for seismic region, Proceedings of the PRC-USA Joint Workshop on Earthquake Disaster Mitigation Through Architecture, Urban Planning and Engineering, edited by Prof. Ye Yaoxian and Henry Lagorio, Beijing.

❷ W. Nick Carter. Disaster Management, A disaster Manager's Handbook, Asian Development Bank.

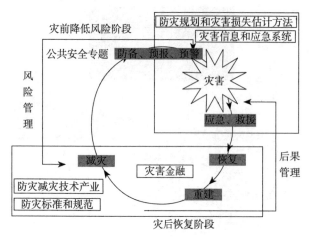

图9.5 灾害闭环和凝练出来的五项任务

括：遥感技术（Remote Sensing，RS）、地理信息系统（Geographic Information System，GIS）、全球定位系统（Global Positioning System，GPS）、实时监测（Real-time Monitoring）技术、雷达影像（Radar Image）、光卫星影像（Optical Satellite Image）以及航空摄影（Aerial Photography）等技术的应用[1]；减少社区和网络损失技术；报警和灾害信息传递和有效利用；以社区为基础的灾害管理；信息流（包括信息共享）的分析模型等。

（3）防灾减灾技术产业化研究。包括：

1）基础隔震技术和产品。这项技术已趋成熟，国内外已有多个试点工程，其中一些经受了强烈地震考验。例如在日本，到1998年，向日本建筑中心申请的基础隔震建筑已达590座，其中高度在60m以上的就有6座；大量的桥梁已经采用叠层橡胶支承修复。在这方面需要着重研究和总结实践经验，制定设计规范和产品标准。这种技术的产业化还将促进化学工业的发展。

2）阻尼消能技术和产品。国外已有十多种定型产品，许多高层建筑已经安装黏弹性阻尼器。国内也开始在试点工程中应用，但与国外相

比尚有很大差距。

3）结构反应的智能控制技术和产品。如主动控制、半主动控制、混合控制、自适应控制技术和可控式调谐质量阻尼器、可控式张力锚索装置、电流变流磁变阻尼装置、液压和伺服马达驱动器、变刚度控制装置等产品。这些产品涉及许多特制的机械、机电、电子装置和测试元件，是我国的薄弱环节，有待研发。

4）适宜采用反应控制的结构系统以及住宅的隔震和反应控制技术的开发。

5）多功能、高性能、自修复材料以及能反映构件内部应力状态变化的材料和部件的研发。

6）大型城市基础设施和重大工程的防灾安全性监测评估和加固改造技术将会成为一个新的高技术产业，也应予以重视。

7）灾后恢复重建规划、决策技术和相应软件的开发。

8）现有建筑物缺陷检测技术，如利用超声光导纤维、压电和磁致伸缩效应、X射线等方法进行检测和评估；现有建筑抗震性能诊断和监控技术；加固补强施工专用机具、材料和技术；建筑检测、鉴定、加固和改造工程的软件开发；震损建筑承载能力的快速评估和加固维修技术等。

（4）防灾设计方法、标准、规范研究

20世纪50年代，由于建设资金短缺，国家正式规定在8度及其以下地震区的一般民用建筑暂不设防。在9度及其以上地区，则用降低建筑高度和改善建筑物的平面布置来减轻地震灾害。这个规定使得大量的一般工程都没有考虑抗震设防。1966年邢台地震以后，才决定7度以上地震区的新建工程要逐步实施抗震设防。直到中华人民共和国成立后的第25年，国家才正式颁布第一

---

[1] United Nations.1999. Coping Study on Technology for Disaster Reduction http://www.unisdr.org/unisdr/forum/copingunu.htm.

本建筑抗震设计规范，以至在1974年以前建成的建筑和工程设施都没有法定的规章可循，造成大量建筑和工程设施被列为易损之类，经受不住地震的考验。国际经验表明，防灾标准和规范越先进，越全面，颁布时间越早，越有利于减轻灾害。为了吸取我国防灾标准、规范颁布太晚和不全而造成的沉痛教训，应当尽快把标准、规范补全，而且尽可能早一点发布实施。研究包括：灾害设防标准；标准、规范条文同发达国家和灾害实践的差距及改进方案和措施；灾害区划和小区划；基于性能的工程和技术（performance based engineering and technology）和基于后果的工程和技术（consequence based engineering and technology）在防灾设计中的运用；以及在制定灾害设防的技术政策时如何考虑灾害发生的不确定性和区划中可能出现的失误等。

（5）灾害风险金融研究

地震、洪水等灾害是小概率大损失的保险事件，它们所引发的个体保险损失或理赔之间不是相互独立而是具有较强的正相关性，与保险分散风险基础理论"大数定律"相矛盾；可在短时间内猛烈地冲击保险公司和保险市场，引发连锁理赔反应，这与保险业务普遍具有的长期性特点相矛盾。因此，这种灾害容易打破保险公司常规经营，加速保险公司破产。主要研究：国际上运用灾害金融工具分摊灾害风险的经验，灾害风险理论，灾害保险、再保险以及保险风险证券化等金融工具及其实施技术。

5. 政策措施

（1）设立国家防灾减灾协调机构和减灾防灾系统。

我国灾害管理和科学研究在中央分属民政部、水利部、住房和城乡建设部、公安部、科技部、教育部、国家资产管理委员会、国家气象局、中国地震局等多个部门和单位。全国没有一个常设的协调机构和统一的减灾防灾系统，遇到大的灾害则从有关部门和单位抽调人员组成临时的救灾指挥部。这种情况不但无法对灾害和防灾减灾统一管理和协调，而且不能积累资料和经验，也不利于对不同灾种的防灾减灾技术进行整合。

（2）定期编辑出版《中国灾害白皮书》，内容包括灾害基本情况和数据，减灾防灾经验和教训，减灾防灾科研成果和应用情况，减灾防灾活动，以及灾害管理机构及其活动等。

（3）制定全国灾害观测台站建设规划和相应的扶持政策。

（4）制定措施促进部门间的合作，交叉学科研究和多学科人员合作。

（5）强化大中城市的减灾防灾工作，适度提高大中城市的设防要求，建立城市防灾基金。

（6）建立大中城市防灾信息和决策支持系统，提高城市的综合防灾能力和决策反应能力。

（7）建立国家防灾信息服务中心，作为非盈利单位，收集和传播国内外的有关信息。

（8）加大高风险灾害地区重要工程和设施的质量控制力度，建立完善的工程防灾质量监督、检查和诉讼制度，明确纠纷各方的权利和法律责任。

9.4 中国可持续城镇化战略研究[1]

中国可持续城镇化战略研究是中国国家发展和改革委员会提出课题立项申请，2004 年 11 月，中国环境与发展国际合作委员会（简称国合会）批准成立可持续城镇化战略研究课题组。2005

---

[1] 叶耀先. 中国可持续城镇化战略（ppt），中国环境与发展国际合作委员会三届四次会议，北京，2005年11月18日.

年1月3～5日在瑞典斯德哥尔摩环境研究院举行课题启动会,中方叶耀先和周林洁参加;2005年3月3～6日和6月29日～7月1日在北京举行两次课题组全体人员工作会议;2005年9月提交最终报告。

课题组组长是中国国家发展和改革委员会副主任刘江先生和瑞典可持续发展部部长蒙娜·沙琳(Mona Sahlin)女士。瑞典政府资助了课题研究工作。课题由国家发展和改革委员会地区经济司和瑞典斯德哥尔摩环境研究院(Stockholm Environment Institute, Sweden)负责组织实施。中国建筑设计研究院叶耀先教授为专家组组长,任务是课题研究方案确定,同外方谈判中方课题资金,向国合会年会做研究成果报告。中方课题组成员有:丁元竹、郝方华、祁业、陈玮、史培军和叶耀先。

国合会第三届第四次会议于2005年11月18～20日在北京举行。会议的主题是可持续城镇化,主办单位为国家环境保护总局。会议第九项议程是课题组报告,国合会副主席罗伯特·格林希尔(Robert Greenhill)、曲格平和孟斯·朗诺斯(Mons Lonnroth)主持会议,听取了可持续城镇化战略、环境和自然资源定价与税收、循环经济、可持续交通和经济增长与环境等5个课题组的报告和之后的大会讨论。

9.4.1 中方专家组组长在年会上汇报的课题研究成果要点[1]。

2005年11月18日,中方专家组组长叶耀先代表课题组在年会上汇报了研究成果,要点如下:

(1)课题组结合中国国情,借鉴国际经验,分6个子课题,组织有关专家采用情景分析、案例分析、比较研究、统计分析、调查总结和头脑风暴等多种研究方法,进行了深入系统的研究。6个子课题是:1)人口转移与城镇就业;2)城乡统筹发展;3)环境与资源可持续利用;4)公众参与和城镇管理;5)情景分析和可持续城镇化政策;以及6)京津地区案例分析。在一年多的时间里,课题组在国内20多个城镇进行了调研,与20多个相关部委和研究机构进行了座谈;先后召开了2次课题组会议和5次专题研讨会;完成了总报告1份、专题报告6份;部分研究成果在国内研讨会上多次做了交流。课题研究的目标是,通过6个子课题的研究,提出中国城镇化面临的问题、可持续城镇化战略和政策建议,提交国合会,供国务院和有关部门参考。

(2)课题组把1949年中华人民共和国成立以来的城镇化发展历程分为3个阶段。1949～1958年为健康发展阶段:1953年开始第一个5年计划,大规模工业建设吸收大批农民进入工厂,工业化带动城镇化,农村人口通过招工、招兵和招生向城镇地区有序转移。城镇化水平从1949年的10.60%增长到1958年的16.25%,年均增加0.63个百分点。1958～1978年为大起大落和停滞不前阶段:城镇化水平从1958年的16.25%提高到1978年的17.92%,年均增加0.08个百分点,还有几年是负增长。1958～1960年"大跃进",3000万人进城,城镇化水平年均提升1.45个百分点;1960～1963年城市口粮无法保证供应,2600万人下放回农村,城镇化水平年均下降1.0个百分点。1966～1976年"文化大革命",经济停滞不前,1700万知识青年上山下乡,城镇化水平不但没有提升,反而稍有回落。1978年以后进入快速发展阶段:工业化和服务业快速推进,城镇化水平

---

❶ 叶耀先. 中国可持续城镇化战略(ppt),中国环境与发展国际合作委员会三届四次会议,北京,2005年11月18日.

从1978年的17.86%提高到2003年的40.53%，年均增加 0.91个百分点。1995～2003年，年均增长1.44个百分点。有学者认为，这是由于修补第五和第四次全国人口普查之间4.7%的口径差距造成的。即使如此，城镇化速度也是很快的。1992年以来，城镇化进程进一步加快，开发区的迅速发展，珠江三角洲、长江三角洲、环渤海等城市群的加速建设，成为重要标志。

（3）中国城镇化面临的5个主要问题：

1）资源相对紧缺和生态环境恶化，表现在：

①人均耕地1.43亩，不到世界平均水平的40%，土地利用效率低。

②石油、天然气人均储量分别为世界人均的11%和4.5%，95%以上现有建筑不节能，全国综合能源利用效率比发达国家低10个百分点，主要产品单位能耗平均比先进国家高40%。

③人均水资源为世界平均的1/4，全国660座城市有440座缺水，城镇面临水资源短缺、污水处理和水环境治理三重压力。

④主要污染物排放总量远高于环境承载能力，50%城镇饮用水源地水质不符合标准，城市污水处理率只有20%，半数以上城市超过国家空气环境质量二级标准，垃圾无害化处理率不足20%；各类污染已经由城市蔓延至小城镇和乡村。

2）城乡二元经济结构，表现在：

①城乡二元经济结构依然存在。1952～1978年，农业在社会总产值中的比重从45.4%降到20.4%，同期农业劳动力占社会总劳动力的份额由83.5%下降到73.8%，大量劳动力滞留在农业部门；近30年，农村居民消费水平增长速度仅为城镇居民的50%。城乡居民实际收入差距拉大到5～6∶1，而世界平均是1.5∶1。

②城镇化水平比同等工业化程度国家低20个百分点，城镇化滞后于工业化。

③大城市没有充分发展，小城镇数量过多，东、西、中部城镇空间结构不平衡，城镇产业结构不合理。

3）城镇就业压力巨大，表现在：

①每年新增劳动力1000多万人；GDP每增长1个百分点对就业增长的拉动由20世纪80年代的0.32个百分点下降到0.1个百分点以下；预测劳动力供大于求的缺口为1400万人。

②农村富余劳动力总数为1.5亿人。据测算，城镇化水平年均提高1个百分点，就有1300万农村人口需要转移，800万劳动力需要在城镇就业。

4）城镇基础设施总体水平滞后，表现在：

①城市基础设施老化难以满足需求，管网漏损严重，市内交通设施短缺，排水设施和污水处理能力不足，垃圾收运、处理系统尚不完善，城市绿化不足。

②中国70%以上的城镇、半数以上的人口、75%以上的工农业处于洪涝、地震等灾害险情地区，但城镇应对和抗御灾害能力却很薄弱，受灾损失严重。

③城镇建设缺乏特色。粗放式建设，导致历史文明载体被严重破坏，城镇的自然景致、民族文化和地方特色出现逐渐消失的担忧。

5）体制机制不完善，表现在：

①城乡规划和区域规划缺乏法律保障。城镇发展与周边地区不协调，公众参与度不高，建设与规划脱节，缺乏有效的监督约束和责任追究制度。

②户籍制度改革有局限性。在城市工作多年、有稳定收入的进城农民，仍不能成为城市市民；进城农民的社会保障问题尚未得到根本解决。

③政府对城镇基础设施和公用事业相关行业还缺少统一配套的政策规定，在定价机制、收费价格、市场准入资质、运作程序、监管措施等方面缺乏可操作性强的具体规定。民营资本投资远

远低于实际需求。

④城镇发展缺乏协调机制，决策缺乏公众参与，社区服务网络不完善，难以满足居民的基本需求。

（4）中国可持续城镇化战略和政策建议

可持续城镇化是增长随着城镇的发展而成熟，把不可再生资源消耗减到最低，把经济、社会和环境因素整合起来考虑，关注子孙后代需要的城镇化方式。

中国的城镇化还将持续20～30年。在这个时期，每年将有1000多万农村人口进入城镇，每年将在城镇投资数万亿元，建设数十亿平方米建筑和大量的城镇基础设施。如果我们不及时研究和制定可持续城镇化战略和政策，将会给我们的后代留下一批劣质资产和退化的生态环境，给他们带来沉重的负担。为此，课题组提出了8条建议：

1）可持续城镇化必须考虑资源需求、环境容量和就业岗位需求

①能源需求。石油、天然气等优质能源供应将更为紧张，预测到2020年，50%油气资源将从国外进口，原油对外依存度将超过70%。人均能源消费和能源需求总量将会有很大的增长[1]。

②水资源需求。城市缺水问题将持续存在并更加突出。据预测，2010年和2030年，相应的需水量将分别增加到910亿m^3和1320亿m^3。21世纪全国新增用水量将重点集中在城镇区域。

③土地资源需求。据预测，当中国达到世界中等发达国家水平时，满足城市可持续发展的人均总用地约为90～125m^2。

④环境容量。我国城镇化发展战略和城市规划的制定，应充分考虑城镇的资源承载力和环境容量，特别是土地容量和水资源容量。

⑤就业岗位需求。城镇化水平年均提升1个百分点需要848万个就业岗位。

2）可持续城镇化必须着力发展第二产业和它带起的第三产业，而不是简单的乡城人口转移，更不是简单地把城镇化水平作为战略目标。中国的城镇化将从工业化驱动过渡到由第二产业和它带起的第三产业驱动，并逐步过渡到主要由第三产业驱动。

3）制定《区域规划法》；在《城市规划法》基础上制定《城乡规划法》；依法加强管理；城镇发展规划应以城市环境容量和资源承载力为依据，满足发展需要，体现可持续发展要求。

4）继续发挥珠江三角洲、长江三角洲、环渤海地区等三大城市群的带动和辐射作用，着力引导新的城市群的形成和发展。20多年前出现的城市群是城市发展的高级形态，是现代市场经济中引领经济增长的"发动机"，处于财富聚集和创新的中心地位。到2020年，中国可能会出现12个城市群。美国和日本3大城市群的GDP分别占全国的65%和69%，中国3大城市群的GDP占全国的37%。需要采取有力措施逐步达到美国和日本的水平。

5）引导中小城市和小城镇，根据自身的特点，发展特色产业，走集约化发展的道路，形成比较优势。虽然大城市引人注目，但是直到现在，世界上大多数城镇人口还是生活在中小城市和小城镇。联合国估计，到2015年，城镇人口增加的大部分仍将在中小城市和小城镇。中国1979年有建制镇2851个，镇域平均人口14672人；2002年扩张到20600个，镇域平均人口下降到5118人，聚集效应明显下降。因此，必须采取切实措施，扩大小城镇的规模，发挥聚集效应。

---

[1] 2020年国内原油和天然气产量分别为1.95亿吨和1888.5亿立方米，原油表观消费量和天然气消费量分别为7.36亿吨和3253.6亿立方米，原油和天然气对外依存度分别达到73.5%和42.0%。详见：2021年中国石油和天然气开采行业市场现状及发展趋势分析，https://www.qianzhan.com/analyst/detail/220/210302-86927739.html

6）统筹城乡，协调发展

①大力发展城镇经济，提高城镇吸纳就业的能力。

②建立城乡统筹的生态产业体系，使生态环境建设在发展中得到加强。

③加快建立城乡统一的劳动力市场，消除各种针对农民工的歧视性就业政策。

④加强农村劳动力转移就业服务体系建设，提高就业能力。

⑤整合公共服务资源，满足进城打工人员及其家属的基本公共服务需求。

7）倡导节约，加强环保

①加强建筑和交通领域节能的政策引导和法律制约。

②改变生产方式和消费模式。

③在全社会推动节能、节水、节材、节地和资源综合利用。

④提高环境污染防治水平，倡导生态城镇建设。

⑤建立健全环境保护综合决策机制

8）创新机制，完善制度

①进一步改革规划体制。

②加快户籍管理制度、社会保障制度和土地制度的改革。

③深化城镇基础设施建设管理体制改革。

④健全城镇规划建设的科学决策机制。

⑤加强城镇社区管理与建设。

⑥在水资源和绿地总量限制下，根据目前的资源消耗和需求水平，京津地区总人口应控制在2400万以内，相应的建筑用地为2640km²。

9.4.2 课题组中外首席专家向国合会委员们提交的课题组总结报告要点

可持续城镇化战略课题组中外首席专家叶耀先和约翰·洛克斯特朗（Johan Fredrik Rockstrom）向国合会委员们提交了该课题组的总结报告。在会上报告和讨论过程中，他们着重强调了以下几点[1]：

（1）中国可持续城镇化战略课题组研究了6个领域，对中国20个城市进行了实地考察、组织了访谈、召开了工作会议、研讨会和主题会议。课题组探索了中国从一个以农村为主转型到一个以城市为主的社会的历史进程。1949年以来，中国的城镇化不断发展，到2004年城镇化率已经从10.6%增加到41.8%。这个转型过程包括三个阶段：1949～1958年为城镇化逐步发展期；1958～1978年，农村人口向城市迁移有较大的波动，出现过一些反复；1978～2004年的第三个阶段，工业化和服务业的快速发展带动了城镇化的快速发展。大多数农村迁移人口涌向了大城市，而不是真正需要发展的中小城市。

（2）近期城镇化过程中出现的关键问题包括由于城市开发过量占用土地，使城市周边的农田减少——土地资源短缺将限制中国大城市的发展；能源供给日趋减少，有可能遏制城市化的进程；中国北方城市缺水严重；给环境带来的压力日益增加。

（3）人口迁移的快速增加给城市带来的就业压力越来越大。国内生产总值每增加一个百分点只能带来0.1%的就业增长。然而，每年有2400万人进入城市劳动力市场，仅有1000万人能找到工作，也就是说，1400万人加入到失业队伍中。

---

[1] 以下内容摘自2005年11月18～20日在北京举行的国合会三届四次会议概录。这份会议总结记录由秘书处加拿大办公室的露西女士（Ms.Lucie McNeil）根据大会期间所做的详尽记录编写。它只代表秘书处加拿大办公室对各项讨论的理解，不一定反映所有参会者的观点。为了确保与会人员之间坦诚和直接地交流，大家都同意这份大会的总结记录应该是对大会讨论的总结，不应包含任何发言人的个人观点。会议概录详见http://www.cciced.net/dxhd/nh/2005nh/nhxw/201210/P020160920589419530306.htm

（4）城市缺乏必要的基础设施，现有设施日趋老化，20%城市供水管道出现渗漏，排水和污水排放管道很不完善，公共交通不能满足需要，70%城市缺乏抗震抗洪能力。随着城市走向现代化，地方特色在逐渐丧失。

（5）中国目前的城市规划和区划体系尚不完善，缺少坚实的法律框架支持。房地产市场还没有经历彻底的改革。从城市发展方式可以看出，发展明显地缺乏协调性。但是，今后几年城镇化的发展势头将需要大规模的建设和投资。

（6）为确保城镇化的顺利发展，课题组根据人口迁移率和土地使用政策等标准，探索了中国城市走不同发展道路的结果，并以此为根据提出了建议，包括：改善城市和区域规划；根据城市的环境承载力和资源条件制定规划；优化珠江三角洲等城市密集带的发展；制定中小城市建设环境友好型城市的计划；紧密协调城市和农村的发展；推动循环经济和鼓励城市居民采取节约措施，以节约资源。

（7）尽管城市化并非中国独有，但中国城镇化的发展速度和规模却在世界上首屈一指。用情景分析方法研究城镇化的复杂性，从区域发展的角度进行分析，并把诸如气候变化影响、社会敏感度和其他因素等极端情况考虑在内。中国城镇化的快速发展可以实现经济增长和城镇化的协同作用。课题组的分析是在包括经济发展、环境可持续性和社会公平的更广泛的背景下进行的。

（8）课题组研究了以前限制农村人口向城市迁移对发展的影响，还研究了诸如基础设施建设缺乏资金支持、城市和农村区域发展不平衡、城市贫困问题，以及决策过程中的地方参与权和多样化需要等其他一些因素。课题组还考虑到生态条件的限制，如水、土地、绿色空间和其他因素。

（9）研究结果表明，城市无序扩张是中国面临的最严峻的问题。生产消费方式的转变使得城市生态足印日渐增多。在课题组的情景分析中，假定中国的经济持续快速增长，选择的参数包括经济和环境效率以及社会公平。

（10）课题组最后得出的政策建议是：应在区域背景下进行城市规划，由中央政府提供发展框架，但是制定的地方发展计划要考虑区域的特性；应鼓励发展紧凑型城市，因为这样的城市对燃料的依赖性较低，可以利用财政机制促进向这种方向发展；城市必须对城市居民和民工提供平等的服务。

（11）情景分析揭示了一条"金色道路"，走这条道路有利于社会公平、紧凑和高效的城市发展，中国在今后20年有机会选择这条道路。目前中国城市相对密集，限制城市生态足印将会提高效率。

9.5 中国城镇化情景分析和可持续城镇化政策研究[4][5]

1．城镇个数增长很快，近半数分布在东部地区，东部地区的城市密度远高于西部

1978年到2002年，我国城市从191个增加到660个，增长3.46倍；建制镇从2173个增加到20600个，增长9.48倍。图9.6为2003年按城市市辖区非农业人口分组的城市个数。从图中可见，在全国660个城市中，43.5%分布在土地面积仅为全国国土面积9.5%的东部地区；37.4%分布在中部地区，相应的土地面积比重为17.4%；19.1%分布在西部地区，相应的土地面积比重为70.4%。从图中还可以看出，中国东部和中部地区城市个数分别为西部地区的2.3倍和2.0倍。西部地区的超大城市、特大城市、大城市、中等城市和小城市的个数占全国的比重分别仅为20%、

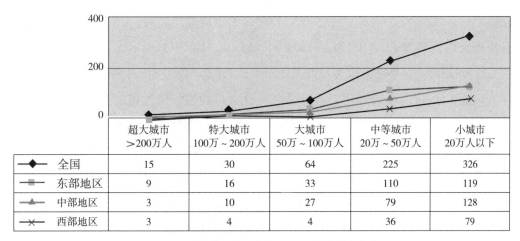

	超大城市 >200万人	特大城市 100万~200万人	大城市 50万~100万人	中等城市 20万~50万人	小城市 20万人以下
全国	15	30	64	225	326
东部地区	9	16	33	110	119
中部地区	3	10	27	79	128
西部地区	3	4	4	36	79

图9.6　按城市市辖区非农业人口分组的城市个数

资料来源：国家统计局城市社会经济调查总队. 中国城市统计年鉴—2003［M］. 北京：中国统计出版社，2004.

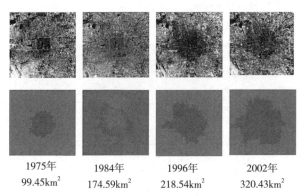

1975年　1984年　1996年　2002年
99.45km²　174.59km²　218.54km²　320.43km²

图9.7　北京市城市中心区面积扩大情况（1975~2002年）
资料来源：顾娟提供的30~80m遥感信息和2004年北京
统计年鉴

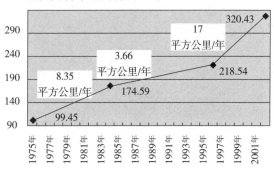

图9.8　北京市城市中心区扩大情况

13.3%、6.3%、16%和24.2%。而在东部地区，相应的比重则分别为60%、53.4%、51.2%、48.9%和36.5%，除小城市外，其他各类城市个数所占比重都大大超过西部地区。

中国城市空间分布的特点是东部地区的城市密度远高于西部地区。在空间上更是集中在沿海地区，特别是长江三角洲、珠江三角洲和环渤海京津冀地区等三个城市连绵区。东部地区是中国最发达的地区，城市密度最高。

2. 北京市城市中心区面积扩大很快；城区人口密度远大于郊区；外来人口数量比本地人口增长快，教育水平不比本地差，性别和年龄结构比当地人口优越得多，外来人口是中国城镇化进程中的不可或缺的新生力量

北京市1996~2002年期间城市中心区面积每年平均扩大17km²，是1975~1984年期间城市中心区每年平均扩大面积的2倍，是1984~1996年期间城市中心区每年平均扩大面积的4.6倍（图9.7、图9.8）。

2003年北京市城区和近郊区、近远郊区、远郊区的面积、人口和人口密度如图9.9所示。从图中可见，北京市总人口的61.63%居住在面积仅为全市总面积8.15%的城区和近郊区。城区的人口密度是近郊区的6.3倍，是近远郊区的55.7

倍，远大于郊区。

北京市外来人口比当地人口增长快。1978年全市常住人口为872万人，外来人口为22万人，占全市常住人口的2.5%；而在2003年，全市常住人口为1456万人，外来人口为307万人，占全市常住人口的21.1%（图9.10）。

不断增长的迁入流动人口日益成为北京市人口增长的主要构成部分。1978到1990年期间，外来流动迁入人口为32万人，占总人口215万人的14.9%；而在1990年到2003年期间，外来迁入人口增加到253万人，占总人口的比重上升到68.4%，如图9.11所示。

北京市居住6个月和6个月以上的人口和总流动人口的增长情况如图9.12所示。从图中可见，1990年，居住6个月和6个月以上的人口为50万人，占总流动人口127万人的39.4%，而2003年居住6个月和6个月以上的人口增加到320万人，占总流动人口409.5万人的比重上升为78%。这就是说，越来越多的外来人口希望而且有可能在北京市待更长的时间。

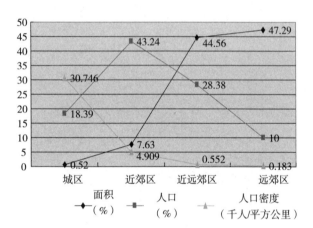

图9.9　北京市城区和近郊区、近远郊区、远郊区的面积、人口和人口密度（2003年）

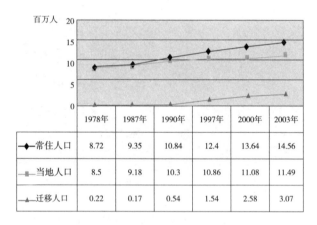

图9.10　北京市外来人口对人口增长的贡献（百万人）

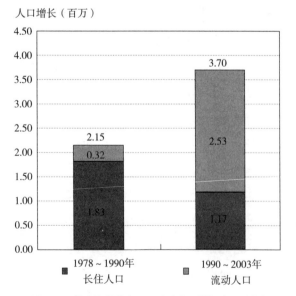

图9.11　北京市常住人口和流动人口增长（百万人）

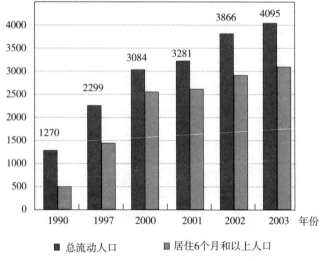

图9.12　北京市居住6个月和6个月以上的人口和总流动人口的增长

1997年到2003年北京市外来人口分布的变化如图9.13所示。从图中可见，在这期间，市区和近郊区的外来人口比重逐年下降，而远郊区的外来人口比重则逐年上升。1997年，北京市市区、近郊区、远郊区的外来人口比重分别为16%、63%和21%。2003年，这些比重分别改变为9%、56%和35%，即市区和近郊区分别下降了7个和12个百分点，而远郊区则增加了14个百分点。

图9.14为北京市流动人口和当地人口教育水平的比较。图9.15为2003年北京市外来人口和当地人口的性别和年龄结构的比较。从这两张图可以看出，外来人口的教育水平和当地人口相差并不多。外来人口的年龄结构中，青、壮年人和男性比例则占多数，总体上比当地人口的年龄结构优越得多。可以说，外来人口是中国城镇化进程中的不可或缺的优势力量。[6]

3. 建制镇要有适当规模才会产生聚集效应

中国的镇有三种类型。"建制镇"，即"行政建制镇"，属于国家行政管理体制，为乡级行政区划，是乡一级的政权机构。"集镇"不属于行政建制概念，为工商业集中地域或农副产品集散地，以非农业人口为主，商业比较发达，有一定的工业和市镇基础设施。"集镇"通常为"乡级行政区"（包括乡、"镇"）行政驻地。"村镇"，

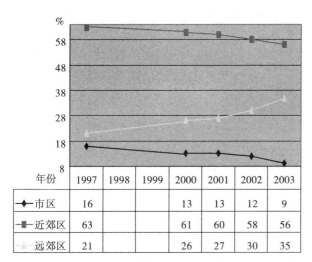

年份	1997	1998	1999	2000	2001	2002	2003
市区	16			13	13	12	9
近郊区	63			61	60	58	56
远郊区	21			26	27	30	35

图9.13　北京市外来人口分布变化

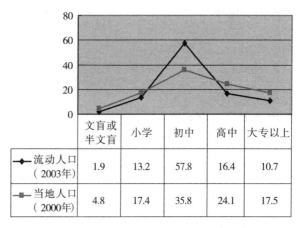

	文盲或半文盲	小学	初中	高中	大专以上
流动人口（2003年）	1.9	13.2	57.8	16.4	10.7
当地人口（2000年）	4.8	17.4	35.8	24.1	17.5

图9.14　北京市流动人口和当地人口的教育水平（%）

资料来源：1. 2003年北京市流动人口调查；
2. 2000年北京市第五次人口普查

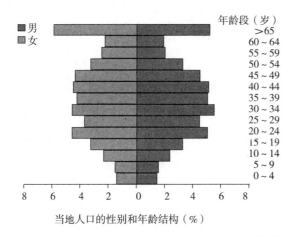

当地人口的性别和年龄结构（%）

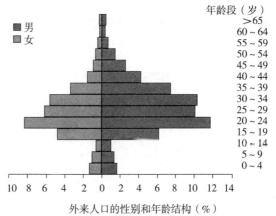

外来人口的性别和年龄结构（%）

图9.15　2003年北京市外来人口和当地人口的性别和年龄结构

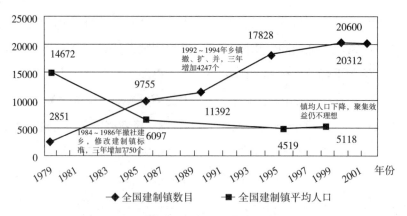

图9.16 中国建制镇的个数和人口的变化（1979~2002年）

资料来源：1. 武力. 1978-2000年中国城市化进程研究. http://www.usc.cuhk.edu.hk/wk_wzdetails.asp?id=2327.
2. http://www.stats.gov.cn/tjfx/fxbg/200401070026.htm.

属于农业区人口集中的地段，属"亦工亦农"人口聚居区。"亦工亦农"或"亦商亦农"的人口占有很大比例，有一定的工业与商业，基础设施不完善。

图9.16为1979年到2002年中国建制镇的个数和人口的变化。从图中可见，1979年中国有2851个建制镇，镇区平均人口为14762人。1984年到1986年，由于撤社建乡和修改建制镇标准，三年间建制镇增加了7750个。在1992年到1994年的另一个三年里，由于乡镇的撤、扩、并，建制镇个数又增加了4247个。这样，到2001年，建制镇的个数增加到20312个，是1979年的7.1倍，而镇区平均人口则下降到5118人，仅为1979年的34.9%。2002年建制镇的个数为20600。

4. 今后15年中国城镇化面临的挑战

（1）就业压力增大

中国尽管经济飞速增长，但还是没有能跳过失业率上升和城乡居民收入差距扩大的困扰。

失业主要是由于农村农业生产力的提高而使富余劳动力增加，全国劳动人口的不断增长，工业结构调整而带来的大量职工下岗，以及城镇吸纳就业能力不足。当前，中国的城镇化在劳动力供给方面正面临三大压力：第一是人口结构的快速变化，使中国进入劳动力供给最旺盛的时期，每年有成百万的城市少年成长到工作年龄；第二是越来越多的农村富余劳动力要到城镇找工作，估计2002年就有9400万人离家进城找工作；第三是1998年以来，深化经济结构调整使数百万城市工人失去了工作，再就业率从1998年的50%下降到现在的30%。在经济改革开始的时候，GDP 1个百分点增长可带来0.4%的就业增长，但是现在只能带来0.1%的就业增长。据2000年中国第五次人口普查资料，中国城镇的失业率为8.27%，其中城市为9.43%，镇为6.24%。城镇登记失业率最近几年也在增加，2000年为3.1%，2001年为3.6%，2002年为4.0%，而2003年则增加到4.3%[7][8]。

根据城镇化水平每年增加1个百分点预测，2020年中国城镇化水平将达到57.53%❶。这样，2020年城镇人口将增加3.26亿人，包括原来城镇人口自然增长的3700万人，全部城镇人口将达到

---

❶ 城市发展与城镇化科技问题研究专题组. 城市发展与城镇化科技问题研究专题报告，国家中长期科学和技术发展规划战略研究专题报告之十一［R］. 2004.

8.28亿人；2002～2020年期间，将有2.89亿人从农村转移到城镇（图9.17）。因此，城镇必须为这些转移人口创造大量的就业岗位。1978～2002年期间，平均每年提供的就业岗位为636万个，而2020年前，平均每年从农村向城镇转移的人口预计为1811万人，平均每年大约需要提供的就业岗位为800万个。

由于农村地区就业机会很少，预计已经有1.2亿人经过非正常渠道到城镇找工作。但是，城镇失业率也在上升。因为国营企业和城镇企业在20世纪90年代后半期就开始精简人员，1995年以后平均每年净增的就业岗位已经下降到670万人，只能勉强满足自然增长的劳动力的就业需要。

中国政府已经预见到继续改革将会带来更大的失业冲击。在2001～2005年期间，设定的经济增长速度目标是7%，而且政府保证继续为刺激国民经济的增长而投资，以确保经济增长目标能够实现，并为正在增长的劳动力创造足够的新的就业岗位。为了保证过渡期的稳定，政府将通过财政支持、减轻纳税负担和增加投资来减少对波及人员的影响，提高农民收入。特别是，政府计划在全国推进2600个县（包括3万～5万个镇）的经济发展和吸引外资，在农村创生就业岗位。政府已决定拨5300亿元专款，用于西部和中部地区基础设施建设，拨2300亿元专款扩大农村灌溉系统和发展公共事业设施。除了在足够高的经济增长情况下创造新的就业岗位以外，政府正在采取措施，减轻经济改革对农村的负面影响，保持社会稳定。[9]

（2）居民收入差距拉大

1993年以后，我国居民收入差距逐年拉大。

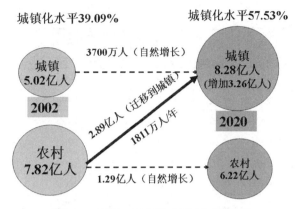

图9.17　2002～2020年中国城乡人口转移

国际上，收入差距常用基尼系数（Gini-index）来表示。基尼系数是20世纪初意大利学者科拉多·基尼根据劳伦茨曲线所定义的判断收入分配公平程度的指标，用来综合考察居民内部收入分配差异状况，是比例数值，在0到1之间。"0"是收入均等；"1"是贫富两极分化。根据联合国有关组织规定：基尼系数小于0.2，表示收入绝对平均；0.2～0.3，表示收入比较平均；0.3～0.4，表示收入相对合理；0.4～0.5，表示收入差距较大；大于0.5，表示收入差距悬殊。

1981～2017年，我国居民收入分配差距基尼系数如表9.1和图9.18所示，从中可见，我国基尼系数1993年就突破0.4的警戒线，此后，从2008年金融危机以后，一直在0.4～0.5之间徘徊，最高的时候达到破0.5的边缘。这些数据说明，虽然2008年以后我国各级政府采取了强有力的惠民生措施，使基尼系数从2008年最高的0.491逐步回落，2010年以后趋于稳定，但仍在警戒线0.4以上，居高不下，这提示我们加快收入分配改革、缩小收入差距的紧迫性。

日本是全球基尼系数最低的国家之一，注重

❶ 中国历年基尼系数统计（1981-2017）. https://wenku.baidu.com/view/ab198d38a06925c52cc58bd63186bceb19e8ed bd.html.http://blog.sina.com.cn/s/blog_bf7e568f0102x3r6.html.

中国居民收入分配差距基尼系数（1981~2017年）[1]　　　　表9.1

年份	基尼系数	年份	基尼系数	年份	基尼系数	年份	基尼系数	年份	基尼系数	年份	基尼系数
1981	0.288	1988	0.382	1995	0.445	2002	0.454	2009	0.49	2016	0.465
1982	0.249	1989	0.349	1996	0.458	2003	0.479	2010	0.481	2017	0.467
1983	0.264	1990	0.343	1997	0.403	2004	0.473	2011	0.477		
1984	0.297	1991	0.324	1998	0.403	2005	0.485	2012	0.474		
1985	0.266	1992	0.376	1999	0.397	2006	0.487	2013	0.473		
1986	0.297	1993	0.359	2000	0.417	2007	0.484	2014	0.469		
1987	0.305	1994	0.436	2001	0.49	2008	0.491	2015	0.462		

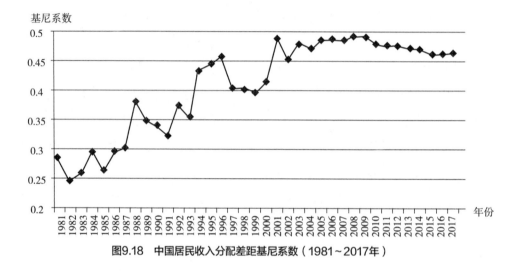

图9.18　中国居民收入分配差距基尼系数（1981~2017年）

薪酬保障，薪酬收入差距较小，社会较为稳定，但社会活力和创新力稍显不足。美国基尼系数较大，注重激励，薪酬收入差距高达数十到上百倍，经济与社会的活力和创新力较强，但社会的割裂和碎片化明显。收入差距与市场经济发达程度有关，从世界各国经济发展历程来看，高基尼系数是经济高速发展过程中的常见现象，是市场有效配置资源的自然结果。

根据世界银行2014年的全球基尼系数指数（基尼系数乘以100）。一般认为60（基尼系数0.6）是危险线，我国仍在警戒线以上。急需设法把基尼系数控制在40以下。

中国的收入差距，与世界类似发展水平国家相比，究竟处于什么水平？据了解，2009年阿根廷基尼系数为0.46，巴西为0.55，俄罗斯为0.4，2008年墨西哥基尼系数是0.48，2005年印度基尼系数是0.33。总的看，中国的基尼系数明显高于印度、俄罗斯，与阿根廷、墨西哥大致相当，明显低于巴西。

（3）资源和环境压力大[1]

中国到2020年要在能源翻一番的基础上实现GDP翻两番，达到4万亿美元，届时人均GDP将

---

[1] 城市发展与城镇化战略和技术经济政策研究专题组. 城市发展与城镇化战略与技术经济政策建议研究报告，国家中长期科学和技术发展规划深化研究专题报告之十［R］. 2005.

为 3000 美元[1]。过多地耗用能源、水和土地等资源，以及资源短缺已经成为中国经济发展的瓶颈。这种资源压力主要表现在：

1）传统的"高投入、高消耗、高污染、低效益"生产和消费模式在城镇经济社会发展中仍占主导地位。

2）2003 年，中国耗用世界 31% 的原煤、30% 的生铁、27% 的钢和 40% 的水泥，才有世界 4%GDP 的产出[2]。

3）在一些发达国家能源消费已出现零增长或负增长的情况下，我国 2002 年和 2003 年的能源消费分别以 9.7% 和 10.1% 的速度增长，都高于同期国家 GDP 的年增长速度。

4）从 1991 年开始，出现了持续的能源生产量少于能源消费量的局面，目前标准燃料产生的 GDP 值仅为发达国家的 1/10 到 1/5，是世界平均值的 1/5。

5）中国面临水资源短缺，每年缺水 400 亿 m^3，水污染波及数百万人的健康。全国 660 个城市中，400 多个城市缺水，其中 11 个城市严重缺水[3]。近年来，中国的城市供水网络和家庭用水器具水的漏损率高达 20%[4]。全国城市供水损失率为欧盟 13 个国家平均值的 3 倍，高于世界平均值的 62%。

6）全国城市综合人均日用水量为欧洲国家 1997 年 226.6 升的 2 倍。

7）中国住宅建筑采暖能耗为相同气候条件下发达国家的 2~3 倍。目前城乡既有 330 亿 m^3 住宅总量中，达到节能要求的住宅不足 2%。

8）深圳市可利用土地面积比香港大 80%，GDP 不到香港的 1/4。目前可利用土地香港只用了 20%，而深圳市却基本用完了。

城镇化对环境和人类的康乐都有很多正面影响，比如：人口密度高，因而土地和其他资源利用效率也高；以较低的人均成本提供能源、医疗、基础设施和各项服务；降低出生率，因而减少人口增长对土地和自然资源的压力。尽管城镇化有这么多的优点，中国所有的大城市仍然在蒙受环境问题的困扰。空气和水的污染，特别是在家庭和社区一级，已经成为对中国城镇人的健康和安全的重大威胁。2003 年仅仅由于室内空气污染就多死了 111000 人[10]。中国 70% 以上的河流和湖泊受到不同程度的污染。全国只有 38.1% 的河水是可饮用的。近年来，3 亿中国人正在饮用不安全的水。全国有 458 个城市没有垃圾处理厂。城市固体垃圾的处理率只有 54.2%。

（4）区域发展问题凸显

主要表现在：

1）空间规划和空间利用不合理。

2）空间规划体系存在着严重的"条条分割"，各部门编制的规划和各类专项规划缺乏全局性协调和沟通，削弱了国家规划体系的整体调控效果和能力。

3）城乡规划法规体系不健全。城市总体规划比较成熟，区域城镇体系规划和详细规划则比较薄弱。

4）城乡规划实施的监督机制不完善。规划的决策、执行、监督等权力基本集中在城市政府及其规划行政主管部门，地方政府既是规划编制

---

[1] China to quadruple GDP by 2020 to $4 trillion. http://www.nyconsulate.prchina.org/eng/xw/t92181.htm.

[2] 科技日报，2005-03-02.

[3] China faces water shortage of 40 billion cubic meters every year. 2004. http://www.terradaily.com/2004/041228060543.op5ghbb8.html.

[4] 科技日报，2005-06-20.

的组织者，又是规划的实施主体，同时还是规划实施的监管者，缺乏权力制衡机制和有效的外部监督机制，一些地方政府自身往往成为违犯规划的主体。

5）长江三角洲、珠江三角洲和环渤海京津冀等三大城市连绵区对中国的经济和社会发展起着越来越重要的作用，甚至会在全国引领区域的经济发展形态。根据住房和城乡建设部城市规划司和中国城市规划研究院提出的全国城市体系规划城市空间结构示意图，到2020年还将会出现9个城市连绵区。然而，现在区域协调和整合还相当薄弱。

6）建制镇的个数很多，但是因为有些规模较小，聚集效应并不如意。

7）中国不同地区城镇化水平差异很大。如图9.19和图9.20所示，2000年，处于中国城镇化水平前三位的上海市、北京市和天津市的城镇化水平分别为89%、78%和72%，沿海的广东省城

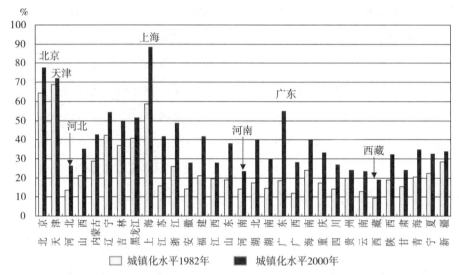

图9.19 中国各省、自治区和直辖市的城镇化水平（1982年、2000年）

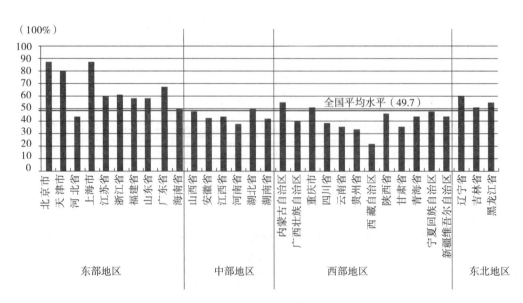

图9.20 2010年全国分省城镇化水平

镇化水平已达到55%，而有的地区的城镇化水平还不到20%。2010年上海市、北京市和天津市的城镇化水平仍居前三位，14个省、自治区和直辖市低于全国平均水平49.7%。

（5）政府管理问题

现行行政管理体制存在的问题，是我国体制转轨时期诸多社会矛盾的集中反映，主要表现在：政府对企业投资经营活动干预过多，职能交叉重复，政绩考核体系不科学，导致了政府管理职能的越位、缺位和错位，单纯追求GDP增长速度，投资盲目扩大和资源严重浪费[11]。

中国随着中产阶级的兴起，对政府政策制定、决策和规章制度形成过程的公众参与的要求也随之提高了。公众参与的必要性有许多公认的原因，比如：管理者的管理必须取得被管理者的认同；根据1996年10月1日实施的《中华人民共和国行政处罚法》，要求"行政机关在做出行政处罚决定之前，应当告知当事人做出行政处罚决定的事实、理由及依据，并告知当事人依法享有的权利"，"行政机关必须充分听取当事人的意见"；政府在制定一些关系到众多人的生活的政策时，需要发出公示、建议，必要时还要举行正式的听证会；2000年3月颁布的《中华人民共和国立法法》，要求"行政法规在起草过程中，应当广泛听取有关机关、组织和公民的意见。听取意见可以采取座谈会、论证会、听证会等多种形式。"这表明，公众参与论坛，包括讨论会、听政会，以及公示—建议程序等已经引入规章制度的制定过程。但是，在公众参与的过程中，还存在一些问题，比如：信息公开程度不够，不同利益群体的代表性不够，有时操纵公众参与过程，责任制度不健全，缺少资金和技术支持等[1]。

政府仍是城镇基础设施投资主体，城镇基础设施投资落后于城镇发展的需求，市场化进程缓慢。

国内外许多研究机构和学者对中国未来20～30年的城镇化水平曾经作过预测，其中一些预测结果如表9.2所示。表中括弧里面的数字是基于1990年的第四次人口普查结果，所有其他数字则是基于2000年第五次人口普查数据。1990年第四次人口普查数据和2000年第五次人口普查数据之间的转换系数为1.137[2]。根据这些预测，就0.6、0.8、1.0和1.2等四个有可能的城镇化水平年均增长百分点，提出了四个中国城镇化情景，如表9.3所示。将同城镇化关系最为密切的年均需要就业人数和年均需要土地面积与不同的城镇化水平年均增长百分点绘制的四个情景如图9.21所示。从年均需要就业人数来看，1978年到2002年城镇每年平均提供的就业人数为636万人，按照这个数字，城镇化水平年均增长不宜超过0.7个百分点。但是，2005年上半年城镇就安排了595万人就业，如果能保持这个数字，城镇化水平年均增长1.2个百分点也是可行的。但是，从年均需要土地面积来看，对于所有的四个情景，土地短缺都是一个棘手的问题。

5. 中国人口分布情景

根据模拟人口分布模型（MSPD）的分析结果，2000年，中国人口的90.8%分布在黑河—腾冲一线的东南一侧。中国自1935年以来，西北部

❶ Wang Xixin. Public Participation in China's Regulatory Process and Reform of Governance in China. 2003. http://www.carnegieendowment.org/events/index.cfm?fa=eventDetail&id=689&&proj=2drl.

❷ Shenghe Liu and et al. Scenario Analysis on Urbanization and Rural-Urban Migration in China. Interim Report, IIASA.2003.

国内外单位和学者提出的中国城镇化水平预测（%）　　　　表9.2

序号	预测方法/提出者	2000年	2010年	2020年	2001～2010年年均增长百分点	2011～2020年年均增长百分点
1	线性回归模型［2］. 2003	36.22	42.42	48.25	0.62	0.58
2	S-曲线回归模型［2］. 2003	36.22	43.03	50.14	0.68	0.71
3	城市发展与城镇化科学和技术问题专题研究组，2004［1］	40.53（2003）	47.53	57.53	1.00	1.00
4	国家发展计划委员会，2001［6］	36.22	51.16（45.00）	56.85（50.00）	1.49（0.88）	0.57（0.50）
5	住房和城乡建设部［6］	36.22	48.89（43.00）	59.12（52.00）	1.27（0.68）	1.02（0.90）
6	李善同，2001［4］	36.22	57.19（50.30）	66.87（58.81）	2.10（1.40）	0.97（0.85）
7	联合国，2002［3］	36.22	51.39（45.20）	60.72（53.40）	1.52（0.90）	0.93（0.82）
8	Shen A, 1996［5］	45.98（40.44）	55.95（49.21）	65.06（57.22）	1.00（0.88）	0.91（0.80）
9	Shen B, 1996［5］	46.07（40.52）	56.30（49.52）	66.04（58.08）	1.02（0.90）	0.97（0.86）
10	Shen C, 1996［5］	46.07（40.52）	56.30（49.52）	65.82（57.89）	1.02（0.90）	0.95（0.84）

注：［1］城市发展与城镇化科技问题研究专题组.城市发展与城镇化科技问题研究专题报告，国家中长期科学和技术发展规划战略研究专题报告之十. 2004.

　　［2］Shenghe Liu and et al. Scenario Analysis on Urbanization and Rural-Urban Migration in China. Interim Report, IIASA.2003.

　　［3］UN. Population Division of the department of Economic and Social Affairs. World Urbanization Prospects: The 2001 Revision. 2002. http://esa.un.org/unpp.

　　［4］李善同. 中国城镇化的目标和任务. 2001.

　　［5］Shen J. F. and N.A. Spence. Modeling urban-rural population growth in China. Environment and Planning A，1996：28，1417-1444.

　　［6］http://www.china.org.cn/chinese/OP-c/314939.htm.

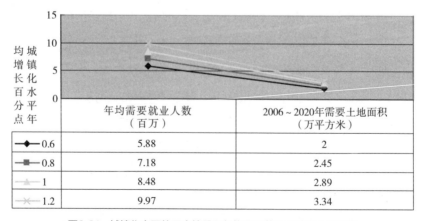

图9.21　城镇化水平的四个情景和年均需要就业人数和土地面积

2020年中国城镇化水平情景　　　　　　　　表9.3

	情景A	情景B	情景C	情景D
2003年到2020年中国城镇化水平年均增长百分点 [1]	1.2	1.0	0.8	0.6
2020年城镇化水平（%）（2003年为40.53%）	60.93	57.53	54.13	50.73
2020年全国城镇总人口（百万）[2]	901.76	851.44	801.12	750.80
2003年到2020年全国城镇总人口增长（百万）[3]	378.00	327.68	277.36	227.04
全国年均城镇人口增长（百万）	22.24	19.28	16.32	13.36
全国需要在城镇就业的人数（百万）[4]	9.79	8.48	7.18	5.88
全国年均新增就业岗位（百万）	6.36（1978~2002年）5.95（2005年上半年）			
2006年到2020年全国城镇发展所需的土地（km²）[5]	33360	28920	24480	20040
2002年全国城镇建成区总面积（km²）[6]	19844			
2006年到2020年预测年均增加的非生产性耗电量（百万kWh）[6]	7784	6748	5712	4676

注：1. 根据表9.5。
　　2. 2020年中国全国人口预测为14.8亿❶。
　　3. 2003年中国城镇人口为5.2376亿[12]。
　　4. 2005年到2020年预计从农村进入城镇的人口中44%的人需要就业。
　　5. 基于每人100m²。
　　6. 根据《2004中国统计年鉴》，可消费的总电量为1633070百万kWh。

地区人口占全国总人口的比重在增加，1935年到1990年，年均增长率为0.8%，1990年到2000年年均增长率为6.1%❷。

中国人口分布的特点是，东部和西部差别较大。中国东部、中部和西部的土地面积占全国土地面积的比重分别为13.91%、29.78%和56.30%，而东部、中部和西部的人口占全国人口的比重，1996年分别为41.18%、35.91%和22.91%；2003年分别为41.66%、35.21%和23.13%[13][14]。这说明，东部、中部和西部地区占全国人口的比重虽有一些变化，但变化不大。表9.4为1950年到2003年中国不同地区的人口增长率。从表中可见，1950年到1996年，中国西部地区人口增长率高于其他两个地区，而1996年到2003年则几乎和

中国地区人口增长率（%）　　表9.4

地区	1950~1980年	1980~1996年	1996~2003年
东部	78.37	22.06	8.63
中部	90.80	22.01	5.30
西部	87.90	22.67	8.38

东部地区相同。在重庆划为直辖市以前，四川是全国人口最多的省份。

现在，中国人口的大部分在东部地区。关于未来中国人口的分布，可能有三个情景：

（1）人口仍然像现在一样不均衡分布；

（2）人口将像美国那样，趋于均衡分布，但需要很长的时间；

（3）人口仍然会分布不均衡，但会逐渐有

❶ 城市发展与城镇化科技问题研究专题组. 城市发展与城镇化科技问题研究专题报告，国家中长期科学和技术发展规划战略研究专题报告之十一［R］. 2004.

❷ T. X. Yue. Numerical Simulation of Population Distribution in China. http://www.lreis.ac.cn/article/2003yuetx.pdf.

所改善。

6. 可持续城镇化政策建议

（1）引导农村富余劳动力向城镇有序转移

乡村人口向城镇转移不完全是一个市场过程。要做到有序转移，就必须有政府政策的引导和干预，就必须有保证政策实施的工具。

1949年到1958年，中国按计划从农村招工、招生和招兵，在户口制度的基础上，实现了农村人口向城镇的有序转移。按计划招工、招生和招兵是政策，按户口制度给招来的人员上户口是工具。这种有中国特色的城镇化道路是可持续的，它既避免了人口的非法迁移，又避免了贫民窟的产生，从而引导农村富余劳动力有序地、合理地流动。

现在，招兵依旧；招生则改为毕业后自己找工作，由于招生计划灵活掌握，失去监控，有些毕业的学生找不到工作；招工基本上市场化了。

现在的问题是，要吸取上述经验，需要解决两个问题。一是上述政策获得成功的关键之一是有计划。中国已从计划经济体制改为社会主义市场经济体制，怎样才能做到按计划？二是上述政策获得成功的另一个关键是靠户口制度。现在，有些学者认为户口制度阻碍了城镇化的进程，甚至提出要取消。户口制度究竟是不是城镇化的绊脚石？如果取消，用什么制度来替代？

我们认为：第一，市场经济并非取消一切计划。可以在建立国家和地方的职业需求和人口迁移信息系统、研究职业需求预测和人口流动规律的基础上，根据预测、规律和掌握的信息，制定招工、招生和招兵的指导性信息，用来指导农村人口向城镇流动，并进行有效的监控和调节，以替代过去的计划。第二，要重新认识户口制度。中国20世纪50年代开始建立的户口制度，起初是出于巩固政权和维护治安的需要，后来在制止农

村人口盲目流向城市方面起过重要的作用。户口制度绝不是为了限制农村人口向城镇转移，它对中国的城镇化不但没有起阻碍作用，而且是实现农村富余劳动力向城镇有序转移的行之有效的工具。所以，户口制度现在还不能废止，但需要进一步完善。

根据上述分析，我们建议引导农村富余劳动力向城镇有序转移的具体政策是：①针对不同地区、不同类型和规模的城镇，制定人口迁移政策；②加强职业需求预测和人口流动规律研究；③建立国家和地方职业需求和人口迁移信息系统，根据工业化、经济发展、城镇化和增强国防建设的需要，提供职业需求指导性信息，并进行监控；④进一步改革户籍管理政策，逐步实行城乡统一的户籍管理制度；⑤把人口迁移和产业结构调整结合起来，优化人口结构，调整人口分布的格局，实现人口、就业、资源、生态环境等多要素之间的协调和平衡。

（2）贯彻落实大、中、小城市和小城镇协调发展的方针

要把引导城镇化的健康发展作为经济结构调整的重要内容。为了贯彻、落实大、中、小城市和小城镇协调发展的方针，需要：

1）让大城市充分发展，进一步增强大城市的综合辐射带动能力。大城市超前发展是城市化的规律。在城市化的初期和中期，大城市的规模扩张和充分发展对提高城镇化水平具有十分显著的贡献，是完成城镇化进程、形成相对完善的城镇体系的重要前提。没有经历大城市充分发展的过程，要率先实现中小城市和小城镇的大发展是超越发展阶段的设想，也难以取得预期的发展效果。

2）引导城市连绵区和城镇群的形成和发展。20多年前出现的城市连绵区是城市发展的高级形

态，是现代市场经济中引领经济增长的"发动机"，处于财富聚集和创新的中心地位。现在，美国和日本的三大城市连绵区的GDP已分别占全国的65%和69%。中国到2020年将有可能出现12个都市连绵区。现在中国3大都市连绵区的GDP只占全国的38%。引导得好，经过相当长时间的努力，中国都市连绵区的GDP有可能达到全国的65%。

3）引导中小城市和小城镇，根据自身的特点，发展特色产业，走集约化发展的道路，形成比较优势。虽然大城市引人注目，但是直到现在，世界上大多数城镇人口还是生活在中小城市和小城镇。2000年，全球城镇人口的37%生活在100万人以上的大城市，53%生活在不到50万人的中小城市和小城镇。根据联合国估计，到2015年，城镇人口增加的大部分仍将在中小城市和小城镇。中国1979年有建制镇2851个，镇域平均人口14672人；2002年扩张到20600个，1999年镇域平均人口下降到5118人，聚集效应明显下降。因此，必须采取切实措施，扩大小城镇的规模，发挥聚集效应。

（3）高效利用和节约资源，保护生态环境

1）加强建筑和交通等能源消耗重点领域的节能技术研究和政策引导。

2）倡导生态城市建设。

3）改变生产方式和消费模式。

4）制定适应市场经济的规划和土地利用政策。

5）借鉴国外经验试行通过内部合同节约和回收节能投资。这项政策旨在解决启动资金和资金的有效回收机制问题，适于在大型单位内部实施。在大型单位里，上级单位审查节能项目的经济分析建议，认为合适时，就可以立项，并同下属实施单位签订内部合同。此后，节能项目资金进入节能项目。项目实施完成后，实施单位能源

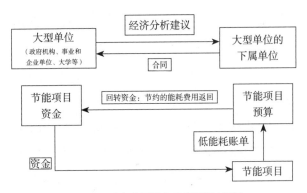

图9.22　内部合同回收节能投资流程图

支出减少，并将节约的费用作为回转资金返回（图9.22）。此项政策可以用到很多场合，比如：供热控制、通风、采光、墙体和屋顶保温隔热、足球场保护、路灯、温度自动调节、节水以及热电联产等。它的特点是易于实施，不但解决了能源支出和投资来自不同渠道问题，而且用户支付的费用比过去减少。

（4）统筹城乡规划，加强对经济区的引导

规划是建设的龙头，城乡规划必须协调。为此：

第一，改变规划的部门分割状态，急需调整和明确区域规划、土地利用规划、城市规划等主要空间规划之间的关系，在市域范围，将城市规划与土地利用规划编制合二为一，并同经济社会发展规划整合，理顺相关部门的职能结构关系，加强法制建设，形成统一协调、调控有力的国家规划体系。

第二，健全城乡规划法规体系，确定城乡规划在城市、村庄和集镇建设用地规划和管理中的主体地位，尽快出台《城乡规划法》。

第三，根据农民进城后，村庄人员减少和搬迁、宅基地弃置等情况，重新整合乡村编制，合理布局居民点，促进进城农民所留宅基地依法流转，合理利用，节约土地。

第四，从城市数量、规模和空间布局上科学规划、合理安排，构筑合理的城镇化体系。

第五，加强对特大和超大城市周边地区的调查研究，制定具体规划和相关政策。

第六，根据经济联系、发展规律以及地方特点将全国划分为若干经济区，可以从城市连绵区起步，再逐步扩展。除现在已有的长江三角洲、珠江三角洲和京津冀等三个城市连绵区以外，预测到2020年，还有可能形成九个都市连绵区。要加强对经济区的研究和引导，制定各经济区的发展规划，包括发展目标，发展重点，产业导向，城镇布局，人口布局，资源、环境和区域基础设施规划。要建立区域发展协调机制，特别是利益协调和共享机制，加强经济和社会发展的区域统筹、协调和规划，调动区域内各方的积极性。

（5）贯彻落实工业反哺农业、城市支持农村的方针

城乡能否协调发展是实现可持续城镇化的关键之一。现在，我国政府明确提出了实施"工业反哺农业、城市支持农村，实现工业与农业、城市与农村协调发展"的全新的经济与社会发展思路。政府将下决心调整国民收入分配结构，在稳定现有各项农业投入的基础上，把新增财政支出和固定资产投资切实向农业、农村、农民倾斜，逐步建立稳定的农业投入增长机制。这意味着中国政府从此将结束把农业作为政府收入来源、由农业向工业提供资本积累的工业化初期的发展道路，而将农业和农村领域作为政府支持的对象。为此：

第一，坚持和强化对农村基础设施的投入，将农村中小型基础设施建设纳入各级政府基本建设投资的范围，加大对农田水利、乡村道路等小型农村基础设施建设的支持力度。

第二，完善以政府投入为主的农村义务教育经费保障机制；进一步增加对农村公共卫生体系的投入；完善对农村困难群体的救助体系，逐步

提高农村社会保障覆盖面；大幅度增加对农业科研的投入，加强农业科技创新能力建设和技术推广体系建设；以提高农村的科技、教育、文化和医疗卫生水平，扩大农民的就业空间。

第三，研究制定城镇化进程中建设用地与农民土地之间的新的土地利用格局和配套政策，制定提高新增建设用地有偿使用费标准。在抓好土地出让金全程征收、管理与监督使用的同时，调整土地收益分配结构，允许被征地农民以土地承包经营权入股、租赁等形式参与项目合作，分享土地增值收益；在15%土地出让金返还用于农村基础设施和社会事业投资的基础上，逐步提高土地出让金的返还比例，用于投资农村基础设施和社会事业。

第四，改进城镇劳动就业政策，为农民进城就业创造更多的机会，对进城的农民工实施再就业培训，费用由政府和企业分担，逐步建立城乡统一的劳动力市场。积极探索多种形式，解决好进城务工人员子女就学、公共卫生、文化生活、社会保障等方面的实际问题。创造一个农民进得来、留得住的制度环境，逐步改变城乡二元结构。

（6）建立多元化的城镇基础设施投融资体制，大力吸引民间和国际资本

我国城镇基础设施建设现在主要靠政府投资，由于政府资金有限，使得基础设施滞后于经济和社会发展的需求。为了改变这种状态，必须深化城市建设投资体制改革，建立多元化的投融资体制，充分运用市场机制推动城市基础设施的建设与管理。为此，建议采取以下政策。

1）转变政府在城镇功用设施领域的位置。根据市政公用行业的不同特点，确定它们的市场化程度和方式。经营性城镇公用设施的建设和维护要逐步退出政府财政拨款补贴范围；减少准经营项目在财政中的比重；将有限的财力更多地转

向非经营项目建设。政府职能从充当投资主体转向社会投资管理，管理方式从主要靠行政手段转向主要靠经济和法律手段，辅以必要的行政手段。尽快出台"城市公用事业法"，明确政府对市政公用设施的管理职能和监管责任，提高监管效率。

2）设立市政收益债券。将市政建设收益债券从一般企业债券中分离出来，单设市政收益债券（或称市政企业债券），单列计划规模，在城市政府监管下，由城市建设系统的各市政公用企业、城建投资公司等，作为独立的企业法人和发债主体发行，募集到的资金主要用于有收益的城市固定资产投资项目，以发债人及该投资项目的现金收入流作为信用基础，而不是像一般企业债券那样，主要以过去的盈利业绩和当前信用资质为信用基础，以发债融资所建设施的收益作为偿还债务的资金来源。为保证上述运作顺利实施，应加速城市建设企业的改革。在单独设立和发行市政收益债券的同时，进行市政债务债券的发行试点。在试点取得经验后，修改《预算法》，并出台《市政建设债条例》。

3）制定"基础设施建设—运营—移交投融资法"。通过建设—运营—移交（Build-Operate-Transfer，简称BOT）建设方式融资发展基础设施，既能发挥市场机制作用，又为政府干预提供了有效的途径。我国自1984年开始研究应用，现在虽已铺开，但很不规范，有的项目建成后无法运营，政府蒙受很大损失[1]。为此，急需制定此

项法律。内容可包括项目范围、管理机构、审批程序、审批权限、投资主体资格、特许授权法律文件类型、项目公司法律地位、项目风险分担机制、商业推广措施、社会事务管理权以及争议处理等。然后，在此基础上制定相关的配套规章，形成规范基础设施建设—运营—移交投融资运作的法律体系。这样，不仅可吸引民营企业参与基础设施建设，同时还可减少公共财政负担，鼓励外资和外国技术进入。马来西亚、印度、泰国和菲律宾等国都在这方面制定了法律，有经验可以借鉴[2~4]。

（7）全面推进城镇管理体制创新，制定公众参与政策

今后，国家将围绕建设责任政府、法治政府和服务政府，进一步转变政府职能和管理方式，使政府真正成为优质公共产品的提供者，良好经济社会环境的创造者、广大人民群众利益的维护者[5]。为了实现可持续的城镇化，必须全面推进城镇管理体制创新。

1）改善政府行政管理体制。加快转变政府职能，改变政府对企业投资经营等微观经济活动干预过多、职能交叉重复、盲目扩大投资和资源浪费严重等情况；政府从充当主要投资主体转向社会投资管理，管理方式；从主要靠行政手段转向主要依靠经济手段、法律手段，辅之以必要的行政手段；按照"经济调节、市场监管、社会管理和公共服务"的要求，界定政府在市场经济活动中的职责范围，继续推进政企分开、政资分

---

❶ 林清平. BOT污水处理厂竟然"没水吃". http://www.h2o-china.com/news/viewnews.asp?id=31616.

❷ Masakazu Ichimura. Urbanization, Urban Environment and Land Use: Challenges and Opportunities. An Issue Paper, Presented at Asia-Pacific Forum for Environment and Development Expert Meeting. 23 January, 2003. Guilin, China.

❸ 王海峰. 我国BOT模式的立法现状及主要法律障碍. http://www.yfzs.gov.cn.

❹ BOT历史、运作、现状和发展方向. http://www.typsp.com/zhck/zhck007.htm#zhck7-5.

❺ 马凯. 把政府管理体制改革放到更加突出的位置［N］. 人民日报，2005-08-15.

开、政事分开和政府同中介组织分开。

2）建立和健全民主、科学的决策机制。制定公众参与政策和政府信息公开规定；给民间社会留有自主管理的空间；城市政府在决策城市规划、新建改建重大公共设施和拆迁改造等同群众利益密切相关的重大事项时，要实行公示和听证制度，充分听取社会意见；加强政府与市民沟通；积极促进以自愿、自主、互助为基础的社区建设。

3）制定和颁布《市政公用事业法》。通过法律，明确政府对市政公用设施管理的职责，明确监管责任，建立适应市场化改革的监管构架，依法监管、依规则监管，提高监管效率。

4）制定有利于小城镇健康发展的财政政策，积极研究建立有效的镇级财政体制。赋予镇政府必要的经济和行政管理权限；增强小城镇自我发展的能力，支持重点小城镇基础设施建设，引导民间资本投入小城镇建设。

参考文献

［1］叶耀先. 当代防灾水平和减轻自然灾害的方法［J］. 中国减灾，1991（2）：19-22.

［2］叶耀先. 21世纪减轻城市地震灾害研究需求［J］. 工程抗震，1999（3）：4-8.

［3］叶耀先. 洪水对建成区的危害和减灾规划设计［J］. 城市规划，1999（1）：18-20.

［4］叶耀先. 中国城镇化情景分析和可持续城镇化政策建议［C］//国家发展和改革委员会地区经济司，瑞典斯德哥尔摩环境研究院，中国可持续城镇化战略课题组. 中国可持续城镇化战略文集. 2005：696-758.

［5］叶耀先. 中国城镇化态势分析和可持续城镇化政策建议［J］. 中国人口、资源和环境，2006（3）：5-10.

［6］Wu Peilin & Lu Qi. Floating population increase and its influence on the urban population situation: A case study in Beijing [J]. Population, Resources and Environment, 2005 (3).

［7］Zhang Juwei. How Serious is the Unemployment in Urban China[N]. the Sunday Column, 2003. http://www.cbiz.cn/NEWS/showarticle.asp?id=1843.

［8］国家统计局. 中国统计年鉴—2004［M］. 北京：中国统计出版社，2004.

［9］David Murphy. Buried Deep Down on the Farm [J]. Far Eastern Economic Review, 2002.

［10］陌上桑. 公共场所室内空气污染亟待治理［N］. 科技日报，2003-07-28.

［11］马凯，把政府管理体制改革放到更加突出的位置［N］. 人民日报，2005-08-15.

［12］国家统计局. 中国统计年鉴—2004［M］. 北京：中国统计出版社，2004.

［13］Wang Guixin. Population distribution and its changes in China [J]. Population Research, 1998，22（6）.

［14］Wang Y.. Studies on the Development Planning of Urbanization in "the 10th Five-year" [M]. Beijing: China's Planning Press，2001.